문법 교육의 이론과 응용 1

- 국어 문법 교육론 -

민현식
엄　훈·주세형
신명선·김은성
박재현·강보선
이기연·오현아
이관희·남가영
제민경·이지수

태학사

문법 교육의 이론과 응용 1
−국어 문법 교육론

초판 1쇄 인쇄 | 2016년 10월 21일
초판 1쇄 발행 | 2016년 10월 28일

지은이 | 민현식 외
펴낸이 | 지현구
펴낸곳 | 태학사
등 록 | 제406-2006-00008호
주 소 | 경기도 파주시 광인사길 223
전 화 | 마케팅부 (031)955-7580~81 편집부 (031)955-7587~88
전 송 | (031)955-0910
전자우편 | thaehak4@chol.com
홈페이지 | www.thaehaksa.com

값은 뒤표지에 있습니다.

ISBN 978-89-5966-769-7 94710
ISBN 978-89-5966-768-0 (세트)

머리말

우리의 국어교육은 해방 70년을 넘어 2018년이면 대한민국 건국 70년을 바라보고 있다. 이에 국어교육 70년 역사를 돌아보고 성찰하여 곧 다가올 통일 한국 시대를 준비하며 10대 국제어에 들어갈 한국어 국제화 시대를 대비해 미래 국어교육의 등불을 밝혀야 할 때가 지금이 아닌가 한다.

돌아보면 우리는 사농공상(士農工商)의 부패한 봉건계급사회를 개혁하는 민족자강(民族自彊)의 근대화를 스스로 하지 않다가 치욕의 일제 식민지로 전락하였다. 그 결과 일제시대(日帝時代)에는 일본어가 국어이고 우리말은 조선어라 하여 제2 언어로 격하되기에 이르렀다. 총독부의 우민화 정책(愚民化政策)으로 민족은 집단 문맹 상태에 빠져 낫 놓고 기역자 모르던 시기가 먼 조선시대 이야기만은 아니다. 일제 말기에는 일제의 민족 말살 정책(民族抹殺政策)으로 민족어가 수난을 겪고 민족의 문맹은 심화되었다. 해방 직후 미군 군정청에서 조사한 조선의 문맹률이 77.8%이었으니 일제의 민족 말살 정책이 어떠했는지 가히 짐작할 수 있다.

우리는 일제의 우민화 및 민족말살정책 속에서도 우리 말글을 지켜온 분투(奮鬪)의 역사가 있다. 주시경(周時經) 선생의 제자들이 결성한 '조선어학회' 선열들은 '(조선말) 큰사전' 편찬을 통한 민족어 보전의 항일 독립의 문화 운동을 벌이다 조선어학회 수난 사건(1942)으로 옥고와 고문을 당하였다. 그보다 앞서 청년학도들은 상록수(常綠樹) 정신으로 문맹퇴치를 위한 농촌계몽운동을 벌였고 암흑기에는 언론인과 문인들이

붓으로 저항하였고 다락방에서 몰래 시를 쓰며 그날을 기다렸다. 한국 교회는 한국어로 예배드리면서 노아의 방주(方舟)처럼 한국어 보전(保全)의 방주 역할을 하였고 신사참배(神社參拜) 거부와 순교(殉敎)로 저항하는 등 온 겨레가 민족 시련의 암흑기를 견디며 광복을 기다렸다.

1945년 8.15 해방 후 비로소 우리 말글을 찾아 우리 손으로 국어교육이 시작되었다. 의무교육과 기적의 한글 덕분에 한강의 기적도 가능하여 오늘날 10대 무역대국이 되었다. 국어교육도 교육과정의 변천 속에 국가 발전의 동력이 되었다. 그러나 우리 사회는 지역, 계층, 세대, 성별, 직업 차원에서 국어능력 곧 이해능력과 표현능력이 부족해 갈등을 빚으며 상호 소통능력이 부족한 불통사회의 모습을 보이고 있다. 각종 소통 매체는 다양하게 진화하는데 불통이 심화되는 이 역설과 모순의 해결을 위해 국어교육은 새롭게 각오를 다져야 한다.

이를 위해 국어생활의 기초가 되는 발음, 어휘, 문장을 올바르게 사용하게 하는 문법능력의 토대 위에서 말하기, 듣기, 읽기, 쓰기 능력과 이를 종합한 문학의 감상과 창작 능력을 발전시키도록 국어교육은 현장의 실천 경험에서 유용한 이론을 도출하고 적절한 교수 학습법을 개발하여 국어교육 현장에 실천할 수 있도록 하는 등 해야 할 일이 산적해 있다.

해방 후 70년이 지나면서 어문생활은 국한혼용체(國漢混用體)가 지배하던 시대에서 1990년대 이래로 몰아닥친 컴퓨터 바람으로 급속히 한글 전용체가 지배하는 시대로 변하였다. 국어과에서 핵심 교육이었던 한자 교육은 조상의 한자문화 전승 차원에서 국어교육에서 절대적이었는데 1993년 대학수학능력시험부터 한자 및 한자어 평가가 사라지고 이제는 한자 문맹이 심화되었다. 그래도 국민은 한글을 사랑하지만 초등학교 한자교육도 해달라고 국민 80% 안팎이 요구한다는 여론조사 결과를 국립 국어원이 2005년부터 5년 단위로 공개하고 있지만 교육부는 아직도 이를 정책에 반영하지 않고 있다. 그 사이 한자교육은 사교육으로 전락하였고 대학생 20%가 자기 한자 이름을 쓸 줄 모르며 부모들 60%가 자기 자녀 한자 이름을 쓸 줄 모르게 되었다.

한자가 사라진 자리는 한글전용체로 채워진 것이 아니라 영어로 뒤덮여 영한혼용체가 학술 논저와 거리 광고물, 아파트 이름에 넘치는 시대가 되었다. 국어교육도 한자가 사라진 국어교육이 되면서 어휘교육이 부실하고 고전교육은 한자 없는 반신불수의 국어교육이 되어 버렸다. 미래적으로는 한글전용체가 정착되겠지만 이와 관계없이 우리 조상의 한자문화를 이해하고 각 교과별 전문 용어를 이해하려면 한자를 읽고 쓰는 능력은 국어과가 중심이 되어 공교육으로 제공해야 하는데 국어교육은 이를 방관하고 있다.

이와 같은 국어교육의 현안 문제는 허다하다. 국어교과의 교과목 정체성과 영역 간 위상 문제, 핵심 교육 내용의 선정과 조직에 따른 교육과정 편성의 문제, 매체언어의 홍수 속에 방황하는 교수 학습법의 문제, 최적의 국어능력 평가 방법 등 국어교육의 과제는 태산같이 쌓여 있다. 통일시대의 남북 언어 통합 문제, 다문화시대의 국민 통합의 국어교육 문제, 모어교육과 외국어교육의 관계 설정 문제, 국제화 시대 한국어교육의 발전 방안 등도 해결해야 한다.

국어교육은 전 교과 지식을 독해하게 하는 도구교과, 기능교과로만 존재하지 않으며 모어를 통해 자기와 민족의 정체성을 찾는 정신교과로서 인문교육, 인성교육의 핵심이며, 지식교과, 사고교과, 직업실무교과, 문화예술교과의 성격을 갖고 앞으로 통일시대, 국제화시대에는 그 역할이 더욱 높아질 것이다. 이러한 다양한 성격의 국어과는 앞으로 독서, 화법, 작문, 문학, 문법 교육의 유기적 위상을 정립하고 상호 융합의 방법으로 국민의 국어능력 증진에 기여해야 한다. 남북통일 시대를 대비해 자유평화통일에 기여하고, 국제화 시대를 맞아 모어 보전과 수호뿐 아니라 한국어의 국제화에도 힘써야 할 사명을 갖고 있다.

본서는 지나온 광복 70년의 세월을 돌아보며 주요 국어교육과 한국어 교육의 현안이나 쟁점을 중심으로 엮었다. 특별히 이 책은 서울대 국어 교육과 민현식 교수의 주요 논문에서 (한)국어교육의 쟁점을 찾아 제자 들이 그 주제를 다시 심화시켜 쓴 논문을 1:1로 묶는 방식으로 국어교육 분야 13편을 제1권으로 하고 한국어교육 14편을 제2권으로 하여 각각 펴내게 되었다. 매우 성글게 엮인 담론의 모음이라 책 내기가 부끄럽기 그지없지만 교학상장(敎學相長)과 사제동행(師弟同行)의 마음으로 엮은 것임을 너그러이 이해해 주시기를 바란다. 여기서 다룬 주제는 독자 여 러분께서 더욱 비판적으로 발전시켜 주시기를 기원하며 그동안 태학사 편집부 여러분께서 무더위 속에서도 책을 예쁘게 꾸미기 위해 애쓰신 것 을 깊이 감사드린다.

2016. 9.

필자 일동

차례

미래의 국어교육을 위한 문법교육의 과제[*]

민 현 식

요 약

  문법교육은 학생들에게 '꿈과 상상력을 일깨워주는 국어교육'이 되도록 혁신되어야 한다. 이를 위해 종래의 '탐구문법'이 지식문법 차원에 머물기 쉬웠으므로 이를 극복하고 생활 속에 실천하는 문법교육 곧 '생활문법'이 되어야 한다. 이러한 생활문법의 내용은 지식으로 구성되는데 그 지식은 국어의 구조 지식, 규범 지식, 언어 사용 능력 지식, 언어문화 지식으로 구성된다.
  문법교육의 방향은 '지식'과 '수행'(활동)으로서의 문법교육, 창의적 상상력 계발을 위한 문법교육, 문법과 타 영역 및 교과의 통합으로서의 문법교육, 인간관계 훈련으로서의 문법교육, 위계화한 문법교육, 학습 동기를 유발하는 문

---

[*] 이 논문은 『국어교육』 126집(2008:185~220)에 게재한 '국어학의 성과와 미래 국어교육에의 적용'에 최근의 상황을 반영해 수정 보완하였다.

법교육이 되어야 한다. 특히 개정교육과정에 따라 초등 3학년 단계에서 품사 교육도 도입되어야 한다. 문법 지식과 활동의 제시 방식은 독립 단원 제시 방식 외에 비문법 단원에서도 문법 활동을 간단히 제시해 주어 문법교육이 영역 통합 속에서 이루어져야 한다.

문법 단위별 내용 교육으로는 실용적인 발음, 어휘, 문장, 담화 교육이 제공되어야 한다. 특히 국제 문자로서 알파벳 해득을 영어교육을 통해 제공하듯 동아시아 3국간 경쟁력 강화와 조상이 사용한 문자인 한자 해득을 위한 한자교육이 제공되어야 하며, 한글전용을 하더라도 학생들의 어휘력 향상을 위해서는 한자 괄호 병기 활용 등 한자어의 한자 연계 지도라든가 단원 익힘 문제에서 한자어 학습을 강화해야 한다.

국어 수행 주체에 따른 문법교육으로는 국가 언어, 기업 언어, 교실 언어(특히 질문화법), 가정 언어 문제를 다루어야 한다. 국어생활사 교육도 다양한 자료 발굴로 온고이지신(溫故而知新)을 실천해야 한다. 이러한 생활문법의 내용으로 새 교육과정의 교과서 개발이 이루어져야 한다.

Ⅰ. 머리말

국어교육은 '전통 언어문화의 전승과 새로운 언어문화 전통의 창조'라는 두 목표를 수행한다. 즉 전통의 언어문화를 익혀 공동체의 정체성을 확인하며 새로운 언어문화를 창조하여야 하는 과제를 안고 있다. 과거의 전통 언어문화 소재는 설화, 향가, 고려가요, 고시조, 가사, 훈민정음, 춘향전, 허생전, 봉산탈춤 등으로 대체로 일정하지만 이들도 시대에 따라 새롭게 재해석되면서 재변용된다. 미래의 새로운 전통 언어문화를 창조하는 내용은 정보화 사회의 '정보'를 넘어 '꿈과 상상의 이야기'가 문화로 형성된 '꿈의 사회(dream society)'를[1] 상상하며 새롭게 탐구하고 발굴하여야 할 내용이다.

그동안 문법교육(또는 국어학교육)도 새 시대에 맞는 내용을 창조하고자 이와 관련한 논의들이 있어 왔다. 김광해(1997), 김광해 외(2002)에서 제시한 탐구학습의 틀을 비롯하여, 이관규(2005), 주세형(2006), 김은성(2006) 등에서 다양한 문법교육의 접근을 시도하고 있고, 최근에는 국어학의 미래 과제를 논의한 고영근(2007), 서동요(薯童謠)의 '夗乙/卯乙'을 '卯乙(알몸을)'로 풀고 '이다'를 형용사로 보아야 한다는 것을 상상력 관점으로 푼 임홍빈(2007), 언어적 상상력을 중세어에서 찾은 구본관(2007), 학제간 연구 영역을 제안한 이석주 외(2007)에서 그런 시도를 볼 수 있다. 본고는 그동안의 국어학 성과를 토대로 미래의 문법교육이

---

1 현대를 정보화 사회로 표현하고 있지만 정보화 사회 다음에는 상품 하나에도 문화의 이야기가 담기고 꿈과 이야기를 파는 상품이 성공하는 '꿈의 사회'가 온다고 예견한 롤프 옌센(Rolf Jensen, 1999)는 '꿈의 사회'라는 개념을 제시하였다. 2007년 10월 9일 서울대학교 국어교육과에서 한글날 기념 특강으로 있었던 판타지 동화 '고양이 학교'의 저자 김진경 시인의 특강 주제가 바로 이 '꿈의 사회'이었는데 강연 내용은 앞으로의 국어교육이 희망을 잃은 학생들에게 '꿈과 상상력'을 일구어 주기를 바라는 내용이어서 여기 인용한다.

추구할 방향과 새롭게 담아야 할 내용에는 어떤 것이 있는지를 조명하고
자 한다.

Ⅱ. 새로운 틀: '생활문법'의 교육 내용

기존 문법교육은 주로 구조언어학, 생성언어학, 기능언어학의 영향을
받았다. 반면에 인지언어학의 성과는 학교문법에서 적용되지 못해 앞으
로 참고할 필요가 있다. 구조, 생성문법이 언어를 이성적으로만 접근했
으나 레이코프(G. Lakoff)는 인간의 인지 감각에 의한 언어 인식을 주목
하고 언어의 은유성을 탐구하였다. 촘스키의 제자로서 스승의 이성 일변
도의 언어 인식에 반대한 레이코프의 인지적, 감성적 언어관은 언어를
균형 있게 보는 데 유용하다. 그 밖에 사회언어학, 심리언어학, 전산언어
학 등의 성과를 반영하여 문법교육은 풍부해질 필요가 있다.

이러한 새로운 언어학적 배경을 토대로 문법교육은 전통적 내용인 국
어 구조 지식, 국어 규범 지식 위에 새로 국어 능력 지식, 국어 문화 지식
을 융합하여 생활 속에 적용, 실천하는 역동적 '생활문법'으로 거듭나야
한다. 김광해(1997)에서는 탐구학습을 제안하였는데[2] 이러한 탐구를 통
하여 드러난 '지식문법'을 생활 속에 적용, 실천하는 것이 '생활문법(표현
생활문법과 이해 생활문법)'이다. 이를 통해 '창의적 상상력 계발의 문법
교육'도 창출해야 한다. 생활문법은 '언어 탐구 - 생활 적용'의 단계로 이
루어지는 문법이며 '학교문법'으로 학교에 갇혀 있지 않고 '사회생활' 속
에 살아 움직이는 표현과 이해 생활을 위한 문법이다. 이를 구성하는 지

---

2 김광해(1997)에서 제시한 탐구 문법의 5단계 절차는 다음과 같다.
  문제의 정의 - 가설 설정 - 가설의 검증 - 결론 도출 - 결론의 적용 및 일반화

식 내용은 다음과 같이 구성된다.

(1) 국어 구조 지식

이는 국어 구조 단위(음운, 형태소, 단어, 구와 절, 문장, 담화)에 대한 용어, 개념, 체계를 이해하는 내용이다. 이 지식은 자기 언어와 주변 언어 현상의 분석 도구이며, 국어 이해뿐만 아니라 외국어 학습 시 대조적 이해의 도구이고, 국어 규범을 체득, 실천하기 위한 기초 지식이다.

· 언어 일반: 언어와 문자의 일반적 특성
· 음운: 음소의 개념, 자음과 모음, 음운 변동과 규칙
· 단어: 형태소와 단어의 개념, 품사의 개념과 특성
· 문장: 문장과 성분의 개념, 문장과 성분의 종류, 내포와 접속
· 담화: 담화의 개념과 종류, 담화 구조와 담화 규칙, 맥락과 소통, 문어와 구어

(2) 국어 규범 지식

이것은 국어 생활에 필요한 국어생활 규범 관련 지식이다.

· 어휘 규범: 어휘 사용시 표기(맞춤법), 발음, 의미 사용의 정확한 사용 규범으로 발음 규범, 표기 규범, 의미 규범으로 구성된다.
· 문장 규범: 문장 구성의 규칙과 오류 예방을 위한 문장 규범
· 담화 규범: 담화 규범과 언어 예절 규범(표준화법)

(3) 국어 능력 지식

문법 지식을 작문, 화법, 독서, 문학에 통합 적용할 수 있는 능력으로 언어 자료의 분석과 해석 능력, 오류 진단과 교정 능력, 창의적 상상력을

계발하는 다양한 지식과 경험을 말한다.[3]

· 독서 문법: 독서 영역과 문법 지식의 통합 수행
· 화법 문법: 화법 영역과 문법 지식의 통합 수행
· 작문 문법: 작문 영역과 문법 지식의 통합 수행
· 문학 문법: 문학 영역과 문법 지식의 통합 수행(시의 문법, 소설의 문법 등)

(4) 국어 문화 지식

국어 및 국어생활의 역사와 당대의 언어문화 현상을 이해하는 내용으로 국어 생활사, 국어 사건사, 국어 생활 문화 관련 지식을 말한다(졸고 2003).

· 국어 발달사: 국어 문자사, 국어 계통론, 국어 문법사(형태사, 어휘사, 문장사, 문체사)
· 국어 생활사: 독서생활사, 작문생활사, 화법생활사, 문학생활사 속의 문법 요소
· 국어 사건사: 국어 수난사, 국어 운동사, 국어 인물사 등
· 국어 생활문화: 국어사회, 국어심리, 전산국어, 매체언어, 언론언어, 공공언어 등
· 언어 수행 주체(가정, 학교, 기업, 언론, 공공기관 등)별 언어에 대한 이해

---

3 창조적 지식 기반 사회에서 국어교육의 방향을 다룬 것으로 노명완·정혜승·옥현진 (2003) 참고.

Ⅲ. 문법교육의 방향

문법교육은 다음의 네 방향을 지향하여야 한다. 필요시 구체적 활동 사례를 든다.

(1) '지식'과 '수행(활동)'으로서의 문법교육

문법을 지식 교과라고 하며 비활동 교과로 보는 경향이 있다. 그러나 국어과의 모든 하위 영역은 지식과 활동으로 구성되어야 하므로 문법도 지식 교과이면서 활동 교과의 역할을 하여야 한다. 어문학만 지식 교과가 아니고 독서, 화법, 작문만 활동 교과가 아니다.

(2) 창의적 상상력 계발을 위한 문법교육

이는 문법 요소와 생활문화를 연결하여 창의적 상상력을 계발하는 문법교육이다.

· 동사 학습: 내가 좋아하는 '동사' 표현 찾기, 기사 제목 · 상품명 · 광고 · 상호(商號)의 동사 표현 찾기, 시 내용의 동사 표현 효과 토의하기 등 다양한 탐구
· 수사로 된 좌우명 짓기: '1일 1회 좋은 일하고, 10회 웃고, 100자 쓰고, 1000자 읽고, 1만보 걷자' 따위를 만들어 서로 표현을 나누는 활동
· 수사로 수수께끼 짓기: '손가락이 왜 열일까? - 열 달 길러주신 어머니 기억하라고'처럼 기발한 발상의 표현 활동 나누기

(3) 문법과 타 영역 및 교과의 통합으로서의 문법교육

문법은 국어과의 타 영역, 국어과 외의 타 교과 내용들과의 통합적 구

성이 요구된다. Cox(2005:251~255)는 '보물섬' 한 가지로 문학, 과학, 지리, 역사 등에 걸쳐 15일 일정의 다양한 통합 학습을 하는 사례를 보여주는데 이런 통합 학습 경험은 사물을 보는 다양한 눈을 열어 주어 유용하다. 우리는 교과서 진도에 묶여 통합 학습을 어려워하지만 특별활동을 통하여 충분히 가능하다.

① 국어 문법과 국어과 타 영역의 통합

(ㄱ) 문법과 문학: 시 학습(낭독, 시어, 표현 학습, 패러디), 소설의 언어 문체

(ㄴ) 문법과 독서: 독서 통한 어휘력 증진 활동. 독서 감상문에서 독서 자료의 언어 요소 탐구

(ㄷ) 문법과 작문: 교열 진단 프로그램. 검색어 이용 글쓰기(왕조실록에서 주제어 검색하여 자료 수집하기). 형태소, 단어, 문장 분석용 '깜짝새' 전산프로그램 활용하기

(ㄹ) 문법과 화법: 대화의 핵심어, 명연설의 언어 특징, 반언어적, 비언어적 표현의 효과 탐구

② 국어 문법과 타 교과, 타 학문과의 통합

(ㄱ) 문법과 철학: 언어철학, 언어논리학적 내용

(ㄴ) 문법과 사회: 사회언어학(인종·지역·계층·세대·성별), 성별어, 지역방언 조사 학습[4]

(ㄷ) 문법과 역사: 역사 용어, 역사 드라마의 언어와 문제점 탐구

---

4 사회과에 향토 관련 학습 단원이 부여되고 있듯이 국어과에도 지역 향토 학습으로 학생들의 지역 방언, 민속 조사와 같은 향토 학습을 의무적으로 부과할 필요가 있다. 김수업(2001), 임칠성(2001), 조규태(2003, 2008)의 방언 교육 논의 참고.

(ㄹ) 문법과 체육: 스포츠 용어 문제 탐구

(ㅁ) 문법과 과학: 과학 전문 용어 문제 탐구

이러한 통합 사례로 '인용법' 교육의 사례를 들 수 있다. 우선 인용법 교육을 위해 국어 교과가 학문을 다루는 글감(text)을 다루어야 한다.[5] 종래 교과서에서는 학문 관련 글로 '주문공 권학문(朱文公 勸學文)'(3차 인문계 고교 국어1, 1975), '학문(學問)'(베이컨 지음, 최창호 역, 3차 인문계 고교 국어3, 1975), '학문의 목적'(박종홍, 5차/6차 국어(상)이 있었는데 이런 학문 담론은 배움의 태도 교육은 물론 지식 윤리, 지적 재산권(저작권) 차원에서 필요하다. 특히 학계를 포함한 우리 사회 전반의 '거짓' 범람과 관련하여 학문 윤리를 강조해야 할 필요가 있고 '인용법'은 인용 표현,[6] 인용부호 사용법 등과 학문의 자세를 연계할 수 있는 좋은 소재이다.[7]

---

5 한국 학문이 극복할 것으로 이데올로기 문제, 민족주의와 경제성장 논리, 서구 맹종, 프로젝트 하청공장화한 대학의 실용적 학문 추구 현상을 들 수 있다. 학문 관련 담론으로 근대 고전인 프란시스 베이컨 저/이종흡 역(2002), 교육학자가 본 학문관은 장상호(1997, 2004), 인문학자가 본 학문은 김우창(2006, 2007)을 참고할 수 있다. 실제로 유명 학자들의 일제하, 해방기의 청소년기 삶을 보이는 체험적 글로 이기문(1996), 강신항(1995), 유종호(2004) 등을 들 수 있다.

한편 다문화, 문명 충돌, 세계화 국제경쟁사회 속에서 삶의 가치, 타자의 존중을 추구하는 학문이 되기 위해 문화 이해, 인간 존중의 정신을 추구하는 배움이 되어야 한다. 조너선 색스(Jonathan Sacks)는 '차이의 존중'(The Dignity of Difference, 2003; 임재서 역 2007)에서 다문화 이해의 구체적 실천으로 '차이의 존엄, 통제(책임의 의무), 공헌(시장경제의 도덕: 리세스 오블리주 richess oblige), 자선(사회정의, 불평등 해소), 창조성(교육의 책무, 교육투자를 통한 빈곤 퇴치), 협동(시민사회와 제도의 중요성), 보존(환경 윤리), 화해(세상을 바꾸는 용서의 힘(능동적 화해), 희망의 언약(종교의 힘)'을 제시하고 있다.

6 인용 표현에 대한 국어학적 연구로는 이필영(1993), 신선경(1986) 참고.

7 인간 언어의 '거짓' 문제를 다룬 것으로 김상대(1998)가 있다.

(4) 인간관계 훈련으로서의 문법교육

소통은 인간관계 이해 과정이므로 문법 수업의 발표 토론은 학습자간, 교사-학습자간 상호의 삶에 대한 이해 과정으로 활용할 수 있어야 한다.

- 단어 활동: 가장 좋아하는 단어(색채어, 동사, 형용사, 부사…)는? 싫어하는 단어는?
- 문장 활동: 가장 좋아하는 문장(격언, 좌우명)은? 좋아하는 고사성어 교훈은?
- 고유명사 활동: 자호(自號) 짓기, 자기의 꿈을 함축한 이름 짓기, 상품명·상호명·동아리명 짓기
- 나와 친구의 대화에서 많이 쓰는 표현 찾기(명사, 동사, 형용사, 부사, 감탄사 등)

(5) 위계화한 문법교육

(ㄱ) 앞으로 문법교육 연구는 발달 연구가 강화되어야 한다. 직관에 의존한 문법교육에서 아동 발달에 맞는 어휘, 문법교육이 이루어져야 한다.[8]

(ㄴ) 품사, 성분 등의 개념과 용어 도입은 초등학교로 내려와야 한다.[9] 문법 용어나 개념 사용을 극도로 기피하여 지난 교육과정에서 중

---

8 Cox(2005:328~342)에서는 표기 학습 발달 단계를 다음과 같이 설정하고 있어 우리도 이러한 발달 단계별 표기법 교육이 필요하다.

전소통기(Precommunicative: Preschool-Midkindergarten, 2~5세) > 준음소기(Semiphonetic: Kindergarten 말-1학년 초, 5~6세) > 음소기(Phonetic: 1학년 중간, 6세) > 이행기(Transitional: 1학년 말-2학년 초, 6~7세) > 관습기(Conventional: 2~4학년, 7~9세) > 형태통사기(Morphemic & Syntactic: 5~8학년, 10~13세)

9 영어권은 초등 단계에서도 품사, 성분 개념이 자연스레 도입되는데 우리는 너무 늦다. 초등학교의 품사 개념 도입에 대한 논의는 졸고(2007) 참고.

3에서 품사 개념을 가르침은 문제이다. 개정 교육과정은 초등 3학년에서 품사의 기초 개념을 학습하도록 하였고 4학년에서 문장 성분의 개념을 이해하도록 하였다. 따라서 문법의 기본이 되는 품사, 성분 개념과 용어는 다음 수준으로 전개하여야 한다.

① 초등학교 저학년(3학년): 9품사 용어 ⇒ 국어사전 활용 학습
　　　　　3학년 1학기: 명사, 대명사, 동사, 형용사, 조사 도입
　　　　　3학년 2학기: 수사, 관형사, 부사, 감탄사 도입
　　　　　고학년(4, 5, 6 학년): 7성분 용어 ⇒ 문장 분석 학습
② 중학교 1~3학년: 9품사 하위 2차 분류의 품사 개념 도입 / 문장의 확대

초등 3학년에서 품사 개념을 도입하려면 용어 제시에 앞서 낱말들을 같은 유형끼리 묶는 직관력을 키우는 활동이 요구된다. 낱말 부류가 특성에 따라 묶이는 어류(word class)가 있고 그것에 품사명이 붙는다는 사실을 알게 하여야 할 것이다.

(6) 학습 동기를 유발하는 문법교육

문법을 가르치려면 학습자들이 자신이 배우는 과목의 성격과 가치를 알고 임하도록 다양한 문법 학습의 동기를 유발해야 한다. 문법교육의 실패 원인의 하나는 동기 없는 문법교육으로 문법교육을 암기교과로 전락시킨 점이다. 한국교육과정평가원의 교육과정 개정 중간보고서(2005)에 따르면 학습자 요구분석 조사에서 가장 부족한 능력을 '국어 지식(문법) 능력' 40.2%, '쓰기 능력' 19.4%로 국어 지식과 쓰기 관련 능력이라고 응답한 경우가 반을 넘었다. 국립국어원의 국어의식조사(2005)도 한국인의 국어능력 저하에 '그렇다'고 62.7%가 응답하였고, 국어에 대한 관

심은 60.9%가 '있다'고 하였다. 국민들은 말하기(49.8%), 글쓰기(14.0%), 언어 예절(12.5%), 표준어(7.9%), 맞춤법(7.0%) 순으로 관심이 있다고 응답하여 이러한 것을 동기 유발에 활용해야 한다.

문법교육은 문법 생활인(자율적 언어 교열자, 언어 치료자, 언어 예절인)을 기르는 것을 목표로 학습자가 평생 자기의 말과 글에 대한 진단, 처방, 치료를 스스로 수행할 수 있는 '언어 의사'로 살아갈 수 있도록 언어 해부와 분석의 경험을 필수적으로 제공해야 한다. 마치 의사가 되려면 인체 해부 경험이 필요하듯 문법 시간은 언어 해부의 경험을 제공해야 한다. 문법 시간의 언어 수집, 분석 활동은 수학 시간의 미적분 학습, 의학도의 해부 수업이나 생물 시간의 곤충 채집, 개구리 해부, 식물 관찰 분석 활동과 같다. 그런 분석 활동으로 수의 세계, 인체나 자연 세계의 신비에 눈을 뜨듯 문법 학습 활동으로 언어 세계의 신비에 눈을 뜨고 자기와 타인, 공동체의 언어 현상에 눈을 뜨게 하는 교과가 되어야 한다.

Ⅳ. 문법 지식과 활동의 제시 방식

현행 초중고 국어 교과서의 문법교육은 특정 단원에서 고립적, 간헐적으로 문법 지식을 학습하고 평소 각 말하기, 듣기, 읽기, 쓰기, 문학 단원에는 적용하지 않아 문제이다. 우리는 평소 비문법 단원에서 문법 요소를 다루는 활동을 조금씩 제공함이 필요하다고 보아 다음을 제안한다.

(1) 독립 단원 제시 방식: 현행대로 국어의 특징, 우리말이 걸어온 길, 표준어와 방언 등 주요 주제를 독립 단원으로 제시하는 방식이다.

(2) 비문법 단원 속 적용 제시 방식: 비문법 단원 학습 후 그 단원의 글감에서 주요 문법 사항을 뽑아 생활 자료 속의 문법 의식을 환기하고

문법 활동을 제시하는 방식이다. 다음을 선택해 순환 배치할 수 있다.

(ㄱ) 문법 구조 개념 익히기: 주요 문법 지식을 간단히 소개한다.

(ㄴ) 규범 익히기: 맞춤법, 표준어, 외래어 문제 설명과 연습문제를 보인다.

(ㄷ) 국어문화 살피기: 어원, 언어예절, 국어문화를 소개한다.

(ㄹ) 활동하기: 매 단원에 국어 능력 증진, 창의적 상상력 활동 문제를 제시한다.

· 발음 활동: 주의할 표준어 발음 익히기.

· 어휘 활동: 고유어 익힘 활동(고유어 낱말밭 만들기, 어휘력, 어휘 상상력 증진 활동)

한자어 익힘 활동(주요 개념 한자의 새김, 파생 한자어 어휘력 증진 활동)

· 문장, 담화 활동: 문장 오류 고치기, 담화 구성 다듬기, 국어 창의적 상상력 활동

V. 문법 단위 교육

여기서는 문법 단위인 발음, 어휘, 문장 및 담화별로 앞으로의 교육과 정에서 강조되어야 할 부분만을 집중 제기하도록 한다.

1. 발음 교육

(1) 표준어 교육

· 표준어 교육이 방언 문화 비하로 오해되지 말아야 하며 방언권 화자의 개인 성취 발전을 위한 표준어 습득의 동기가 필요하다.

· 국립국어연구원(1997, 2001)의 보고처럼 교사들이 표준어 교육에 무관심하여 표준어와 방언 공존의 인식 전환 교육의 전략이 필요하다.

· 다민족사회 구성원들의 이중언어 습득 전략과 같은 표준어 습득 전략이 필요하다.

· 미국의 흑인 영어, 방언 개선, 표준영어 습득을 위한 미국 교사들의 다음과 같은 지도 방법(Cox 2005:274)을 참고하라: 고향말 사전(표준어-방언 대역 어휘집, 사전) 만들기 / 드라마, 미디어 자료에서 표준어 사용자 역할을 수행하기 / 유명 앵커 흉내를 내는 뉴스 만들어 녹음, 녹화하기 / 방언과 표준어 표현 차이 찾기 / 표준영어로 대화록(dialogue journal) 만들기 / 지역 문화나 가정 문화의 방언 활동과 조화 협력하면서 방언 교정하기.

뉴스 따라하기, 표준어 웅변대회, 표준어 연극, 음성 교정 수준의 여러 방법을 통해 학생에게 방언에 대한 열등감을 조성하지 않고 표준어와 방언을 이중방언처럼 자유롭게 구사하도록 교육함이 가능하다.

(2) 준언어적(말씨), 비언어적(신체언어) 표현과 음성 교육

· 발음 교육은 문법 지식 교육이 아닌 음색, 음질, 음량(성량), 억양 등의 준언어적 요소나, 몸짓언어와 같은 비언어적 요소에 대한 교육과 연계 훈련으로 수행되어야 한다. 최근 신지연(2007)의 연구는 발음 교육과 준언어, 비언어 소통의 상관성을 보여 준다. 이 연구는 녹음 발화를 듣고 그에 대한 발음에 대한 인상 평가를 한 것을 분석한 것으로 사람들이 발음이나 준언어, 비언어에 대해 가지는 인상을 종합한 것으로 교실 활동에서도 가능하다.

· 다문화 이해 교육 차원에서 국어의 비언어적 표현 외에 타 언어권의 비언어적 표현도 비교 이해하면 문화교육에 유용하다.[10]

2. 어휘교육

(1) 형태소 분석과 어원 교육

· 형태소 분석은 언어 상상력 창조에 유용하다(구본관 2007): 딜새 〉
디새 〉 지와 〉 기와

· 한자어 어원 교육을 포함한 과학적 형태소 분석과 어원 연구를 통한
협력, 과학적 어원 교육은 국어에 대한 긍정적 상상력을 키울 수 있다.[11]

(2) 어휘 표현 교육

단어나 관용 표현이 펼치는 다양한 의미의 세계, 비유의 세계에 대해
주목하고 창의적 상상력을 일으키는 활동이 필요하다. 이를 위해 사고의
무의식성과 은유성, 신체화한 마음을 탐구하는 인지언어학적 성과들이
유용하다. George Lakoff & Mark Turner(1989)에서 분석한 '인생, 죽음,
시간'의 은유 구조처럼 수많은 시작품의 은유 세계의 원형성을 추구한
연구, George Lakoff & Mark Johnson(1999)에서 다룬 논의들은 학습용
으로도 유용하다. 즉 학습자들끼리 일정한 시작품, 광고 자료, 일상 대화
문 등에서 나오는 표현들의 바탕에 깔린 은유 구조를 토론하며 탐구하는
활동을 통해 인간의 언어 의식의 바탕을 탐구한다. 임지룡(1997), 박영
순(2000), 이수련(2001), 이종열(2003)의 인지언어학적 연구가 참고된다.

(3) 한자어 이해 교육

한자교육은 7차 교육과정 교과서들부터 중등 국어교육에서 거의 퇴출

---

10 최근에 한국인의 비언어적 표현을 신체 부위별로 정리한 것으로는 조현용(2006) 참고.
11 홍윤표 교수의 국립국어원 『새국어소식』의 어원 연재물이나 조항범(1997, 2004,
2005), 최창렬(2005, 2006)의 어원 연구가 참고할 만하다.

되었다. 이는 전통 문화유산의 보전을 언급한 헌법 정신에도 위배되며 조상이 남긴 한자 문화유산에 대한 부정이요 문화 말살 행위로 국어교육은 반신불수의 교육이 되어 가고 있으므로 재고해야 한다.

한글전용을 하더라도 한자교육은 해야 한다. 한자교육은 한자어 어원 이해를 통한 '어원적 어휘교육'으로 수행해야 한다. 한자어 이해의 방법에는 한자어의 구성 요소별 어원 의미로 이해하는 분해적 인지(分解的 認知)와 한자어를 요소별 의미 결합이 아닌 전체 뜻의 총화로 이해하는 집합적 인지(集合的 認知)의 두 가지가 있다. 어원적 이해는 전자의 방법이다. 이를 위해 국어 교과들은 괄호 한자 병기를 늘리고, 고전문학 지문에서는 국한혼용체 지문을 도입하고, 매 단원마다 익힘 문제의 한자 낱글자 음훈 익히기를 부활해야 한다.[12] 국어교사 양성기관인 교육대, 사범대에서도 한자·한문교육을 필수로 부과하고 국어 교사 임용고시에서도 한자 문제를 어휘 문제나 고전 부문에서 반드시 측정해 국어 교사들의 한자 문맹을 막아야 한다.

한자교육은 고전 문식성을 높이며, 한중일 동아시아 문명에 대한 이해도를 높인다. 문화적 문식성은 국가 경쟁력의 원천이다. 한자 문맹은 역사와 고전 문화에 무지한 사맹(史盲)을 낳고 사맹은 지식(知識) 약국(弱國)을 만든다. 중국의 사서삼경에 나오는 한자가 3천자 수준이고(허성도 1999) 중고교용 2000자만 알아도 전통 고전 이해는 물론 부수적으로 인접국의 한자 문화 이해의 수단을 가지게 되며 중국어, 일어 학습의 토대가 되기도 한다.

---

12 이병선(2002)에서도 '첨성대(瞻星臺), 화승총(火繩銃)'의 예를 들고 이를 집합적으로 이해해야 하는 아동들의 고통스러움을 지적하고 있다. 인생 노년기를 老年이라 하는 것과 열매 맺는 시기라는 뜻으로 實年이라 하는 것은 단어의 철학과 가치의 차이가 난다고도 지적하고 있다. 후술할 최현섭(2004)의 '생극, 화쟁, 홍익' 같은 단어는 '生剋, 和諍, 弘益'이란 한자로 어원적 접근을 할 때 명료히 이해할 수 있다.

국민과 학생들은 초등학교부터의 한자 학습을 요구하고 있다. 국립국어원의 국민 언어의식조사(2005)를 보면 다음과 같이 조기 한자교육을 원하고 있다.

- 한자교육: 초등학교 때부터 하는 것이 바람직 78.8%

영어교육: 초등학교 때부터 하는 것이 바람직 75.6%, 5~6세부터 해야 한다는 의견도 14.2%로 나타났다.

- 한자교육은 초등학교 저학년(1~3학년)부터 해야 한다는 응답이 47.5%로 가장 높았고, 영어 교육은 초등 1학년부터 함이 좋다는 응답이 32.4%로 가장 높았다. 국민이 원하는 한자교육을 교육부가 실천하지 않아 오늘의 파행적 한자 문맹의 반신불수의 국어교육을 하고 있다.

【 바람직한 한자교육 실시 시기 】　【 바람직한 영어교육 실시 시기 】

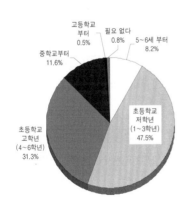
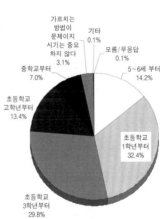

위와 비슷한 시기에 다음과 같은 중학생 한자어 능력 실태 조사도 보고된 바 있다(민현식 외 2004).

(ㄱ) 56% 정도의 학생만이 초등학교 때 한자 자율 학습이나 재량 학

습을 하여 나머지 반수는 한자교육을 특별 활동 교육에서조차 제공받지 못한 채 중학교로 올라오고 있다.

(ㄴ) 자기 이름을 한자로 쓸 수 있는 학생은 61.3%만이 기입하였다. 아버지 성명은 16%만, 어머니 성명은 10%만 가능하며 할아버지, 할머니 는 0.8%, 1.7%로 1% 내외라는 희소한 수준을 보여 준다.

(ㄷ) 한자교육 필요성: 필요 70.1%, 불필요 29.9%로 중학생 70% 정도 는 한자교육의 필요성을 공감하고 있다.

(ㄹ) 한자교육 도입 시기: 초등 4~6학년 시기를 50.9%나 요구하고 초등 1~3학년도 19.3%나 되어 합하면 초등 도입이 70.2%나 된다.

(ㅁ) 교과서의 한자 괄호 병기에 대한 학생 의견: '매우 찬성' 10.1%, '찬성' 31.1%, '보통' 41.2%, '반대' 17.6%로 나타났다. 보통 의견자를 가 르쳐도 반대하지 않는 것으로 간주하면 한자 병기 수용하겠다는 긍정 의 견이 72.3%에 이르므로 한자 병기는 해도 문제 될 것이 없다.

아래의 통계는 10여 년 전 것인데 그 후 국립국어원(2010, 2015)의 국 민언어의식조사까지 3차 국민언어의식조사를 비교하면 다음과 같다.

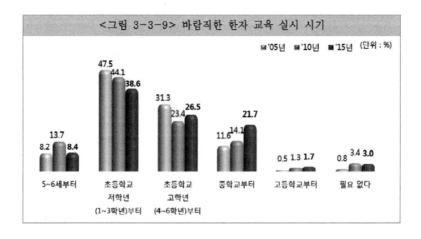

위 국민언어의식조사는 초등학교 이하 시기의 한자교육 요구가 2005년 87%, 2010년 81.2%, 2015년 73.5%로 줄고 있지만 여전히 국민 다수가 강력히 요구함을 알 수 있고 정부가 국민 요구대로 실천하지 않음을 여실히 보여 준다고 하겠다. 오늘날 한자교육이 국어교육에서 연계 교육되지 않아 사교육으로 전락하고 학생들은 물론 국어 교사도 한자 지도 능력을 상실해 버린 상태에 진입해 일반 국민의 한자 문맹은 가속화하고 있다(민현식 2013).[13] 7차 교육과정 교과서에서 한자 괄호 병기를 거의 퇴출하고 한자어 학습도 퇴출함은 한글전용의 성공이라기보다 문화 말살의 문화 자해(文化 自害)라 할 수 있다. 한자교육이 사라진 그 자리에는 영어식 외국어만 넘치고 영한 혼용체 문화가 넘친다.

적어도 한자어의 어원 기반 어휘 학습, 고전 이해의 도구 차원에서 (ㄱ) 괄호 한자 병기, (ㄴ) 익힘 문제의 한자어와 한자 익히기 활동은 제공해야 한다. 이는 한글전용을 유지하면서도 할 수 있는 일이다. 익힘 문제의 본문 한자어 선정 기준은 신명선(2004)에서 제시한 사고 도구어 1,404개(926단어족)의 목록을 기준으로 선정할 수 있다.[14] 또한 국어교사 양성기관에서는 한자교육을 해야 하며, 국어 교사 임용고시에서도 한자

---

13 최근에는 대학생들이 자기의 한자 이름을 쓰지 못해 주민등록증을 꺼내 주민등록증의 한자 표기를 보고 그리며, 국문과(고전문학), 국사과 전공시간에는 한문 사료의 원전 강독이 불가능한 지경이다. 일반 국민의 경우도 성균관대 한문교육과 이명학(李明學) 교수의 조사에 따르면 2011년 서울 거주 30~80대 부모 427명을 대상으로 자녀의 한자 이름을 쓸 수 있는지 대면(對面)조사한 결과, 30대 62.8%, 40대 45.4%, 50대 44%, 60대 이상 35.4%, 전체 평균 47.8%가 제대로 쓰지 못했으니 17.6%(75명)가 자녀 이름을 틀리게 썼고, 30.2%(129명)는 아예 한 글자도 못 썼다. 자녀의 한자 이름을 정확하게 쓴 이는 52.2%(223명)였다고 한다. 틀리게 쓴 성씨 중에는 서(徐)씨와 최(崔)씨, 정(鄭)씨, 류(柳)씨, 오(吳)씨 순이고, 틀리게 쓰는 이름은 숙(淑)·규(葵)·원(媛)·태(泰)·석(錫) 등이었다고 한다. 월간조선 2013년 10월호 심층취재 "한자공부 하지 말자는 한국 사회의 知的 수준" 기사 참고.
14 신명선(2004)은 사고도구어를 수행어(비교하다, 검토하다, 제시하다, 고찰하다 등), 대상어(정의, 개념, 변화, 특성, 본질, 요소 등), 조직어(전자, 후자, 서론, 본론, 기술하다 등)로 나누어 고찰하고 있다.

문제를 어휘 문제나 고전 영역에서 반드시 넣어 국어 교사들의 한자 문맹을 막아야 한다. 최근 한자 문맹 세대에게 광범위하게 나타나는 현상은 동음 이의/유의 한자어의 다의화 현상이다. 가령 '산모의 진통(陣痛)'이라 할 때 한글세대는 '진통'에 대해 '진통(鎭痛) - 진통(陣痛)'처럼 한자 동음이의어로 변별하는 능력이 없어 한글로 통합된 다의어로 착각한다.[15]

진통1(陣痛) 몡 〖의학〗 해산할 때에, 짧은 간격을 두고 주기적으로 반복되는 복부의 통증. 분만을 위하여 자궁이 불수의적(不隨意的)으로 수축함으로써 일어난다. ≒산통(産痛).
진통2(鎭痛)[진 : -] 몡 〖의학〗 아픈 것을 가라앉혀 멎게 하는 일.

(4) 계량적 언어 학습

전산언어학의 발달로 어휘 계량을 할 수 있는 방법이 많아졌다. 한글 프로그램에서 간단히 분류[소트 sort]하는 방법도 초보적으로 가능하고 '깜짝새'라고 하는 프로그램을 활용하여 어휘, 어절 빈도를 파악하는 것도 가능하다. 이미 말뭉치 작업의 결과 다양한 빈도 조사가 나와 있는데 교육적으로 접근 가능하다. 가령 연설문이나 시 작품을 프로그램으로 분석하여 어휘 빈도를 추출하여 연설문의 경향이나 시의 경향을 논할 수 있다. 이러한 계량 연구는 이상억(2001), 임칠성(2000), 임칠성·水野俊平·北山一雄(1997), 소월과 영랑 시를 계량 분석한 조창규(2002, 2003) 등을 들 수 있다.

어휘 검색어를 활용하여 정보를 수집하여 글을 구상하듯이 조선왕조

---

15 '동음 이의/유의 한자어'의 다의화 양상은 대거 나타나고 있다: 물상(物象)-물상(物像); 불순(不純)-불순(不順); 비등(沸騰)-비등(飛騰); 배치(背馳)-배치(配置)-배치(排置); 배포(配布)-배포(排布/排鋪); 순행(巡行)-순행(巡幸)-순행(循行)-순행(順行); 인도(引渡)-인도(引導) 등.

실록, 성경, 사서삼경 사이트의 검색창에 검색어를 넣고 얻어지는 자료를 읽고 다양한 주제의 글을 쓸 수도 있다.

3. 문장과 담화 교육

(1) 문장과 담화의 정확성, 적절성, 간결성, 효율성: 이 부분에 대해서는 그동안 다양하게 나온 국어규범론, 문체론, 텍스트언어학 연구 성과를 활용할 수 있다. 특히 텍스트학의 방법론은 담화 구조의 결속성, 결속 구조와 관련하여 지도가 이루어져야 한다. 이 학습의 목표는 '정확하고 적절한 어휘 찾기, 정확하고 간결한 문장 쓰기, 정확하고 효율적인 담화 엮기'로 요약할 수 있다.

(2) 상생 화용(話用): 의사소통과 관련하여 화용론적 성과들이 있어 이창덕 · 임칠성 · 심영택 · 원진숙(2000), 구현정(2003), 구현정 외(2005)에서 화법 원리와 사례를 소개하고 있는데 최근에 최현섭(2004), 최현섭외(2007)에서 소통의 방법론으로 '상생 화용'이란 개념을 제시한 것은 새로운 시도라 할 수 있다.[16]

(3) 차별적 표현 문제: 사회 속에서는 다양한 인간 차별적 현상이 존재하고 그런 것이 언어적으로 나타난다. 인종, 남녀, 계층, 직업, 세대, 지역, 아동, 학교, 이념 등 차별 양상은 허다하다. 그동안 국어학에서는 성차별 현상만 주로 거론되어 왔고 광범위한 언어 차별 현상에 대해서는

---

16 상생 화용은 최현섭(2004)에서 제시한 개념으로 위기에 빠진 서구 추종의 문명사에 대해 동양사상 특히 생극론(生剋論)[상생(相生)과 상극(相剋)], 생태론(生態論), 유교(儒敎), 기철학(氣哲學), 화쟁(和諍), 홍익인간(弘益人間), 생명학(生命學) 등에서 문제 해결의 답을 찾아 이들이 신뢰 회복, 만물 존중, 융합 및 생성의 셋으로 수렴된다고 하고 이 셋을 다시 국어교육에 적용하여 상생화용론의 세 관점을 〈진실한 언어 사용, 상대 존중 및 배려, 의미 생성〉으로 정립하였다.

다루어 오지 않았는데 최근 조태린(2006)에서 다루어진 바 있다. 다음은 그 주요 사례들이다.

- 양성 불평등 표현: 미혼모, 미망인, 여대생, 처녀작, 처녀 출전, 바깥 어른, 집사람, 학부형, 여편네, 마누라, 여시 등
- 신체적 특성 관련 차별 표현: '맹인, 귀머거리, 절름발이, 벙어리(냉 가슴), 꿀 먹은 벙어리, S라인, 얼짱, 꽃미남, 뚱보, 말라깽이, 장님 코끼리 더듬기 등
- 인종, 국적 및 지역 관련 차별 표현: 유색인종, 혼혈아, 코시안, 서울 로 올라가다, 지방으로 내려가다, 여의도 면적 몇 배, 탈북자, 외국 인 노동자
- 직업 및 사회적 지위 관련 차별 표현: 잡상인, 간호원, 청소부, 신용 불량자, 미숙아, 사생아, -쟁이, 철밥통, 신용불량자, 가정부 등
- 자의적 가치 판단어: 일류, 명문, 386세대, 명품, 진보, 보수, 고급, 고위, 강남, 양심적 병역 거부, 초-(초호화, 초일류, 초대형, 초특급), 최-(최고급, 최악, 최대), 군단, 전사, 용병, 세금폭탄 등

이런 차별 표현은 차별어 사용자나 차별어 청취자나 경직된 차별적 사고방식에 갇히게 하여 인간의 사고를 병들게 한다. 성차별 표현에 익 숙해지면 어느 새 성차별적 세계관에 갇힌 행동을 하게 된다. 따라서 우 리는 차별적 언어 표현의 문제점을 초등교육에서부터 일깨워야 한다.

(4) 문서 문식성의 향상[17]

---

17 경제협력개발기구(OECD)는 '국제 학생 성취도 평가 연구(Program for International Student Assessment: PISA)를 하고 있다. 이 연구는 1998년에 시작되어 2006년까지 3년

이희수 외(2002)의 '한국 성인의 문해 실태에 관한 OECD 국제 비교 조사 연구', 한국교육개발원(KEDI, 2005)의 '2004 한국 교육인적자원 지표'에 따르면 우리가 문맹률은 낮으나 국민들의 문서 이해 능력은 OECD 국가들 중 최하위로 나타난 바 있다. 문서 이해 능력이란 의약품 설명서, 전자제품 설명서, 취업 응시 원서, 영수증, 월급 명세서, 영수증, 지도, 교통 시간표, 봉급 명세서 같은 각종 문서를 이해하는 데 선진국 국민보다 떨어진다는 것이다. 이러한 문서 이해 능력은 문자 해독 여부만을 보여주는 단순 문맹률보다 훨씬 더 실질적인 '문맹률'로 간주되는 것이다. 특히 고학력에서 이런 문서 문식성이 OECD 국가에서 최하로 나타남은 우리의 국어교육, 대학 교양국어교육에 문제점이 있다고 볼 수 있다(졸고 2008, 2015).

Ⅵ. 국어 수행 주체에 따른 문법교육

국어 문제나 문법 문제를 접근하는 방법은 국어 수행 주체별로 접근할 수도 있다. 국어 수행 주체란 사회언어학적 요인인 인종, 지역, 세대, 연

주기 3회 평가로 9년간 지속될 예정인데 32개국이 참여하여 국제 비교를 한다. 우리나라는 한국교육과정평가원이 연구에 참여하고 있다. PISA는 의무교육이 끝나는 15세 학생들이 21세기의 사회 구성원으로 살아가기 위한 문식성(literacy)을 측정하며 다음 세 영역으로 평가한다. '문서 문식성(document literacy)'은 다음 ②를 가리키는데 이희수 외(2001)에서는 우리나라 고학력자일수록 문서 문식성이 부실하여 OECD에서 최저 수준이라고 한다. 이는 한글이 쉽다는 신화만 믿고 국어능력도 쉽게 얻어지는 줄 착각하고 국어교육에 방심한 탓이다. 표기법, 문법교육의 홀대도 그런 결과이다.
  ① 산문 문식성(prose literacy): 신문 사설, 뉴스, 시, 소설 따위의 이해 능력
  ② 문서 문식성(document literacy): 이력서, 봉급 명세서, 교통 시간표, 지도, 도표 등을 보는 능력
  ③ 수리 문식성(quantitative literacy): 수리 계산, 주문서 작성, 이자 계산 등의 수리 능력

령, 성별에 따라 다양할 수 있으나 여기서는 국가, 기업, 학교, 가정이라는 수행 주체별로 접근하는 방안을 제시하여 본다.

1. 국가 언어(정치 언어): 정치 공동체 언어의 문제

(1) 국가성: 국가 정체성과 자유주의 언어 담론

오늘날 국어교육에서 소홀했던 것은 '국가성'과 '규범성'의 문제이다. 규범성의 문제는 표준 표기법, 표준어 사용 등의 개념으로 국어과에서 다루어 왔다. 그러나 국가성의 문제는 거의 다루어온 바 없다. 국어과가 주로 민족성의 문제에만 관심을 가져 온 때문이다. 국가성은 헌법 정신을 토대로 하므로 헌법에 나타난 언어관을 국어교육에서 다룰 수 있다. 자유민주공화국 체제이므로 자유언론 정신, 표현의 자유, 언론 집회 결사의 자유, 평등과 인권 등도 국어과에서 구현할 수 있다. 특히 정치 영역에 선동과 거짓이 난무하는 현실 속에서 어려서부터 국민이 거짓말에 속지 않고 선동과 진실을 분별할 수 있는 안목이 평소의 언어생활에서 교육된다면 선동하는 정치인, 편향적 언론의 보도언어를 분별할 수 있는 비판적 사고가 형성될 수 있으므로 국어교육에서도 다룰 필요가 있다. 국가성과 관련하여서는 '삼국유사(三國遺事)', '삼국사기(三國史記)'를 삼국통일-고려-조선-대한민국으로 이어지는 건국사의 정통성으로서뿐 아니라 한국 언어문화 상상력의 원천으로 초등학교부터 국민 필독의 고전으로 활용해야 한다. 다음은 국어교육이나 문법교육에서 국가성과 관련 가능한 내용들이다.

· '삼국유사, 삼국사기'의 국민 고전화: 이들 고전의 언어 요소(언어계통설, 김대문(金大問) 어원설, 주술적 언령(呪術的 言靈)의 시가 및 설화, 인명 및 지명 설화, 삼국간 협상 담화, 삼국 위인 영웅의 언행

등). 통일신라 건국·호국의 위인(김유신, 김춘추)과 그들의 언행

· 상해 임시정부와 대한민국 헌법 전문과[18] 국회 속기록의 언어 분석

· 역대 대통령, 정치 지도자의 연설 담화 분석

· 법률 문장, 공공 게시문, 공공 안내문의 순화와 언어 민주화 문제

· 기미독립선언과 세계의 유명 독립선언 비교: 독립, 항일 자료 언어 분석. 이승만의 저서 '獨立精神'[19]

· 애국심 관련 언어 행위: 세계의 애국가 가사 비교와 애국가 유래담 조사하기

· 언론, 표현, 출판, 결사의 자유에 관한 명문이나 이에 헌신한 위인의 생애

· 자유와 자율, 평등과 경쟁 관련 표현들의 언어 문제

· 북한 언어문화 분석(노동신문, 북한 방송, 북한 출판물 분석 등)

· 국가 통치 관련 고전 활용: 고려사, 조선왕조실록, 경세유표(經世遺表), 목민심서(牧民心書), 흠흠신서(欽欽新書) 등

---

18 국가의 이념과 민족정신과 국민의 이상을 담아야 할 대한민국 헌법 전문(前文)은 문제가 많다. 헌법 전문이 한 문장으로 되어 의미 전달이 안 된다. 대한민국의 현대사와 국가 정체성을 제대로 담고 있지 않아 6.25 동란의 호국정신은 빠졌고 4.19와 민주이념, 민주개혁, 평화통일의 사명만 강조되고 대한민국의 건국, 경제 발전, 근대화 과정에 대한 언급 자체가 없다. 역대 교과서 중에 헌법 전문을 수록한 적은 3차 교육과정 중학 국어 3학년 2학기 교과서에서 있었다.
   - 중학 국어 3-2 우리나라 헌법 초 / 우리나라 교육법 초. (단원명: 우리들의 소중한 것. 13. 내가 선 곳)
   - 중국 국어 2-1 통일. 번영에의 열망 반영-'유신 헌법안' 압도적 지지. (단원명: 삶의 보람. 9. 기사문 두 편)
19 김구의 '백범일지'와 비견되는 책으로 건국의 국부 이승만 대통령이 구한말 옥중에 6년간 갇혀 있을 때(1899-1904) 지은 저서로 자주독립정신과 전략을 설파한 순한글체 명저이며 해방 후 속간되었다. 이승만 저(1910/1954), 독립정신(The Spirit of independence), LA: 大同 新書館 / 서울: 태평양출판사 참고.

국어학에서는 정치 담론 연구가 미약하지만 언어학과 정치는 미국 언어학계에서만 보아도 매우 현실적 관련을 맺고 있다. 프레드릭 뉴마이어(Frederick J. Newmeyer, 한동완 역(2006))은 20세기 언어학의 변천사를 다루면서 그 배경에 깔린 정치학적 함의를 규명하고 있다. 대표적 언어학자 촘스키(N. Chomsky)와 레이코프(G. Lakoff)가 최대의 정치언어 사상가란 점도 특이하다. 촘스키는 '현대 언어학의 창시자'로서 사회비판과 정치분석에도 탁월하여 '자유주의적 사회주의자(libertarian socialist)'로 자처하면서 무정부주의자에 가깝게 무계급의 평등사회를 이상적 무정부주의 사회로 추구하고 있다.[20] 레이코프는 촘스키의 제자로 세계적 인지언어학자가 되었는데 2004년 미국 대통령 선거에서 민주당의 실패는 자신의 언어를 상실한 결과라고 진단하고 선거의 언어를 분석하여 '코끼리는 생각하지 마(Don't think of an Elephant: Know Your Values and Frame the Debate)'라는 책을 쓰는데 이는 민주당원의 필독서가 되었다. 이 책에서 그는 정치의 '프레임(frame)'은 말이 결정짓고, 말은 곧 정치적 입장과 투표 성향을 드러내는 데 중요한 역할을 미친다는 프레임 이론을 제시하였다.

---

20 촘스키의 정치사상 비평서들로 국내에 번역된 것들이 10여 종이나 된다. 그는 미국의 정치 외교의 비사를 캐고 미국 정책, 언론의 문제를 풍부한 자료로 비판하고 있다. 다음은 그 일부이다.

촘스키 저·장영준 역(2001), 불량국가: 미국의 세계 지배와 힘의 논리(Rogue States), 두레

촘스키 저·이성복 역(2002), 프로파간다와 여론: 촘스키와의 대화, 아침이슬

촘스키 저·강주헌 역(2002), 누가 무엇으로 세상을 지배하는가, 시대의창

촘스키 저·이정아 역(2007), 촘스키의 아나키즘(Chomsky on Anarchism), 해토

촘스키 저·오애리 역(2007), 정복은 계속된다(Year 501: The Conquest Continues), 이후 출판사

(2) 지도자 언어[21]

국어교육에서는 지도자의 제1 능력인 언어 능력의 계발 교육을 강화하고 청소년기의 닮고 싶은 모형을 보여 주기 위하여 위인 교육을 활용할 필요가 있다. 언어 능력 계발을 위해서는 '경청, 설득과 논증 능력, 사물에 대한 언어 개념화 능력, 자기표현 능력, 토의 토론 및 사회 협상 능력, 표준어 능력, 유머 감각, 정직한 언어' 등의 실천을 강화하여야 한다(졸고 2006ㄱ). 이들 요소들은 기존 국어교육에서 외형적으로는 진행해 왔지만 실제로는 구체적 훈련 교육이 없는 상태이다. 가령, 7차 교육과정에서 '설득' 교육은 초등학교 5, 6학년에만 나오고 중고교에는 전무하여 허점을 보였다. 개정 교육과정에도 경청, 설득, 논증, 수사법, 어휘력 훈련 등을 집중하여 강화하는 실질적 방안을 모색해야 한다.

지도자 인물(위인) 교육은 도덕, 역사 교과와 협조하되, 국어교육이 언행교육인 만큼 국어과만의 위인 교육이 되려면 지도자의 언행을 소재로 인물을 선정한 교육을 해야 한다. 그동안의 국어교육에서 전기문 교육은 주로 문인(정철, 윤선도), 어문학자(주시경, 최현배, 이희승)의 전기문 위주라 '전통적 사대부형 인간형' 즉 '문학적 교양인'만을 제시하였다. 앞으로의 위인 교육은 문학적 교양인 외에 대통령, 기업인, 과학자 등의 실사구시형 위인들을 다룬 전기문도 제시해야 한다.

(3) 공공언어[22]

---

21 지도자의 담화 분석의 사례로 히틀러 담화를 분석한 김종영(2000, 2003)이 있고 국내에서도 대통령 연설 분석 연구로 박경현(2003), 이정복(2003), 이세화(2005), 유동엽(2007)이 있다.

22 공공언어 문제는 정부 차원에서 용어 순화, 문장 다듬기 차원에서 꾸준히 이루어져 왔다. '대법원(1991), 판결서 작성의 개선을 위한 참고사항, 대법원 송무예규', '문화체육부(1996), 바른말 고운말', '문화관광부(1998), 이런 말 실수 저런 글 실수', '감사원(1999), 감사문장 바로쓰기 편람', '국민고충처리위원회(2000), 민원문장바로쓰기', '국립국어연구원

공공언어는 공공문서, 공공 게시물, 공직자 언어를 아울러 이르는 말이다. 이들 공공언어 문제는 초중고 시절부터 다루어야 한다. 공공 문서 학습을 통해 올바른 국민의 권리와 의무를 알게 함과 공공문서의 문제점을 통하여 억울함을 당하지 않기 위함이다. 또한 공인들이 국가의 미래 흥망을 좌우하기 때문에 어려서부터 그런 공공의식을 바탕으로 공공언어 문제를 교육해야 한다. 박경현(2007)은 공직자 언어의 문법교육 요소로 한글 맞춤법, 표준어, 표준발음, 표기법, 띄어쓰기, 문장부호, 쉽고 간명한 표현, 표준화법, 구두 표현(군말 주의 등), 말투(반말투, 빈정거리는 말투, 선동적인 말투, 거친 말투 주의)를 들고 있다.

2. 기업 언어: 경제 공동체 언어의 문제

국가 언어 문제를 다루면서 밝혔듯이 한국이 자유시장경제를 지향하므로 기업 언어 곧 경제 언어 문제도 다루어야 한다. 과거 새마을 운동, 경제개발 5개년 계획 설명형의 경제 지문이 교과서에 있었지만 앞으로는 자유시장 경제 체제에서 생성되는 언어 문제를 다루는 글감도 필요하다.

(1) 경제 언어

기업 언어는 경영 언어, 노사 언어, 리더십의 언어이다. 건전한 기업가 정신을 반영한 위인을 발굴하고 기업 경영자의 리더십 관련 언어를 다룰 수 있어야 하는데 리더십 관련 문제는 박경현(2007)에서 다루어졌다. 기업 경영주들의 언어능력, 상거래의 설득, 소비자 언어 문제를 교과서에

(2001), 법조문의 문장 실태 조사' 등 참조. 공직자 언어, 공공언어 문제는 박경현(2002, 2003) 참조.

서 다룰 수 있다. 일상생활 정보의 중요한 부분을 차지하는 각종 제품 설명서가 지나치게 한자어나 외국어 중심으로 작성되어 있어 이런 문제도 다룰 수 있다.

(2) 협상 언어

기업 언어는 노사 협상, 상거래 협상과 같은 협상의 언어를 다룰 수 있다. 그 밖에 역사상의 유명한 정치 경제 외교 협상도 다양하므로 이를 다룰 수도 있다. 개정 2007 교육과정부터는 협상 개념이 도입되어 앞으로 국어과에서 다루어야 하므로 교육용 협상 모형을 개발해야 한다.[23]

(3) 청부(淸富) 사상[24]

우리 문화는 청빈(淸貧) 사상, 안빈낙도(安貧樂道) 정신을 권장해 왔고 단어도 '청빈(淸貧)'은 있어도 '청부(淸富)'는 단어 자체가 없다. 그러나 안빈낙도, 청빈에 대한 미화는 문제가 있다. 건전한 부의 축적을 추구하는 자본주의 사회에서 물신적 탐욕을 경계하는 기제로서 청빈과 안빈낙도만 강요할 수는 없다. 따라서 청부(淸富)를 목표로 하되, 건전한 기업가 정신, 사회 환원의 기부 정신을 가진 삶과 관련된 언어문화를 드러낼 필요가 있다.

(4) 광고 언어

자본주의 시장경제에서는 소비가 중요 현상이므로 광고 언어 문제도 다루어야 한다. 광고란 생산자에게는 물건을 더 팔기 위한 전략이고 소

---

23 민병곤(2004), 유동엽(2004)의 논쟁 화법 교육 연구나 정민주(2008)의 협상 화법 교육 연구는 참고가 될 것이다.

24 국어사전에 '청빈'(淸貧: 圏 성품이 깨끗하고 재물에 대한 욕심이 없어 가난함)은 나오나 '청부(淸富)'는 나오지 않아 우리의 소극적 경제 문화를 보여 준다.

비자에게는 속지 않고 값싸고 좋은 물건을 사기 위한 정보원이므로 이런 광고 정보를 변별하고 속지 않으며 건전한 광고 문화가 자리 잡도록 하려면 광고 언어의 교육도 필요하다. 박영준 외(2006, 2007)의 광고언어 연구는 국어학자들의 연구로 의미가 있거니와 이미 광고 언어는 국어과에서 많이 보조 활동으로 다루고 있어 기업 언어문화라는 것이 생소한 것은 아니다.[25]

3. 교실 언어: 질문 화법 교육의 강화

교실 소통에 관해서는 교사 화법, 교사 발문법, 학습자 질문법, 상담형 지도법, 칭찬 격려 화법 등 다양한 논의가 나오고 있고 의사소통의 민족지학적, 교육사회학적, 인지심리학적, 교육인류학적, 언어학적 관점에서 다양하게 이루어지고 있고 그 문제점도 소상히 지적되고 있다(최현섭 외 2007). 교수 화법을 다룬 이주행 외(2003)를 비롯하여 박용익(2003), 최현섭 외(2007)에서는 수업 담화와 한국적 학교소통의 양상과 문제를 다루고 있다.

교실 공간에서 주고받은 말로 좋은 추억을 간직한 학생도 있지만 좋지 않은 추억을 평생 간직하고 살아가는 사람도 있다. 교사 일방적 권위의 불평등 담화 구조, 학습자 소외 현상, 교사 권위의 추락과 구성주의적 학습에 따른 학생간 소통 장애, 단답형 질문 등 다양한 교실언어의 문제가 드러나지만 궁극적 소통 책임은 교사의 수업 문제이므로 교사에게 있고 부수적으로 학습자의 소통기법에 있다. 따라서 이를 개선하려면 교사의 노력이 필요하거니와 아울러 학습자의 소통 기법을 국어과에서 다루어 주어야 한다.

---

25 한상필 외(2008)에서는 광고 표현의 창의성을 집중하여 다루어 참고된다.

학습자들에게 유용한 교육 내용으로는 교사의 질문법뿐 아니라 학습자의 질문법을 가르치는 내용이 필요하다. 학생들은 대체로 교실에서 질문이 없이 침묵하는데 문화적 여러 원인을 인정하더라도 교사의 질문 유도 전략을 통해 학생이 질문을 많이 하는 문화로 교실이 바뀌어야 한다. 국어과가 도구과라고 하지만 특히 질문법은 비판적 사고력 형성에 절대적 요소이므로 이런 질문법을 잘 가르쳐 주어 다른 교과에서도 활발히 질문하여 학습 활동이 활발하도록 하면 좋을 것이다. 질문 토론 교육은 유대인의 가족, 학교, 직장에서의 치열한 토론 문화를 가리키는 '하브루타' 토론 방식을 활용할 필요도 있다(전성수 2012). 질문법 연구로는 노혜숙 역(2002), 최요한 역(2006), 정명진 역(2005) 등 경영 관점에서 이루어진 논의들이 있고 국어교육에서는 일찍이 이창덕(1992)에서 이루어진 바 있으며 최근에는 독서의 정교화 전략 차원으로 다루어지고 있다.

4. 가정 언어: 가정 공동체 언어의 문제

(1) 전통 가정의 언어

국어교육에서 소홀하고 있는 것의 하나가 가정 언어 문제이다. 현대사회가 가정 해체를 겪고 있고 가족 유대가 약화되어 가면서 가정에서부터 파괴적 언어를 주고받아 가족간 상처가 깊어가고 있으므로 이에 대해 학생들이 스스로 대처하고 극복할 수 있도록 도와야 한다. 특히 가정의 언어폭력이 치유 가능한 것이란 믿음 하에서 가정 언어 문제를 솔직히 다루고 가정에서 상처 받은 학생들을 치료하여 정상적으로 자라도록 함은 교사의 임무이다. 가정 언어의 문제점으로는 가정 언어의 ① 폭력성, ② 무례성, ③ 비협동성, ④ 가족 간 대화의 결핍을 들 수 있다. 전통적 가정언어 연구서로는 여증동(2000)이 있지만 최근에 최현섭 외(2006), 최현섭 외(2007)에서 생활 담화 특히 가정언어 문제를 구체적 사례 연구로 제시하고 있다. 가족 대화는 식탁 대화를 회복해야 하며 유대인의 가족 대화 토론인 '하브루타'를 참고할 필요가 있다(전성수 2012).

(2) 이주민 가정의 언어

2006년 통계청 자료에 따르면 결혼 이주 여성이 6만 7천명이고, 2005년 한 해의 결혼부부 100쌍 중 13.6쌍이 국제결혼으로 2004년에 비해 21.6% 증가되었다(한국 이주 여성 인권센터, 2006). 2007년에는 외국인이 100만을 돌파했고 2016년에는 200만을 돌파하였다. 이주민 주부들은 가정 속에서 지내다 보니 교육 기회도 적어 방언부터 배워 표준어 교육이 더욱 절실하다. 이들의 자녀가 역시 한국어 능력이 저하되어 학습 지진아, 정서 장애아로 성장할 가능성이 커서 건전한 이주민 가정의 정착을 위해 이들 이주민 가정에 대한 배려가 필요하고 학교 교육에서도 이주민에 대한 이해교육을 일반 학생들에게 제공해 인종 갈등이 생기지 않게 해야 한다.[26]

VII. 국어 생활사 교육

국어 문법 관련하여 전통 국어사 관련 고전 자료를 더 많이 발굴 소개하여야 한다. 이에 대해서는 졸고(2003)에서 이미 밝힌 바 있다. 세계에 내놓을 종교 경전이 없는 한국학의 한계를 보완하기 위해서는 '삼국유사', '삼국사기'는 국어교육의 제1 고전으로 삼아 초중고교 단원에 언어계통 관련 설화, 김대문(金大問) 어원설, 주술적 언령(呪術的 言靈)의 시가 및 설화, 인명 및 지명 설화, 삼국간 협상 담화, 삼국 위인 영웅 언행

---

26 다문화가정의 한국어교육 관련하여 김선정(2007), 이해영(2007)을 참고할 만하다.

등 다양한 언어 자료를 상상력의 원천으로 활용해야 한다. 구결 자료, 언간 자료, 안동 장씨 부인의 '음식 디미방(知味方)',[27] 헐버트(H. B. Hulbert)의 'ᄉ민필지(士民必知)', 근대 고전(牧民心書, 經世遺表 등), 역사 자료(조선왕조실록, 임시정부 헌법 전문, 대한민국 헌법 전문, 제헌 국회 1948.5.31. 국회 속기록 1호) 등도 추가할 수 있다. 기록 문화의 중요성을 일깨우는 의미에서 '조선왕조실록' 자료의 일부분을 발췌 게재할 필요도 있다.[28] 이미 조희정(2002), 엄훈(2002)에서 과거시험이나 상소문 관련 연구가 나왔고 김슬옹(2005)은 실록에서 훈민정음 관련하여 문자 정책 연구를 보인다.

---

27 '음식 디미방'은 1670년(현종 11)경, 이현일(李玄逸)의 어머니인 안동 장씨(安東張氏, 1598~1680)가 쓴 조리서. 146가지 요리법을 수록하였다. 고려말의 발효떡인 상화(霜花)의 조리법이 문헌상 처음으로 설명되어 있다. 73세의 부인이 썼다는 점에서도 實年에도 기록을 남겨 삶의 성실함을 보여준 좋은 사례이다.

28 가령 건국 초 학교 제도를 설치하는 내용을 담은 조선왕조실록의 太祖實錄 2卷 太祖 1年 9月 壬寅 부분에 나오는 '학교, 사범' 부분을 예시한다. 도평의사사(都評議使司)의 배극렴·조준 등이 22조목을 상언(上言)한 부분에 나온다.

"1. 학교는 풍화(風化)의 근원이고[學校, 風化之源], 농상(農桑)은 의식(衣食)의 근본이니, 학교를 일으켜서 인재(人才)를 양성하고, 농상을 권장하여 백성을 잘 살게 할 것이며 …(중략)…,

1. 각도에서 경의(經義)에 밝고 행실을 닦아서 도덕을 겸비(兼備)하여 사범(師範)이 될 만한 사람과[經明行修, 道德兼備, 可爲師範者], 식견이 시무(時務)에 통달하고 재주가 경제(經濟)에 합하여 사공(事功)을 세울 만한 사람과, 문장에 익고 필찰(筆札)을 전공하여 문한(文翰)의 임무를 담당할 만한 사람, 형률과 산수(算數)에 정통하고 행정(行政)에 통달하여 백성들을 다스리는 직책을 맡길 만한 사람과, 모계(謀計)는 도략(韜略)에 깊고 용맹은 삼군(三軍)에 으뜸가서 장수가 될 만한 사람, 활쏘기가 말타기에 익숙하고 봉술(棒術)과 석척(石擲)에 능하여 군무(軍務)를 담당할 만한 사람과, 천문·지리·복서(卜筮)·의약(醫藥) 등 혹 한 가지라도 기예(技藝)를 전공한 사람을 자세하게 방문하고 재촉하여 조정에 보내어서, 발탁 등용하는 데 대비하게 하고, 서인(庶人) 가운데 부모에게 효도하고 형제에게 우애하고 농사에 힘쓰는 사람에게는 조세(租稅)의 반을 감면하여 주어 풍속을 권장할 것이며 …(후략)"

Ⅷ. 맺음말

새로운 개정 교육과정에 따라 다룰 문법교육 내용은 학생들에게 '꿈과 상상력을 일깨워주는 국어교육'이 되도록 종래의 '탐구문법'을 넘어 생활 속에 실천하는 문법교육 곧 '생활문법'이 되어야 한다. 생활문법의 지식 구성은 국어의 구조 지식, 규범 지식, 능력 지식, 문화 지식으로 구성되며, 문법교육의 방향은 '지식'과 '수행(활동)'으로서의 문법교육, 창의적 상상력 계발을 위한 문법교육, 문법과 타 영역 및 교과의 통합으로서의 문법교육, 인간관계 훈련으로서의 문법교육, 위계화한 문법교육, 학습 동기를 유발하는 문법교육이 되어야 한다. 특히 조기 영어교육으로 영문법 품사를 초등학교 저학년 때부터 먼저 배우고 국문법을 중학교에서나 배우는 현실에서 교육과정에서는 초등 3학년 단계에서부터 국어 품사교육이 도입되어야 한다. 문법 지식과 활동의 제시 방식은 국어과 교재에서 문법 단원만의 독립 단원 제시 방식 외에 비문법 단원에서도 문법 활동을 간단히 제시해 주어 문법교육이 영역 통합 속에서 고르게 항시 이루어져야 한다.

문법 단위 교육은 발음, 어휘, 문장, 담화 교육으로 구성되며 특히 초등 조기 한자교육을 70% 학습자들이 원하고 있으므로 한글전용을 하더라도 한자어 괄호 한자 병기, 익힘 문제의 한자어 학습 강화를 강조하였다. 국어 수행 주체에 따른 문법교육으로는 국가 언어, 기업 언어, 교실 언어(특히 질문화법), 가정 언어 문제가 그동안 다루어지지 않아 문법교육내용으로 다루어져야 하며 국어생활사 교육도 다양한 자료 발굴이 가능하다. 이러한 생활문법의 내용은 앞으로 이론적, 실천적으로 더 보완하여야 한다.

주제 1 : 국어교육의 거시 담론

민현식(2003), 국어문화사의 내용 체계화에 대한 연구, 국어교육 제110집, 한국어교육학회.

엄 훈(2013), 고전 논변의 교육적 재발견, 국어교육학연구 46집, 국어교육학회.

문화의 관점에서 국어를 보려는 노력은 국어 및 국어교육 연구의 외연을 확장시키고 있다. 국어문화론은 이러한 노력에 거시적인 틀을 제공하고 있다. 국어문화론이 공시적 관점에서 문화와 국어를 연계시키려는 시도라면 국어문화사는 국어문화론이 통시적으로 확장된 것이라고 할 수 있다. 국어문화론 및 국어문화사는 국어 및 국어교육 연구의 새로운 지평으로 떠오르고 있다.

민현식(2003)은 일찍이 국어문화사라는 개념을 제시하고 국어문화사라는 새로운 연구 분야가 어떠한 연구방법론에 따라 어떤 내용을 담아낼 수 있는가를 다루고 있다. 국어문화사의 방법론적, 내용론적 틀을 제안한 것이다. 민현식(2003)은 국어문화사 논의의 출발점으로 국어문화를 바라보는 세 가지 관점으로 (1) 기본 관점(문법 영역 중심), (2) 제한 관점(국어 내적 관점), (3) 포괄 관점(국어 외적 관점)을 제안하고 그 세 가지 관점이 지니는 의의를 논한다. 기본 관점과 제한 관점은 '국어 영역 내에서 문화 현상을 찾는 것'이고 포괄 관점은 '국어 영역 이외의 모든 문화 영역에서 언어 현상을 찾는 것'이다. 민현식(2003)은 그동안의 국어 연구나 국어교육은 기본 관점이나 제한 관점에만 갇혀 있었지만 이제는 포괄 관점으로까지 확장하여 사회 각 영역에서 나타나는 언어 현상을 연구의 대상으로 삼고 교육에 반영해야 한다고 지적하고, 세 가지 관점을 포괄한 국어문화사의 내용 체계화 방안을 제안하였다.

엄훈(2013)은 국어문화사 연구의 큰 틀에 기대어 이루어진 연구이다. 조선시대에 살아 있는 장르로서 공론영역에서 소통되고 교육된 고전 논변은 근대 정전 전환을 거치면서 교육의 장에서 자취를 감추었다. 하지만 고전 논변은 현재에도 문화적 텍스트로서 그 교육적 가치를 인정받을 수 있다. 고전 논변이 지니는 문화적 텍스트로서의 가치는 민현식(2003)에서 제안된 세 가지 관점으로 설명될 수 있다. 문화적 텍스트로서의 고전 논변은 제한 관점의 측면에서 화법 영역의 역사적 언어문화 자산으로 가치를 부여할 수 있으며, 포괄 관점의 측면에서 중세의 공론영역과 결부된 언어활동으로 풍부한 문화 읽기의 소재를 제공한다. 엄훈(2013)은 우리나라의 근대 정전 전환의 문제점을 지적하고 현대의 정전 체계 안에서 나타나는 고전 논변의 빈자리 현상을 극복하기 위한 논의가 필요함을 지적한다.

국어문화사의 내용 체계화에 대한 연구[*]

민 현 식

요 약

오늘날 '문화'는 현실 생활뿐 아니라 학문계에서도 시대적인 화두로 대두되고 있다. 국어 및 국어교육 연구에서도 이러한 시대적 요구를 반영하여 문화와 국어가 연계된 연구의 관점과 틀이 제안되고 있다. 하지만 지금까지 문화와 국어사를 연계하려는 노력은 찾아보기 어렵다. 이 연구는 민현식(1996)에서 제안된 국어문화론을 통시적으로 확장한 것으로 국어사와 문화사, 문화론을 연계한 학제간 연구의 필요성을 제기하고 국어문화사의 연구방법론과 내용론을 전개한다.

우선 국어문화사 논의의 출발점으로 국어문화를 바라보는 세 가지 관점을 제안한다. 첫째, 기본 관점은 국어 영역의 6대 범주 중에서 '국어 지식(문법)' 영역에서 나타나는 문화현상만을 중심으로 보는 관점이다. 둘째, 제한 관점은 기본 관점을 포함하여 국어의 6대 영역에서 나타나는 문화현상만을 보려는

* 『국어교육』 제110집(한국어교육학회 2003년 발행)의 201쪽부터 266쪽까지에 수록되었음. 또한, 요약은 원문에는 수록되지 않았던 것을 이 책에서 새롭게 작성한 것이다.

것으로 국어 내적 관점이라 할 수 있다. 셋째, 포괄 관점은 국어의 테두리를 넘어 여타의 문화 현상과 국어를 연계시키려는 관점이다. 기본 관점과 제한 관점은 '국어 영역 내에서 문화 현상을 찾는 것'이고 포괄 관점은 '국어 영역 이외의 모든 문화 영역에서 언어 현상을 찾는 것'이다. 본고는 기본 관점이나 제한 관점에만 갇혀 있었던 국어 및 국어교육 연구의 한계를 극복하기 위해 포괄 관점으로까지 확장할 필요성을 제기하고 국어사와 사회 각 영역에서 나타나는 언어 현상을 연계하는 새로운 연구의 지평을 제안한다. 그리고 국어 문화사 연구의 출발점으로 연구방법론과 내용 체계화 방안을 제시한다.

고전 논변의 국어교육적 해석[*]

엄 훈(청주교육대학교)

Ⅰ. 고전 교육의 빈자리, 고전 논변

1. 그들은 무엇을 읽고 어떻게 썼는가?

고종 13(1876)년, 면암(勉庵) 최익현은 광화문 앞에 거적때기를 깔고 도끼를 짊어지고 병자수호조약을 반대하는 소를 올린다. 자신의 뜻이 받아들여지지 않는다면 "진실로 부끄러운 얼굴로 구차하게 살며 같이 짝이 되기를 원치 않으니 바라건대 이 도끼로 신에게 죽음을 주시어 지하에 들어가 두 성왕을 모시게 해 주신다면 또한 조정의 큰 은혜이겠습니다." 라고 자신의 의지를 토로한다.

그런데 최익현의 소를 잘 뜯어보면 그가 선조 때의 선비인 중봉(重峯) 조헌의 소(請絶倭使三疏)를 인용하고 있을 뿐만 아니라 글의 짜임까지도 차용하고 있음을 알 수 있다. 지부복궐척화의소(持斧伏闕斥和議疏)의 서두를 제시하면 다음과 같다.

---

* 『국어교육학연구』 46집(국어교육학회 2013년 발행)의 451쪽부터 477쪽까지에 수록된 '고전 논변의 교육적 재발견'을 다듬어 실음.

삼가 아룁니다. 선정(先正) 문열공(文烈公) 신 조헌(趙憲)이 일을 말한 것으로써 길주(吉州)로 귀양을 가는데, 영동역(嶺東驛)에서 왜인(倭人)들의 사단이 크게 우려되는 것이 있음을 듣고 다시 피끓는 소를 진달(陳達)하기를 '형(荊) 땅 사람이 세 번 발꿈치가 잘리는 형벌에도 응징되지 않은 것은 가지고 있는 것이 옥(玉)이기 때문이요, 장준(張浚)이 귀양살이에서 열 번이나 상소를 쉬지 않고 올린 것은 원하는 바가 충성이기 때문입니다.'라고 하였습니다.

생각건대, 조헌이 동서로 당(黨)이 나뉘었을 때와 풍신수길(豐臣秀吉)이 화친을 청하던 날을 당해서 깊은 근심과 원대한 염려를 갖고 충성을 다하고 말을 끝까지 하다가 온 조정이 원수같이 미워함을 자초하여 죄를 짓게 되어 유배를 가서 역졸(驛卒)의 일을 행하는 데 이르렀습니다. 조헌은 의당 그 일에 징계를 받았으니 입을 다물고 붓을 달아매고 월 나라 사람이 진 나라 사람 보듯이 했어야 하는데, 도리어 의리를 다하고 충성을 바치는 마음이 한결같이 변하지 않았으니, 백세 후에 그의 상소를 읽고 그 시대를 논하면 사람으로 하여금 감탄하며 눈물을 뿌리게 합니다.

지금 신의 이름이 죄적(罪籍)에 있습니다. 그러나 지난번에 삼가 성자께서 신이 다른 마음이 없음을 살피시고 특별히 관대하게 처분하여 안치(安置)시켰다가 고향으로 돌려보내 편하게 있으면서 늙은 아비를 공양(供養)하도록 하였으니, 귀양살이와 비교하면 일의 본체에 있어 차등이 있습니다.

지금 적국(賊國)의 배가 바다에 들어와 성상께서 근심하는 때를 당하니, 신은 구구한 마음이 더욱 간절합니다. 비록 성상의 좌우에 있는 여러 대부들이 모두 죽여야 한다고 하는 처지에 있으나, 어찌 차마 입을 다물어 우리 성명을 저버리고 또 본마음을 저버려 선정(先正)의 죄인이 되겠습니까? (하략)

- 면암집, 한국고전번역원 한국고전종합DB.

최익현의 상소는 조헌의 소[1]를 인용하고 있을 뿐 아니라 옛 사례를 들어 자신의 주장의 정당함을 내세우고 현재 자신의 처지가 말을 하기 어려운 상황임에도 나라가 위태로운 지경을 당하여 말을 하지 않을 수 없다는 논지의 흐름까지도 조헌의 소를 모방하고 있다. 또한 조헌의 처지와 자신의 처지를 의식적으로 비교하고 있으며 도끼를 지고 궐 앞에 엎드려 자신의 말이 틀리거든 자신을 쳐 죽이라는 퍼포먼스까지도 조헌의 사례를 따르고 있다.[2] 최익현의 상소는 260여 년 전에 일본의 위협에 굴복하지 말라는 강렬한 메시지를 전했던 조헌의 상소에 대한 오마주였던 것이다.

도끼를 지고 궐 앞에 엎드려 상소하는 지부상소(持斧上疏)는 고려말의 문신이었던 우탁의 사례로 거슬러 올라간다. 고려사열전에 따르면 우탁은 감찰규정으로 있을 때 충선왕이 부왕의 후궁이었던 숙창원비와 간음하자 흰옷을 입고 도끼를 가지고 거적자리를 메고 대궐에 나아가 상소하

---

1 "신이 엎드려 듣건대 형나라 사람이 세 차례나 월형을 받고도 후회하지 않은 것은 그 안고 있는 바가 옥이기 때문이며 장준이 적소에서 열 번이나 상소하고도 그치지 아니함은 그의 품은 바가 충성이기 때문이라고 합니다.
신이 전후의 사정을 진술하여 아뢴 바가 비록 어리석고 망령되오나 이목이 있는 사람이면 누구나 한가지로 통분할 일이온데 요로에 있는 사람이 가리어 두고 혹시 성상께서 깨달을까 두려워하고 있습니다.
신이 죽지 아니함은 또한 하늘이 덮어주신 은혜를 입음이니 입을 닫고 명을 편케하여 시사의 끝마침을 보는 것만이 의에 타당하리라 생각되옵니다. 그렇지만 오직 천체의 현상을 우러러 보니 형혹성이 미기성을 관통하고 남두에 들어간지 십순이 지냈으며 또 낭성이 광채가 있으니 옛 서적을 참고하면 이 모두가 병화가 있을 형상입니다. (하략)" - 조헌, 청절왜사삼소(請絶倭使三疏)
2 조헌은 임진왜란이 일어나기 1년 전인 선조 24(1591)년 옥천에서 도끼를 짊어지고 백의(白衣)로 걸어와서 궁궐 앞에서 상소를 하였다. 이때 올린 소가 청참왜사소(請斬倭使疏)이다. 비답이 없자 머리를 돌에다 찧어 피가 얼굴에 가득하여 보는 사람들도 안색이 위축되었다고 한다(신두환, 2009:261). 최익현이 문면에서 인용하고 차용한 청절왜사삼소(請絶倭使三疏)는 선조 22(1589)년 12월에 올린 것으로 지부복궐(持斧伏闕)을 한 청참왜사소(請斬倭使疏)와는 시간적인 차이가 있다. 하지만 지부복궐(持斧伏闕)은 일본과의 화의를 배척하는 일련의 상소 끝에 나온 행위여서 동일한 소통 행위로 해석할 수 있다.

였다. 근신이 소장을 펴보고는 감히 읽지 못하자 우탁이 큰 소리로 "그대는 가까운 신하가 되어서 임금의 잘못을 바로잡아 올리지 못하고 이와 같은 악한 일을 만나게 하니 그대는 그 죄를 아는가?" 하고 질책하니 좌우의 신하들이 모두 두려워서 떨었고, 임금도 부끄러워하였다고 한다.

우탁 - 조헌 - 최익현으로 이어지는 상소 행위의 유사성은 고전 읽기를 통한 전범적 글쓰기로 설명된다. 당대의 선비들은 선대의 모범문을 널리 접하고 읽었으며 자신들의 문자 언어 생활에 전범으로 활용하였다. 실제로 조헌의 문집에는 우탁을 높이 평가하고 있는 상소문을 찾아볼 수 있다.[3] 우탁의 저서와 문집은 조선초 화란에 의해 소실되어 현재 몇 편의 단편들만 전하고 있는 실정이지만(안동문화연구소 편, 1992:4) 그의 일화는 고려사 등에 실려 널리 읽혔으며, 조헌 당대까지는 그의 글이 전하여 읽혀졌을 가능성이 높다. 한편 조헌의 문집은 광해군 5(1613)년에 처음 편찬되고 영조 16(1740)년 20권 10책으로 간행되었으며 숙종 24(1698)년 왕명으로 다시 간행되는 등 여러 차례 중간되었다(김포문화원, 2004). 이로 보아 최익현 당대에 고려사와 조헌의 문집인 중봉집은 당대의 지식인들이 쉽게 접할 수 있는 고전 텍스트였음을 짐작할 수 있다.

중세의 고전 리터러시는 고전 읽기에서 시작되어 고전으로 회귀하는 글쓰기였다(조희정, 2004). 고전 리터러시의 전범이 되었던 중세의 고전에는 사서삼경(四書三經)과 사기(史記) 같은 경사(經史)뿐 아니라 선인들의 문집에 실린 시문(詩文)이 포함되어 있었다. 그리고 문집에 실려 있는 시문에는 중세적 공론 논변의 장에서 소통되었던 논변(論辯) 작품들이

---

3 "본시 우리나라가 군신과 부자의 도리를 지킬 줄 알게 된 것은 사서오경이 처음 들어왔을 때 설총과 우탁이 소학과 가례에 대해서 강명하였으며, 이어 이색, 정몽주, 우현보가 속됨을 물리치고 고려 말기의 위급함을 바르게 하니 비로소 우리 문명을 계승하게 되었습니다." 조헌, 중봉선생문집 권지삼. 변사무겸논학정소. 선조 19년 병술 10월 공주제독시.

중요한 비중을 차지하고 있었다.[4]

2. 정전(正典)의 전환(轉換)과 고전 교육의 빈자리

고전 논변은 근대 이전에 중세적 공론 영역(public sphere)에서 소통
되었던 논증적 대화인 중세적 공론 논변 중에서 교육적으로 가치 있는
작품을 말한다. 고전 논변은 중세적 공론 논변과 같은 전문적인 학술어
를 대신하여 근대 이전의 논변 작품 중 교육적으로 가치 있는 작품들을
포괄적으로 지칭하는 교육적 용어로 제안되었다(엄훈, 2005).

중세적 공론 영역은 국왕을 정점으로 다양한 논증적 대화가 이루어지
는 의사소통의 장이었다. 실제로 그러한 대화의 전형이라 할 언관과 임
금 간의 논증적 대화는 공론 영역의 소장(消長)과 더불어 발전하고 변화
하고 소멸하는 과정을 거쳤다(엄훈, 2005). 조선시대 공론 영역에서 이
루어진 논증적 대화가 장르적 속성을 지니고 있었음은 그 대화가 전통적
인 설득 장르들이라 할 수 있는 다양한 상·하행 문체, 즉 상소(上疏),
상차자(上箚子), 계(啓), 의(議), 비답(批答), 전교(傳敎) 등에 의해 실현되
었던 데서도 그 근거를 찾을 수 있다. 조선시대 공론 영역의 논증적 대화
에서 사용된 이러한 장르들은 논변류(論辯類), 주의류(奏議類), 조령류(詔
令類)라는 전통적인 문체류에 망라되어 있다(심경호, 1998; 엄훈, 2005).

논변은 한자문화권에서 사리를 분별하고 시비를 가리는 것을 목적으
로 하는 다양한 텍스트의 유형을 아우르는 문체 명칭으로 사용되어왔다.

---

4 동문선(東文選)을 예로 들면 군왕을 상대로 소통하는 장르인 주의류(奏議類)에 속하는
작품으로 표전(表牋) 462편, 계(啓) 33편, 장(狀) 77편, 주의(奏議) 32편, 차자(箚子) 12편,
대(對) 2편, 의(議) 7편, 소(疏) 123편이 실려 있다. 김종철(1999) 참조. 동문선은 성종대에
서거정 등에 의해 우리나라의 역대 시문 중 전범에 해당하는 것들을 뽑아 실은 것이므로
조선 초에 공론 논변 작품이 고전의 범주로 확립되어 있었음을 확인할 수 있다.

논변은 전통적인 논증 장르 전체를 아우르는 명칭은 아니었으나 논변이라는 용어의 대중성과 이 용어가 지니고 있는 개념적 포괄성으로 하여제반 논증 장르들을 아우르는 거대 장르의 명칭으로 제안되었다(엄훈, 2002; 2005).

논변을 논증적 대화의 제 양식을 아우르는 말로 사용할 때 조선시대 공론 논변은 그 속에서 사용된 제반 미시적 논증 장르들을 포괄하는 범주로 이해된다. 그런데 조선 시대 공론 논변은 단순한 범주 명칭을 넘어 거시적 논증 장르로 정의될 만한 특성을 지니고 있었다. 즉, 공론 영역이라는 특정한 의사소통의 장에서 이들 미시적 논증 장르들은 서로 유기적으로 결합되어 장르 통합체적 성격을 지니게 되었던 것이다. 예컨대 상행 장르에 해당하는 상소(上疏)와 그에 대한 답변인 비답(批答)은 서로 결합되어 하나의 소통 행위를 이루는 것이다. 이러한 유기적 결합 양상은 공론 논변을 일종의 거시적 논증 장르로 규정하는 근거가 된다(엄훈, 2005:17).

중세적 공론 논변은 당대인들에게 성리학적 인간상 실현의 수단이었기 때문에 공론 논변의 모범적인 사례들이 독서의 대상과 글쓰기의 전범이 되었다. 그리고 문집을 통한 전범 읽기의 과정에서 당대인들 사이에 정전으로 자리매김된 공론 논변 작품들이 등장했다.[5]

당대인에게 중요한 전범이 되었던 고전 논변은 근대 계몽기를 거치면

---

5 필자는 그 한 사례를 홍명희의 『임꺽정』에서 발견하였다. 임꺽정에는 명종 때의 여러 선비들의 일화가 등장하는데 그중 남명 조식이 단성 현감을 사직하는 상소에서 "자전은 궁중의 한 과부요, 전하는 선왕의 한 아들일 뿐"이라고 한 표현을 놓고 당시의 세도가 윤원형과 다른 대신들이 임금 앞에서 논란하는 장면이 묘사된다. 일제시대이긴 하나 전통적인 명문가의 후손인 홍명희가 '을묘사직소' 혹은 '단성소'로 알려진 공론 논변의 고전적 작품과 그 작품에 딸린 일화를 매우 잘 알고 있었음을 짐작할 수 있으며, 이 작품을 읽는 당대의 독자들 또한 이런 일화가 낯설지 않았음을 짐작할 수 있다. 율곡 이이의 '만언소', 남명 조식의 '을묘사직소'와 '무진봉사' 등은 오늘날까지도 명문으로 거론된다.

서 와해되었다. 사서삼경과 사기 등의 경사(經史)와 선현들의 문집을 중심으로 형성되었던 중세의 정전이 민족 문학을 중심으로 하는 새로운 정전으로 교체되었던 것이다(김종철, 2005). 오랫동안 유지되었던 중세의 고전은 근대 계몽기를 거치면서 일부는 구시대의 유물로 사라지고 일부는 재조명되어 계승되었으며 새로운 유형의 작품들이 고전의 지위를 획득하기도 했다. 근대 이전의 작품 중 현대의 고전으로 조명되고 계승된 것들은 민족 문학의 범주에 속하는 것들이며, 이 범주에 속하지 않는 것들은 더 이상 주목을 받지 못하고 망각되었다. 고전 논변은 정전 교체의 시기에 정전으로서의 지위를 잃고 잊혀진 대표적인 장르이다. 반면 춘향전의 예에서 보는 것처럼 이전에는 문학교육의 정전으로 인정되지 않던 것들이 새롭게 정전의 지위를 획득하기도 했다(김종철, 2005).

조선시대 선비들의 독서와 문필 생활에서 중요한 위치를 차지하던 고전 논변이 현대의 정전에서 자취를 감춰버린 현상에 대해 우리는 어떻게 받아들여야 할까? 사회와 가치관의 근본적인 변화와 함께 이루어진 거역할 수 없는 조류인가, 아니면 진지한 성찰이 결여된 채 이루어진 과거의 언어문화에 대한 과도한 탈가치화의 결과인가?

이 문제에 답하기 위해서는 거대한 정전 교체가 나타난 근대 계몽기 이후의 변화 과정을 새로운 관점에서 비판적으로 고찰할 필요가 있다. 정전에 대한 논의는 문학 정전을 중심으로 지금까지 많은 논의가 이루어졌지만[6] 근대 계몽기 이후 지금까지 이루어진 고전 정전의 교체 과정에

---

6 최근 십 수 년간 이루어진 문학 정전에 대한 비판적인 논의를 훑어보면 지금까지의 정전 비판이 작가 혹은 작품 차원의 정전의 해체와 재구성에 머물러 있었음을 알 수 있다. 한국에서의 문학 정전 논의는 1996~97년경 영미의 정전 논의가 영문학계에 전해지면서 영문학을 중심으로 논의를 시작했으며, 이어 한국 문학계에 그 파장을 미치게 된다(윤여탁, 2008). 정전이라는 개념을 앞세운 논의는 아니지만 한국 문학계에서는 순수 문학, 저항 문학, 프로 문학, 민중 문학 등에 대한 논의들이 지속적으로 전개되어 왔으며 그러한 논의의 상징적인 결과로 1988년 월북 및 납북 작가들의 작품 해금이 이루어졌다(윤여탁, 2008).

대한 본격적인 논의는 거의 없는 실정이기 때문이다.[7]

근대 계몽기에 이루어진 정전의 교체는 일종의 패러다임의 전환이었다. 이러한 패러다임의 전환의 밑바탕에는 중화(中華)로부터 민족(民族)으로, 동아시아 공통의 문어인 한문으로부터 민족 문자인 국문으로, 군왕을 중심으로 한 중세적 공론 영역으로부터 대중의 자유로운 의사 교환에 기초한 근대의 공론 영역으로의 전환이 있었으며, 여기에는 근대화된 일본을 선두로 한 서구 문명의 충격이 크게 작용했다.

이러한 정전의 거대한 전환은 가치관의 근본적인 변화를 기초로 한 장르 차원의 정전 재구성을 불러왔다. 이러한 변화를 최근의 장르 논의의 중심 개념인 장르 내적인 정전 경쟁(canon competition) 혹은 정전 재구성(canon reconstruction)으로 설명하는 데는 한계가 있다. 이러한 현상을 설명하기 위해서는 정전 형성의 기본 틀의 변화를 포착하는 개념이 필요한데, 본고에서는 과학의 근본적인 이론 체계의 변화 과정을 설명한 토마스 쿤(1962)의 패러다임의 전환(paradigm shift) 개념에 기초하여 정전의 전환(canon shift)이라는 개념을 제안한다.

근대 계몽기에 이루어진 중세적 정전으로부터 근대적 정전으로의 전환은 급격한 사회 변동과 이에 따른 세계관의 근본적인 변화로 인해 시작되었다고 볼 수 있다. 이러한 변화 과정을 유영옥(2009)은 '성군'에서 '영웅'으로라는 키워드로 설명한 바 있다. 그런데 우리나라의 정전의 전

한국에서의 정전 논의는 그 수준과 관점의 면에서 1970년대 이후 인종, 성, 계급을 중심으로 영미에서 이루어진 정전 논쟁의 과정과 유사하다(송무, 1997). 즉, 정전 논의의 차원이 작품 차원에서 전개됨으로써 이미 확고하게 자리 잡은 문학 교육의 패러다임 안에서 그 패러다임을 부분적으로 수정하고 보완하는 양상으로 이루어진 것이다.

7 최근 이루어진 유영옥(2009)의 연구는 이런 관점에서 주목할 필요가 있다. 유영옥(2009)은 중세에서 근대로의 전환기에 이루어진 정전의 근본적인 교체 현상에 주목하면서 중세를 대표하던 요순 담론이 근대 계몽기에 영웅 담론으로 교체되면서 정전을 결정하는 가치기준 자체가 변화하였음을 논하였다. 유영옥(2009)의 연구는 정전 교체 현상에 대한 거시적인 접근을 통한 연구의 가능성을 보여주고 있다.

환기는 서구 열강의 침략을 동반한 서구 문명의 급격한 도래와 이에 대한 대응으로서의 자기부정과 수용을 통해 매우 급박하게 이루어졌다. 그 결과 1894년 갑오개혁 이후부터 한일합방이 이루어진 1910년까지의 짧은 기간 동안에 유교경전은 정전으로서의 지위를 상실하였다.

일제 강점기의 암흑기를 거쳐 해방 이후의 정전은 민족 문학을 중심으로 재편되었다. 1946년에 출판된『중등국어교본』을 보면 특히 현대 문학 중심적 경향이 두드러진다. 시, 수필, 전기문, 편지글 등 문학 작품이 주를 이루는 가운데 안창호, 김구와 같은 독립운동가의 연설문과 에디슨, 스티븐슨과 같은 미국 과학자들의 일화가 비중 있게 다루어지고, 민주주의나 사회 질서 유지를 위한 내용 단원들 및 국학자가 쓴 모범적인 설명문과 논설문 등 실용문이 제재로 선정되었다(윤여탁 외, 2006).『중등국어교본』은 현대 문학 작품과 현대 실용문이 주를 이룬 가운데 고시조 중심의 고전시가가 구색을 맞추고 있음을 알 수 있다.[8]

우리나라의 정전의 전환 과정은 중화사상을 중심으로 한 문사철 일체의 정전 체계로부터 현대 민족 문학 중심의 정전 체계로의 전환이었다. 민족 문학 중심의 정전 체계로 전환하면서 공고하게 수립되어 있던 중세의 철학과 역사 정전은 해체되었고[9] 문학 정전만이 근대적인 모습으로 새롭게 구성되었다.

그렇다면 우리의 근대적 정전 전환의 성격은 무엇인가? 그 첫 번째 특징은 민족주의적이라는 데 있다. 이는 근대적인 민족 국가의 수립이라

---

8 『중등국어교본』 '상'은 53개 단원 중에 2개가 고시조이며, '중'은 40개 단원 중에 고시가(농가월령가)와 고시조가 각각 하나씩 있고, '하'는 28개 단원 중에 고시조가 하나, 그리고 조윤제가 쓴 '국문학의 고전'이라는 설명문이 두 단원에 걸쳐서 실려 있다. 이 교과서에서 하나 특기할 만한 것은 '중'에 정지용의 '녹음 애송시'라는 글이 실려 있는 것인데, 정지용이 애송하는 한시를 번역한 것이다. 조선어학회, 1946~47.

9 철학과 역사 영역에서 정전이 어떻게 재구성되었는가에 대해서는 관련 교과의 교육적 변천 과정을 살펴야 할 일이나 본고에서는 논외로 한다.

는 역사적 과제와 맞물려 있는 것으로 중세의 보편적이고 중화주의적인 세계관의 대안으로 민족주의가 자리 잡은 것을 반영한다. 중세적 정전이 해체되는 애국계몽기는 근대적 국민국가 건설이 시대적 화두로 대두된 시기로 국민적 정체성을 일깨우고 계도하기 위해 민족주의적인 정전이 요청되고 있었다(강상순, 2011; 유영옥, 2009).

둘째는 반중세적이라는 것이다. 『중등국어교본』의 목차에서도 드러나듯이 교과서에 고시조 몇 편과 가사 작품(농가월령가 팔월령)을 제외하고는 조선시대 이전의 작품이 전혀 수록되지 않았다. 특히 중세에 한문으로 기록된 우리 언어문화 자료들은 근대적 정전 체계에서 전면적으로 배제되었다. 이는 우리 민족의 중세적 언어문화에 대한 과도한 부정이라고 볼 수밖에 없는데, 이러한 경향은 우리의 중세 문화에 대한 차분한 성찰이 결여된 채 외부의 충격에 의해 이루어진 급격한 사회문화적 변화에 동반된 구시대에 대한 부정 때문이었을 것으로 추측된다. 물론 이러한 경향은 교육과정이 개정될 때마다 어느 정도 개선되어 고전 문학이 정전의 한 축으로 부활하였지만[10] 우리말로 만들어져 향유된 문학 장르 이외의 작품들은 여전히 교육의 대상에서 제외되고 있는 실정이다.

셋째, 서구지향적이라는 것이다. 이는 반중세적이라는 특징과 동전의 양면처럼 상호작용하는 특징으로 서구의 영향으로 새롭게 형성된 장르들이 정전의 핵심이 된 것에서 이러한 경향을 읽을 수 있다. 사회 변동기에 과거의 장르가 사라지고 외래 문화의 영향으로 새로운 장르가 등장하는 것은 자연스러운 변화이긴 하나 전통적인 언어문화에 대해 서구

---

10 강상순(2011)은 1930년대에 고전소설이 그 가치를 인정받으며 민족문화의 소중한 유산으로 재평가되는 과정을 검토하고 이를 고전소설의 정전화 과정으로 설명하고 있다. 고전소설이 1930년대를 전후하여 그 고전적 가치를 인정받게 되었다는 강상순(2011)의 주장에는 전적으로 동의하지만 고전소설 작품이 교육 권력에 의해 정전으로 수용되어 교과서에 등장하는 것은 훨씬 후의 일이다.

인의 시각으로 바라보는 오리엔탈리즘적 경향이 잔존하고 있는 것이 현실이다.[11]

중세적 정전으로부터 근대적 정전으로의 전환에서 보이는 이러한 성격은 폭력적인 외세의 영향 아래 이루어진 급격한 사회 변동의 과정과 관련이 있어 보인다. 쇄국과 개항, 일제 강점과 해방을 거치면서 우리의 정전은 점진적, 성찰적, 계승적으로 이루어진 것이 아니라 급진적, 배제적, 단절적으로 이루어진 것이다. 이 과정에서 조선시대에 정전으로서의 확고한 지위를 차지하고 있던 고전 논변이 정전의 지위를 잃고 우리의 고전 교육에서 전통적인 논변 문화는 빈자리로 남게 되었다.

바로 이러한 특징 때문에 근대 계몽기 이후 이루어진 우리의 정전 전환은 불완전한 정전 전환이었던 것으로 보인다. 정전의 발전적 전환이란 이전의 정전이 지니고 있던 가치를 새로운 관점에서 온축하는 것이어야 하기 때문이다. 과학사에 나타나는 패러다임의 전환에서 새로운 패러다임이 이전의 패러다임에서 이루어진 과학적 진보를 발전적으로 계승하는 것처럼 정전의 전환 또한 과거의 정전이 지니고 있었던 문화적 가치를 새롭게 해석하고 계승하는 작업이 이루어져야 한다.[12]

그런 점에서 볼 때 지금까지 이루어진 대부분의 정전 논의는 근대적 정전 전환의 성격에 대한 근본적인 질문을 던지기보다는 작가 혹은 작품

---

11 엄훈(2000)은 토론 교육에 남아있는 오리엔탈리즘적 경향에 대하여 지적하였다. 미국의 영향력 있는 논증 이론가의 한 사람인 Austin J. Freeley는 유교 사상의 영향 아래 있는 사회들에서는 토론 문화가 형성될 수 없음을 지적한 바 있고, 이러한 견해에 동조를 하듯 한국의 화법 교과서에는 우리의 토론 문화에 대해서는 거의 언급하지도 않은 채 서구에서 발달되어 온 토론 형식과 절차를 그 문화적 연원과 함께 소개하고 있다. 화법 문화에 대한 연구들에서조차 한국에서의 화법 문화는 서구에서 유입되어 접목된 것이라는 시각이 보인다(전영우, 1998).

12 사실 근대 이후 한국 사회에서 보이는 불완전한 정전 전환의 성격은 일제 식민 통치와 분단이라는 특수한 역사적 상황에서 배태된 것이라고 할 수 있다. 이는 별도의 본격적인 탐구가 필요한 주제이므로 다른 자리에서 논하기로 한다.

차원의 논의에 매몰됨으로써 정전 전환 현상의 본질을 밝혀내지 못한 한계가 있다. 과학사가들의 논의를 빌어 설명하면 지금까지의 정전 논의는 정상과학의 발전 혹은 견고한 핵(hard core)을 둘러싼 보호대(protective belt)[13]의 차원에서 이루어진 진보적 수정이었다고 평가할 수 있다. 하지만 전통적인 고전의 가치가 새롭게 발견되고 계승되지 않는 한 우리의 새로운 정전은 그 견고한 핵(hard core)이 튼튼하게 구성되었다고 평가하기 어렵다. 그런 의미에서 근대 계몽기에 시작된 우리의 정전 전환은 아직도 현재진행형이라고 할 수 있다.

고전 논변이 고전 교육의 테두리 안에서 제자리를 찾기 위해서는 고전 논변 자체를 새롭게 조명하는 인식의 전환과 함께 고전 논변의 교육적 가치를 드러내는 관점의 전환이 필요하다.

고전 논변을 새롭게 조명하는 인식의 전환은 고전 논변을 당대의 맥락, 즉 중세적 공론 영역 안에서 되살려내고 그 문화적 의미를 해석하는 작업을 통해 이루어진다(엄훈, 2005). 고전 논변에 대한 본격적인 연구를 통한 인식의 전환은 고전 논변의 복권을 위한 필요조건이다. 애국 계몽기에 반근대적이라는 이유로 고전 논변과 유사한 운명을 겪었던 고전소설의 예는 매우 시사적이다. 19세기 말에서 20세기 초까지 고전소설은 독자의 정신을 부패시키는 저급한 통속물이나 봉건적 잔재로 취급되어

---

13 견고한 핵과 보호대는 과학철학자 라카토슈가 제안한 개념. 라카토슈는 과학사의 불연속적 발전 과정을 합리적으로 설명하기 위해 한 연구 프로그램(패러다임과 같은 의미)이 근본적인 원리인 견고한 핵(hard core)과 수정 가능한 보조적인 가설들인 보호대(protective belt), 그리고 과학자들이 따라야 할 지침인 일련의 방법론적인 규칙(heuristic)으로 구성되어 있다고 설명하였다. 견고한 핵은 이론의 정체성을 유지하는 동시에 과학자들에게 프로그램에 따른 적극적인 연구 지침을 제공함으로써 연구 활동이 계속 이어지도록 한다. 라카토슈는 연구 프로그램에 대한 반증이 이루어질 때 그 반증이 직접적으로 견고한 핵을 손상시켜 이론 전체를 무너뜨리는 것이 아니라 보호대의 가설들이 먼저 수정된다고 주장하였으며, 동시에 보호대의 가설들로는 견고한 핵을 유지하지 못하게 될 때 비로소 이론의 혁명적 전환이 이루어진다고 보았다. Lakatos(1978) 및 장상호(1997ㄱ) 참조.

당시 근대적 공론 영역을 지배하던 문화 엘리트들로부터 배척받고 있었다. 그러나 1930년대에 이르러 역사적인 맥락 안에서 그 가치를 드러내는 학문적 논의가 이루어지면서 고전소설은 정전으로서의 지위를 회복하기 시작했다(강상순, 2011).

고전 논변이 고전 교육 속에서 제자리를 찾기 위해서는 고전 논변 자체의 새로운 발견과 함께 그것이 현재의 교육에서 지니는 의의와 가능성이 입증되어야 한다. 과거에 아무리 가치 있는 작품이었다고 해도 그것이 현재의 교육에서 가치를 지니지 못한다면 교육의 장에서 고전으로 취급될 수 없을 것이기 때문이다.

고전 논변은 중세에 통용되었던 논증 장르이며 현대에는 죽은 장르이다. 그렇다면 고전 논변은 더 이상 리터러시 실천의 전범으로서의 가치를 지니지 못한다. 과거의 장르인 고전 논변의 교육적 가치를 발견하기 위해서는 관점의 전환이 필요하다. 다음 장에서는 문화적 텍스트의 관점에서 고전 논변을 조명함으로써 고전 논변이 지닌 교육적 가치를 드러내고자 한다.[14]

Ⅱ. 문화적 텍스트로서의 고전 논변

앞에서 고전 교육의 빈자리로서의 고전 논변을 조명해 보았다. 고전

---

14 고전 논변의 교육적 가치는 문화적 관점에서만 조명될 수 있는 것은 아니다. 고전 논변의 교육적 가치는 논증 교육의 관점에서 조명될 수도 있고 역사 교육의 관점에서 조명될 수도 있다. 예컨대 논증 교육의 관점에서 고전 논변을 조명할 경우 고전 논변 텍스트에서 보이는 특정한 논증 방식이 글쓰기의 모범으로 활용될 수도 있을 것이다. 이 글에서는 고전 논변의 교육적 가치를 조명할 수 있는 다양한 관점의 가능성을 열어둔 채 '문화 텍스트로서의 고전 논변의 가치에만 초점을 맞추어 논의를 전개한다.

논변은 정전의 전환 과정에서 정전으로서의 지위를 잃었지만 장르로서의 생명력을 기준으로 보면 그러한 지위 상실은 당연한 것이 될 수도 있다. 근대 이전 시기까지 고전 논변은 살아 있는 장르로서 리터러시 실천의 측면에서 고유한 위상을 지녀왔지만 근대 이후 중세적 공론 영역이 소멸하고 중세적 공론 논변이 더 이상 소통되지 않게 되면서 고전 리터러시의 측면에서 가치를 잃게 되었던 것이다.

일반적으로 고전이 지니고 있는 가치는 내재적 가치와 교육적 가치로 나누어 설명할 수 있다. 고전을 '가치 있는 문화유산'이며 '오늘날의 것에 모범이 되는 것'이라고 정의할 때(김대행, 1999:44), 전자는 내재적 가치와, 후자는 교육적 가치와 관련된다고 할 수 있다. 고전 논변의 경우 중세의 공론 영역에서 실제로 소통되었던 텍스트였기 때문에 그것의 역사적 가치가 텍스트 자체에 내재하고 있다. 하지만 고전 논변을 오늘날의 논증적 대화의 직접적인 모범으로 삼기는 어렵다는 점에서 그 교육적 가치는 부정되고 있다.

하지만 어떤 대상의 교육적 가치는 그것이 삶의 직접적인 모델이 될 때에만 실현되는 것은 아니다. 직접적인 삶과 동떨어져 있더라도 그것이 우리의 삶을 비춰주는 반성적 성찰의 기회를 제공할 때 그 교육적 가치는 부활한다. 오히려 직접적인 삶의 방식(way of life)을 가르치는 것보다는 그것과 유리되어 인간의 삶의 방식을 거리를 두고 성찰하게 하는 경험이 교육에 더 가깝다. 이것이 바로 문화화와 문화 교육의 차이이다.

문화는 인간이 만든 것이지만 인간에 의해 만들어진 문화가 역으로 인간을 규정한다. 마투라나와 바렐라(1987/1995)가 '인식의 나무'라는 그림을 통해 나무와 그것을 기어오르는 도마뱀이 일체임을 보여주었듯이 인간이 만들어낸 문화는 곧 인간성 자체이다. 그렇게 인간이 자신이 만들어낸 문화에 동화되어가는 것이 문화화이다. 문화화가 결국 인간성을 형성하는 과정이라고 할 때 교육이 이루어내려고 하는 것도 문화화와 크게 다르지 않다. 하지만 교육은 인간이 자신의 문화에 노예가 되는 것을 경계한다. 교육이 하려는 것은 인간이 자신의 문화에 수동적으로 동화되게 하는 것이 아니라 자신의 문화를 보게 하는 것이다. 교육은 인간이 자신을 형성한 문화에 대하여 인식하고 반성적으로 성찰할 수 있게 함으로써 주체적인 인간을 형성하려는 목적을 가지고 있다(엄훈, 2006).

고전 논변은 더 이상 살아 있는 문화가 아니며 그 전통이 현대에 계승되고 있지도 않지만 앞선 시대를 지배했던 우리의 논증 문화를 증언하는 자료라는 점에서 현재의 우리의 논증 문화를 되돌아보게 만드는 힘을 지니고 있다. 즉 '오늘날의 것에 모범'이 되기는 힘들지만 '오늘날의 것을 성찰하게 하는 거울'이 될 수 있는 것이다.

이 지점에서 우리는 고전 논변을 바라보는 관점의 전환이 필요하다는 것을 인식할 수 있다. 중세에 고전 논변이 지니고 있었던 교육적 가치가 전범으로서의 가치였다면 현대에 고전 논변이 지니는 교육적 가치는 그것이 지닌 문화적 가치이다. 고전 논변은 본받고 모방해야 할 전범으로서가 아니라 당대의 논증 문화를 생생하게 증언하는 문화적 텍스트(cultural text)로 읽혀야 하는 것이다.

문화적 텍스트(cultural text)는 문화 교육의 소재로서 문화 읽기의 대상이 되는 텍스트를 말한다. 문화적 텍스트에 관한 논의는 한국어 교육 분야(이기성, 2009)나 영문학 분야(서용득, 2010)에서 그 사례를 찾아볼 수 있지만, 분명한 개념적 정의에 기초하여 이루어지고 있지는 않다. 서용득(2010)은 문화 개념을 타일러의 관점에 따라 '삶의 방식(way of life)'으로 정의하고 이 관점에 따라 유진 오닐의 『밤으로의 긴 여정』을 문화 텍스트(culture text)로 읽어내고 있다. 이기성(2009)은 한국 문화 교육을 위한 하나의 주제로 '분단'을 설정하고 분단의 문화를 읽어내기 위한 문화 텍스트의 구성 방안을 논하고 있다. 이기성(2009)의 문화 텍스트(cultural text)는 하나의 주제를 중심으로 짜여진 영화와 비평, 문학작품,

그림, 음악 등을 아우르는 문화 콘텐츠의 의미를 지니고 있다.

본고에서는 문화적 텍스트(cultural text)를 문화 읽기의 대상이 되는 텍스트로 폭넓게 정의하되 타일러식의 '복합적 총체'로서의 문화 관점이 아니라 기어츠가 해석적 문화 이론에서 정의한 문화 개념에서 출발한다. 기어츠는 인간을 자신이 뿜어낸 의미의 그물 가운데 고정되어 있는 거미와 같은 존재로 파악했던 막스 베버를 따라 문화를 인간이 만들어내고 그 속에서 살아가는 의미의 그물로 보았다(기어츠, 1973/1998). 이러한 정의에 따르면 문화는 중층적인 해석의 대상이 된다. 하나의 문화적 행위는 여러 개의 층이 겹쳐져 있는 양파 껍질처럼 중층적인 의미로 해석될 수 있는데, 하나의 의미 해석의 층위가 가능하려면 그것을 인지하도록 하는 문화적 의미구조가 존재해야 한다. 그에 따르면 문화의 해석은 카메라가 대상을 포착하여 기록하듯이 어떤 행위를 기록하는 현상적 기술(thin description)과 특정한 문화적 의미구조에 근거하여 그 행위의 의미를 기술하는 중층적 기술(thick description) 사이에 위치하게 된다.

따라서 문화적 텍스트를 읽는다는 것은 다양한 문화적 의미구조를 틀로 삼아 텍스트의 의미를 중층적으로 읽어내는 것을 말한다. 그런데 어떤 텍스트를 중층적으로 읽어내기 위해서는 문화적 의미구조의 발견의 과정이 전제되어야 한다. 그런 의미에서 문화적 텍스트는 전통적인 의미의 텍스트만으로는 구성될 수 없다. 문화적 텍스트는 기본 텍스트와 함께 그 텍스트가 지니고 있는 문화적 의미를 포착해 낼 수 있는 문화적 관점이 전제되어야 한다. 그런데 그런 문화적 관점을 체화하고 있는 존재는 다름 아닌 문화적 독자이다.

문제는 텍스트를 접하는 모든 독자가 그 텍스트의 의미를 읽어내는 문화적 관점을 체화하고 있는 것은 아니라는 데 있다. 문화적 독자에는 높은 수준에 이른 고급 독자와 낮은 수준에 머무르고 있는 초급 독자가 있다. 초급 독자는 고급 독자와 상호작용하는 과정에서 고급 독자로 성장한다.

그렇다면 초보 독자는 어떻게 문화적 관점을 획득하여 고급 독자가 되는가? 그것은 바로 초보 독자와 고급 독자가 문화적 텍스트를 매개로 하여 상호작용할 때 이루어진다. 이것이 다름 아닌 문화적 텍스트 읽기를 통한 교육 활동이다.

문화적 텍스트 읽기가 이루어지기 위해서는 맥락의 재구성, 관점의 재구성, 독자의 상호작용이라는 세 가지 조건이 갖추어져야 한다. 영화와 같은 현대의 문화적 텍스트를 읽는 독자라면 이러한 조건이 큰 문제가 되지 않는다. 대부분의 독자는 영화의 장르 관습에 익숙하며 자신이 살아가는 다층적인 생활세계의 한 입장에서 영화의 의미를 해석하고 소통하면 된다. 하지만 대상 텍스트가 과거의 텍스트라면 문제는 달라진다. 그것도 제도와 관습과 관념이 전혀 이질적인 중세의 공론 영역의 텍스트라면 문화적 텍스트 읽기의 조건을 갖추기가 쉽지 않다.

고전 논변 텍스트가 문화적 텍스트로서의 자격을 갖추기 위해서는 먼저 그 텍스트가 살아 있는 장르로서 사람들 사이에서 소통되던 다층적인 맥락이 독자들에게 전달되어야 한다. 다시 말해서 고전 논변 텍스트가 문화 텍스트가 되기 위해서는 그것을 먼지 쌓인 고문서 저장실로부터 끌어내어 그것이 소통되던 생생한 문화적 맥락 속에 되살려내는 작업이 선행되어야 한다.

고전 논변 텍스트가 문화적 텍스트로 되살아나기 위해서는 텍스트의 언어 자체가 단순한 기록물로부터 구체적인 상황적 프레임[15] 안에서 소

---

15 인간의 문화에는 수많은 상황적 프레임이 존재하는데, 평상적인 배경과 상황에는 인사, 일, 식사, 매매, 다툼, 지배, 연애, 통학, 요리, 접대, 여가 따위의 행위가 있다. 상황적 프레임은 문화적이고 심리적인 실체로서 분석하고, 가르치고, 전파하고, 후대에 물려줄 수 있는 실행 가능한 문화의 최소 단위이다. 이 프레임은 언어적, 동작적, 근접공간적, 시간적, 사회적, 물질적, 인격적 요소를 비롯하여 여러 요소를 내포하고 있다(Hall, 1976).

통되던 살아 있는 언어, 즉 상황 언어(situational dialect)로 전환되어야 한다. 상황 언어란 말이 상황에 종속되어 있으며, 특정한 상황에는 그에 합치되는 특수한 방언(dialect)이 사용된다는 의미를 함축하고 있다. 상황 언어는 참여자의 성격, 행동의 패턴, 시간과 공간, 물질적 부속물 등과 더불어 상황적 프레임을 구성한다. 이렇게 보면 고전 논변 텍스트를 상황 언어로 전환시킨다는 말은 고전 논변 텍스트를 둘러싸고 있는 상황적 프레임을 재구성한다는 말에 다름 아니며, 상황적 프레임을 재구성하기 위해서는 그러한 상황적 프레임이 작동하던 배경이 되는 의사소통의 장이 확인되어야 한다는 의미이다. 이러한 관계를 엄훈(2005:48~49)은 다음과 같은 두 개의 그림으로 표상하였다.

그림1 상황 언어, 상황적 프레임, 의사소통 문화

그림2 논증적 대화, 논증적 대화 상황, 논증적 대화의 장

프레임이란 용어는 Bateson이 의사소통의 상호작용 양상을 설명하기 위해 사용하기 시작했다. 프레임을 설명하는 Bateson의 고전전인 예를 들면 원숭이들은 다른 원숭이가 자신을 무는 것이 놀이와 싸움의 프레임 중 어떤 것인지를 이해하려고 노력한다는 것이다. 즉, 특정 상황에서 농담으로 의도된 발화가 상대에 의해 모욕으로 해석되는 경우 싸움을 유발할 수 있는 것처럼 프레임은 담화 상황에서 맥락인 표지로서 참여자들 간에 암묵적으로 공유된다. 엄훈(2005) 각주 2) 참조.

그림 2는 그림 1의 상황 언어 모형이 논변이 소통되던 논증적 대화 상황에 적용된 것이다. 이 그림에서 고전 논변 텍스트는 당시의 특정한 논증적 대화 맥락 안에서 대화 당사자들 사이에 이루어지던 논증적 대화가 된다.

사실 과거의 텍스트로부터 그것이 사용된 맥락을 재구성하기 위해서는 지난한 연구의 과정이 필요하다. 중세적 공론 논변의 경우도 마찬가지인데 엄훈(2005)은 중세적 공론 논변에 대한 장르론적 연구를 통하여 고전 논변이라는 장르와 그 장르 운용의 맥락을 장르 지식이라는 개념으로 정리한 바 있다(엄훈, 2005:310). 엄훈(2005)의 표에서 고전 논변의 장르 지식의 핵심에 해당하는 내용을 그림으로 제시하면 다음과 같다.

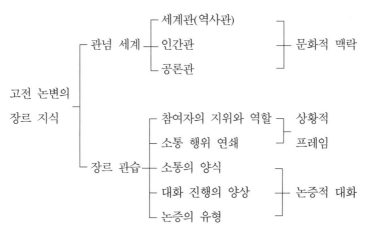

그림 3 고전 논변의 장르 지식

문화적 텍스트로서의 고전 논변은 해당 텍스트가 생산된 상황에 대한 면밀한 연구가 선행된 조건에서 그러한 연구 결과를 반영하여 맥락이 면밀하게 재구성된 텍스트를 말한다. 이렇게 재구성된 문화적 텍스트로서의 고전 논변은 흥미로운 문화 탐구의 소재가 될 수 있으며 당대인의 관점으로 고전 논변을 읽는 경험을 통해 당대인의 합리성에 대한 이해에 이를 수 있다. 문화적 텍스트 읽기를 통해 이루어진 중세적 논변 문화에 대한 이해는 다시 우리 시대의 논변 문화를 비추어보는 거울이 되어 현대의 논변 문화에 대한 비판적 성찰에 이르는 경험을 제공한다.

Ⅲ. 고전 논변의 교육적 지평

필자는 국어 문화 교육의 재개념화를 통해 고전 논변 교육의 의의를 논한 바 있다(엄훈, 2006). 이 글에서 필자는 국어과에서의 문화 교육을 '문화를 읽는 법을 가르치는 것'이라고 정의하였다. 이는 앞서 언급한 바 있는 기어츠의 문화 이론에 기댄 정의로서 문화 행위에 대한 그의 중층적 기술에 대한 설명으로부터 확장적으로 도출한 것이다.

문화인류학자가 문화기술지를 통해서 하는 문화 해석 작업이나 미시적 생활사 연구자들이 텍스트에서 컨텍스트로 왕래하면서 낯선 정신세계로의 통로를 닦는 작업을 인간 행위에 대한 현상적 기술과 중층적 기술로 설명될 수 있다면, 국어 수업 시간에 이루어지는 문화 읽기 활동은 현상적 읽기(thin reading)와 중층적 읽기(thick reading)로 설명될 수 있다. 학자들이 사람들과 부대끼면서 혹은 서류 더미를 뒤지면서 중층적인 유추 과정을 거쳐 문화를 해석한다면, 학생들은 국어 수업 시간에 교사에 의해 안내되는 '질문 - 추론 - 해석 - 재질문'의 과정을 통해 텍스트로부터 중층적으로 문화를 읽어내는 것이다.

여기서 우리는 해석적 문화이론의 핵심 개념인 중층적 기술(thick description)이 문화 해석 과정의 한 측면만을 부각시키고 있음을 깨닫게 된다. 문화 해석에는 문화 읽어내기와 문화 기술하기라는 두 과정이 동전의 양면처럼 상호작용한다. 즉 중층적 기술의 이면에는 언제나 문화적 현상에 대한 중층적 읽기(thick reading)가 작용하고 있는 것이다. 그런 의미에서 읽기와 쓰기 혹은 이해와 표현의 과정에 비추어 문화 해석의 과정을 중층적 읽기와 중층적 기술의 상호작용 과정으로 설명하는 것은 문화 해석의 개념을 정교화하는 데 도움이 된다.

'문화를 읽는 법을 가르치는 것'이라는 문화 교육의 개념은 국어교육 특히 읽기교육의 본질에 부합한다. 이 정의는 지식으로서의 문화 자체를 가르치는 데 초점을 두지 않고 문화를 읽는 과정과 방법에 초점을 둔다. 문화적 텍스트를 통해 문화를 읽는 법을 익히고 궁극적으로는 스스로 문화를 읽어내는 능력을 키우는 것이야말로 국어교육에서의 문화 교육의 본질이라고 보았던 것이다.

'문화를 읽는 법을 가르치는 것'이라는 문화 교육의 정의가 고전 논변을 통한 국어 문화 교육의 핵심을 잘 드러내고 있다는 데는 여전히 동의하면서 필자는 조심스럽게 고전 논변으로 이루어지는 문화 교육의 외연을 확장해 보려 한다. 문화 교육의 외연 확장은 논의의 출발점을 '국어 문화'가 아니라 '고전 논변'으로 잡을 때 자연스럽게 이루어진다. 문화적 텍스트로서의 고전 논변은 그 자체가 문화적 지식의 저장고이다. 고전 논변 텍스트에는 당대인의 생활문화와 가치관 그리고 당대의 사회상이 반영되어 있는데 이는 그 자체로 중요한 문화적 지식이 될 수 있다. 따라서 우리는 고전 논변이라는 문화적 텍스트를 통해 문화를 읽는 법을 가르치는 것과 함께 문화적 지식 자체에 대한 교육 또한 도모할 수 있다.

엄훈(2006)에서는 교과 교육의 틀 안에서 문화 교육을 정의하면서 문화에 대한 교육의 측면을 조심스럽게 배제한 바 있다. 그러한 교육은 다른 교과, 예컨대 사회과에서 본격적으로 다룰 수 있다고 보았기 때문이다. 그러나 고전 논변 교육의 가능성을 모색하는 과정에서 필자는 교과의 경계를 넘어서는 발상의 전환이 필요함을 깨달았다. 고전 논변 교육이 가치가 있는 일이고 또한 가능하다면 그러한 교육이 이루어지는 교과의 테두리를 미리 제한할 필요는 없다. 고전 논변이 정전으로서의 가치를 회복한다면 그러한 가치를 교육적으로 실현할 수 있는 장은 국어과가 되건 사회과가 되건 혹은 도덕과가 되건 상관이 없을 것이다.[16] 오히려 그러한 다양한 가능성을 열어둘 때 고전 논변의 교육적 가치가 더욱 다채롭게 실현될 것이다.

Ⅳ. 결어

최근 들어 고전 논변 작품들을 선별하고 소개하는 대중적인 책들이 다수 등장하고 있다. 『선비, 왕을 꾸짖다』, 『조선 아고라』, 『왕에게 고하라』, 『삼가 전하께 아뢰옵나니』, 『고문서에게 물은 조선시대 사람들의 삶』 등은 고전 논변 작품들을 대중 독자들에게 소개하는 책이거나 고전 논변의 형식을 설명하는 책이다. 고전 논변을 소개하는 책들이 전문서가 아닌 대중 도서로 출판되어 널리 읽히기 시작한 것은 어떤 의미가 있는 것일까? 필자는 이러한 현상을 독자 대중들이 최근 이루어지고 있는 조선시대에 대한 재조명과 함께 중세에 대한 부정적인 시각을 극복하고 중세의 언론 문화를 새롭게 인식하기 시작한 것으로 해석한다. 굳이 이러한 해석을 붙이지 않더라도 고전 논변 작품 선집이 대중적으로 소비되는 현상은 고전 논변이 현대 독자들에게 지속적으로 어필하는 힘을 여전히 지니고 있음을 가감 없이 보여준다.

고전 논변이 정전으로서의 위상을 회복하기 위해서는 앞으로 더 많은

---

16 실제로 역사교육계에서는 중세적 공론 영역의 자료를 역사 교육 자료로 활용하고 있다. 권태억 외(1994)는 근대 격변기의 한국사를 이해하기 위한 자료로 이 글의 서두에서 예로 든 최익현의 '지부복궐척화의소'를 비롯한 중세적 논변 텍스트를 수록하고 있다.

연구와 학문적 합의가 필요할 것이다. 하지만 고전 논변이 과거 오랫동안 정전의 위치에 있었고 오늘날에 와서 학교 교육과는 상관없이 다시 대중 출판물로 독자들에게 어필하고 있다는 것 자체가 고전 논변의 고전 정전으로서의 위상을 증언하고 있는 것은 아닐까?

민현식(2003), 국어학의 학제간 연구 현황과 과제, 어문학 제79집, 한국어문
학회.
주세형(2009), 할리데이 언어 이론의 국어교육학적 의미, 국어교육 제130집,
한국어교육학회.

사회와 학습자의 요구에 신속히 대처해야 하는 이유로 교육과정이 수시 개
정되고, 국어교육에서는 목표로 하는 문식성 개념의 외연을 갈수록 확장하고
있다. 그에 따라 국어교육학 역시 더욱 더 다양한 방법으로 학제적인 연구를
시도하고 있다. 그런데 과연 학제성을 추구하는 방향이 국어교육학의 본질과
부합하는 것인지 진지하게 탐색해 보는 연구는 부족했다.

이러한 가운데 민현식(2003)에서는 서구 응용언어학의 역사를 살펴봄으로
써, 국어학 및 언어학 연구의 학제적 풍토를 반성할 수 있는 기반을 마련하고
자 한 시의적절한 논문이었다. 국어학의 문제의식에서 출발하기는 하였으나,
국어학 및 언어학의 학제적 연구는 '응용언어학' 분야에서 실현하고 있으며,
학제적 연구의 중핵이 되는 분야는 언어 교육임을 역설함으로써, 국어교육학
이 국어학 및 언어학에 대하여 어떠한 학문적 위상을 점하고 있는지를 보여
주었다. 또한 현대 응용언어학은 과거에 비해 광범위한 학제성을 지니게 되
었음을 지적하고 국어교육학자가 지녀야 할 언어관은 과거와는 달리 그야말
로 포괄적이고 다층적이어야 함을 보여주었다.

주세형(2009)은 현대 응용언어학이 전통적인 언어학보다도 포괄적인 학제
성을 보여주고 있다는 점에 통찰을 받은 연구이다. 국어교육학 연구가 '응용
가능한 언어 연구'의 성격을 지녀야 한다는 점과, 더 나아가 국어교육학 연구
가 그 학문적 근간과 역사를 지속적으로 확인해야 한다는 점을 기본 전제로
하고, 학제적 국어교육학 연구가 근간으로 삼아야 하는 언어관을 탐색하고자
하였다. 특히 민현식(2003)에서 '언어 발달' 연구가 기초가 되어야만 국어교육
연구가 제대로 이루어질 것이라는 지적에 대하여, 주세형(2009)에서는 '언어
발달 연구'를 일관되게 관찰할 수 있는 언어관과 이론관을 구체화하여 제시
하고 있다. 국어교육학은 현재 분야별로 연구가 전문화되고 있기도 하지만,
동시에 학제적인 연구 주제들도 갈수록 늘어나고 있다. 민현식(2003)에서는

'언어 연구'로서의 본질, 연구 주제가 가지는 학문적 뿌리 등을 늘 총체적으로
점검해야 할 필요성이 있음을 보여준다.

국어학의 학제간 연구 현황과 과제[*]

민 현 식

요 약

언어학은 이론 언어학과 응용언어학으로 분류되며, 국어학도 마찬가지이다. 역사적으로 응용언어학은 구대륙 언어학 역사에서부터 시작된다고 할 수 있으나, 본격적인 현대응용언어학의 역사는 Otto Jespersen이나 Henry Sweet 등의 업적에서부터 시작되었다고 할 수 있겠다. L. Bloomfield는 그의 역작 'Language' 마지막 장에서 '응용언어학'에 대해 논의를 하였다. 1940년부터 응용언어학은 곧 언어교육을 의미했다. 즉, 언어습득, 대조 분석, 언어 교수, TESOL, 번역 연구 등이 그것인데, 이때까지만 해도 응용언어학은 미시적 관점을 견지하고 있었다.

그러나 최근 응용언어학은 학제적인 연구를 지향하면서 그 관점이 거시적으로 바뀌게 되었다. 예를 들어, 사회언어학, 심리언어학, 컴퓨터언어학을 가

---

[*] 『어문학』 제79집(한국어문학회 2003년 발행)의 1쪽부터 54쪽까지에 수록되었음. 또한, 요약은 원문에는 없었으나 원문의 영문 초록을 이 책에서 번역하여 수록한 것이다.

리키는 용어로 바뀌었을 뿐만 아니라, 철학, 정치학, 과학, 예술, 스포츠 등의 다양한 분야에서의 언어 문제 등을 광범위하게 연구하는 분야를 일컫는 용어로까지 발전하였다.

응용언어학의 가장 중핵이 되는 분야는 단연코 언어교육이다. 응용언어학의 현안은 언어교육, 문화언어학, 컴퓨터언어학, 사회언어학, 텍스트언어학, 문체학, 어휘론, 매체언어에 대한 실제적 연구일 것이다.

할리데이 언어 이론과 국어교육[*]

주 세 형(서강대학교)

I. 문제 제기

  '국어'와 '교육'은 모두 복합적인 의미를 지니고 있는 데에다 '언어'와 '교육'에 대한 상은 사회 문화적 요구에 따라 판이하게 달라지곤 하기에, '국어교육'은 '국어 + 교육'의 조합으로 단순 이해될 수 없다. 국어교육학자들이 자신의 관점을 종종 자진 파기하기도 하는 것은, 어쩌면 타고난 숙명일 것이다. 늘 역동적으로 변화해야 하기 때문이다. 최근 국어공동체의 사회문화적 요구가 급격히 변화한다는 점은, 국어교육학자들로 하여금 '과연 국어교육의 본질과 비본질이 무엇인가, 본질적 국어과 교육과정을 체계화하는 작업이 가능하긴 한가'라는 회의적 질문을 던지게도 한다.

  국어교육관을 가장 압축적으로 보여주는 문구는 교육 목표 진술에서 찾을 수 있다. 2007년 개정 국어과 교육과정 목표 진술만 살펴보아도 교육 대상으로 취해야 할 '언어'가 다양함을 알 수 있다. 다른 교과에서는 2007년 개정 시 제7차의 성격을 유지하는 경향을 보였으나, 국어과의 경

---

 * 『국어교육』 제130집(한국어교육학회 2009년 발행)의 173쪽부터 204쪽까지에 수록된 '할리데이 언어 이론의 국어교육학적 의미'를 다듬어 실음.

우는 전면 개정이라고 일컬을 정도로 제7차와 큰 차이점을 보인다. 목표에 따라 설정된 각 학년의 성취 기준을 살펴볼 때, 사회 교과나 윤리 교과, 또는 미술 교과의 성취 기준이어야 하는 것 아닌가 의구심이 드는 것도 있을 정도로, 개정 국어과 교육과정은 그 어느 때보다도 목표로 하는 국어능력의 외연이 넓다.

국어과 교육에서는 최근 '복합 문식성(multiliteracy)'과 '비판적 문식성 (critical literacy)'이라는 새로운 개념을 끌어들여 국어과 교육의 목표와 내용을 더욱 확장하고 있다. 성취 기준 중에는 사회 교과에 적합하지 않을까 의구심이 드는 것들도 있다. 그러나 이들 내용이 국어 교과 전면에 등장하게 된 것도, 문식성 개념 확장 경향에 근거해 볼 때 당연한 일이다. 계획한 대로 실행될 수만 있다면 참으로 바람직한 일이라 하겠다.

그러나 문제는, 세부 성취 기준을 달성할 수 있는 내용 요소 연구를 충분히 연구하지 않은 상태에서 이 모든 개정 작업이 이루어졌다는 점이다. 그리고 개정 과정에서 숙의 과정을 거치지 않은 채 선진국의 언어 교육과정을 모방했다는 점도 우려된다. 그런데 더 우려되는 점은, 이러한 개정 교육과정이 실행되기도 이전에 또 미래형 교육과정 논의가 나왔다는 점이다. 과연 국어교육 실행의 핵심인 교육과정 설계는, '정책적 결정'으로 이루어지는 것일 뿐, '학적인 논리'로 뒷받침될 수는 없는 것인가?

2007 개정 교육과정에서 최근 영국과 호주의 언어교육에 관심을 가지는 이유는 충분히 타당하다. 영국과 호주가 확장된 문식성 개념에 신속히 대응하였고, 언어학자와 현장 교사의 협업으로 오랫동안 축적된 자료를 근거로 한 교육 내용도 마련해 놓고 있어,[1] 국어교육학계가 비판을

---

1 그러나 정작 할리데이의 다음 언급은 국어교육계가 다시 '언어에 대한 인문적 관심'으로 눈을 돌려야 함을 자각하게 해 준다. "The concept of literacy is incorporated into

받아온 점을 극복하는 데 유용하기 때문이다.

언어 교과의 정체성은 어떤 종류의 언어에 주목하는가에 따라 확연히 달라진다. 그러므로 그 교육과정이 기반한 학문적 기반과 배경을 이해하지 않고서는 교육과정의 취지를 완전히 다르게 이해할 우려가 있다. 호주 교육과정의 경우가 바로 이 경우에 해당되는 셈이다.

영국과 호주 언어교육의 혁신을 이끈 할리데이는, 언어학자임에도 불구하고 구조주의 언어학자나, 심지어는 다른 기능언어학자와는 확연히 다르다. 무엇보다도 그의 언어학 자체가 '교육적 관점과 목적'을 지녔기 때문이다. 그러므로 단지 언어학자로서의 영향력을 지니는 것을 넘어, '언어철학적 배경'을 제공해 주는 역할을 한다. 그럼에도 현재 국어교육학계에서는 할리데이의 언어 이론과 그 배경을 깊이 이해하지 않은 채, 시드니 학파를 단순히 또 하나의 언어학 지류로만 받아들이고 있다. 그 결과는 심각한데, 단적인 예로 호주 언어교육과정에 '문법'이라는 영역이 없으므로 문법이 중요하지 않게 다루어진다고 단언하는 것이다.

본고의 제목을 '할리데이 언어학'이라고 칭하지 않고 '언어 이론'이라고 칭한 후, 할리데이 언어 이론의 기본 개념을 살펴보려고 하는 것은 바로 이와 같은 문제의식에서이다. Ⅱ장에서는 할리데이의 학문적 배경과 영향력에 대하여 약술하면서, 할리데이가 그동안 국어교육학계에서 접해왔던 다른 언어학자들과 다른 어떤 면모를 지녔는지 상기시킬 것이다. 할리데이의 약력에 대해 일목요연하게 정리해 놓은 문헌을 찾을 수

---

the framework of various disciplines: psychology, sociology, history, politics, economics - and these new senses of literacy are sometimes contrasted with 'traditional, purely linguistics' conception(Halliday, M. A. K., 2007:98)." 할리데이는 이와 같이 문식성의 개념이 다양한 것으로 인정하지만, 반면, 문식성 개념이 '언어학적 현상으로서' 철저히 천착된 적은 없다고 지적한다. 즉 다양한 언어학적 변이로 맥락화되어 나타나는 과정(process)으로서 고찰된 적이 없다는 것이다.

가 없었기에, 웹스터가 편집한 할리데이 논문 전집[2] 곳곳에 산재한 정보를 참고하여, 연구자 나름대로 재구성하였음을 밝힌다. Ⅲ장에서는 할리데이 이론의 주요 개념어를 중심으로 그 국어교육적 의미를 고찰한다. 이로써 개정 교육과정에서 성급히 자리 잡은 시드니 학파의 언어관·언어교육관을 짚고, 국어교육학에서 교육과정 주요 개념어들을 점검하는 동시에, 국어교육학 발전을 위하여 유념해야 할 언어관·이론관을 확인하게 될 것이다.

Ⅱ. 응용할 수 있는 것을 만드는 학자,[3] 할리데이

1. 할리데이의 이력

할리데이는 2002년, International Association of Applied Linguistics 에서 처음 수여하기로 한 금메달을, 최초로 받은 학자이다. 수상 소감에서 그는 "응용언어학은 언제나 사회적이어야 하며, 문제 중심(problem-centered)이어야 한다."라고 언급했는데, 놀라운 것은, 그의 이러한 연구 경향이 교사 경력에서 비롯된 것이었다고 스스로 말한다는 것이다. 그는 1945년 언어 교사로서 처음 사회 생활을 시작한 이래, 13년간 교직 생활을 했다. 그의 학생은 늘 '설명'을 요구했고 그들의 물음은 '문체, 사회정치적 담론 문제'까지 포함하고 있는 것이었기에, 할리데이는 그에 대한 답변을 마련하기 위해 언어를 관찰하고 분석하게 되었다. 결국 이후 그의 모든 의문점들은 "문제추동적(problem-driven), 언어 기반 과제

---

2 참고한 논문 전집은 참고문헌에 밝혀두었다.
3 appliable linguisti를 번역한 용어이다.

(language-based tasks), 연구지향적(research-oriented), 즉각적으로 활용할 수 있는(immediately practical)" 등의 성격을 지니게 되었다.

교사 생활을 마치고 할리데이는 2명의 은사를 두게 되었는데, 왕리(Wang Li) 교수와 퍼스(J. R. Firth)였다. 그가 에딘버러 대학 언어학과에서 처음으로 수행했던 프로젝트가 바로 "언어 교수에서 언어학 이론이 어떤 역할을 할 수 있는지"에 대한 것이었다. 이후 지속적으로 수행했던 프로젝트는 '교육과정 발달 프로젝트'였다. 이 프로젝트는 초등교사, 중등교사, 평생교육교사들과 함께 협업한 것으로, 언어학 이론을 모어 교육에 적용시키는 관점에서 진행했기에 그 성과물들이 문식성, 언어와 커뮤니케이션, 사용으로서의 언어(Language in Use) 이론에 일대 변혁을 가져왔다. 주로 기능적 변이(register), 문자 체계, 패턴의 빈도, 언어와 다른 기호 체계와의 상관관계에 대해 밝힌 것이었다. 당시 참여자들은 언어의 총체적인 모델에 대한 상을 공유하며 작업에 임했다.

80년대 호주로 건너가, 마틴(Jim Martin)과 함께 모어 교육의 혁신을 일으키기 시작했다. 그 혁신은 초등학교 학생들의 작문 관련 프로젝트에서부터 시작되었다. 또한 시드니 지역의 모든 과목(역사, 과학, 체육 등도 모두) 교사들로 하여금 장르 중심 접근법을 훈련시키고, 학교에서 관찰되는 '학습 담화'에 대한 비판적 담화 분석(critical discourse analysis)을 하도록 하였다. 할리데이의 연구 성과를 받아들여 크리스티(Francis Christie)는 호주 전역 곳곳에 언어에 기반한 교사 연수 프로그램을 발전시켜 큰 호응을 얻었다. 이렇게 시드니 학파는 공동체의 언어 문제와 언어 교육에 깊게 관여해 왔다.[4] 최근 할리데이는 캔버라의 교육과정 발달

---

4 시드니 학파가 적극 참여하고 있는 대표적인 분야는 다음과 같다(Halliday, 2007:335) language problems of multicultural education, and the 'language profile' of the community; the language of school texts, and their writing, in different registers; and the place of linguistics in teacher education.

센터에서, '언어 발달 기획 과제(Language Development Project)'에 적극 참여하고 있는데, 이 프로젝트는 중학교 연령 학생들을 대상으로 한 것이라고 한다.

모든 교육적 실패를 근본적으로 파악해 보면, 결국 '사회적'인 것이 그 원인이 된다. 그렇지만 할리데이는 그럼에도 교육적 실패의 원인에 '언어학적 관련성'이 반드시 존재한다면서, 언어학자는 교육의 문제를 해결해 주기 위해 '아이디어와 실천'의 원천을 제공하는 역할을 해야 함을 역설한다. 언어의 기술, 변이형의 기술, 방언과 사용역의 기술, 그러한 언어들의 지위에 대한 기술, 차별과 남용 등의 기술 등을 언어학자들이 적극적으로 기술해 냄으로써, '교육 문제 분석의 배경 지식과 이데올로기'를 밝혀냄으로써, 교육 문제에 기여해야 한다고 강조한다.

그는 또한, 문법교육 문제에 대해서도 직접적인 언급을 한다. 과학이나 수학 교육에서뿐만 아니라 인문학에서는 '그렇게 많은 학문적 결과물 중 어떤 것을 선택하여 가르치고 어떻게 가르쳐야 할 것인가?'의 문제가 더 크게 다가올 수밖에 없다고 하면서, 학교 문법은 나쁜 문법이 아니지만 학교에서 필요가 없다고 단언한다. 좀 더 유용한 문법은 기능적이고, 유연해야 하며, 표현 자원이라는 개념에 기초해야 하고, 의미에 초점이 맞춰져 있어야 하고, 텍스트를 지향해야 한다고 말한다. 만약 특정 문법 내용이 아이들의 쓰기 능력 향상에 도움을 준다면 계속 가르쳐야 하는 내용이지만, 그렇지 않다면 버려야 할 내용인 것이라 언급한다(Halliday, 2007:336).

국어교육학계에서는 종종 언어학의 교육적 함의를 교육 내용에 주는 영향권 내에서만 파악해 왔던 것 같다. 그러나 할리데이는 교육적 함의란 '교수학습의 이론과 실제 모두를 포괄하는 범위에서 긍정적으로 작용하는가'를 중심으로 파악되어야 한다고 역설한다. 그렇게 파악된다면 언어학은 언어교육이론에서 단연 핵심적 기여를 한다고 단언한다. 그러면

서 이제까지는 그러한 측면이 간과되어 왔다고 말한다.[5]

요컨대, 할리데이는 대학자이지만 그 시작은 순수언어학이 아니었다. 언어 교사로서 가지는 문제의식에서 학문적 관심이 출발하였고, 그의 관심은 언제나 '응용언어학'이었다.[6]

2. 할리데이에 대한 국어교육학계의 이해와 오해

전술했듯이 할리데이는 교육문제를 해결하기 위해 언어를 연구해왔다. 그러므로 응용언어학자로서 가졌던 면모도 남달랐으며, 그의 연구관은 국어교육학계에도 귀감이 될 만하다.

그는 언어 교육에서 진행되는 모든 연구는 늘 '이론과 응용의 차이점을 완전히 중화시키는' 연구여야 한다고 역설한다. 교사 출신이지만 교사들의 연구 자세에 대해서는 일침을 가한다. 그는 교사와 협업 시 교사가 즉각적이고 직접적인 처방을 원하기 때문에 많은 어려움을 겪었다고 토로한다. 즉 교육 연구에서는 과거 이미 축적되어 있는 지혜들을 끊임없이 숙의하는 과정을 거쳐야 하는데, 오히려 간접적인(indirect and oblique) 성찰이 좋다는 것이다. 할리데이의 고충에서, 교육 연구에 대한 대증(對症)적 관점이 얼마나 위험한지 알 수 있다.

국어교육학계 역시 즉각적인 처방을 내리는 연구를 하는 경우가 많다고 판단된다. 2007년 개정 국어과 교육과정만 보더라도 그러하다. 시드니 학파의 언어관은 전면 개정한 교육과정의 근간을 이루고 있지만, 사

---

5 이렇게 본다면 교사 교육과 학생 교육으로 나누어 볼 때 가르칠 내용이 다르다.

6 "…그런데 왜 '응용언어학'을 '언어학'과 '분리하여' 생각하는가? 응용언어학은 '언어의 이해'로부터 비롯하는 원리와 실천일 뿐이다. 이러한 원리와 실천은 반대로, 또한 언어를 폭넓게 이해하는 데 기여하기도 한다(Halliday, 2007:337)…". 그러면서 그는 'applied'라는 말은 적절치 않고, appliable linguistics라는 용어가 적절하다고 하였다.

실 국어교육학계에서 알려진 바는 생각만큼 많지 않으며, 심지어 잘못 이해하고 있는 부분도 있다.

연구자의 판단으로 국어교육학계에서 알려진 시드니 학파의 영향력은 네 가지 정도이다. 첫째, 이충우 외 역(1993)을 통하여 할리데이가 언어 교육학자로서 지니는 면모가 처음 알려졌다. 그렇지만 안타깝게도 당시 학계가 이 책의 의의를 제대로 공감하지 못하였다고 판단된다. 이 책의 의의를 현 시점에서 다시 상기할 필요가 있다. 둘째, 사회기호학이 문학 작품을 해석하는 방법론·매체언어교육의 방법론으로 쓰이게 되면서 사회기호학자 크레스와 홋지(Kress & Hodge)가 할리데이의 영향을 받았다고 알려져 있다. 셋째, 텍스트를 깊이 읽어낼 수 있는 담화 분석 방법론을 찾던 중 페어클라우(Norman Fairclough)의 비판적 담화 분석(CDA)에 주목하게 되었고, 페어클라우 역시 할리데이 언어학의 지류라는 점을 확인한 정도이다. 마지막으로 넷째, 최근 호주의 장르 중심 언어 교육에서 핵심 역할을 했다는 것인데, 이에 대해서는 주세형 외 역(2007)에서 소개한 바 있다.

이충우 외 역(1993)을 통하여 가장 유명해진 개념인 '언어 발달의 세 가지 국면'을 언급할 필요가 있겠다. 언어 학습(learning language), 언어를 통한 학습(learning through language), 언어에 대한 학습(learning about language)이 그것이다. 이 중 '언어에 대한 학습(Learning about language)'에 대한 오해가 가장 심각하다고 판단된다.

할리데이는 '언어에 대한 학습'은 '언어학'이라고 말하였지 '문법'이라 하지 않았다. 이들 개념을 원서에서 직접 인용하지 않은 채 재인용하는 경우가 늘어나면서, 할리데이가 언어 학습에 대한 세 국면 중 '문법'만을 부각시켜 말한 것처럼 오해하게 되었다. 이 문제는 향후 국어교육학계에서 바로 잡아야 할 것으로 판단된다.

할리데이가 말한 '언어에 대한 학습'이란, '언어를 대상으로서, 언어 자체를 목적으로서' 공부하는 것을 의미한다. 그러면서 학교 문법에 대한 언급도 하였는데, '학교 문법'은 재구조화되어야 하며 재미있고 유용할 수 있도록 완전히 새로 써야 한다고 하면서, 이에 대한 아이디어가 있긴 하나 아직 구체화하지는 못하였다고 밝힌다. 만약 그러한 내용이 나온다면, '학교에서의 문법'이라는 것은 '언어에 대한 학습' 분야의 일부분을 이루게 된다고 언급한다. 즉 할리데이가 말한 '언어에 대한 학습'은 '문법'보다 훨씬 큰 외연을 가지는 개념인 것이다.

'언어에 대한 학습 = 문법'이라고 오해하게 되면, 결과적으로 호주 언어 교육과정 틀을 잘못 이해하게 될 수 있다. 그들에게는 '문법 영역'이 별도로 설정되어 있지 않지만, 우리가 최근에는 문법교육 내용 체계 중 한 범주로서 설정한 '국어 의식'과 관련된 '언어학의 광범위한 성과'들이 '듣기, 말하기, 읽기, 쓰기' 활동에 광범위하게 포진해 있다.

언어를 통한 학습(Leaning through language)은, 모든 학습은(학교 밖에서의 학습까지 포함하여) 언어를 통해 이루어진다는 사실을 가리킨다. 즉 범교과적 언어(Language Across the Curriculum)의 역할을 말한다. 어린이들은 배우기 위한 언어를 사용하기 위해 언어학을 알 필요는 없다. 그렇지만 교사는, '배움의 과정이 어떻게 이루어지고 무엇이 잘못되는지를 알아내고 이해할 수 있으려면', 언어학적 지식을 알 필요가 있다. 즉 언어학은, 심리학이나 사회학처럼 중요한 '배경학문으로서'의 역할을 한다. 교사 교육에서 중요하게 강조되어야 할 지점이다. 물론 언어학의 모든 지류가 다 강조되어야 하는 것은 아닐 것이다(그런데 이 사실은 다른 배경 학문에서도 마찬가지로 적용되는 것이다).

언어 학습(Learning language)이란 모어를 구성해나가는 것을 의미한다. 즉 전언어단계(protolanguage) - 아동 언어(child tongue) - 모어(mother tongue)로 구성되어 가는 과정을 의미한다. 이를 관찰하기 위해 발달언어학이라는, 언어학의 주요 지류를 구성하고 있는 학문이 존재하기도 한다.

할리데이가 가장 주목한 점이 언어 학습이고 이를 구성하면서 그의 모든 이론적 관점을 구성하기 시작했다는 점은 국어교육학계에 '알려지지 않았다'. 이 점을 유의하지 못하면, 할리데이 언어관이 왜 '언어 교육 철학'으로서 유용한지 인식하지 못하고, 할리데이를 단순히 언어학의 한 지류로서 간주하기 쉽다.

바로 이러한 점에서 '발달'은 할리데이 언어 이론의 핵심 개념어가 된다. 할리데이가 '발달적 관점'에서 언어를 바라보면서 정립하고자 한 것은 '체계'이다. 발달과 체계, 두 개념어는 국어교육학자 입장에서 보아도 학문적으로 의미 있는 출발점이기도 하면서, 향후 국어교육학자들이 언어를 관찰하면서 무엇을 할 수 있는지, 언어학 이론이 실제로 어떤 '이론적 역할'을 할 수 있을지 통찰을 준다고 생각된다. Ⅲ장에서는 이 두 개의 개념어를 중심으로 하여 그의 언어 이론을 개괄해 보고자 한다.

Ⅲ. 할리데이 언어 이론의 핵심 개념

1. 개념어1 : 발달

언어학사에서 할리데이는 '기능주의자'로 분류된다. 그는 의미하는 방법을 밝혀내는 것이 언어학자의 임무라고 하였지만, 정작 의미의 본질을 본격적으로 밝히고자 하지는 않았다. 그만큼 '의미'는 불분명한 개념이라 보았던 듯하다. 대신 그는 '기능' 개념을 정립한다.

그가 '의미' 대신 '기능' 개념을 정립하는 데 힘을 쓴 이유는, 인간이 대면하는 수많은 상황, 또 그에 따라 무수히 생겨나는 수많은 의미를 유형화하기 어렵기 때문이다. '기능'은 '형식'의 다른 이름이기도 하다는 그의 언급에서 볼 수 있듯이, '기능'은 필연적으로 '형식'과 수반하여 논의될 수밖에 없다. '기능'의 이러한 특성은 '의미하는 방법'을 밝혀내고자 한 할리데이에게 '의미'보다 좀 더 분명한 이론적 거점이 되었던 것이다.

할리데이의 '기능' 개념을 온전히 이해하기 위해서는 그의 '발달적 관점'에 주목해야 한다. 기존 언어학에서도 '언어 능력"에 관심이 있는 경우가 있는데, 특히 생성문법의 경우는 문법학자의 의무는 언어 능력의 요소를 소상히 밝히는 것이라고까지 전제하기도 했다. 그러나 기존 언어학자들이 전제한 '능력' 개념은 '발달'에 관심이 있었다고 보기 어렵다. 그보다는 인간의 본유적이고 선천적인 능력을 밝힘으로써, 서양 중세부터 확립된 '보편 문법'을 지속하려는 데 근본적인 목적이 있었다고 할 수 있다. 촘스키의 경우에도 '언어 수행'의 개념을 인식하고는 있었으나 이를 본격적으로 밝히고자 의도한 바가 없다. '발달'이 아닌 '선천적 능력'을 밝히는 데 있었기 때문에 당연한 일이다.[8]

할리데이의 이론에서 더욱 탁월한 점은, 발달적 관점이 단지 가설이나 이론적 전제로만 머물지 않았다는 것이다. '의미 구성을 위한 문법'을 밝히기 위한 언어학의 핵심 개념과 그 관계를 재정립한 것이다. 할리데이도 대개 서양 언어학자처럼 '보편문법'을 규정하고 싶은 욕망이 있었다. 그러나 촘스키류의 보편문법은 실생활의 어떤 USE[9]도 말해줄 수 없다는

---

7 기존의 구조주의 언어학자들의 '언어 능력 개념'은 보통 '내재문법(internalized grammar)'으로 설명한다. 내재문법은 한 언어에 통달한 모어 화자들이 머릿속에 간직하고 있으며, 그 사람 스스로는 대개 인식하지 못하여 어떤 모습의 것인지도 모르고 있다는 함의를 가진다. 내재문법을 언어적 직관(linguistic intuition)이라 부르기도 하는데, 이렇게 볼 때 이들의 관점에서 언어 학습은 굳이 애쓰지 않아도 저절로 되며, 직관으로 반복하다 보면 해결이 되는 문제이다.

8 기존의 언어학이 발달 연구를 하지 않았기 때문에, 국어과 교육에서는 언어 발달의 관점을 '언어'가 아닌 '인지 심리학'에서 가져올 수밖에 없었다.

9 이를 '사용'이라고 번역해서는 그 의도가 온전히 드러나기는 어렵다고 본다. 그보다는 좀 더 적절한 번역어를 국어교육학계에서 찾을 수 있다. 바로 김대행(2002)에서 국어교육

문제의식을 가졌고, 촘스키류와는 다른 보편문법 프로젝트를 구체화하였다. 즉 '보편적인 사용자의 USE'를 밝히는 것이 그것이다.

생각이 여기까지 미친 할리데이는 '언어 발달 과정'을 관찰하지 않으면 언어 공동체의 보편적인 사용자의 USE를 본격적으로 밝히기는 어렵다는 것을 알았다. 사실 실체가 없는 '보편적 사용자'를 상정하기란 어렵다. 촘스키의 전철을 밟을 것이 자명하기 때문이다. 그렇다고 해서 '실제 사용자의 USE'를 밝히려 하다간 사회언어학자들의 전철을 밟을 수도 있었다. 즉 실체적 구성물로 'USE'에 도달하기는 어려운데, 사회언어학에서 연구하는 '모어 화자가 실제로 산출한 언어 자료'는 USE가 아닌 '용법(usage)'만 보여주기 때문이다.

그러다가 그는 친아들 나이젤(Nigel)의 언어 사용 방식을 관찰하면서, 'USE'를 밝히기 위한 이론을 정립해간다. 그 결과 도출한 이론의 핵심은, (사용자의 사회적 욕구와 맞닿는) 상황 맥락이 의미를 결정하며, 언어 발달 과정에서 상황 맥락을 유형화하는 가운데[10] 점점 성인 언어의 '기능 체계'로 이동해간다는 것이다. 그 과정에서 눈여겨보아야 하는 것은 1) 맥락의 개념이 의미 및 언어 형식의 실현'과 직접적으로 관련된다는 점, 2) 기존과 다른 형식과 기능의 관계가 정립된다는 점이다. 이때 성인의 대기능 체계는, 상황 맥락과 언어 체계가 관계 짓도록 하는 틀이 된다.

1) 맥락

할리데이는 아이들이 언어 발달 과정에서 '맥락'은 '의미하는 데' 있어 결정적인 요인임을 주목하게 된다. 그에게 있어 '맥락'은 '언어를 기술·

의 내용 요소를 '지식, 경험, 수행, 태도' 넷으로 나누었을 때의 '수행'에 대응되는 개념이라 판단된다.

10 여기에서 사용역(register)의 개념이 도출된다.

설명하는 데 주변적인 요인'이 아니며, 언어 사용자가 대면한 언어 사건 주변에서 발견되는 모든 물리적 요소를 다 포괄하지 않는다. 할리데이는 '맥락'을, 언어 형식 선택 논리에 좀 더 타당성을 부여할 수 있는 '중간 언어층'으로 간주한다. 그에 의하면, 각각의 언어 행위, 사건은 모두 다 다르고 독특하기는 하지만, 언어 이론은 개별 언어 사건의 독특함을 기술하고 말아서는 안 된다는 것이다. 모든 독특한 개별 언어 사건들은 그 독특함에도 불구하고 언어 공동체의 일원이 인식할 수 있는(모든 의미는 독특한 것이 아니며 사회적으로 결정된 의미이고, 지역사회의 잠재적 의미의 범위 안에 있다) '유형'을 따르게 되어 있으며, 바로 이 이유형화를 예측할 수 있는 기제에 대해 할리데이는 중점적으로 설명하고자 한다.[11]

그래서 그는 맥락을 '의미 구성이 시작되는 지점'으로, 텍스트를 생산하는 과정에서 개인의 심리적인 '의도'는 '상황 맥락'의 유형(사용역)과 타협함을 강조한다. 그 과정에서 사용역과 관련되는 언어 형식 목록 중 적절한 것을 선택하여 최종적으로 의미하고자 하는 바를 실현하게 된다. 즉 '맥락' 자체도 언어 공동체 나름의 유형과 법칙이 있는 '언어층'이다.

---

11 그의 맥락 개념은 Hymes와 분명히 차별화된다.
"Theorizing the language/context relationship(just what dimensions of context matter to text, and how context gets 'into' text) is a central concern of register theorists. In subsequent sections we review formulations that range from the relatively 'weak' position of ethnographers such as Hymes(1972;1974), who posit that a rather disparate number of dimensions of context have an impact on text, to the strong position, associated with social semiotic approaches(for example, Halliday, 1978;1985a) which claim that texts are in fact the realization of a finite and very limited number of critical contextual dimensions. It is the interactive nature of this realizational relationship between social context and language that will be developed throughout this chapter, as we gradually elaborate on the simple model captured in Figure 9.1.(Berns, 1990:제 I 장)"

기존 언어학의 '맥락' 관점은 '의미'와 마찬가지로, 아니 '관점'이라는 것을 요약하기 어려울 정도로 불분명하였다고 볼 수 있다. '맥락'은 '언어적 문제'와 본격적인 관련이 없다고 보았기 때문에 '맥락'을 주된 연구 대상으로 삼는 경우가 전무했다는 점을 주목해 보면, '의미'는 그나마 기존 언어학에서 관심을 두었으나 '맥락'은 그렇지 않다고 보아도 무방할 정도이다. 게다가 연구 주제에 따라 끌어들이는 '맥락'의 범위도 명확치 않았고, 맥락의 개념을 구체화하는 것은 원천적으로 봉쇄되었다. '맥락'을 유난히 강조한 학파도 있었으나, 이 학파에 있어서 맥락은 언어 산출물에 대한 예측력을 보여주기 위한 변인으로 간주된다기보다는, 맥락의 모든 것을 그대로 보여주는 데 의의가 있다고 보았다.[12]

그러나 할리데이는 '맥락'을 단순히 언어 사용자가 대면한 세계 개념으로 보지 않는다. 언어 사용자가 텍스트를 생산하기 위해 끌어들이는 언어 장치는 모두, '맥락'에서 결정되는 것이다.

---

12 할리데이와 하임즈의 언어능력 개념의 차이에 대해 자세히 보려면 번즈(Berns, 1990:30~31)를 참고하라. 할리데이는 흔히 기능언어학자나 사회언어학자, 담화론자들이 관심을 가지는 '의사소통능력'을 기술하는 데에 전혀 관심을 두지 않는다. 그가 관심을 가지는 것은 '의미잠재력'이다.

할리데이는 특히 '사람들이 실제로 언어를 어떻게 사용하느냐를 다양한 사회적 맥락에서의 용법을 기술하여 종합적으로 보여준다(이것이 하임즈류의 사회언어학 연구 방법이며, 따라서 사회언어학은 해당 언어공동체의 언어 사용에 대해 인류학적인 기술을 할 수 있어도 언어교육에서는 한계를 지닐 수밖에 없다)고 해서 그것이 능력을 보여주는 것이 아니다'라고 말하였다. 할리데이는 '화자와 청자가 무엇을 할 수 있느냐 그것이 '능력'이라고 하였던 것이다.

그러므로 이런 맥락에서 할리데이가 '의사소통능력'에 대해 말할 필요가 없는 것처럼 느끼는 것은 당연하다. Knowing how to use language is the same as knowing what one can do with language. '언어를 어떻게 사용할지 아는 것은 그가 언어를 가지고 무엇을 할 수 있는지를 아는 것'과 같은 것이다. 이러한 점은 국어교육학계에서 굳이 '안다'와 '한다'의 관계를 밝히지 않아도, '한다'에 해당하는 수행적 지식 체계만을 밝히는 것으로 충분히 언어 능력을 향상시킬 수 있는 지식체계를 구성할 수 있으리라는 확신을 갖게 한다. 이에 대해서는 후술된다.

2) '형식[13]과 기능의 관계' 재정립

언어학자들은 언어를 기술하는 중심이 기능이냐 형식이냐를 놓고 많이 다투지만, 할리데이의 '기능-형식' 관계 설정을 이해하기 위해서는 오히려 이들의 논쟁에서 벗어나야 한다. 할리데이가 '기능-형식' 관계를 설정하게 된 것은 언어학 역사에서 어떤 계보를 이을 것이냐를 고민한 데에서 비롯된 것이 아니기 때문이다.

기본적으로 그의 '기능-형식' 관계는 '발달적 관점'을 적용하지 않으면 올바르게 이해될 수 없다. 아이가 성장하면서 의사소통의 욕구가 생기게 되고, 의사소통에 적극적으로 참여하게 된다. 아이가 언어를 사용하는 것은 무엇보다도 '의미하기 위해서'이다. 아이의 언어 발달 단계에서 언어학자가 일관되게 보고 싶은 것은 '결과물로서의 언어 형식'이겠지만 사실 아이의 머릿속에서 발달하는 것은 '내가 의미하고자 하는 바를 상대방이 이해하도록 하려면 어떤 도구[14]를 써야 하는가, 그 도구가 내가 의미하고자 하는 바에 적절한가, 그 도구를 취해야 하는가'이다.

복잡했던 아동의 기능체계는 사회화가 진행되고 언어 능력이 발달함에 따라, 간소화되기 시작한다. 상황마다 용법으로 발화되었던 것들이, '상황'을 '유형화'하기 시작한다. 간소한 기능 체계가 만들어지는 것이다. 기능 체계에 따라 적절한 형식을 결합시키기 시작하는 것이다. 언어 형식이 '상황'에 따라 저장되는 것이 아니라, '유형화된 상황'인 '기능 체계'에 따라 저장한다.

즉, 성인이 되면서 모어 화자는 자신의 기능 체계를 기준으로 언어 형식을 배열하거나 언어 능력을 발달시킨다. Halliday(1975)는 언어 능력

---

13 그에게 '형식'이란 의미에 대립되는 것이 아니라 의미의 일부분이다.

14 이때 '도구'는 언어 형식뿐만이 아니라 몸짓이나 그림, 물건 등 어떤 것이든 될 수 있다. 여기에서 할리데이는 '매체'에 대한 확장적 관점, 즉 '사회적 기호 체계'에 대한 관점을 시사하고 있다.

또는 문법 능력의 발달 과정은 기능 체계를 세 개의 대기능 체계로 일반화하는 과정이라 하였다. 언어 발달 과정은 언어 형식과 문법 지식을 대기능 중심으로 배열하는 과정이라고도 설명할 수 있는 것이다.[15]

이와 같은 언어 발달 단계를 거쳐 성인이 된 모어 화자는, 형식과 기능을 분리하여 사용하지 않는다. 성인 모어 화자는 자신의 표현 의도를 명확히 하는 과정에서 기능을 명확히 하게 되며, 기능을 명확히 한 동시에 그에 대응하는 형식을 선택하게 된다. 모어 화자의 언어 사용에서 형식과 기능은 엄밀히 말하면 '동시에 선택'된다고 할 수 있으나, 굳이 선후 관계를 따지자면 '기능'이 우선하는 것이다.[16] 요컨대, 발달적 관점에 근거한다면, '형식-기능'을 무리하게 분리할 리가 없다.

2. 개념어2 : 체계

국어교육학에서의 '체계' 개념은, '언어의 구조와 체계'와 같은 조어 방식으로 주로 사용되며, 이는 문법 영역에서 교육해야 하는 것으로 간주된다. 그러나 할리데이 '체계' 개념은 국어 기능 영역에 대한 문법교육의 위상을 제고하도록 해 주는 거점이 된다. '체계' 개념이 기본적으로 '듣기, 말하기, 읽기, 쓰기' 과정을 내포하고 있기 때문이다. 더 나아가 '체계'

---

15 이에 대해서는 주세형(2005) 참고

16 실제 의사소통에 관심을 가지는 관점에서 '기능이 우선이냐 형식이 우선이냐'는 무척 소모적이고 허무한 논쟁이다. 엄밀히 말하여, 의사소통을 중시하는 관점에서 형식적인 방법과 기능적인 방법 중 '택일'이란 있을 수 없는 일이다(Halliday/이충우 외 역, 1993:52~53).

언어학사를 통해 볼 때 형식주의와 기능주의가 대립되는 양상을 보이기도 한다. 그렇지만 형식주의를 표방하든 기능주의를 표방하든, 어느 하나만으로 포괄적인 언어 이론을 정립할 수는 없는 일이다(황적륜, 1994:810). 또한, 학문 논리가 아닌 교육 논리에 의거하여 교육 내용을 설계해야 하는 언어 교육에 있어, 특정한 '이론(theory)'에만 경도될 수는 없는 일이다.

개념은, 언어의 속성과 국면을 전일적(holistic)으로 관찰하게 하는 근간
이 되어주기도 한다.

국어교육학에서 문법교육은 정확성 지향의 규범 교육을 중핵으로 해
왔으며, 그에 따라 그 위상이 약화되고 있다. 흔히 수능 시험에서 문법
문항 비중이 낮은 것을 그 원인으로 들지만, 국어교육이 창의성을 강조
하게 된 정황도 무시할 수 없다. 정확성을 지향하는 규범 문법교육으로
인해 창의성을 억누르게 된다는 견해가 적지 않기 때문이다. 과연 정확
한 언어와 창의적인 언어가 '완전히 다른 언어'로만 간주되는 것이 이론
적으로 타당한 것인가?

이론가들은 (가)와 같은 논리로 '언어의 다양한 국면'을 '발견하고
설명'하는 데에 역량을 집중한다. 규범성만을 교육하려는 성향을 극
복하도록, 규범성과 분리하여 언어의 창의적 국면을 발견하고 설명하려
한다.

(가)

언어의 창조적[17] 사용은, 의사 통달의 목적이라는 단순화를 넘어서는 자
족적인 목적의 언어 사용이 있음을 확인하게 한다. 국어교육은, 특히 고등
학교 수준에서는 이러한 창의적 사용에 대한 체계적 교육이 더욱 요구된다.
…(중략)… 즉, 창조 대상으로서의 언어라는 관점에서 그 사용이 관찰되고
교육의 방안이 마련될 필요가 있는 것이다(김대행, 1990:186).

(가)의 논리는 국어교육학 최상위 이론화 수준에서는 타당하다고 할
수 있다. 그러나 이 논리가 학생의 입장에도 그대로 적용될 수 있을지에

---

[17] '창조성'과 '창의성'이 다른 개념이기는 하나, 인용된 문구에서 사용된 '창조성'의 의미
는 연구자가 생각하는 '창의성' 개념과 다르지 않으므로 그대로 사용하였다.

대해서는 의문점이 남는다. 학습자 입장에서 언어는 하나의 유기체이며, 어떤 소통 상황에서든 규범성·창의성은 동시에 지향해야 한다.

그러므로 최상위 이론에서 '규범의 언어'와 '창의성의 언어'는 다르게 기술되더라도, 교수 학습 이론 차원에서는 다시 하나의 유기체로 재통합되도록 기술되어야 한다. 끊임없이 펼쳐지는 다양한 변이형의 스펙트럼으로 구성된 교재는 '다른 언어들'이 있음을 자각하게 하는 '경험'으로서의 가치는 있으나, '수행'의 방법적 지식을 얻고자 하는 학습자에게는 무력감을 줄 수 있기 때문이다. 또한 궁극에 달성하려는 언어의 총체성에 어긋날 수 있다는 우려도 제기된다. '체계'가 재개념화되면, '수행'하도록 하는 방법적 지식을 보여 줄 수 있는 논리가 된다.[18]

　(나)

　ⓐ <u>언어가 통달되는 측면에 주목한다면 우선적으로 떠오르는 것은 그 '체계'와 '규범성'이다.</u> 사실 그것이 있어야 통달은 가능해진다. 그러나 그러한 통달의 측면에 문제를 한정한다면 교육의 의의는 사뭇 감소된다. …(중략)… 인위적 교육을 통해 언어 능력을 배양하고자 하는 것은 창조적 인간으로 양성하려는 의도가 있어서이다.

　언어의 창조적 측면은 일상인의 언어 생활에서도 풍부하게 발견된다. …(중략)… 어린이들이 별명을 사용하는 것은 규범적 언어에서 일탈하고자 하는 욕구가 구체화된 것이라고 보는 것이 정당하다. 분명하게 확정된 본명을 외면하고 굳이 새로운 이름을 붙여 상대를 부르는 행위는 이미 ⓑ <u>탈규범을</u>

---

18 종종 '듣기·말하기·읽기·쓰기'를 통합('결합'한 활동도 많다)한 활동을 제시하기만 하면 총체적 언어 교육이 실현된 것으로 여겨지곤 한다. 이는 언어의 본질에서 한참 벗어난 이해이다. 그런데 더 나아가, 언어 자체의 본질을 총체적으로 관찰하도록 하는 것으로도 여전히 부족하지 않을까, 필자는 생각해 왔다. 총체적 국어교육은 학습자가 그 다양한 국면을 모두 하나의 유기체로 다시 통합하도록 함으로써 완성되지 않을까 한다.

지향하고 있는 행동의 양식이다. 바로 이 점에서 추상화된 언어로부터 구체적이고 생생한 원초적 언어로 돌아가고자 하는 탈규범의 의지가 노출된다. 따라서 이렇게 사용되는 별명은 체계의 반복적 재현이 아니라 창조 행위에 속하며, 가치중립적인 도구의 사용이 아니라 가치창조적 행위이며, 이때의 언어는 수단이 아니라 목적이다. …(중략)… 즉, 언어의 사용이 사실 창조를 지향하는 본성이 있음에도, 이미 ⓒ 상당 정도로 추상화되어 버린 언어를 대상으로 이해와 체계화를 시도하고 있는 언어학은 그저 자의적이라는 명명으로 언어를 규정하게 될 수밖에 없다는 데에 한계가 있다(김대행, 1990: 170~171).

인용된 (나)에서는, 이미 통달한 '체계'와 '규범성'에 한정하여 제도 교육을 실행해서는 안 되며, '창의성'에 역점을 두어야 함을 역설하고 있다. 인용된 구절은 초기 구조주의 언어학의 언어관을 비판하고 있다. ⓒ에서도 밝히고 있듯이, 언어를 자족적인 체계로만 관찰하게 된 것은 언어의 형식과 내용을 철저히 이분했기 때문이다. 즉 초기 구조주의 언어학의 국어교육학에 대한 원죄는 자의성에 있지 '체계' 개념에 있지 않다.

'체계'에는 '물리적(physical), 생물학적(biological), 사회적(social), 기호적(semiotic)' 체계가 있는데, 이 중 물리적 체계가 가장 단순하며, 생물학적, 사회적, 기호적 체계의 순서대로 복잡성이 증가한다. 생물학적 체계는 물리적 체계에 비해 '생명(life)' 자질을, 사회적 체계는 생물학적 체계에 비해 '가치(value)' 자질을 부가적으로 지닌다. 기호적 체계는 이들 중 가장 복잡한 것으로, 나머지 세 개 체계의 특성을 모두 포괄한다. 즉, 기호적 체계는 사회적으로 구성되고 생물학적으로 활성화되고 물리적 채널로 교환된다.[19] 언어는 말할 것도 없이 기호 체계에 해당함에도,

---

19 할리데이(Halliday)가 '언어'가 '기호적 체계'로 이루어져 있음을 강조할 때 이는 언어

초기 구조주의 언어학에서는 단지 '물리적 수준'에서만 언어 체계를 밝히려 했던 것이다.

'언어가 체계'라는 말의 원초적 의미는 언어를 구성하는 개별 요인들은 긴밀한 관련성을 가지며, 궁극적으로 언어 전체는 하나의 구조물을 이루고 있다는 것이다. 자음 [ㄱ]은 그 자체의 고유 음가를 지니는 것이 아니며, 다른 자음과의 '관계 속에서' [ㄱ]의 음가가 '결정될 뿐이다.' 사실 소쉬르 역시도, '체계'란 언어의 개념을 규정하는 것을 가능케 해 주며 상호 의존적인 전체 요소를 비교할 수 있게 하는 특징을 지닌다고 말한 바 있다. 상호 관계를 강조하는 이 용어는 각각을 결합하는 유사점과 상이점을 강조하며, 언어가 관계의 체계가 되도록 한다(그레마스 외/천기석 외 역, 1988:372).[20] (가) ⓐ에서도 언급하고 있듯이 이러한 언어 '체계'는 '통달'되는 것이다. 모든 언어는 음운 체계뿐만 아니라, 의미 체계, 어휘 체계, 문법 체계를 지니며, 모어 화자는 각각의 체계에 통달해 있기 때문에, 의식하지 않고서도 훌륭한 언어 생활을 할 수 있다.

그러므로 원래 체계 개념은 언어를 구조물로 보고 개별 요인의 관계성에 주목하는 것일 뿐, '도구적 언어관'이나 '규범'과는 직접적 관련성이 없었다.[21] 그러나 소쉬르의 『일반언어학 강의』 초반부에서부터 기호의

자체의 체계성만 인식하는 것이 아니라, 삶에서 복합적으로 나타나는 체계의 다층성을 인식하고 있는 것이기 때문에, 기본적으로 그의 설명이 총체성을 띨 수 있을 것으로 판단된다. 할리데이의 체계 개념은 후술된다.

20 페르디낭 드 소쉬르는 언어학은 장차 '사회 내에서 기호의 삶을 연구하게 될 기호학에 방법론적 모형'을 제공하게 될 것이라고 예언한 바 있다. 그 예언은 여러 가지로 실현되었는데, 인류학, 사회학, 철학, 문학, 정신분석학 등의 여러 분야에 대해 언어학은 기본적 연구 방법론을 제공하는 학문이 되었다. 그리하여 의사소통으로서의 언어ㆍ언어 활동을 연구하면서 인간들이 사용하는 언어들은 물론, 제스처나 예술 문화들을 통해 만들어진 기호 체계들, 그리고 인간 이외의 다른 모든 생명체들이 지니는 여러 유형의 의사소통 체계에 이르기까지, 모든 의사 전달 체계를 기호 현상으로서 탐구할 수 있게 되었다.

21 물론 '통달해야 할 체계' 속에는 결국 언어 사용의 규준이 되는 기제가 포함되어 있기 때문에 그 의미역이 모호하게 겹치는 부분이 있기는 하다.

자의성 개념이 강조되어서인지, '자의성'은 '체계'와 거의 동시에 논의되어 왔다. 더 나아가 규범을 교육하는 문법 교과서의 맨 첫 부분에서 '기호의 자의성'부터 강조되어 왔기 때문인지, '자의성 - 체계 - 규범'을 모두 동일선상으로 파악할 우려가 있다. '체계'도, '규범'도 '자의성을 전제하지 않아야'[22] 문법교육이 제대로 이루어진다.

자의성이 전제된 '체계'는, 달리 말하면 '언어 수행 과정(말하기, 쓰기)'과 철저히 분리(Halliday, 2007:334)한 것이나 다름없다. 그에 기반하여 개발된 문법이 의미 창출 과정을 설명하기 어려웠던 것은 당연하다. 할리데이가 옐름슬레우(Hjelmslev)의 영향을 받아 발전시킨 '체계' 개념은, 언어 수행 과정에 기반하고 있기 때문에, 수행의 방법을 개발할 수 있는 논리를 마련해 준다. 이와 같은 '체계' 개념에 근거한 문법은 학습자가 '수행'하는 방법을 내면화하여 표현할 수 있는 '도구'로 무장할 수 있으며 이로써 총체적 국어교육이 완성된다.

할리데이는 '의미하는 방법(how to mean)'을 밝히는 것이 언어학자의 의무이며 그것이 바로 '문법'이라 하였기에 기존 언어학자들과는 달리 산출된 언어 형식의 목록 자체는 중요하게 여기지 않는다. 대신 표면적 발화의 기저에 어떤 '체계(system)'가 있는지, 그 체계는 어떤 '선택항들(options)'로 이루어져 있는지를 밝히는 것에 방점을 둠으로써, 의미 중심의 문법을 기술한다.

예를 들어 보자. 한국어에서는 사용자가 하나의 명제를 맥락에서 실제로 실현할 경우 '극성(polarity)', '높임법', '문장종결법'은 어느 하나만 실현되지 않으며, 모두 동시에 실현되게 된다. 이 경우 '극성, 높임법, 문장종결법'은 하나의 체계를 이루고 있다고 볼 수 있고, 체계 내에서 수직적

---

22 규범과 규범성, 실체로서의 규범, 창의성 등의 개념과 관련하여 국어 문법교육이 나아가야 할 방향을 논증한 것은 주세형(2006ㄱ)을 참고하라.

차원(vertical dimension)을 이루는 관계를 형성한다.

그런데 '부정법, 높임법, 문장종결법'은 각각 횡적 차원(horizontal dimension)을 이루는 배타적 선택항들을 가진다. 이를테면 화자가 '장형 부정형'을 선택했다는 것은 자동적으로 '단형 부정형'을 선택하지 않았다는 것도 의미한다. 텍스트 내에 실현된 '장형 부정형'의 의미는, 실현되지 않은 체계 속 또 다른 선택항 '단형 부정형'과의 관계 속에서 그 의미가 더욱 명확히 설명된다. 이로써 텍스트를 설명하는 데 있어 문법이 제대로 기여할 수 있게 된다. 다시 말해 '수사학적 선택' 결과로서의 텍스트가 무엇을 의미하게 되는지를 '설명'해 줌으로써, 과학적으로 텍스트를 설명할 수 있는 근거가 마련된다.[23]

Ⅳ. 국어교육학에 주는 시사점

할리데이의 언어 이론이 국어교육학계에 주는 영향력은 지금까지도 지대했으나, 학문적 발전을 위하여 더욱 적극적으로 받아들여야 한다고 판단되는 시사점을 4가지만 추려서 논의하고자 한다. 더욱 구체적으로 논의할 욕심이 있기는 하나, 여러 가지 이유로 당분간은 욕심으로만 남겨두고자 한다.

시사점1. 아동의 언어는 완벽한 체계: '변이'일 뿐, '오류'는 없다

아동은 어른의 발화를 모방하면서 언어 능력을 발달시키는 것이라고

---

23 "현재 유행하고 있는 담화 분석이나 텍스트 언어학은 문법을 고려하지 않는 경우가 많다. 심지어는 문법의 '대안'으로까지 여겨지기도 한다. 그러나 이러한 생각은 환상일 뿐이다. 문법에 근거하지 않은 담화 분석은 '분석'이 아니며, 텍스트에 단순히 주석을 다는 것에 지나지 않는다(Halliday, 1994: x vi)."

보는 발달론자들이 있다. 이는 기본적으로 어른의 언어 능력이 온전한 것이며 아동의 언어 능력은 결핍된 것이라는 전제 하에서만 가능한 얘기이다. 아이들이 '모방'하는 것은 어른이 사용하는 형식인데, 어른들은 자신이 사용하는 언어 형식을 아이들이 다른 의미로 사용하는 것을 '오류'로 간주하곤 한다.[24]

나이젤(Nigel)은 다른 모든 아이처럼 태어나자마자 '의미하기 시작'했다. 아기의 울음소리를 번역하는 기계가 상용화되었다는데, 유아의 울음은 단순한 정소 표출이 아니며 의사소통의 수단이기 때문에 그런 기계의 구현이 가능한 것이다. 즉 유아의 울음소리 역시 마치 성인의 언어처럼, 하나의 '완벽한 체계'를 이루고 있다는 것이다. 배가 고프면 절박하게 울고, 기저귀가 젖었으면 불쾌하게 우는 체계인 것이다. 그러다가 점점 말하기를 배우기 시작하는데, 그 과정에서 아이는 성인이 사용하는 형태를 '빌려', 자신이 의미하고자 하는 바를 나타낸다. 즉 아동은 성인의 언어와 형식만 공유할 뿐, 그 의미는 다르다. 어른은 그에 따라 아동의 언어 사용을 오류로 간주하기 쉬우나 성인의 잣대를 제거하기만 하면 어떤 단계의 아동이라도 나름대로의 체계를 가지고 언어를 사용한다고 볼 수 있다.

최근의 쓰기 연구들은 아동의 쓰기 능력을 표준적인 상징을 사용하지는 못하더라도 맥락적으로는 적절한 모습을 보인다는 전제로 접근하고 있다. 우리 모두가 쉽게 알아보고 인정할 수 있는 표준적 쓰기를 할 수 있는 능력만 쓰기 능력으로 보아서 안 되며, 표준적 쓰기를 할 수 있기 이전에 어떤 상징으로든지 의미를 표상하고 쓰기의 기능을 이해하는 것까지 포함해야 한다.[25] 이렇게 볼 때, 아이들의 표현물은 '변이'일 뿐, '오

---

24 영어권에서 60~70년대의 언어 발달 연구 경향에 대한 할리데이의 비판적 관점을 보려면 Halliday(2003:28~56).

류'가 아니다. 방언을 나름대로의 체계를 지닌 것으로 간주하고 접근하듯이, 아동의 언어도 '변이'로 간주해야 한다.

시사점2. 말의 언어와 글의 언어는 다르다[26]

현재 국어과 교육에서는 말하기와 쓰기 능력의 공통점에 주목하는 경향이 있는 데에다, 음성 언어 발달이 문식성의 모든 측면의 '기초'가 된다는 전제에 갇혀 말하기 능력과 쓰기 능력의 차이를 밝히지 못하고 있다.

언어발달론자들은 흔히 3~4세 유아의 신기한 능력에 감탄하곤 하였는데, '신기한 능력'이란 주로 말하기 능력을 의미했다. 국어교육에서는 아동의 말하기 능력 발달만을 해명하는 이들의 연구에 만족스러울 수가 없다. 아동은 3~4살에 이미 말하는 법에 익숙해져 있지만, 쓰는 방법에 대해서는 그때부터 시작하는 것이다.

할리데이 언어관은 '사용역' 개념으로 인해 모든 상황 유형에서의 '변이적 언어'를 인정하였기 때문에, 쓰기는 단지 '음성 언어를 문자화하는 것이다'라는 자연주의 쓰기 교수 학습관을 거부하게 한다. 즉 '문식성 발달은 음성 언어 발달을 전제로 한다'는 인식을 거부하고, '말하는 법'과 '쓰는 법'의 '차이'가 있음을 인식하도록 해 준다.

---

25 Dyson(1988/노명완·이차숙(2006:91~92)에서 재인용)이 설정한 쓰기 능력 발달 14단계 역시 이런 관점에 힘을 실어 주고 있다. 아동이 '그림, 점, 기호' 등을 다양하게 사용하는 '끄적거리기'도 쓰기이며, 철자 오류를 보이는 '창안적 글자쓰기'도 오류로 보지 말고 쓰기 발달 단계에서 보편적으로 나타나는 현상이라는 것이다.

26 최근 유아 언어 교육의 관점은 성숙주의·행동주의에서 벗어나 사회적 상호작용주의로 전환되었다. 성숙주의와 행동주의는 문자 언어 지도 이전에 학습자의 인지적 성숙 및 음성 언어 습득을 강조하지만, 사회적 상호작용주의는 문자 지도 역시 음성 언어 지도와 마찬가지로 출생 직후부터 성인과의 상호작용을 통해 이루어진다고 본다. 최근 유아 교육 현장에서 문자 언어 지도를 훨씬 이른 시기에 개시하는 것도 단지 '조기 교육의 열풍'만이 그 원인이 아님을 알 수 있다. 유아 언어 교육은 이런 변화를 진작 겪었으므로, 이에 입각한 유아 교육을 받은 학습자가 '초등학교 1학년'이 된다는 것을, 이제 국어교육에서도 주목할 필요가 있다고 생각된다. 이에 대한 자세한 논의는 이차숙(2004:176~182) 참고.

시사점3. 문법이 표현의 힘이다

장르 중심 교육을 실현한 냅과 왓킨스(Knapp & Watkins, 2005/주세형 외 역, 2007)는, 텍스트 유형을 결정짓는 '언어적 특질'을 학습자에게 명시적으로 가르쳐야 할 필요가 있으며, 이때 언어적 특질이 바로 통사적·의미적·수사적 판단까지 포함한 문법에 해당한다고 말한다. 또한, 이전 시대처럼 문법을 규칙과 개념으로 구성된 독립적 집합으로 간주하면 문법은 여전히 정확성과 적절성을 위한 규칙의 집합에만 머물게 될 것이며, 따라서 장르 안에 존재하는 표현의 힘으로서 간주되어야 함을 역설한다.[27]

'체계'의 재인식으로 인해, 문법은 더 이상 규범만을 기술하기 위한 '지침'의 총체가 아니다. 이제는 문법이 '장르 속 표현의 힘'으로서 작동하게 된 것이다(Knapp & Watkins, 2005). '체계' 개념이 재개념화되면, 학습자 내부에서 무의식적으로 자리했던 언어 총체가 의식적 수준에서 인식될 수 있으며, 규범과 탈규범, 규범성과 창의성을 함께 내면화할 수 있는 기준이 마련될 수 있으며, 이로써 학습자는 끊임없이 새로운 텍스트를 생산해 낼 수 있는 수행력을 갖출 수 있을 것으로 생각된다. 결국, '체계'라는 '표현의 도구'는 규범을 설명하는 것을 넘어 총체적 국어교육을 완성하는 데 기여할 것이다.

---

27 한동안 국어교육계에서도 발달 심리학의 영향을 받은 언어 학습 이론이 득세하여, 텍스트와 문법을 '교사가 가르치지 말아야 하는 것'으로 간주하였고, 학생은 스스로 언어를 발견해야 하며, 교사는 그 과정에서 학생의 경험을 중시하고 촉진할 방안만 모색하면 족하다고 생각해 왔다. 특히 쓰기 이론에서 국어과 교사가 참고할 '언어'는 온데간데없었고, 문법은 고쳐 쓰기 과정에만 개입하는 것으로 축소되었다. 그러나 2007년 개정 국어과 교육과정 공시에 따라, 사정이 달라진 것으로 보인다. 각 영역별 내용 체계표에서부터 '담화와 글의 수준과 범위'를 우선적으로 강조하고 있는 것으로 보아, 장르 중심을 지향하는 호주 언어 교육관을 상당 부분 받아들인 것으로 보인다.

시사점4. 이론의 역할

'체계'의 개념은 그의 이론에서 그 자체로도 중요한 위상을 가지지만, 그가 구상한 이론적 역할을 공고히 실현해 주기도 한다는 점에서도 눈여겨보아야 한다. 즉 그가 구상한 이론적 층위가 '기술언어학보다 추상적'이도록 만든다. 개별 발화의 '기능'이 아니라 '기능 체계'를 중시하고, '맥락' 개념도 '좀 더 추상적인 맥락의 유형 체계'에 주목했다는 것을 되새겨 보면, 모든 면에서 그는 '기술언어학'이나 '사회언어학'보다 추상적 층위에 있다. 그 층위는 바로 실현'된' 텍스트 수준보다 한 단계 추상적인, 실현'될' 텍스트를 염두에 둔 이전의 의미 체계이다. 바로 이 점이 국어과 교육과정에서 관심을 갖는 '텍스트 생산 방법[28]'을 구체화할 수 있는 이론에 대한 확신을 준다.

그의 언어 이론의 목적은 언어를 기술하기 위한 지침의 총체를 제공하는 데 있는 것이 아니라, 현실을 있는 그대로 보여주는 데 그치는 것이 아니라, 현실을 예측하기 위한 '예측가능성 항목을 선택하는 기제'를 체계화하고자 한다. 그는 이를 음성학을 예로 들어 논증한다. 주지하다시피 음성학은 '실현된 이후의 음성 실체'에 대해 '최대한 세세하고 복잡하게' 접근한다. 어떠한 심리적 요인도 개입시키지 않는 '과학'이라고 할 수 있다. '음운론'은 '심리적인 소리'에 주목한다. '언중이 합의한 경계, 실제 실현된 소리가 아닌 잠재적으로 마음속에서 합의하고 있는 소리상'을 연구 대상으로 삼는 것이다. 국어교육에서 필요한 것은 '음성학'이 아니며 '음운론'이다. 음성학은 외국어 교육 이론에서는 적합할지 몰라도 모어 화자에게는 그다지 필요하지 않다. 물론 실현된 실체인 '음성'이 '음운에 대한 심리적 경계'를 재인식하는 데 도움을 주기는 할 수도 있겠지만.

---

28 그러므로 할리데이 언어학은 텍스트 생산 방법에 대해 언어적으로 설명하고 있는 성과물들이라 해도 과언이 아닐 것이다.

할리데이는 '음성학 - 음운론'의 관계처럼, 다른 언어 단위에서도 이 같은 구분이 있어야 한다고 역설한다. 기존 언어학은 '음성학-음운론'의 관계는 제대로 인식하고 있었으나, 나머지 층위에서는 현실을 예측하지 못한 추상적 층위만 논의하거나, 아니면 현실을 있는 그대로 보여주기만 했다고 비판한다. 그가 특히 비판한 것은 촘스키류만이 아닌, 사회언어학자들의 언어관이기도 하다는 점에 주목할 필요가 있다.

언어교육을 설계하는 데 필요한 '언어 이론'은 현실을 예측하는 힘이 있어야 할 것으로 보인다. 그 예측력은 다름 아닌 인간의 행동에 대한 것이어야 한다. 할리데이 이론은 '언어 능력'을 설명하는 데 있어 '안다(to know)'가 아니라 '한다(to do)'에 관심을 두고, '한다'는 '기술적 차원'에 머물러 설명력이 없기 때문에 '할 수 있다(can do)'는 환경에서 언어 사용자의 '의미하는 행위'를 예측할 수 있는 체계를 밝히려 한다. 할리데이 언어 이론은 '의미하는 행동'에 대한 예측력을 가능하게 한다는 점에서 '의미'를 어떻게 구성해야 할지 난감해 하는 우리의 학습자에게 '방법'이 될 수 있다.[29]

V. 결론

교육과정이 개정될 때마다 국어 교과는 큰 편폭으로 변화하는 모습을

---

29 언어를 기술하기 위한 지침의 총체를 제공하는 것이 이론의 역할이 아니라는 그의 말은, 문법교육에 엄청난 지각 변동을 요구한다. 문법교육은 흔히 '실제적인 언어 자료를 풍부히 제공'하면 유의미한 학습이 일어날 것으로 간주하곤 한다. 그러나 할리데이 입장에서 말한다면, '드라마를 보여주곤 하는 담화 텍스트 언어학의 실제적인 기술'은 아이들에게 스스로 '텍스트를 산출할 수 있는 방법'을 말해주지 않는다는 점에서, 어떤 선택의 기제를 말한 적이 없다는 점에서 '교육적이지 않다'고 말할 수 있는 것이다. 실제적인 언어 자료를 제공하는 것이 문제가 아니다. 지식을, 지식 제공 방식을 재구성해야 한다.

보인다. 언어 교과의 본질이 그러함을 백번 인정하더라도, 현 상황에 대해서는 국어교육학자 중 한 사람으로서 자괴감을 느끼지 않을 수 없다. 개론서에는 국어교육학의 핵심이 교육과정에 실현된다고 진술하였으면서, 막상 현실에서는 정책이 교육과정 논리를 좌지우지하는 것을, 더 나아가 교과서조차 정책에 따라 달라지는 것을 힘없이 바라보아야 하기 때문이다. 이 논문은 이와 같은 자괴감에서 비롯된 것이지, 공부한 것을 단순히 정리한 것이 아니다. 하고 싶은 말을 노골적으로 하지 못하여, 할리데이 목소리를 빌린 것이다.

할리데이의 언급처럼, 대한민국 국어교육에서도 즉각적인 대처는 교육에서는 전혀 도움이 되지 않는 듯하다. 이럴 때일수록 더욱 더 간접적인 성찰이 이루어져야 할 것이다. 미래형 교육과정이 어느 수준에서 또 국어과 교육을 흔들지 모르겠지만, 어찌되었든 지난 개정 작업의 '각종 대처'가 무색해져버린 셈이 되었기 때문이다. 정책 결정자에게 밀리지 않는 수준의 학적 논리를 더욱 공고히 해야 할 것으로 판단된다.

국어교육학 이론이 '수행적 이론'이 되어야 함을 역설하게 된 것이나, '학습자가 언어 사용 과정에서 어떤 인지적 전략을 사용하는가'에 대한 관심을 두게 된 이유가 무엇일까. 언어 교육에 필요한 '언어 이론'은, '의미를 만드는 방법'을 설명하는 이론, '사용자가 의미를 만드는 과정을 폭넓게, 과학적으로 설명하되, 사용자가 텍스트 산출의 방법으로서 직접 사용하기에 어려움이 없는 전략을 제공할 수 있는 이론'이어야 하기 때문이다.

연구자는 '언어교육에 필요한 언어 이론관'의 상당 부분을 할리데이에서 배울 수 있다고 본다. 그의 특정 사회적 목적을 가진 모어 화자가 텍스트를 만들어내는 과정을 가정하고, 텍스트를 사회적 목적에 맞게 만들어내는 모어 화자의 '능력'을 설명할 수 있는 이론이다. 요컨대 그의 이론은, '수행'의 기제를 밝혀낼 수 있는 발판이 된다. 이제 더 이상 '언어적 전략을 밝혀내기 궁색하여 주변적 요인인 '인지심리적 전략에 집중함으로써, 국어과 교육과정의 중핵을 오도하는 일은 그쳐야 하지 않을까 한다. 언어로 모든 걸, 적어도 핵심적인 것은 다할 수 있다면, 굳이 '언어외적' 요소를 끌어들일 필요가 있을까.

'언어 단위의 기술'에 대한 관심에 머물지 않고, '발달'에 대한, '맥락'에 대한, 그에 따른 '의미와 형식'의 관계에 대한 모든 것에 대한 총체적인 예측력을 가진 이론. 할리데이 이론을 구성하고 있는 핵심 개념은 국어과 교육과정에서도 중요한 개념들이다. 현 국어교육계에서는 이들 개념을 논자에 따라 다르게 이해하는 경향이 있는 데에다, 각 개념들이 서로 긴밀한 관련성을 가지고 언어 능력에 대해 총체적으로 설명하지 못하고 있다. 즉, 현 국어과 교육에서 이들 개념은 파편화되어 국어 능력을 적절하고 유효하게 설명하기 위한 그 본래적 기능을 잃고 있다. 이론적 개념의 본래적 기능을 복원하기 위해서도 언어의 본질, 언어관을 설명해 주는 주요 개념에 대해 엄밀한 논의가 필요하며, 할리데이 언어 이론은 그 중심을 잡아줄 것으로 생각된다. 엄밀한 논의를 위해서 외국 이론을 연구자가 직접 확인하고 인용하는 당연한 풍속도 명심할 필요가 있을 것 같다.

민현식(1994ㄱ), 개화기 국어 문체에 대한 종합적 연구(1), 국어교육 83, 한국
　　국어교육연구회.
민현식(1994ㄴ), 개화기 국어 문체에 대한 종합적 연구(2), 국어교육 85, 한국
　　국어교육연구회.
신명선(2006), 개화기 국어 생활 연구, 국어교육 119, 한국어교육학회.

　국어 생활사 연구에서 개화기가 갖는 중요성에 대해서는 재론의 여지가 없
다. 이 시기는 국어 생활에 일대 변화가 이루어진 시기로서, 근대 학교 교육
의 일환으로서 국어교육이 시작되고 신소설이 등장하였으며 근대식 신문과
잡지가 창간되던 시기였다. 그러한 흐름 속에서 특히 언중들의 문자언어생활
의 변화는 극심해서 혼란스러울 정도였다. 그럼에도 국어교육학 내에서 개화
기 국어 생활의 변화를 다룬 연구는 매우 부족한 것이 사실이다.

　민현식(1994ㄱ, 1994ㄴ)은 개화기 국어 문체를 종합적으로 다룬 원고지 총
400매에 이르는 대연구로서, 실로 개화기 문체 연구의 종합적 결정판이라 할
수 있다. 이 연구는 개화기에 등장한 문체와 그 특징, 그리고 당대의 문체
경쟁 등을 구체적인 자료에 대한 꼼꼼하고 정확한 분석을 통해 밝히고 있다.
특히 이 연구는 서유견문의 문체를 언문일치체의 효시로 보는 기존의 관점
이 잘못되었음을 관련 자료에 대한 분석을 통해 명증하게 밝히고 이것이 일
본의 식민지화 정책과 관련이 있음을 증명하였다. 또한 이 연구는 자료에 대
한 정확하고 엄격하며 꼼꼼한 분석, 해당 자료와 관련된 의사소통 환경(송신인,
수신인, 사회 변화 등)에 대한 광범위하면서도 해박한 지식 등에 근거하여
역사적 사료를 다루는 올바른 연구자의 자세를 보여 주었다. 이에 따라 이
연구는 당대의 문체적 특징을 어휘, 구문적 요소뿐만 아니라 송신인과 수신
인, 당대 사회의 변화 등과 관련하여 종합적으로 분석, 기술함으로써 개화기
국어 생활의 면모를 구체적인 자료에 기반하되 의사소통 환경을 중심으로 종
합적으로 분석하는 모범적인 연구 방법론을 보여 주었다는 점에서도 그 의의
가 크다.

　신명선(2006)은 개화기 독립신문의 광고를 통해 개화기 국어 생활의 변화
를 다룬 연구로서, 민현식(1994ㄱ, 1994ㄴ)의 연구에 기반하고 있다. 민현식
(1994ㄱ, 1994ㄴ)에서 분석한 개화기 문체의 특징에 기반하면서 그 연구 방법

론을 적용하여 광고라는 새로운 텍스트 종류가 해당 사회에서 수용되어 가는 과정을 분석하였다. 민현식(1994ㄱ, 1994ㄴ)에서 보여 준 자료에 대한 엄격한 학자적 자세와 연구 방법론은 국어 생활사를 연구하려는 차세대 국어교육학자가 계승, 발전시켜야 할 요소임에 분명하다.

개화기 국어 문체에 대한 종합적 연구(1)(2)[*]

요 약

개화기 문체사는 문체 실험기(1880~94), 문체 경쟁기(1894~1904), 국한문체 정착기(1904~10)로 나눌 수 있다. 문체 실험기에는 '유길준의 한성순보 창간사나 한성주보' 등에 나나타는 현토식 국한문체와 '이언 언해, ᄉ민필지, 슈셩교젼서, 윤치호 일기'에 나타나는 한글체의 문체 실험이 있었다.

문체 경쟁기에는 갑오경장 후 관보, 공문서, 서유견문, 황성신문을 통해 관변, 지식층을 중심으로 현토식 국한문체가 쓰였다. 이때 한글체는 기독 개화파를 중심으로 독립신문, 뎨국신문, 성경 등에 서민 중심으로 쓰였다.

국한문체 정착기는 통감부 시기로서, 토만 바꾸면 일한문체로 전환 가능한 현토체가 쓰였고, 한글체는 신소설, 뎨국신문 등에서 일부 존속할 뿐이었다.

합병 이후에는 신문학이 추구하는 언문일치 문체의 출현으로 현토체가 좌초, 퇴조하면서 1920년대부터는 용비어천가 이래의 전통 국한문체가 다시 국

---

[*] 『국어교육』 83호(113~152쪽)와 85호(101~123쪽)에 게재되었음. 이 논문은 분량이 너무 많아 한 호에 모두 싣지 못하고 하나의 원고를 두 개로 쪼개어 두 번에 걸쳐 연재됨. 또한, 요약은 원문의 결론을 분량상 줄인 것임.

한문체의 자리를 차지하게 되고 한글체와 경쟁하였다.

개화기에는 한 신문에서도 3종의 문체가 공존하였듯이 철저히 발신자나 수신자의 신분 계층이나 장르의 성격에 따라 표기 문체가 선택된 시대였음도 큰 특징이다.

개화기 국어 생활과 국어교육[*]
-독립신문의 광고를 중심으로

신 명 선 (인하대학교)

I. 서론

광고의 역사를 더듬어 보면 어느 나라이든 대개 간판에서 시작된다. 한국의 경우도 마찬가지였고 현재까지 밝혀진 기록을 보면 고려시대 수도였던 지금의 개성에도 간판이 있었다(신인섭·서범석, 1998:15). 그러나 본격적인 의미에서 광고는 개화기부터 시작한다. 한국광고단체연합회 편(1996)에서 펴낸 '한국광고 100년 상'에 의하면 우리나라 광고사는 ① 구한말 시대(1886~1910) ② 일제시대(1910~45), ③ 인쇄광고시대 (1945~59), ④ 인쇄전파광고시대(1959~81), ⑤ 컬러광고 시대(1981~) 로 나뉜다.

개화기는 '신문'이라는 새로운 매체가 등장하면서 상업 광고라는 새로운 텍스트종류가 생성된 시기이다. 새로운 텍스트종류의 출현은 언중들의 국어 생활 양상에 영향을 미친다. 이러한 점에 착안하여 본고에서는 광고라는 새로운 텍스트종류의 출현에 초점을 맞추어 개화기 언중들의 국어 생활에 대해 살펴보고자 한다.

---

[*] 『국어교육』 제119집(한국어교육학회 2006년 발행)의 127쪽부터 156쪽까지에 수록된 '개화기 국어 생활 연구'를 다듬어 실음.

개화기는 〈한성순보〉, 〈한성주보〉, 〈독립신문〉, 〈제국신문〉, 〈황성신문〉, 〈대한매일신보〉 등과 같은 근대적 신문들이 생성된 시기이다. 〈한성순보〉는 한문으로 발행되었는데, 관보 형식을 띠었기 때문에 광고가 실리지 않았다. 〈한성순보〉가 〈한성주보〉로 바뀌면서 국한문 혼용체를 취하고 광고도 싣기 시작했으나 현재 남아 있는 자료는 많지 않다(이에 대해서는 2장에서 다시 논의한다). 근대적 의미의 신문 광고는 한글 전용을 최초로 선언한 〈독립신문〉에서 정착되었다(정진석, www.advertising.co.kr/uw-data.). 이를 고려하여 본고에서는 〈독립신문〉에 실린 광고를 주 연구 자료로 삼고자 한다.

개화기 국어 생활에 대한 접근은 다음과 같이 크게 두 가지 방향으로 진행하고자 한다. 먼저 새로운 텍스트종류(광고)의 '출현'에 초점을 두어, 광고가 당대 언중들에게 어떤 영향을 미쳤는지를 거시적으로 조명해 본 뒤, 광고가 어떻게 언중들의 국어 생활 과정을 파고들었는지 살펴보고자 한다(2장). 전자는 광고라는 새로운 텍스트종류의 출현으로 당대 언중들의 생활 및 인식이 어떻게 변화했는지에 대한 기본적인 검토라고 할 수 있다(2장 1절). 후자는 광고의 의사소통 과정에 대한 검토로서, 새로이 등장한 광고가 당대 언중들의 국어 생활을 파고 들어가는 과정에 대한 검토라고 할 수 있다(2장 2절). 2장이 광고의 출현에 초점을 두었다면, 3장은 광고가 출현한 뒤 '발전해 가는 과정'에 초점을 두고자 한다. 3장에서는 광고가 점차 언중들의 국어 생활에 녹아들어 가면서 언중들의 국어 생활이 어떻게 변화해 갔는지, 그리고 광고 그 자체는 또 어떻게 변화해 갔는지를 검토하고자 한다. 전자는 주로 광고텍스트에 대한 언중들의 인식의 변화에 초점을 둘 것이며(3장 1절), 후자는 주로 광고 텍스트의 표현 방식의 다각화에 초점을 둘 것이다(3장 2절).

본 연구가 충실히 이루어지기 위해서는 독립신문 자체에 대한 검토뿐만 아니라 당대 관련 자료들, 예컨대 당대에 출판된 다른 신문이나 잡지

등과 관련 글들에 대한 총체적인 검토가 필요하다. 경우에 따라서는 독립신문에 영향을 미쳤을지도 모르는 일본 신문 등에 대한 조사도 필요할 듯하다. 그런데 본고에서는 독립신문 그 자체와 독립신문의 광고에 대한 기존 연구들에 한정하여 이를 살펴보고자 한다. 독립신문 자료는 〈독립신문 영인간행회〉에서 펴낸 『독립신문』(전 9권, 갑을출판사, 1991)이다. 따라서 자료 검토와 관련 문헌 조사가 주요 연구 방법이라고 할 수 있다. 이는 본고의 한계이지만, 본 연구 주제가 충실히 이루어지기 위해서 선행되어야 할 기초 작업이기도 하므로, 이 자체로도 의미가 있다고 볼 수 있다.

Ⅱ. 새로운 텍스트종류의 출현과 국어 생활

1. 국어 생활 속으로: 광고텍스트의 출현과 생활의 변화

우리나라에서 '광고'라는 용어는 1883년 11월 20일자 〈한성순보〉의 '會社說'이라는 기사에서 최초로 등장한다; '이제 회사 규약 5조항을 다음에 적어 同好人에게 제공한다. 제1조: 처음으로 회사를 설립하고자 하는 자는 主旨를 세상 사람들에게 廣告하여 同志를 얻는다.' 여기서 '광고'는 '널리 알린다'는 의미로 오늘날 '광고'의 의미와는 사뭇 다르다. 〈한성순보〉는 고종 20(1883)년에 펴낸 근대적 신문으로 상업 광고는 실리지 않았다.

현대적 의미에서의 인쇄 광고의 출발 시점은 개화기인 1886년으로, 총 4가지 종류의 광고가 실린 〈한성주보〉로부터 시작한다.[1] 최초의 광고

---

1 〈한성주보〉는 120호 이상이 나왔을 것으로 추정되고 있으나 현재 106호 이상의 것은

는 독일 무역상사 세창양행의 '德商世昌洋行告白'으로 1886년 2월 22일자에 실렸다. 이 광고는 순한문으로 되어 있으며 '광고' 대신 '告白'이라는 용어를 사용하였다. 광고란 말이 널리 쓰이게 된 것은 〈한성주보〉가 발행된 뒤 10년이 지나, 서재필이 창간한 〈독립신문〉이 나온 다음부터였으며 일본신문의 영향이 있었던 것으로 추정된다(신인섭, 1983: 신인섭·서범석, 1998에서 재인).

세창양행의 고백이 실리고 있던 기간인 1886년 6월 31일자 22호에는 일본 상인들의 국한문 혼용 광고 두 건이 동시에 실렸는데, 하나는 염색약 제조 방법을 알려주겠다는 것이고 다른 하나는 옷감과 곡물 등을 판매하는 상점광고였다. 1886년 7월 5일자 23호와 8월 16일자 24호에는 동수관이라는 약국의 광고가 실렸는데, 이 광고는 당시 콜레라가 창궐하여 많은 사람들이 병에 걸린 것을 보고 낸 광고였다. 정진석 (www.advertising.co.kr/uw-data.)에 의하면 광고를 낸 북해산인은 우리나라나 중국인 의원으로 추정된다.

민간지가 창간된 이후의 한글 광고로는 Korean Repository의 중서서원 광고가 있다. Korean Repository는 1892년 미국 감리교 선교사 올링거(Ohilinger) 부부가 창간한 영문 월간 잡지다. 이 잡지는 기사 모두가 영문으로 쓰였는데 중서서원 광고만은 한글로 되어 있다.

우리나라 신문에서 광고가 본격적으로 정착한 것은 1896년 4월 7일 창간된 〈독립신문〉부터이다. 독립신문은 총 4면으로 발간되었는데 한 면에 '광고'라는 독립 지면을 할애함으로써 광고라는 새로운 텍스트종류가 정착하는 데 크게 기여하였다. 1896년 4월 7일자 광고면을 제시하면 다음과 같다.

찾아내지 못한 상태이다.

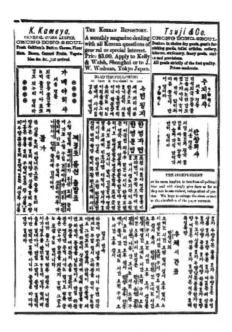

그림 1 1896년 4월 7일자 〈독립신문〉 3면 광고란

창간 이래 1899년 12월 4일까지 총 3년 8개월 동안 독립신문에는 총 3911개의 광고가 실렸는데 동일 광고를 제외하면 총 166개이다(박영준, 2005).[2] 이로써 '광고'라는 새로운 텍스트종류는 언중들의 국어생활에 깊숙이 파고들었다.

아직도 가내수공업이 주를 이루던 개화기에 광고는 경제 구조의 변화를 요구했다. 물건을 대량 생산한 뒤 광고를 통해 상품에 관한 정보를 알리고 대량 소비하는 근대적 생산과 소비 시스템이 작동하기 시작한 셈이다. 새로운 경제 구조의 도입과 함께 언중들의 삶의 양식은 급속도로

---

2 한편 김근용(1989)에 의하면 독립신문에 실린 광고는 총 4,693개(한글 광고 3,817개, 영문 광고 876개)로 한 호에 평균 11개가 실렸다.

변화했는데, 그 중심에는 신문이라는 새로운 매체에 등장한 광고라는 텍스트종류도 있었다.

독립신문에 실린 광고를 업종별로 분류해보면 수입 물품을 파는 잡화점과 출판·인쇄가 각각 31.6%(1,207개), 13.4%(512개)로 1, 2위를 차지한다(김근용, 1989).[3] 잡화점 광고의 상당수는 외국계 회사들에 의한 것으로 김근용(1989)에 의하면 독일의 무역상인 세창양행은 독립신문에 658회나 광고를 실었다. 그 외에도 영국 무역상인 홈링거양행(Holme, Ringer & Co. Chemulpo)의 제물포 지점, 일본 무역상인 가메야 회사 등의 광고가 수위를 차지한다.

독립신문 최대의 광고주였던 세창양행은 전술한 것처럼 우리나라 최초의 광고주이기도 하다. 〈한성주보〉(1886년 2월 22일 제4호)에 실린 한문 광고를 보면 '호랑이, 수달피, 검은 담비, 흰담비, 소, 말, 여우, 개 등의 가죽과 사람의 머리카락, 소, 말 돼지의 갈기털, 꼬리, 뿔, 발톱, 조개와 소라, 담배, 종이, 오배자, 옛동전' 등을 수량이 많고 적음을 막론하고 모두 사들이고 있으며 '자명종시계, 뮤직박스, 호박, 유리, 각종 램프, 서양 단추, 서양 직물, 서양 천, 염색한 옷, 염료, 서양바늘, 서양실, 성냥 등을 팔고 있으니 '공평하게' 교역하자고 되어 있다. 그러나 열거된 물품의 나열 속에는 구문물/신문물, 원자재/공산품, 동양/서양의 분명한 이항대립이 존재한다. 그들은 헐값으로 가죽을 사가 구두와 혁대를 만들어 비싼 값에 되팔았고 이는 식민지와 피식민지의 산업 구조, 혹은 근대의 원리라는 제국주의와 세계 체제의 표상이다. 황현은 『매천야록』에서 "심하도다, 우리나라 사람들의 아둔함이여. 대개 나라에 들어오는 물건은 비단, 시계, 물감 따위의 기묘하고 기이한 물건에 지나지 않고 나라에서

---

3 3위는 社告2(10.3%), 4위는 신문(7.1%), 5위는 社告1(6.9%), 6위는 은행(3.7%) 등이다. 자세한 것은 김근용(1989) 참조.

나가는 것은 쌀, 콩, 가죽, 금, 은 따위 평상시에 박실한 보배이다."라고 한탄하고 있다.

　잡화점 광고가 서구 문물의 세례 과정을 잘 보여준다면 출판·인쇄 광고는 계몽의 열정을 잘 보여준다. 당시에 교육 운동은 민족 운동의 일환으로 추진되었고 교육 기관의 설립은 신서적 발행의 원동력이었다. 이승우(1993)에 의하면 최초의 전문 서적상이라 할 '대동서시'가 문을 연 1896년 이후부터 한일합방 때까지 약 15년 동안 경향 각지에 무려 70여 곳의 서점이 있었다. 또한 1894년 갑오개혁 이후 신학제 실시에 따라 1905년 을사조약이 체결될 무렵까지 전국 주요 도시에 50여 개의 소학교가 설립되었다(이광린, 1981:529~533). 당시의 출판 인쇄 사업은 새로운 지식의 보급뿐만 아니라 국민 계몽이라는 문화 사업으로서의 긍지와 사명감에서 출발했음을 신문 광고의 문면에서 어렵지 않게 읽을 수 있다(이승우, 1993).

　1, 2위를 차지한 '잡화상'과 '출판·인쇄' 광고는 당대 제국주의자들의 지배 전략과 민족주의자들의 계몽적 욕구의 산실이다. 이 사뭇 다른 두 담론은 민중들 사이로 급속히 전파되어 갔고 그 중심에는 광고라는 새로운 종류의 텍스트가 있었다.

2. 국어 생활의 공간: 말하기·듣기 및 읽기 과정

　이 절에서는 독립신문 광고가 당대의 언중들에게 어떤 방식으로 의사소통되었는지를 살펴보도록 한다. 당대의 언중들이 독립신문 광고를 어떤 방식으로 읽었으며 광고는 언중들의 의사소통 과정에 어떤 방식으로 참여했는지를 중점적으로 살펴보도록 한다. 그런데 이를 오직 광고에만 초점을 맞추어 논하기는 자료의 제약상 어려운 점이 많다. 독립신문에는 논설, 잡보 등이 광고와 함께 실렸는데, 광고를 포함한 독립신문 자체에 대한 접근 가능성에 초점을 맞추어 논하도록 한다. 독립신문에 대한 접근 가능성에 대한 논의를 통해 광고의 의사소통 과정을 간접적으로 추론하도록 한다.

최준(1960:110)에 따르면 〈독립신문〉의 초판 발행 부수는 300부였다. 〈독립신문〉의 발행 부수가 이토록 저조한 것은 출판사의 경제적 상황이 어려웠고, 신문 판매 시장도 그다지 크지 않았기 때문이다. 그러나 전후의 사정을 고려하여 추정해보면 "〈독립신문〉의 발행부수가 1898년 1월의 약 1,500부로부터 11월에 최고 3,000부까지 급증"(신용하, 1976)했다고 한다.[4]

당시의 많은 사람들은 경제적 상황이 좋지 않아서 신문을 사서 읽는 것이 매우 힘든 일이었다. 독립신문 1897년 11월 9일자에 실린 한 독자의 편지에는 신문 한 장을 구입하기 위해 한 도시의 모든 사람들이 의논을 하였다는 사실이 기록되어 있다. 독립신문 1899년 1월 27일자 '신문 규칙'이라는 논설에서 "몃해 작뎡 하고 각 신문을 관비로 사셔 각도 각군에 넓히 전파 하야 인민의 깁히 든 잠을 깨게 하기를 지극히 발아노라."[5]라고 해서 신문사에서 이를 적극적으로 권장하기도 했다. 관에서 경비를 부담하여 신문을 일괄 구입해서 백성들에게 나누어 주어서라도 백성들에게 신문을 읽게 하여 개명으로 인도해야 한다는 것이다.

만일 마을 사람 중의 누군가가 신문 한 장을 얻었다 치면 그 신문은 온 마을 사람들에게 회람되었다. 맥켄지에 의하면 당시에는 경제적 상황이 어려워서 신문 한 장을 구입하면 적어도 200명 이상이 같이 돌려 가며 읽었다고 한다(홍찬기, 1995:40에서 재인). 당시의 사람들 중 어떤 사

---

4 1898년 7월 26일자 사설 '신문 모르는 백성'에는 '경성 인구 20만여 가구에 신문 넷이 팔리는 장수가 불과 이천오백 장'이라고 쓰고 있다.

5 앞으로 나오는 개화기의 모든 글은 원문의 의미를 해치지 않은 상태에서 필자가 가다듬은 것이다. 주로 '아래아'와 '된소리'를 현대적 표기에 맞게 수정하였다.

람들은 자신이 직접 신문을 사서 읽기보다는 '독립신문에 이러한 기사가 나왔는데 이러이러한 일이 있었다더라.'는 식으로 신문 내용에 대한 간단한 소개를 받고 누군가로부터 신문을 빌려서 읽었고 또 자신이 읽은 신문을 다른 사람에게 전달했던 것이며 때로는 신문 한 장을 놓고 삼삼오오 짝을 지어 읽었다.

경우에 따라서는 시장이나 거리에서 물건을 홍정하거나 이웃 아낙네와 이야기를 나누다가 누군가가 읽어 주는 신문 내용을 듣기도 하였다. 독립신문 1898년 4월 23일 기사에는 일개인이 신문을 사서 '오고 가난 사람들을 대하야 신문 일편을 연셜하며 차차 개명 진보하여 애국 하난 마암을 분발하게 했다는 기사가 실려 있으며 1898년 11월 9일자에는 한 군수가 자신의 백성들을 위해 장터에서 신문을 읽어 주었다는 내용이 실려 있다. 즉 이들은 신문을 정독했다기보다는 낭독된 기사를 들었으며 이를 또한 '신문에 이러이러한 내용이 나왔다고 하더라.'는 식으로 누군가에게 전달했던 것이다.

이와 같은 기사를 통해 추론해보건대, 당대에 신문에 대한 접근 가능성은 크게 세 가지 측면으로 살필 수 있을 듯하다. 첫째는 정독의 경우이다. 오늘날은 정보의 홍수라고 할 만큼 끊임없이 새로운 정보가 쏟아질 뿐만 아니라 이를 전달하는 매체의 수도 많다. 단 하루 동안 쏟아지는 정보만 꼼꼼하게 읽기에도 하루라는 시간이 넉넉지 않을 듯하다. 그러나 당대에는 신문이라는 새로운 매체가 등장하던 시기이므로 매체의 수나 정보의 양이 상대적으로 오늘날보다 적었다. 오늘날 신문 읽기의 주요 방식이 '통독'이라면 당대의 신문 읽기 방식은 '정독'에 가까웠을 것으로 보인다. 이는 주로 경제력을 구비한 식자층에 해당될 것이다. 신문이라는 매체는 접하기도 쉽지 않은 신문물이었으므로 경우에 따라서는 낯선 신문물에 대한 경이감(?)이 신문 읽기에 작용했을 가능성도 있다. 광고 읽기 방식 역시 마찬가지였을 것으로 보인다.

둘째는 '말하기·듣기' 과정과의 통합이다. 신문의 내용을 누군가로부터 간단히 들은 뒤 읽거나, 누군가와 이야기를 나누면서 신문을 같이 읽는 경우가 상당수 존재했을 것으로 보인다. 이 경우 신문 내용에 대한 비판과 해석이 자연스럽게 이루어졌을 가능성도 있다.

셋째는 읽기라기보다는 듣기로서, '낭독'한 내용을 들음으로써 신문에 접하는 경우이다. 장터 등에서 누군가가 읽어주는 신문 내용을 들음으로써 신문에 접근한 경우이다. 위의 둘째와 셋째의 경우는 경제력을 갖추지 못했거나 문자해독력이 없는(혹은 적은) 사람들에 해당할 텐데, 당대의 상당수 언중들이 이에 해당할 것으로 보인다.

읽기란 근본적으로 일개인이 읽기 자료와 의사소통하는 방식으로 정의된다. 그런데 개화기에 신문 읽기 방식은 일개인의 의사소통 방식이라는 특징 외에도 협동적 읽기의 특징을 상당히 강력하게 갖고 있었다고 정리할 수 있다.[6] 기록을 찾지 못해서 광고 역시 이러한 방식으로 읽혔는지 여부는 정확히 알 수 없다. 그러나 신문에 대한 접근 가능성은 광고에 대한 접근 가능성과 상관관계에 있다고 볼 수 있을 듯하다.

한국뿐만 아니라 어느 나라에서나 초창기 신문은 여러 가지 제약 때문에 그 보급에 어려움을 겪었다. 초창기 신문이 갖고 있는 이러한 한계를 Lee(1976:36)는 문자 해독 능력, 경제력, 여가, 배달의 어려움의 4가지로 요약하고 있다. 이러한 한계를 극복하기 위해 초창기에는 보조 채널들이 자연스럽게 형성, 발전하였는데, 우리나라의 경우 개화기에 새롭게 생겨난 보조 채널 중에 신문잡지종람소가 있다(채백, 1997:106). 신문잡지종람소란 여러 종류의 신문이나 잡지를 특정 장소에 구비하여 원하는 사람

---

6 예컨대 광고의 경우도 "○○ 약국의 무슨 무슨 약이 어디어디에 좋다고 광고가 났는데 누구 말을 들어보니 정말로 신기하다고 하데."처럼 광고 내용과 그에 대한 해석을 들으면서 광고에 접하거나 "○○ 약국 광고가 어디 났나?" 하면서 광고를 함께 읽으면서 이야기를 나누었을 가능성도 있다.

들이 와서 유료 혹은 무료로 읽을 수 있도록 한 곳을 말한다.

채백(1997)에 의하면 최초의 신문잡지종람소는 1898년 6월 25일자 〈매일신문〉에 실린 잡보 기사를 통해 확인할 수 있다. 이 기사를 보면 "인천항에서 유지한 친구들이 이달 구일 붓허 박문회를 셜시하고 매일 관보와 각쳐 신문과 시무샹에 유익한 셔책을 많이 광구하여 노코 모든 회원들이 날마다 모혀 강론하며 연셜하야 지식과 학문을 널니 고져 한다 난대 그 동안에 회원이 발셔 백여명이 모혓다니"로 되어 있다. 독립신문 6월 28일자 기사에도 이와 관련된 기사가 있다.

우리 회로 말하여도 한달에 보조금 몃푼만 내면 통챵한 쳐쇼에서 각종 셔책과 매일 관보와 각쳐 신문을 마암대로 보고 남의 지각 잇난 말을 만히 듯고 우리 동포 형뎨들이 교제가 친밀하겟시니 이러한 리익이 어대 잇스리 오(독립신문, 1898년 6월 28일)

신문잡지종람소는 이후 을사조약을 계기로 급속도록 확산되어 갔는데, 이는 언론 계몽을 강조하던 당시 애국계몽운동의 흐름 때문이다(채백, 1997). 당대의 사람들은 신문잡지종람소에 모여 신문과 잡지를 바탕으로 서로 강론하고 연설하고 토론하였다. 이는 신문이 말하기·듣기의 훌륭한 자료로 기능했음을 잘 보여준다.

광고 역시 그와 같은 자료가 되었는지 여부는 알 수 없다. 신문잡지종람소가 애국계몽운동의 흐름과 깊은 관련을 맺고 있다고 볼 때 주로 논설이나 기사가 그 대상이 되었을 가능성이 높다. 그러나 뒤에서 살펴보겠지만 당시에 이미 광고에 대한 비판의 목소리가 있었음을 고려할 때 광고 역시 말하기·듣기 자료로 기능했을 가능성을 완전히 배제할 수는 없다.

당시에 광고는 새로운 신문물의 수입 통로였다. 예컨대 '우체 시간표'

와 같은 광고는 '근대적 시간' 개념을 확대시키는 지표로 기능했으며 광고 상품이었던 '모자, 안경, 단장, 시계' 등은 문명의 기호로 인식되기도 하였다(마정미, 2003). 또 '출판 광고'는 애국계몽운동의 주요한 매체가 되는 서적을 소개해 주었다. 광고의 이와 같은 속성 역시 광고가 말하기·듣기의 자료로 기능했을 가능성을 높여준다.

독립신문 광고의 주요 독자가 누구였는지는 광고품목에 대한 조사(주요 목표 시장에 대한 조사)를 통해 간접적으로 살펴볼 수 있다. 앞서 제시한 것처럼, 가장 많은 빈도수를 차지한 것은 잡화(도소매/유통, 수송 등의 서비스, 기계류, 기초재 등의 상품군)이다. 이를 통해, 중개상을 비롯한 상인계층에 일차적으로 소구하고 있음을 알 수 있다. 그리고 출판이나 교육과 같은 상품 유목은 식자층이나 사회지도층도 간과할 수 없는 주요한 목표시장이었음을 알려준다. 물론 일반 독자들도 광고의 대상이 되기는 하였지만 그 내용이나 빈도수를 살필 때 상업 광고의 중요한 목표시장으로 성숙했다고 보기는 어렵다(김광수, 1997:75~76). 독립신문 광고의 주 독자층이 상인(자본가)이었음은 "국문신문을 끼고 거리를 다니고 있는 풍경과 각 점포마다 이 신문을 펴놓고 읽는 광경이란 1896년 이래 새로운 현상이었다."(비숍, 2000)(밑줄 필자)는 진술에서도 드러난다.

Ⅲ. 독립신문 광고의 발전 과정과 국어 생활의 변화 양상

1. 국어 생활의 지평 확대: 광고텍스트에 대한 '총괄적텍스트원형'의 활성화

총괄적텍스트원형이라는 용어는 '총괄적텍스트구조원형'의 축약, 그러니까 어떤 상호작용의 구도와 상관관계에 있는 텍스트의 어떤 형식적 기본 현상의 축약이라고 이해하면 된다(Heinemann, 1991, 백설자 옮김, 2001:222). 좀 더 쉽게 풀이하면 총괄적텍스트원형은 '언중들의 머릿속에 저장되어 있는 어떤 텍스트종류에 대한 인식과 틀' 정도로 정리할 수 있을 듯하다. '편지'를 쓰거나 읽을 때 언중들은 '받을 사람 이름, 인사말, 용건, 인사말, 작성년월일, 쓴 사람' 등과 같은 일련의 형식적 틀을 머릿속에서 활성화시키는데 이는 총괄적텍스트원형이 활성화된 결과라고 볼 수 있다. 개화기에 신문이라는 매체에 실린 상업광고는 언중들에게 매우 새로운 텍스트종류였다. 따라서 개화기는 광고라는 새로운 총괄적텍스트원형이 당대 사람들에게 형성 및 발전되던 시기라고 볼 수 있다.

〈독립신문〉 경영진들은 '광고'를 신문 경영의 주요한 재원으로 파악하고 있었다. 1896년 10월 3일자 'The Independent' 1면 사설을 보면 '광고하고자 하는 사람들을 위하여 지면을 마련하고 있으며 광고를 위한 지면을 많이 확보하고 있어야 한다. 왜냐하면 어떤 신문도 광고로 재정을 증대하지 않으면 지탱할 수 없기 때문이다'라고 쓰고 있다. 이어 1897년 1월 5일에는 자사의 광고요금표를 제시하면서 '광고매체로서 The Independent는 급격히 증대하는 한국 무역에서 이익을 확보하려는 사람들에게 중요한 기회를 제공한다.'고 하여 신문 경영에 있어서 광고의 중요성을 강조하고 있다. 1899년 6월 2일자에는 일종의 〈광고론〉이 실려 있는데 다음과 같다.

무릇 누구나 어떤 영업이나 상업, 공업을 하려면 세계가 다 알아야 그 사무가 날로 더욱 흥하여 이익이 불어나는 것이다. 만일 세계에서 누가 무슨 사업을 하는지 널리 알리지 못하면 그 사업이 어찌 흥하기를 바라겠는가? 그러므로 광고라 하는 것은 비유하건대 기계와 같이 증기의 힘을 입어 저절로 돌아가는 것이다. 대체로 증기라 하는 것은 그릇 속에다 물을 붓고 그 밑에다 불을 때면 그 그릇 속에 있는 물이 끓어 김이 오르면 그 김 기운에 큰 화륜선의 기계가 모두 운동하여 몇 만 리 바다에 사람의 힘을 들이지 않고 임의로 내왕하며 화륜거도 또한 이 김 기운으로 몇 만 리를 운동하여 다니는 것이요. 또 아무리 큰 기계라도 모두 이 김의 기운으로 돌아가는 법이니 광고 또한 모든 사업의 증기와 일체이다. 이러한 까닭에 광고가 제반 사업이 흥하는 데 대단히 관계가 있으니 여러분은 어떤 사업을 하든지 먼저 본 신문사에 와서 광고를 내시오(독립신문, 1899년 6월 2일)(밑줄 필자)

'광고'라는 새로운 텍스트종류는 주로 신문사의 재정 확보와 경영학적 판매 전략이라는 측면에서 시작되었음을 알 수 있다. 그리고 광고 텍스트의 주요한 기능을 '세계가 다 알아야'라든가, '널리 알리지 못하면' 등의 표현에서 알 수 있듯이 주로 정보 제공 측면으로 파악하고 있음을 알 수 있다.

신문이라는 새로운 매체에 실리는 기사나 광고가 당대 언중들에게는 새로운 것이었기 때문에 언중들의 머릿속에 광고에 대한 총괄적텍스트 원형이 확립되는 데는 다소 시간이 걸렸던 것으로 보인다. 독립신문에는 다음과 같은 기사가 실려 있다.

① 경향 각지의 사람들은 자세히 보시오. 신문에 물건과 관련이 있는 광고를 하려면 어느 나라 신문이든지 요금을 받는다. 그외에는 신문에 실을 만한 일은 돈을 받지 않는데도 불구하고 요즈음 해주 백성이 동전 십 푼과 제주 백성이 동전 두 푼과 포천 백성이 동전 두 푼을 편지 속에 넣어서 자기 고을의 일을 알려 달라고 했으나 그럴 수 없다.(독립신문, 1897년 1월 23일)

② 우리 신문사에서는 누가 와서 무슨 영업을 하겠으니 광고를 내달라고 하는데 규칙대로 값을 받고 광고를 내주고 있으며 그 외에 누구든지 무슨 일로 잡보에 실어달라는 것은 그 편지에 편지하는 사람의 거처와 성명이 분명하고 그 일이 확실한 증거가 있으면 그대로 잡보[7]에 내는 규칙인 줄을

신문에 여러 번 기재하였다. 그런데 강화 산리포에 사는 최민호가 강화부 일로 신문사에 편지하면서 동전 두 푼을 편지 속에 넣었으니 이는 신문사 규칙을 모르고 그런 것이므로 최민호는 이 동전 두 푼을 곧 도로 찾아가시오.(독립신문, 1987년 9월 9일)

③ 혹시 신문 내여 달나고 누구던지 본사에 편지 하면서 돈 몃푼식을 편지 속에다 너어 보내기에 펼연 그 편지 하난 사람들이 우리 신문사에 규칙들를 몰으고 그럴듯 하기에 이왕에 여러번 신문에 광고하기를 므릇 광고 낼것만 규칙대로 외래희갑을 밧지 신문 잡보로 출판 하난것은 당쵸에 갑을 밧난 일이 업다 하여도 잇다곰 편지 속에다 돈푼을 너어 보내니 이난 신문사에 큰 실례라 그 편지가 졍즉 한 일 갓할진대 엇지 돈을 너흐리요 필시 편지 하난 일이 올치 못한 까닭에 돈을 너음이라 돈 너흔 편지난 영위 신문에 내지 아니 할 터이니 그리들 알며 몬져 편지 속에 너흔 돈은 도로 아니 차자 가면 감옥셔로 보내여 죄인들 부비나 쓰라 하겟스니 그리들 아시요.(1897년 11월 27일)

위의 기사들은 당시의 언중들이 기사와 광고의 차이를 정확히 인식하지 못했음을 보여준다. 기사도 광고처럼 돈을 내어야 실어주는 것이라고 인식하는 사람들이 꽤 많았기 때문에 독립신문 경영진들은 돈을 찾아가라고 하거나 돈을 감옥소에 보내 죄인들을 위해 쓰겠다고 공표하는 등 광고와 기사가 서로 다른 것임을 여러 차례에 걸쳐 알렸다.

그러나 광고라는 새로운 텍스트종류에 대한 인식은 점차 확대 및 정착되어 갔다. 독립신문 1897년 6월 3일자 논설에는 "어떠한 유지각한 사람이 신문사에 편지하였기에…… 사람이 신문에 광고하여…… 신문이 제일이라"고 하여 광고의 기능에 대한 독자의 인식을 보여주는 글이 실려

---

7 잡보는 오늘날의 기사이다.

있다.

이후 제국신문이나 황성신문에 실린 글들에서는 광고에 대한 독자들의 좀 더 깊이 있는 인식 수준을 볼 수 있다. 당시에 서구식의 광고수법은 상품 유통 구조에 큰 변혁을 강요하였고 나아가서는 전체경제구조의 기간을 흔드는 결과를 가져왔다(정진석, www.advertising.co.kr/uw-data). 이에 따라 광고에 대한 긍정론과 부정론이 대두되었는데 1900년 5월 10일자 제국신문에서 볼 수 있다.

① 〈긍정론〉

원래 우리나라에는 좋은 것을 스스로 내세우지 않는 것을 미덕으로 여겼다. 선비의 재덕이나 생산된 물건이나 간에 좋은 것은 굳이 자랑하지 않더라도 사향을 깊이 감추어 둔 것과 같아서 그 당사자는 말하지 않더라도 남이 자연히 알고 찾기도 하고 구하기도 하는 것이다. 그러므로 경비를 허비하면서 신문에 광고를 내거나 포스터 또는 간판 등을 달아서 광고를 한다는 것은 이치에 맞지 않는 일이다. ……내가 의술이 고명하지 찾아오시오. 내게 신기한 약이 있으니 찾아오시오. 우리 가게에 각색 상등 물건이 많고 헐하니 사가시오 하며 사람을 꾀이고 휘리니 그 일이 어찌 당연한 이치라 하겠는가. 우리 동방사회에서는 몇 천년동안 그렇게 하지 않았으되 명의는 명의로 나타나고 명약은 명약이오, 기술은 기술이오, 물건은 물건대로 각각 그 생긴대로 나타나기도 하였고 팔리기도 잘 팔렸다. 요즘 외국의 상업과고는 가령 소다광고와 담배광고를 보면 파는 곳과 물건 값을 명시하지도 않은 채 많은 광고비를 허비하고 있을 뿐이다.(제국신문, 1900년 5월 10일)

② 〈부정론〉

소다나 담배를 파는 곳과 값도 밝히지 않고 광고한다 하더라도 그 물건을 한국 사람의 눈과 귀에 익히도록 하여 그 물건을 사서 쓰게 만드는 것이다. 사서 쓰는 사람은 한국인이게 사든지 중국인이게서 사든지 사기만 하면 자연히 소다와 담배는 팔리게 될 것이 아닌가. 그러므로 이러한 광고 수입은 신뢰감 심어주고 상품의 이름을 널리 알려서 장기적으로 이익을 얻자는 것이다.(제국신문, 1900년 5월 10일)

1901년 2월 7일자 황성신문 논설에서는 광고가 사업을 번창하게 하고 그 이익을 많은 사람들이 공유하게 된다고 쓰고 있다. 1901년 3월 29일자 황성신문 논설에는 한국인들이 내는 광고는 아들이나 조카 등이 몰래 논밭을 팔아먹었다느니 이름을 고쳤다느니 어음을 잃었다는 등 창피스러운 일뿐이며[8] 광고답다고 생각되는 것들은 모두가 외국인들이 내는 것이니 광고로 인해 나라의 명예만 손상되는데도 신문은 그저 광고료만 받아먹으면 그만이냐고 쓰고 있다. '광고답다고 생각되는 것들'이라는 구절 속에는 이제 광고라는 새로운 텍스트종류가 언중들 사이에 깊이 자리잡았음을 잘 보여준다.

어떤 것을 광고라고 생각하여 '광고답다고 생각되는 것들'이라는 표현을 사용하였는지는 알 수 없으나 개화기에 광고의 개념은 오늘날에 비해 '설득'보다는 '정보 제공' 쪽에 더 무게중심이 있었던 것으로 보인다. 김광수(1997)에서 독립신문 광고에 담긴 가치를 사실적 주장(이 상품의 가격은 얼마다 등), 가치적 주장(좋다, 나쁘다 등 평가적 진술문), 제안적 주장(앞으로 이렇게 해요 등 방향 제시), 복합적 주장(두 가지 이상 혼재)으로 나누어 분석해 본 결과 사실적 주장이 54.1%, 복합적 주장(주로 사실적 주장+제안적 주장)이 36.2%, 가치적 주장이 9.6%로 나타났다. 복합적 주장은 사실적 주장에 '이 물건을 사 가시오'와 같은 제안적 주장을

---

8 예컨대 〈독립신문〉에 실린 다음과 같은 광고가 이에 해당한다. "본인의 조카 태식을 다리고 있더니 조카가 부량하여 본인의 가권(家券)과 전답 문권을 가지고 나갔으니 무론 내외국인하고 전집하고 돈 주시지 마시오. 김명환 고백"

더한 것임을 고려하면 전체의 90% 이상이 정보 제공 형태의 광고임을 알 수 있다.

실제 독립신문 기사를 분석해보면, 상품(명), 상점 혹은 회사명, 위치, 가격 등을 나열하면서 '값이 싸다'든가 '품질이 좋다' 등을 강조하는 광고가 많다.[9] 예컨대 1897년 5월 1일에 실린 다음 광고들을 보면 광고의 주요 내용이 '상품(명), 상점 혹은 회사명, 위치, 가격, 값, 품질' 등에 있음을 알 수 있다. '사 가라'는 직접적 청유도 종종 곁들여진다.[10]

① 世昌洋行 제물포

이 회사에서 슈맛로라 셕유를 만히 가지고 도가로 셕유 쟝사들의게 팔터이니 누구던지 셕유 쟝사 하랴면 인쳔 항구 셰챵양행으로 셕유를 구하야 밧아다 팔면 큰리가 잇스리라.(1897년 5월 1일)

② 새로 내난 신문이라

그리스도 신문은 농사 업과 외방 통신과 외국 통신과 관보와 잡보와 각부 통신과 사람의게 유익 한거슬 다 이 신문에 올닐 터이니 사다 보기를 바라노라 이 신문국은 대 졍동 미국 목사 원두우 집이요(1897년 5월 1일)

③ 인죠 샤향 한개 갑 닷량四二九 / 인죠 샤향슈 한병 갑 닷량/ 이 인죠 샤향과 인죠 샤향 슈난 불란셔에서 대죠 한거시니 참 샹지 상품이라 졔군자와 졔 부인끠셔 만히 사러 오기를 바라압나니다 진고개 구마모도 회샤(1897년 5월 1일)

---

9 박영준(2005)에서는 독립신문의 광고 분석을 통해 상품 가격에 대해서는 '싸다'는 단어가, 상품 품질에 대해서는 '죠타'는 단어가 주로 사용되었음을 논한 바 있다.

10 김광수(1997)에서 독립신문 광고문의 내용을 최고주의(최고나 일류 또는 명성을 추구), 합리주의(가격은 저렴하고 품질은 좋다고 내세움), 실용주의(상품의 속성이나 유용성을 강조하는 내용)로 나누어 분석해 본 결과 최고주의 30.5%, 합리주의 36.9%, 실용주의 21.9%로 나타났다.

④ 고샬기 광고

죠흔 금계랍과 죠흔 바늘을 만히 파니 졔군자난 와셔 귀경하고 사 가시요 갑슨 매우 싸고 물품은 샹등이요 회샤 집은 졍동 명톄궁 압희요 四 二十七 (1897년 5월 1일)

광고(廣告)가 한자 뜻 그대로 풀이하면 '널리 알린다'이므로 광고 텍스트 초기에는 광고를 주로 상기에 제시된 정보를 제공하는 텍스트로 이해하다 가 -물론 정보 제공 텍스트인가 설득 텍스트인가의 경계가 모호하지만- 점 차 '청유'나 '제안' 등이 가미된 설득적 텍스트로 인식하였을 가능성이 있다.

2. 국어 생활의 변화: 표현 방식의 다각화

1) 어휘 · 어법적 측면

독립신문 창간호 논설을 보면 '우리신문이 한문은 아니쓰고 다만 국문 으로만 쓰난거슨 샹하귀쳔이 다보게 홈이라'고 하여 한글 전용을 선언한 바 있다. 그런데 실제로는 국한문 병용 표기나 국한문 혼용 표기가 나타 난다. 광고에서는 국한문 혼용 표기가 기사(잡보)와 논설보다 이른 시기 에 나타난다. 독립신문 제호 밑에 한자 혼용 표기가 1898년 9월 26일에 처음으로 등장하는데 비해서 광고에서는 1897년 1월 7일에 이미 회사명 인 '세창양행'이 한자로 기록되어 있다. 이후 한자 표기가 상당수 나타나 는데, 예컨대 닭을 기르는 법에 대한 책 광고(1897년 7월 20일)에서는 표제부에, 양복점 광고(1897년 8월 17일)에서는 표제부와 본문에, 쥬지 회사 광고(1897년 10월 12일)에서는 표제부와 회사 주소와 상호에 각각 한자가 사용되고 있다.[11] 다음의 예에서 드러난 것처럼 한자는 주로 상

---

11 독립신문의 한자 사용 변천에 대한 자세한 논의는 박영준(2005)을 참조할 수 있다.

호, 상품명, 회사 주소 등에 사용되었다.

당시에 한자가 여전히 한글보다 권위를 갖고 있었다고 상정할 때, 한자가 잡보나 논설보다 광고에 먼저 사용되기 시작했고 주로 상호, 상품명, 회사 주소 등에 사용되었다는 점은 한자가 전략적으로 사용되었음을 짐작케 한다. 소비자의 시선을 끌면서 상품 판매의 핵심이 되는 요소를 강조하고자 하는 전략이었을 가능성이 있다.

〈1897년 7월 20일〉 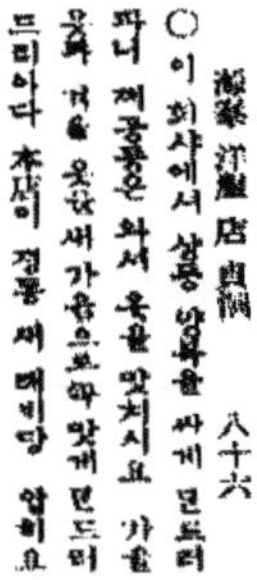   〈1897년 8월 17일〉    〈1897년 10월 12일〉

그림 2 독립신문 광고의 한자 사용

당시에는 신문물의 유입으로 인해 새로운 외래어나 외국어의 사용이 빈번했다. 채완(2003)은 개화기의 광고문 분석을 통해 '버지니아(파아지니아), 이집트(애급), 카이로, 호옴(Home), 하아로(Hallo), 바진(Virgin), 호니(Honey), 리리이(Lily)' 등과 같은 생소한 외래어가 광고에 자주 사용되고 있음을 지적한 바 있다. 오늘날 외래어와 외국어는 서구 지향 심리를 자극하는 광고에 종종 사용된다. 독립신문에도 이와 같은 측면이 있었던 것으로 보이는데 '히이로(Hero)(1899년 7월 2일)'가 좋은 예이다.

광고가 당시 국어 생활에 미친 가장 큰 영향 중의 하나는 '금계랍', '자행거(자전거)'(상품명), '가메야 회사', '개리 양행'(회사명), '원두우', '아편설나'(외국인명), '아라샤, 미국'(국가명) 같은 낯선 용어를 접하게 했다는 점이다. 특히 신문명으로 인식 혹은 둔갑된 서구의 신문물을 광고를 통해 접했을 가능성이 있다.

독립신문 창간호(1896년 4월 7일 광고)를 보면 다음의 예처럼 '하라체'가 주를 이룬다.

① 배재학당 하미 화 활판소에 <u>와 사라.</u>
② 외국 샹등 물건을 파난대 물건이 다 죠코 갑도 외누리 <u>업더라</u>
③ 사월 팔일에 혹개마루가 부산 고베 등지에 가고 사월 구일 견깨마루가 지부 천진 등지에 가고 사월 구일에 삿쥬마마루 가 나가사기행항 등지에 <u>간다더라</u>

(독립신문 창간호, 1896년 4월 7일자 광고들)(밑줄 필자)

그런데 폐간호(1899년 12월 4일)에서는 다음의 예처럼 경어법의 사용이 두드러진다.

① 본샤로 왕림하오셔 <u>의론하시오.</u>
② 갑도 렴하게 할터이오니 쳠군자난 본샤로 와셔 <u>쥬문하시요.</u>
③ 쳠군자난 만일 신문 갑을 우표로 보내시거든 十一죠 외에 열쟝 붓흔것으로 <u>보내시요.</u>
④ 賞與金十元을 <u>出給하겟사오며</u> 事務所 는 姑未定이오니 事務員(?)이나 總務員 의案로 <u>告知하시압.</u>
⑤ 셔양 식물을 만들기에 유의 하난 사람들에게 매우 긴요하고 유익한 책이오니 쳠군자난 <u>사가시압</u>

(독립신문 폐간호, 1899년 12월 4일자 광고들)(밑줄 필자)

'사가시요, 보내시요'의 '요'는 현대국어의 해요체가 아니라 하오체로서

'시'의 모음에 동화된 표기로 보인다. 개화기의 광고에는 해요체가 나타나지 않는다(채완, 2003:61). '사가시압'은 원어에는 '사가시옵'으로 표기되어 있는데 하소서체의 평서법 어미 '-ᄂᆞ이다'가 생략된 것으로 객체존대의 선어말 어미 '-습-/-옵-'이 문어체에서 종결어미화한 것이다(이경우, 1994:76). 이 어미는 신소설에서 사용되기도 하였지만 특히 개화기의 광고문에 널리 사용되었다. 예외가 있기는 하지만 대략 1896년 말쯤부터 광고문은 하오체가 대종을 이루게 되었다(채완, 2003:62, 63).

독자를 고려하여 경어법 사용을 달리한 것으로 보이는 것도 있는데, 세창양행 광고는 비교적 후기에 나온 광고라 할지라도 다음의 예처럼 지속적으로 '해라체'를 사용하고 있다.

누구던지 금계랍 쟝사 하고십혼이난 이 회샤에 와셔 샤거드면 도매 금으로 싸게 주리라(독립신문, 1899년 7월 12일)

채완(2003:63)은 개화기에 경어는 광고의 타깃과 전략에 맞추어 선택되었다고 보고 있다. 위 광고는 금계랍이라는 외국 물품을 파는 중간 도매상을 구하는 광고인데, 당시에는 물자가 귀했기 때문에 광고주가 굳이 정중하게 다가가지 않아도 목적을 달성할 수 있었다. 반면, '대죠션 은행 챵립소광고문'과 같은 경우는 '……뎡하엿사오니……하겟사오니……보내시고……츄후 다시 광고하겟삽'처럼 최상의 경어가 사용되었는데, 이는 당시 상황상 은행을 이용할 만한 고객은 상당한 경제력을 확보하고 있는 사람이기 때문이다.

광고의 독자를 '누구던지'로 표현하다가(예: 누구던지 금계랍 쟝사하고, 독립신문, 1897년 1월 12일), '여러분'(독립신문, 1897년 1월 7일),[12]

---

12 당시에는 점잖은 사람을 가리켰다고 한다.

'계군자'(독립신문, 1897년 3월 25일), '첨 군자(독립신문, 1896년 6월 23일)', '유의 군자(독립신문, 1897년 2월 10일)', '제공(독립신문, 1897년 10월 12일)', '가쥬 제공(독립신문, 1898년 12월 2일)' 등으로 달리 표현하는 데에서도 이와 같은 특징이 드러난다. 광고의 속성에 대한 이해가 깊어지면서 표현 방식이 다양해진 것으로 볼 수 있다.

2) 구조적 측면

독립신문 광고에 대한 김광수(1997)의 분석에 따르면 독립신문 광고 중 그래픽이 없는 광고가 90.6%이고, 표제부가 있는 광고가 82.5%이다. 아래의 1896년 4월 7일과 6월 16일 광고처럼 간단한 강조 표시 정도의 그래픽이 사용되다가 1897년 2월 18일자 세창양행 광고에서는 본격적인 그래픽이 등장한다. 이후 세창양행은 광고에 동물 그림 등도 사용하였다 (다음 그림 3 참조).

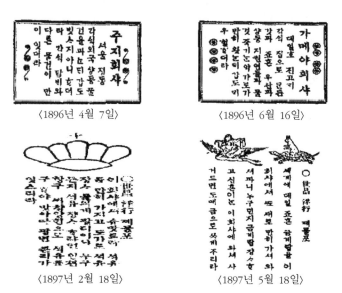

〈1896년 4월 7일〉　　　　〈1896년 6월 16일〉

〈1897년 2월 18일〉　　　　〈1897년 5월 18일〉

그림 3 독립신문 광고의 그래픽 사용

앞서 제시한 독립신문 창간호에 실린 광고들을 보면 '주지 회사', '가메야 회사', '사민필지', '안창회샤', '한영자뎐, 한영문법' 등처럼 표제부를 의식한 흔적이 역력하다. 표제부는 주로 회사명이나 광고하고자 하는 상품(혹은 광고 상품의 상위어, 구체적인 상품명이 아니라 '셕탄', '구라파 그림'과 같은 경우) 등이 사용되었으며 부표제부로는 주로 '셔울 정동'과 같은 '위치'가 선택되었다. 경우에 따라서는 상점명과 위치 등을 텍스트의 제일 하단부에 구별되게 배치하기도 하였다(다음 그림 4 참조).

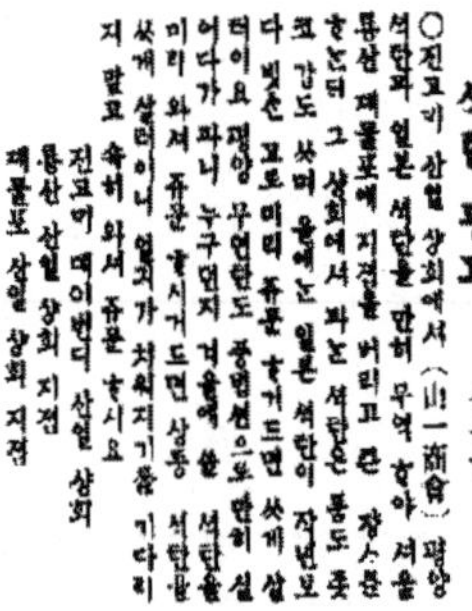
셕탄 광고
○진고ㅐ 산업 상회에서 (山一商會) 평양 十一十
셕탄과 일본 셕탄을 만히 무역 ᄒᆞ야 셔울
룡산 재물포에 지젼을 버리고 큰 쟝ᄉᆞ를
ᄒᆞᄂᆞᆫ듸 그 상회에서 파ᄂᆞᆫ 셕탄은 불도 좃
코 갑도 싸며 올에ᄂᆞᆫ 일본 셕탄이 작년보
다 빗순 고로 미리 쥬문 ᄒᆞ거드면 싸게 살
터이요 평양 무연탄도 중범션으로 만히 실
어다가 파니 누구던지 겨울에 쓸 셕탄을
미리 와셔 쥬문 ᄒᆞ시거드면 상등 셕탄을
싸게 살터이니 엿치가 쳐쳐지기를 기다리
지 말고 속히 와셔 쥬문 ᄒᆞ시요
진고ㅐ 대이번디 산업 상회
룡산 산업 상회 지젼
재물포 산업 상회 지젼

〈1897년 9월 11일〉

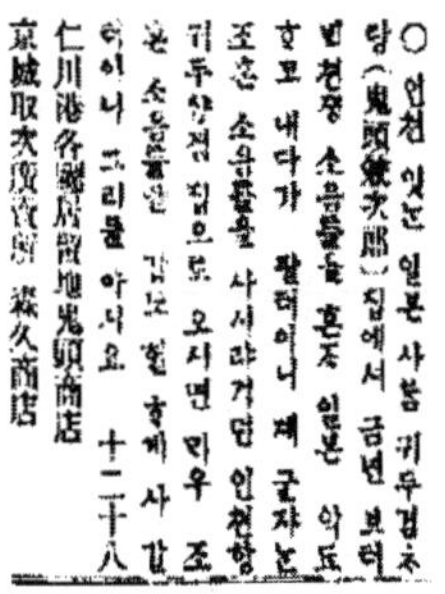
○인쳔 잇ᄂᆞᆫ 일본 사ᄅᆞᆷ 귀두겸ᄎᆞ
랑(鬼頭兼次郎) 집에서 금년 브터
법권쟝 소음들을 혼ᄌᆞ 일본 악됴
호로 내다가 팔터이니 제 굴자ᄂᆞᆫ
조흔 소음들을 사시랴거든 인쳔항
귀두상젼 집으로 오시면 미우 조
흔 소음들은 갑도 헐 ᄒᆞ게 사 갈
터이니 그리들 아시요 十二十八
仁川港各國居留地鬼頭商店
京城取次販賣所 森久商店

〈1898년 11월 17일〉

그림 4 독립신문 광고의 구조(예)

개화기 광고 텍스트의 핵심 구성 요소는 상품(명), 상점 혹은 회사명, 위치 등이었음을 알 수 있다. '위치'가 핵심 구성 요소로 부각된 것은 오늘날과 사뭇 다른 양상인데, 개화기와 현대의 경제 구조의 규모 등과 같은 차이가 그 원인으로 보인다. 텍스트종류적 특징이 시대에 따라 변화하였음을 알 수 있다.

상업 광고 외에 다음과 같은 종류의 광고도 실렸다.

① 쥭산국 리민셕이가 협잡 패류의게 끠임을 듯고 광쥬군 새얌재 누대 제위답 三셕 여두락을 그 부형을 쇽이고 거짓 문권을 꿈며 가지고 다

니며 각국 사람의게 잡히고 빗을 어더 쓰기를 구하고 매매 하기도 구
한다니 각국 인이시든지 본국 인이시든지 이러한 패류의게 속아 샹관
말르시오. 그 부친 필셔 고백(독립신문, 1899년 9월 14일)

② 대한 사람들이 아라샤에 입적하엿든지 혹 자칭 아라샤 백셩이 되얏다
하난 사람들의게 돈이나 무삼 물건이나 여관에셔 음식과 혹 다른 물건
을 외샹줄 때에난 본 공사관중참이 잇셔야 쥬고 만일 그럿치 아니면
그 쥬인의 잘못 한 것이니 본 공관에난 샹관 업쇼 아라샤 공관 광고
(독립신문, 1899년 11월 3일)

사건·사고 등과 관련하여 관련자가 경고나 제언 등을 하는 위와 같
은 류의 광고가 〈독립신문〉에는 상당수 존재한다. 이러한 류의 광고들
은 주로 위와 같이 표제부나 부표제부가 없고 텍스트 말미에 광고를 낸
사람의 성명이나 신분을 밝히는 형태로 되어 있다.

그래픽이나 표제부 등에 대한 인식의 확대와 더불어 광고 표현 기법도
점차 다양해졌다. 다음 그림 5의 담배 광고가 대표적인 예이다. 그래픽,
생소한 영어 등을 사용하였고 내용도 단순 정보 제공 형태는 아니다. '대
한국 여러분게셔 태평'하다든가 '감사하온 마음과 깃분 뜻을 엇지 다만
지필노 다할수 잇사오릿가', '거룩 하신 은혜 만분의 일을 갑고져 하와'

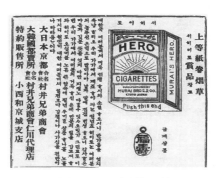

그림 5 독립신문, 1899년 7월 12일

등의 표현은 상대의 이성보다는 감성을 자극하고 있다. 그러나 이처럼 감성을 자극하는 광고는 전체의 11.8%로, 독립신문 광고의 88.2%는 이성에 소구하고 있다(이찬구, 2001:78). 주로 정보 제공에 초점을 두는 광고들이었기 때문이다. 그러나 '히이로' 광고처럼 광고의 표현 기법은 점차 다양해져 갔고, 이에 따라 언중들의 광고에 대한 인식도 점차 변화했을 것이다.

Ⅳ. 결론

본고는 개화기의 국어 생활을 독립신문의 광고를 중심으로 고찰한 연구이다. 개화기는 광고라는 새로운 텍스트종류가 이 땅에 뿌리내리기 시작한 시기이다. 새로운 텍스트종류의 출현은 국어 생활을 변화시키는 능동적 힘으로 작용할 수 있다. 본고에서는 이에 초점을 두어 근대적 인쇄 광고를 정착시킨 독립신문의 광고를 중심으로 개화기 언중들의 국어 생활 양상을 고찰하고자 하였다.

개화기 언중들에게 있어서 광고는 서구의 신문명이 이 땅에 들어오고 있음을 감지하게 해 주는 주요한 도구였다. 한편으로는 근대계몽운동이 활발하게 전개되고 있음을 광고를 통해서 알 수 있었다. 언중들은 광고를 통해 신문명에 동화되기도 하고 근대계몽운동에 참여할 수 있는 기회를 갖기도 했다.

개화기는 오늘날에 비해 상대적으로 언론의 수가 적었으므로 당대에 신문은 정독되었을 가능성이 있다. 그러나 당대의 많은 언중들은 문자 해독력과 경제력 등이 낮았으므로 신문을 사서 읽지 못하고 누군가가 읽어주는 내용을 듣거나 삼삼오오 짝을 지어 협동적 읽기를 했다. 이러한 의사소통 과정(말하고, 듣고, 읽는 과정)이 쌓이면서, 광고라는 텍스트종류를 기사문과 혼동하는 일은 점차 사라졌고 광고 텍스트의 특징에 대한 이해가 깊어지면서 자연스럽게 광고 텍스트에 대한 총괄적텍스트원형을 형성해 갔다.

개화기의 광고 텍스트는 주로 정보 제공을 목적으로 하는 '널리(廣) 알리기(告)' 형식을 띠었다. 그러나 점차 정보 제공에만 초점을 두던 데에서 탈피하면서 다양한 표현 방식을 모색하는 양상이 드러났다. 한글만 사용하다가 국한문 혼용체를 구사한다든가, 해라체를 사용하다가 경어법을 사용한다든가, 그래픽을 도입한다든가, 이성이 아니라 감성에 호소한다든가 하는 등의 다채로운 표현 기법이 도입되었다. 특히 개화기에 광고는 새로운 어휘, 예컨대 자전거, 시계 등과 같은 신문물명이나 생소한 외국인 이름 등을 공급하는 매개체였다.

본고는 개화기 국어 생활에 대한 최초의 국어교육적 접근이라는 점에서 의의를 갖는다. 그러나 독립신문 광고문만을 주 대상으로 하였기 때문에 개화기 국어 생활의 진면목과는 거리가 멀다. 이를 알기 위해서는 국어생활을 추측할 수 있게 하는 당대의 다른 신문·잡지 및 기타 관련 고서들을 검토할 필요가 있다. 장기적으로는 그와 같은 자료들에 대한 종합적인 검토가 뒤따라야 할 것이다.

민현식(1992), 문법교육의 목표와 내용: 현행 학교문법의 문제점을 중심으로,
국어교육 제79집, 한국어교육학회.
김은성(2007), 국어지식교육의 현상, 국어교육 제113집, 한국어교육학회.

문법교육의 가치적 토대를 구축하고 공고하게 하기 위한 목표론은 문법교육 연구에서 가장 기본적이면서도 근간을 이루는 연구 주제이다. 그리고 내용론은 목표론의 설정에 따라 반드시 호응하여 뒤따라야 한다는 점에서 목표론과 내용론을 논리적으로 연결하여 다루는 논의 구도는 문법교육 연구에서 상당히 자주 취해 온 구도이다. 이러한 근본적인 중요성과 비교적 잦은 빈도의 논의에도 불구하고, 문법교육에 대한 관점의 다변화에 따라 이 분야의 연구는 여전히 현재 진행형으로 계속되고 있다. 다만, 매우 근본적인 문제를 다루기 때문에 생기게 되는 논의의 추상성과 반복성은 지양되어야 할 것으로 보인다.

민현식(1992)는 본격적 의미에서의 문법교육학이 성립하기 시작한 1990년대 초반기에 문법교육의 목표와 내용에 대하여 두루 살핀 연구성과이다. 이 연구에서는 국정 문법 교과서 시대라는 상황적 맥락 아래, 통일 문법에 기초한 한국의 학교문법의 역사, 특성과 문제를 검토하고, 이러한 검토 결과에 준해 중학교 문법 교과서와 고등학교 문법 교과서의 내용을 비판적으로 분석하였다. 특히 이 연구에서 다룬 문법교육의 목표 논의는 매우 본질적인 부분으로서, 교육대상으로써 문법이 가진 다양한 차원의 속성을 본격적으로 규명하였다는 점에서 문법교육 연구사에서 매우 중요한 지점에 위치한다. 특히 기존 문법교육의 한계를 분명하게 언명하고, 탐구학습이라는 문법교육 내의 새로운 변화 요소와 국어과 내 영역 통합이라는 국어교육 전체의 이론적 움직임을 적극적으로 반영하면서도, 문법 학습자의 학습 효용성까지 아우르는 인식이 연구의 곳곳에서 드러나는 점에서, 이후 문법교육 연구에서 세부적으로 분화되어 가는 핵심 주제들의 태동지 중 하나라고 할 수 있을 것이다.

김은성(2007)은 민현식(1992)에서 다진 정초 위에 문법교육이 어떤 것인지 그 정체성의 규정에서부터 시작하여 문법교육의 가치적 차원의 논의를 구체화 하고자 시도된 연구이다. 국어지식교육이라는, 이제는 더 이상 쓰이지 않

는 시대적 명칭으로 운위되고 있지만, '문법교육이란 무엇인가?'라는 근본적인 질문을 설정하고, 문법교육이라는 대상을 규정하는 근본적인 현상이 문법을 가르치고 배우는 행위라는 점을 페다고지의 차원에서 논증하고 규명하려고 하였다. 문법교육의 고갱이는 문법 그 자체라기보다는 문법을 가르치고 배우는 인간의 목적적 활동이라는 인식은, 문법교육의 이론과 실제를 규정하는 매우 핵심적인 전제로서 앞으로도 지속적인 탐구와 규명이 뒷받침되어야 할 것이다.

문법교육의 목표와 내용[*]
-현행 학교문법의 문제점을 중심으로

민 현 식

요 약

이 연구는 통일문법 교과과정에 대한 종합적 검토를 통하여 문법교육의 지향점과 현행 문법 교과서의 체제와 지도상의 문제점을 제시하는 것을 목적으로 한다. 이를 위하여 학교문법의 특성 및 문제점을 목표, 교재, 교사를 중심으로 집중적으로 검토할 필요가 있다.

문법교육의 목표를 지식성, 논리성, 실용성, 유기성이라고 할 때, 지식성에만 치중되었던 것에서 벗어나 논리성과 실용성을 더 강화해야 한다. 그리고 타 교과와의 유기성을 위하여 작문과 화법과의 연계를 더욱 더 고려해야 한다. 문법 교재 역시 이러한 목표의 변화에 적합하게 과거의 문법서 기술 방식

---

* 『국어교육』 제79집(한국어교육학회 1997년 발행)의 47쪽부터 72쪽까지에 수록되었음. 또한, 요약은 원문에는 수록되지 않았던 것을 이 책에서 새롭게 작성한 것이다.

을 탈피하여 문학, 읽기, 작문, 화법과의 유기성을 높이고, 탐구학습식 구성으로 논리성을 강화하며, 정서법 등과 같은 내용을 보강하여 실용성을 보강해야 한다. 문법 교사는 정확한 지식의 습득, 지식의 자기화, 동기와 흥미 부여 강조 등등에 힘을 써야 할 것이다.

종합적으로 볼 때, 앞으로 통일문법의 틀과 교재의 내용 구성은 방법론상으로 더욱 다듬어질 필요가 있다. 더 개성적이며 창의적인 문법교육을 실현할 수 있도록 교과서를 개발하고 문법 교수·학습의 모형과 방법론도 다양하게 개발하도록 해야 할 것이다.

국어지식교육 현상과 국어교육[*]

김 은 성 (이화여자대학교)

Ⅰ. 문제 제기

국어지식교육 무용론이 제기되기 시작한 이래, 국어지식교육 연구 및 실천은 전망 부재의 현실을 타개하기 위해 부단한 노력을 기울여 왔다. 그러나 그 노력은 다분히 대증적(對症的)인 것이었다. 연구 현장에서 문법교육이 불필요하다는 주장이 만연하고, 학교 현장에서 문법 교과가 쇠락하는 상황이, 치료해야 할 증상이었다. 이를 위하여 우리는 이 영역의 교육이 왜 필요한지 가치적인 측면에서 설득을 거듭하는 한편, 새로운 교육내용과 방법으로 일신한 교과서로 학교 현장에 다가갔다. 그리고 이러한 노력으로 국어지식교육은 현재, 그래도 과거에 비해 상대적으로 안정적인 궤도에 접어든 것으로 보인다. 그러나 이러한 상태는 일시적으로 유지될 것이다. 왜냐하면, 쇄신을 위한 노력들이 국어지식교육의 본질을 꿰뚫는 기본적인 토대를 마련하지 않은 상태에서 이루어졌기 때문이다. '국어지식교육의 본질을 꿰뚫는 기본적인 토대'란 무엇인가. 참으로 거창한 수사를 갖다 붙였지만, 이것은 매우 간단한 것이다. 바로 국어지식교

---

[*] 『국어교육』 제116집(한국어교육학회 2005년 발행)의 1쪽부터 34쪽까지에 수록된 '국어지식교육의 현상'을 다듬어 실음.

육이라는 이름으로 행해지는 교육 현상에 철저히 기초한 토대를 말한다.

국어지식교육의 현상이란 국어지식교육의 장(場) 안에서 이루어지는 교육 활동을 의미한다. 국어지식을 가르치고 배우는 행위는 국어지식교육에서만 발견될 수 있는 현상이다. 그리고 이러한 현상에 철저히 기초하여 국어지식교육을 연구하고 행하여야 비로소 국어지식교육의 항존적인 기반을 마련할 수 있을 것이다.

이제까지 우리는 국어지식교육을 '국어지식+교육'으로 간주해왔다. 그리하여 '국어지식'에서 교육적인 가치와 필요성을 찾고, 이를 실현하기 위한 도구로 '교육'을 다루었다. 이것은 곧 '국어지식'에 붙박혀 있는 고유의 가치에서 교육의 필요성을 찾고, 이를 실제로 교육하기 위하여 교육학의 영역에서 필요한 방법적 기법들을 취해왔다는 것이다. 그러나 교육대상 자체에 본래부터 항존적으로 붙박혀 있는 가치란 없다. 교육의 대상은 학습자의 행위 안에서 의미를 가질 때 비로소 교육적 가치를 가지기 때문이다. 국어지식교육의 전개 과정은 우리에게 이 점을 명료하게 보여주었다. 학습자에게 의미를 갖지 못하는 국어지식은 교육적 가치를 가질 수 없다. 교과서에 제시된 문법 자체가 아무리 과거의 혼란을 일소한, 개비(改備)된 통일학교문법이라 할지라도 그것 자체만으로 교육적 가치나 필요성이 갖추어졌다고 볼 수 없다. 그 문법을 재료로 하여 교육의 장에서 어떤 교육활동이 전개되는가에 따라 교육적 가치와 필요성이 확보된다. 그동안 우리가 놓친 '잃어버린 고리'는 바로 문법 또는 국어지식으로 이루어지는 교육 활동이다. '어떤 국어지식을 가르쳐야 하는가?'에서 '국어지식교육 고유의 교육 활동 또는 교육 현상은 무엇인가?'로 질문을 돌릴 때인 것이다.

이것은 매우 본질적인 물음이다. 우리는 국어지식교육 연구와 실천 국면에서 어떤 것을 주목 대상으로 하여야 하는가? 이제까지는 그것이 국어지식이었다. 그렇지만 기실 우리가 목적하고, 행하는 것은 국어지식의 연구가 아니라 국어지식교육의 연구이기 때문에, 우리는 단연코 국어지식교육 현상에 집중해야 한다. 그러므로 우리는 토박이말 화자는 어떤 문법 체계를 배워야 하는가에 집중하기보다는, 토박이말 화자가 자신의 언어를 메타적으로 인식하고 이에 대해 반응하는 일련의 활동에 집중해야 한다. 이것은 곧 '국어지식교육'을 '국어지식+교육'으로 보아 각각을 분석하지 말고, '국어지식교육' 통짜로 분석 대상으로 삼자는 것이다. 그리고 그 분석 대상은 구체적으로 국어지식교육의 장 안에서 발견되는 교육 현상이다. 교육 현상은 교육 활동으로 구체화된다.

본고는 이와 같은 문제의식 아래 국어지식교육의 고유한 현상에 대해 탐색해 보고자 한다. 그리고 이러한 현상에 대한 조명으로, 국어지식교육이 론(論)의 차원에서 학(學)의 차원으로 나아갈 수 있는 발판을 마련하기를 기대한다. 국어지식교육학이 성립할 수 있기 위해서는 국어지식교육학만의 현상 또는 사실 또는 실재가 요구된다. 학문은, 이제까지 세상에서 보지 못했던 대상을 만들어 내어 자체의 논리에 따라 그 대상을 정교하게 다듬어 내는 사고행위이기 때문이다. 그러나 우리는 지금까지 국어에 대한 다양한 관점들을 통합하여 제시하는 데 집중해왔다. 언어 자체에 대한 다양한 관점을 개발하는 것은 언어학이나 국어학 본연의 임무이다.

만약 '다른 과학들은 미리 주어진 세상들을 가지고 작업을 하는' 한편, '언어학에서는 '관점'이 '대상을 창조'한다면, 우리는 우리의 관점이 갖는 일반성과 분산성을 탐색할 필요가 있다(Beaugrande, 1991 / 정동빈 외 역 (1997:574).

언어학과 국어학이 성공적으로 수행한 결과는 우리에게 크나큰 자원이다. 그러나 그것을 가공하는 것이 우리의 임무는 아니다. 가공하는 행위가 도구적으로 필요할 때도 있겠다. 그렇지만 그것이 학문으로 서기 위한 필요충분조건은 될 수 없다.

이론이 사실을 만든다는 말이 근래에 설득력을 얻고 있다(Hanson, 1961, 1972). 우리는 사실 자체를 있는 그대로 이해할 수 없다. 그것에 投網하는 어떤 개념체계에 의해서 그것에 합당한 고유한 사실성이 드러나는 것이다(장상호, 1999:1).

국어지식교육만의 '사실', 그리고 그것을 '투망하는 고유의 개념체계'에 의한 설명이, 바로 학문으로서 국어지식교육이 설 수 있는 최소한의 기본 토대이다. 이 점이 바로 본 논문에서 주장하고자 하는 핵심이며, 이어지는 장을 통해 구체화하고자 하는 논의의 목적지이다.

Ⅱ. 사례를 통해 본 국어지식교육의 현상

다음과 같은 사례를 통해 실재하는 국어지식교육 현상을 확인할 수 있다. 사례는 세 가지이다. 첫 번째 사례는 엄마와 아이의 대화를 통해 전개되는 국어지식교육 활동, 두 번째 사례는 의도적으로 구성된 상황(setting) 아래서 또래 집단에서 전개된 국어지식교육 활동, 세 번째 사례는 교실이라는 전통적이고 제도적인 환경 속에서 교사와 학생 사이에 전개된 국어지식교육 활동이다.

1. 사례 1

다음은 생후 26개월 여아의 말놀이 사례이다.

母: 못낸아!

子: 못낸이 아니야.

母: 그럼 뭐야?

子: 이쿵이야.

母: 아, 이쿵이구나. 엄마가 몰랐네. 이쿵아.

子: 예.

母: 못낸아!

子: 못낸이 아니라구.

母: 아, 그렇구나. 우리 딸 못낸이 아니구나. 그럼 뭔데?

子: 찌쿵이야.

母: 아, 찌꿍이. 엄마가 모르고. 찌쿵아.

子: 응.

母: 못낸아!

子: 못낸이 아니야!

母: 그럼 뭔데?

子: 삐쿵이야.

　이 사례에서 母는 연구자이다. 女는 연구자의 딸로, 2004년 8월 현재 만 29개월이다. 이 아이는 또래에 비해 말이 상당히 빠른 편이다. 이 사례는 연구자가 생활 속에서 직접 채록한 것이다. 그리고 이 말놀이는 연구자가 의도적으로 구성하여 딸에게 동참을 권유한 것이 아니다. 아이의 월령이 26개월이던 어느 날 저녁, 연구자가 장난으로 '못낸아' 하고 불렀더니, 딸이 가상의 이름 '이쿵이'를 들어 대답했다. 연구자는 아이가 가상의 이름으로 자신을 호명하는 것이 매우 흥미로웠고, 한 어미로서 그 이름 대는 것이 듣기에 유쾌했다. 그래서 다시 한 번 반복해서 '못낸아'라고 불렀더니, 아이는 그 다음에는 자음 음소를 하나 바꾸는 식으로 대답했다. 연구자는 두 번째 대답에서 아이가 암묵적으로 음소를 인식하고 있으며, 지금 현재의 말놀이가 민족지(ethnography)에 수차례 보고되었던 아이들의 음소 이용 놀이임을 알아차렸다. 그래서 계속해서 '못낸아!'라는 자극을 주었다. 이 놀이는 아이가 국어 자음 목록을 이용할 수 있는 범위 내에서 되풀이되었다. 그 다음날 이 놀이를 시작했을 때, 연구자는 아이가 자음 목록의 한계점에서 머뭇거릴 때 간단한 실마리를 아이에게 던져주었다. 바로 모음 목록을 활용하라는 실마리였다. '아, 그럼 우리 딸은 우쿵이구나.' 이런 정도의 실마리로, 아이는 곧 다음 말차례(turn)에서 '오쿵이', '야쿵이', '어쿵이' 등등 모음 목록을 활용한 이름을 대기 시작했다.

아이는 이미 음소가 의미 변별의 최소 단위임을 알고 있었다. 다만 이를 암묵적으로 알 뿐이다. 음소를 치환함으로써 단어의 의미가 달라지는 것을 알고 있기에 게임의 규칙을 만들고 이에 준해 게임을 즐길 수 있는 것이다. 그러나 이러한 사실을 명시적으로 알지는 못한다. 그리고 명시적으로 알 필요도 없다. 그런데 아이의 엄마인 연구자는, 아이의 이러한 인식을 적극적으로 촉진하고 싶었다. 언어에 대한 예민한 감수성은, 연구자가 부모로서 아이에게 길러주고자 소망하는 자질 중의 하나이기 때문이다. 그래서 연구자는 계속해서 아이에게 반복되는 패턴 속에서 새로운 가시적 목표를 제시하였다. 아이가 보유한 자음 목록이 바닥날 때에는 새로운 자음을 보강하는 식으로 말놀이의 자원을 제시했다. 그리고 아이가 자음 목록의 활용에 익숙해졌다고 판단한 지점에서는 모음 목록으로의 전환을 꾀했다. 연구자가 촉진적인 개입을 할 때, 아이는 잠시 머뭇거리고 엄마의 말을 흉내를 내보든지, 반복적인 발음을 요구하든지, 이제는 모르겠다는 의사 표현을 하며 게임에 임했다.

이것은 국어에 대한 메타적인 인식이 가능하게 된 아이와, 이러한 능력의 발아(發芽)를 알아채고 좀 더 발전적인 방향으로 촉진하려는 엄마와의 사이에 일어난 국어지식교육 현상이다. 아이와 엄마는 메타언어를 이용하여 명시적인 수준의 국어지식교육을 행하지는 않았다. 이것은 아이의 수준에 비추어 보아 가능하지 않은 교육이기 때문이다. 대신에 아이의 엄마는, 아이의 수준에 맞춰 말놀이의 재미에 기대어 아이에게 음소 치환으로 인한 복수의 단어를 산출하게끔 하는 한편, 국어 자음 목록의 다양함, 국어 모음 목록의 다양함을 맛볼 수 있게끔 하였다. 그리고 이러한 행위에는 일정한 지향점이 있었으니, 그것은 바로 아이가 언어에 대한 민감성을 갖게 하는 것이었다. 이것을 거칠지만 추상화하면, 아이는 학습자, 엄마는 교사, 말놀이는 교육 방법, 음소 관련 사항은 교육 내용, 엄마가 의도한 바는 교육 목적이다.[1] 그리고 가장 중요한 점은, 아이가 이 활동에 매우 몰입했으며 재미있어 했다는 점이다. 말을 배우는 시기의 유아는 언어에 대해 극도의 호기심을 드러낸다. 이 호기심을 만족시켜 주면서 동시에 확실치 않았던 언어 규칙을 완성시킬 수 있는 기회

---

[1] 이런 종류의 국어지식교육 현상은 일상에서 매우 흔하게 발견된다. 특히 말을 배우는 유아와 엄마의 언어적 상호작용은 '대화 형식의 국어지식교육 현상'이라 해도 좋을 정도로 대표적인 것이다.

> 子: (조립이 잘 안되는 블록을 밀치며) 이씨! (엄마를 흘끗 쳐다보며) '이씨'는 하는 거 아니야. '아휴' 해야 돼. 아휴.
> 母: 그래, 아기는 '이씨'라는 말, 하는 거 아니야. '이씨'는 좋은 말 아니야.
> 子: '이씨'하면 어떻게 되지요?
> 母: 그러면 엄마 마음이 슬퍼지지요. 우리 ○○는 '이씨' 안 할 거지요?
> 子: 응. '아휴' 할 거야.

여기서의 母 역시 연구자이다. 연구자는 이전에 이미 아이에게 "이씨"라는 말에 대해 이야기한 적이 있다. 아이는 어린이집에 다니기 시작하면서 그전에는 몰랐던 단어를 이용하기 시작했는데, 그중 하나가 바로 '이씨'였다. 아이는 그 말을 맘에 들어했다. 그래서 자꾸 '이씨'를 쓰곤 해서 연구자는 아이에게 그 말은 좋은 말이 아니니 대신에 '아휴'를 쓰라고 말해준 적이 있었다. 아이는 그같은 주의를 기억하여 엄마에게 확인을 요청하고, 엄마는 그에 대해 강화한다. 이것은 말을 배우는 아이가 이른 시기부터 규범적으로 국어를 인식할 수 있음을 보여주는 사례이다.

를 제공했기 때문에, 아이가 그토록 흥미로워 했을 것으로 추측한다. 이 같은 점은, 하나의 경험으로서 국어지식학습 활동이 갖추어야 할 조건에 대해 특수한 시사점을 줄 수 있을 것이다.

2. 사례 2

두 번째 사례는 의도적으로 구성된 상황 속에서 학습자 스스로 국어의 문법성을 점검하는 활동을 보여준다. 다음 자료[2]는, 4~5명의 소집단이 제공된 텍스트를 토의를 거쳐 고쳐 써야 하는 과제를 부여받고 직접 고쳐 쓰기 활동을 한 것을 채록한 것이다.[3] 이것은 남가영(2003)에서 학습자에게 내면화된 국어지식이 어떻게 사용되는가를 보기 위하여 실시된 실험 자료의 일부이다.[4] 그래서 이 상황은 자연스럽지 않다. 의도적으로 문법적으로 틀린 부분을 넣은 텍스트를 제공하고 이를 고쳐 쓰라고 함으로써, 학습자가 어느 정도로 국어를 메타적으로 인식하고 있으며 그 인식이 어떤 양상으로 발현되는가를 살펴보기 위한 것이다. 그러나 의도된 상황임에도 불구하고, 피실험자인 학생들은 일단 소집단 토의 장면에서 제시된 과제를 매우 자연스럽게 수행하였다. 구체적으로 검토해보자.

---

2 남가영(2003:57)에서 빌려옴.

3 익명의 심사위원께서는 이 사례가 탐구수업의 예로 보인다고 지적하셨다. 그런데 이 사례는 연구자료 수집을 위해 연구자와 교사가 활동지를 배부하고 각각의 모둠에 녹음기를 설치하여 과제를 수행하게끔 한 것이다. 즉, 수업 외의 상황으로 전개된 것으로서 탐구수업을 의도하고 이루어진 활동이 아니다. 수업과는 별개로, 실험을 위해 세팅된 상황임을 밝힌다. 다만, 학습자 스스로 언어자료를 분석하는 활동은 탐구학습의 부분으로 해석될 수도 있겠다. 그러나 가설의 설정이나 검증 과정 등의 완전한 탐구학습은 이루어지지 못했다.

4 그대로 갖다 쓰되, 기술의 편의상 학습자의 표시 부분에서 약간 각색하였다.

〈텍스트〉
이 기획사의 타이틀은 액세스(ACESS)로써, 지난 1998년에 가졌던 "메탈리카(Metallica)"의 내한공연으로부터 "메가데스(Megadeth)"의 내한공연에 이르기까지 해외 유명 헤비메탈 그룹의 내한공연을 기획해온 기획사입니다.

〈논의〉

학생1: 근데 이 기획사(주: 이 기획사의)는 이 기획사(주: 기획사입니다)잖아. 근데 여기서는 '이 기획사는'이 아니라 '이 기획사의 타이틀은'이잖아. 그럼, 이 기획사의 타이틀은…… 기획삽니다. 이렇게 나가는 거잖아.

학생2: 그럼 어떻게 고쳐?

학생1: 어쨌든 이 '타이틀'은 여기(주: 기획사입니다)까지 영향을 미치는 거 아니야? 이게 한 문장이면 주어가 바뀔 리가 없잖아. 이게 한 문장이면 애(주: 기획사입니다)의 주어가 애(주: 액세스)가 되어야 되는데, 지금 주어가 애(타이틀)가 되고 있잖아. 타이틀이 주어가 되고 있잖아.

학생3: 그럼 이 기획사의 타이틀은 액세스로서, 하고 나서, 여기서 새로 주어를 다시 정해 놓고 이 기획사는 뭐입니다, 이렇게 문장을 바꿀 수 있어?

학생4: 이 기획사는 공연을 기획해 왔습니다?

학생1: 그래, 그렇게 바꾸면 되겠네. 기획해 왔습니다…… 이렇게 바꾸면 주어가 애(주: 기획사)가 되겠네.

논의의 대상이 된 텍스트는, 주술 호응 구조가 완전치 않다. 그런데 이 점을 간파하고 명료하게 지적할 수 있는 능력을 가진 사람은 학생 1이다. 학생 1은 처음에는 잘못된 부분이 '여기'라는 점을 지적하고, 다른 학생들에게 주목을 요구한다. 그러자 나머지 학생들은 그 부분에 집중하고, 학생 1은 다시 지적한 부분이 왜 잘못되었는지 메타언어를 구사하며 자세하게 설명했다. 그러나 학생 1이 해결책까지 제시한 것은 아니다. 학생 3과 학생 4는 학생 1이 제시한 문제점에 대해 나름대로의 해결책을 제시한다. 그런 다음에서야 학생 1은 동료들이 내어놓은 해결의 방향을 점검하고 수용한다.

이 사례에서는 가르치는 행위와 배우는 행위가 직접적으로 구분되지는 않는다. 군이 전통적인 방식으로 구분하자면, 학생 1이 가르치고 나머지 학생들이 배웠다고 할 수 있겠다. 그렇지만 학생 1의 행위는 이렇게 간단하게 정리될 수 없다. 그의 행위는 의미심장하다. 학생 1의 행위는 결국 나머지 동료들과 해결책을 찾아내는 결과를 낳았다. 이러한 결과에 이르기까지 학생 1은 처음과 끝에서 '추임새'만 넣어주었다. 그리고 나머지 학생들이 실제적으로 '창'을 불렀다. 즉, 학생 1은 학생들에게 직접적으로 교수하지 않으면서 교묘하게 문제해결의 방식을 이끈 것이다. 그는 듀이(Dewey)식으로 말한다면 가시적인 목표(end-in-view)를 적절한 시기에 동료들에게 제시하였다. 그리고 비고츠키(Vygotsky)식으로 말한다면, 비계(scaffolding)를 잘 설정하여 근접발달영역 안에서 동료들과 자신의 교육적 발전을 성공적으로 성취했다.

이 사례는, 토박이말 화자가 특정한 상황에서 국어 자료를 대했을 때 고도의 사고력을 요하는 국어인식 활동을 수행할 수 있음으로 보여준다. 물론 개인차에 따라 수준차는 있지만, 같은 언어공동체 안에서 국어인식의 수준이 높은 자와 그렇지 못한 자가 공동으로 쉽게 인식을 공유할 수 있다는 점도 보여준다. 또한 토박이말 화자에게 의도적으로 국어를 메타적으로 인식하기를 요구할 때, 그 교육 활동이 어느 정도 직접적이어야 하며, 어떤 지점에서 어떤 식으로 인식을 촉진하는 것이 필요한지 살펴야 함을 보여준다.

3. 사례 3

다음 사례[5]는 교실에서의 국어지식교육 활동에 관한 것이다.

오늘은 내가 제일 싫어하는 국어수업이 든 날이다. 난 중학교 2학년, 아직 나에겐 국어문법 수업은 어렵다. 휴~~ 하지만, 빨간 립스틱에 옆가르마를 곱게 한 중년의 국어선생님은, 나의 기대를 져버리지 않고 우리 앞에 섰다.

"오늘은 국어의 음운의 변동 현상들에 대해서 배웁시다. 다들 책을 펴세요. 오늘은 자음동화, 구개음화, 모음조화에 대해서 배우겠어요. 선생님이 칠판에 적은 내용들을 적으세요. 이번 시간에 배운 내용은 다음 중간고사에 출제하겠어요." 그리곤 칠판 가득히 이 세 가지 음운 현상에 대해 쓰기 시작한다.

- 자음동화 : 두 자음이 연이어 만날 때 서로 영향을 받아 어느 한 자음이 변하는 현상
  (예) 백로 【백노⇒뱅노】, 담력 【담녁】, 종로 【종노】 ……
- 구개음화 : 끝소리가 'ㄷ, ㅌ'(구개음이 아님)인 형태소가 모음 'ㅣ'로 시작되는 조사나 접미사를 만나면, 각각 'ㅈ, ㅊ'(구개음)으로 바뀌는 현상
  (예) 굳이 【구디⇒구지】, 같이 【가티⇒가치】
- 모음조화 : 양성 모음은 양성 모음끼리 어울리고, 음성 모음은 음성 모

---

5 이 사례는 대학생(J대학 영어교육과 3년)의 국어지식학습 경험에 관한 글에서 가져온 것이다. 이 학생은 '어느 날 나의 문법 수업'이라는 제목으로 실제 상황에 가깝게 재현하는 글을 작성하였다. 제시된 자료는 학생 글을 수정없이 그대로 실어놓은 것이다.

음끼리 어울리는 현상

(예) 졸졸, 퐁당퐁당/ 줄줄, 풍덩풍덩/ 알락달락, 알록달록/

"14번 학생! 칠판에 내용 한번 읽어봐!" 14번 학생이 읽은 이후, 다시 한 번 선생님은 칠판을 보면서 설명조로 읽으셨다. "자!! 어때요. 쉽죠? 우리나라 음운 현상은 별거 아니에요." 자- 오늘 수업은 여기까지. 중간 고사 이후에 웃는 얼굴로 봅시다."

이춘근(2002:346~349)에 따르면 이것은 설명식 수업 활동의 예이다.[6] 아마도 설명식 수업이 교육현장에서도 대종을 이룰 것으로 추측된다. 수업 활동을 자세하게 검토해 보자. 교사는 '음운변동'과 관련된 문법 용어를 설명한다. 먼저 개념을 알려주고, 그것을 실제 예를 통해 설명한다. 이러한 교사 활동의 반응으로 기대되는 것은 학생이 이 개념들을 기억하는 것이다. 이 사례에는 교사의 가르치는 행위와 학습자의 배우는 행위가 분명하게 드러난다. 그리고 이 둘은 분리되어 있다. 이 활동들은 주전자와 찻잔의 비유와 맞아 떨어진다.[7] 문법에 관한 내용을 가득 담은 주전자를 찻잔에 기울이면 그 내용물은 고스란히 찻잔으로 옮겨진다. 교사가 의도하는 바는 목표 내용의 완전한 재생이다.

제도적인 교육의 장에 들어서면 토박이말 화자들은 이제까지와는 전혀 다른 방식으로 국어지식교육 활동을 한다. 어렸을 때 어른들과 상호

---

6 이에 따르면 문법 수업 활동은 다음과 같이 두 가지 종류가 있다.
  〈설명식 수업 활동〉
   교사 활동 : 설명 - 예들기 - 질문(연습 문제 제시)
   학생 활동 : 이해 - 기억 - 재생·적용
  〈발견(탐구)식 수업 활동〉
   교사 활동 : 예들기·질문 - 설명 - 질문(연습 문제 제시)
   학생 활동 : 발견 - 기억 - 재생·적용
7 주전자와 찻잔의 비유에 대해 자세한 설명을 원한다면, 로저스(Rogers, 1982 / 연문희 역, 1990:196)를 참고하라.

작용하면서 또는 또래 집단끼리 상호작용하면서 암시적으로 배웠던 것과는 달리, 새롭게 제시된 '규칙'에 따라 교육 활동을 해야 한다. 일상적으로 쓰는 말이 아닌, 학문체계에 뿌리박고 있는 용어들을 익혀 구사해야 된다. 그리고 기본적으로 언어학 고유의 연구방법론에 의해 개발된 논리에 따라, 별달리 의식하지 않고 대하던 토박이말을 분석적으로 관찰하는 활동을 수행해야 한다.

이러한 활동은 학습자에게는 매우 이가적(二價的)인 활동이다. 낯익으면서 낯선 활동이다. 일단 대상은 매우 익숙하다. 토박이말은 그 화자에게 미지의 것이 아니다. 그러므로 호기심을 갖고 몰입하기가 힘들다. 그러나 그 토박이말을 대상화하여 관찰해야 하는 데 사용하는 언어는 매우 낯설다. 그리고 그 설명방식 역시 굉장히 낯설다. 그러므로 남에 의해 의도적으로 이러한 경험을 하게 되는 학습자들은 아마도 처음으로 카톨릭 교회의 미사 의례에 참여하는 사람처럼 생급스러움을 느낄 것이다.[8] 카톨릭의 미사 의례는 그 어느 기독교 의례에 비해 정형화되어 있다. 엄격한 절차가 있고, 그 절차마다 모든 사람들이 암송하거나 소리내어 불러야 할 노랫말이 정해져있다. 처음 미사에 참례하는 사람들은 의자에서 일어날 때와 제단으로 나아가야 할 때, 그리고 일정한 기도문을 외우고

---

8 다음의 경험담은 이를 증명해준다. 이 자료는 다른 연구를 위해 마련한, 고교 2년생의 '국어지식학습 경험에 관한 글'의 일부분이다.
"원래 모국어의 문법을 공부하는 것이 가장 어렵다고 들었다. 그런데 나도 문법에 대해 공부하면서 정말 절실하게도 그 생각이 들었다. 나는 한국에 살고, 한국어가 모국어이고, 한국말을 쓰는 한국 토종이다. 그런데도 항상 국어시간에 문법과 관련된 것들을 배우면 어렵기만 하고, 배워도 배워도 헷갈리고, 외우고 또 외워도 잘 모르겠다는 생각만 든다. 물론 한국어가 특별히 어려워서라기보다는, 습관적으로 쓰는 언어를 자세하게 요목조목 뜯어서 공부하려면 어려운 것은 당연한 일인 것 같다. 그래서 배울 때마다 점점 블랙홀로 빠져들어가는 것만 같고 …(중략)… 우리말의 한 부분이고, 꼭 알아야만 하는 중요한 문법 지식은 왜 항상 어렵고, 골치 아프고, 우리들을 괴롭히는 것일까. 가장 큰 문제는 '친숙하지 않음'에서 오는 것 같다. 매일 쓰던 말이 명사, 형용사라는 표딱지가 붙어서 보는 사람으로 하여금 낯설게 느껴지는 것이다(D고, 2학년생의 글, 2004년 12월. 밑줄은 연구자.)."

가슴을 치는 통성 행위를 해야 할 때를 잘 알지 못해 당황스러워 한다. 그래서 처음 가톨릭에 입문하는 사람들이 가톨릭에 익숙해지는 데 매우 오랜 시간이 걸리는 편이다.

마찬가지다. 토박이말 학습자에게 학교에서 배우는 국어지식과 그것을 설명하는 교사의 말은 매우 낯선 것이다. 그 재료인 국어는 이미 알고 있는 데다가 내 피부인 양 내 창자인 양 이미 육화(肉化: incarnation)되어 버린 것인데, 그것을 객관화하여 참으로 낯설고 견고한 바탕을 가지고 있는 어휘(주어, 서술어, 관형사, 형태소, 음소 등등)를 이용하여 분석하라고 하는 것은 정말로 달갑지 않은 새로운 세계로 들어가라는 것과 다를 바 없다.

이러한 제반 상황을 토대로 교사는, 예비 신자에게 몇 가지의 핵심 기도문과 미사 때 쓰이는 암송구를 전수하는 성직자의 역할을 한다. 문법 사항 하나하나를 먼저 설명하고, 그것을 기억하게 하고, 실제로 적용하는 시범을 해보인다. 그리고 학생은 성직자의 인도대로 차근차근 주의기도와 삼덕송, 그리고 성모송을 외우고, 그것을 실제로 미사 장면에서 암송하여 적용해보는 예비 신자와 마찬가지로 국어지식이라는 특정 지식 체계에 입문한다.[9] 물론 이러한 활동을 수행하는 과정에서 학습자의 내재적인 국어지식은 조회(照會)를 하기 위한 저장고로 활용된다. 그러나 새롭게 접하게 되는 국어지식과 이미 갖추어진 내재적 국어지식의 상호 작용 정도는 우리에게 아직 미지의 것이다. 속단하기는 힘들지만, 예상컨대 위와 같은 교육 활동을 통해 내면화되는 국어지식은 사례 1과 2에서 내면화되는 국어지식과 질적으로 다를 것이다. 사례 1과 2에서 학습

---

9 이 같은 교육 활동은 피터즈(R. S. Peters)의 '성년식(成年式)으로서의 교육'으로 설명되기에 적합하다. 그리고 이제까지의 국어지식교육의 교육관을 설명하는 데도 적합하다. 일정한 지식 체계에 문외한인 학습자를 그 안으로 이끄는 것이 교육이라는 피터즈의 논의를 참고하기 위해서는 피터즈(Peters, R. S., 1972 / 이홍우 역, 1980)을 볼 것.

자에 국어에 대해 메타적으로 인식하는 것은, 어쩌면 본능이라고 해도 좋을 만큼 주체에 뿌리박혀 있는 내재적 앎에 뿌리를 두고 있는 것이라면, 사례 3의 경우는 학습자가 이미 암묵적으로 알고 있는 것과 별개로, 이미 논리적 완결성을 갖춘 하나의 낯선 지식 체계를 받아들이는 것이기 때문이다.

아이가 말을 배우는 시기에 어른과 상호작용하면서 국어를 메타적으로 인식하는 행위와 학교에서 문법 교과 시간에 문법 체계를 배우는 식으로 국어를 인식하는 행위는, 국어를 인식한다는 면에서 공통점을 갖는다. 그러나 학습자라는 행위 주체의 경험의 측면에서 보면, 전자와 후자의 본질은 매우 다르다. 전자가 자신이 이미 갖고 있는 토대 위에서 인식의 수준을 발전시킨 것이라면, 후자는 자신과는 상관없이 학적으로 구축된 지식 체계를 기존의 인식 토대에 인위적으로 접합한 것이다. 이 지점에서, 관건은 '접합' 행위의 성공 여부이다. 다음 글은 접합의 성공과 실패의 지점을 동시에 드러낸다.

〈자료 1〉

㉮ 나는 솔직히 여태 문법을 배우면서 쉽다거나 어렵다거나 이런 느낌을 받지 못했다. 그냥 선생님께서 알려주시면 '그렇구나……' 하고 넘어가곤 했다. 하지만 문법을 배우면서 왜 배우는지, 그냥 의사소통만 하면 되지…… 이런 생각들이 들곤 했다. 그렇게 필요한 것도 아닌데 왜 이리 열내면서 배우는지…… 이해가 가지 않았다. 게다가 모음조화나 명사, 형용사 이런 이름들이 나오니까 괜히 이름에 집착을 하게 되고 남들은 명사, 형용사 찾아낼 때 나는 헤매고 있으면 그야말로 절망적이었다. 왜 남들은 다 아는데 나만 모르는지…… 답답하기만 했다. 그리고 고대, 중세, 근대 왜 이렇게 나누어서 배우는지도 이해가 가지 않았다. 그냥 통틀어서 배우면 안되나? 이런 생각도 했다. 한마

디로 문법은 나에겐 외계말이나 다름 없었다. 어떻게 한국말인데도 불구하고 알아들을 수가 없을까? 그리고 느꼈다. 단순히 의사소통만으로는 부족하다는 것을……

㉯ 그리고 마음을 다잡고 문법에 귀기울이기 시작했고, 하나둘씩 머릿속에 들어오기 시작했다. 처음엔 거의 암기식이었다. 이해가 가면서도 중간에 꼬이고…… 하지만 한 번, 두 번 이렇게 듣다보니 점점 머릿속에 쌓여갔고, 어느 순간부터는 그것들이 내 머릿속에서 나만의 방법으로 이해가 되어가고 있었다. 한마디로 국어문법은 이제 암기식이 아닌 이해식으로 차곡차곡 쌓인 것이다. 이해가 되니 문법이 어렵게 느껴지지 않았다. 그리고 나도 모르게 그것들을 사용하고 있었다. 뭐…… 어느 것 하나를 가리키고 이것이 무어냐? 하고 물어본다면 대답은 못하겠지만 내 머릿속에서는 이미 해답을 놓고 있을 것이다. 필요없다고 생각한 문법이 우리도 모르게 사용되고 있다는 것을 알았다.

각주 6)의 예시에 나온 학습자와는 다른 학습자이지만, 이 학생 역시 고등학교 2년생이다. ㉮부분은 학습자가 학교에서의 국어지식학습에 어려움을 겪음을 보여준다. '모음조화', '명사', '형용사'라는 낯선 이름이 안내하는 세계에 쉽게 인도되지 못한다. 보통의 학습자는 이 단계에서 교실에서의 국어인식 활동을 포기한다. 그 결과, 그 접합의 결과는 보통 '학습자와 유리(遊離)된 국어지식, 단순암기로 취해지는 국어지식'으로 나타난다. 한편 학습자는 생활 속에서는 나름대로의 국어인식 활동을 계속한다. 예를 들면 "이거 무슨 말인지 모르겠다…… 왜 이렇게 문장이 꼬인걸까. 어디까지가 꾸미는 말이지?"와 같은 것들이다.

그러나 ㉯부분은 이 같은 고비를 넘기고 성공적으로 접합되는 양상을 보여준다. 처음에는 처리가 무척 힘들었지만, 어느 순간 '나만의 이해법'으로 문법을 보는 안목이 생긴 것이다. 고비를 넘기고 자기만의 문법 이해 시스템을 갖추게 된 것, 그리고 문법에 대해 두려움을 없앤 것은, 접합이 성공적이었음을 입증한다. 이 학습자는 그간 모국어 화자로서 본능적인 차원의 국어지식 학습자 수준에서 의식적인 차원의 국어지식 학습자 수준으로 올라섰다. 국어인식 활동의 도구인 언어학적 개념들에 대한 이해를 바탕으로 하여, 한 단계 고양된 차원에서 국어를 이해할 수 있는 수준에 오른 것이다.

Ⅲ. 국어지식교육 현상의 두 차원

앞의 사례들은 국어지식교육 현상을 자연스럽게 드러낸다. 국어지식교육 현상은, 크게 두 가지 차원으로 나누어 살펴볼 수 있다. 첫 번째 차원은 국어지식학습이다. 학습자들은 국어지식교육의 틀 안에서 국어지식을 학습한다. 그렇다면, 국어지식을 학습한다는 현상의 본질은 무엇인가. 그것은 바로 국어를 인식하는 것이다.[10] 국어지식교육이 이루어지는 상황에서, 학습자는 국어를 메타적으로 인식한다. 토박이말 화자들은 끊임없이 자신의 언어나 남의 언어에 대해 메타적으로 반응한다. "너 자꾸 간부[간:부], 간부[간:부] 하지마. 듣는 간부[간부] 기분 나쁘겠다",[11] "애

---

10 '국어지식학습'을 다시 '국어인식활동'으로 재규정한 데는 다음과 같은 이유가 있다. 굳이 깊이 생각하지 않더라도 국어지식교육을 구성하는 주요 현상이 국어지식의 교수와 학습이라는 점은 명백하다. 그러나 이것들은 국어지식교육의 형식을 구성할 뿐이다. 그 내용은 그 국어지식 교수라는 현상이 갖는 독특한 속성이 규정한다. 그러므로 다시 한 번 재규정이 필요하다. 이는, 국어지식학습 현상의 본질적 속성을 드러내기 위해서이다. 이를 위해서는 다음과 같은 질문이 제기되어야 한다. "학습자의 국어지식학습은 어떤 행위인가? 국어지식학습을 할 때 학습자는 무슨 일을 하는가?" 이 같은 질문의 답으로 본고에서는 "학습자는 국어지식학습을 할 때 자신의 모어인 국어를 인식한다"를 채택하였다. '국어인식의 촉진' 역시 '교수'와 함께 같은 맥락에서 연결지었음을 미리 밝혀둔다.

11 다음과 같은 맥락에서는 '간부(幹部)'의 '간'은 단음으로 발음해야 한다.

기한테 젖을[저즐] 먹이지, 무슨 젓을[저슬] 먹이냐. 갈치속젓도 아니고."
등의 반응은 우리가 일상에서 흔히 접할 수 있는 토박이말 화자의 국어
인식 활동이다. 인식의 초기에는 단순히 객관적인 대상으로서 국어를 감
지하는 수준에 그치겠지만, 학습이 진행되면서 국어에 대해 메타적으로
사고하는 수준까지 이를 수 있다.

두 번째 차원은 국어에 대한 학습자의 인식을 촉진하거나 안내하는
것이다. 그리고 이것을 촉진하고 안내하는 활동이 바로 국어인식 촉진
활동이다. 이러한 촉진 활동은 그 활동의 장이 자연적인 상황인가 그렇
지 않고 제도적인 교육적 상황(학교 상황)인가에 따라 의식성, 의도성,
체계성 등의 측면에서 양과 질적인 차이가 난다.

1. 국어인식 활동

1) 개념

국어인식 활동은 메타언어적 활동의 일종이다. 남가영(2003:24)에서
는 다음과 같이 메타언어적 활동을 정리한 바 있다.

메타언어적 활동이란 언어 사용자가 언어 자체를 논의의 대상으로 하여
관찰하고 분석하면서 언어 지식을 명시적으로 인식하고 의도적으로 점검하
는 활동이라고 규정할 수 있을 것이다. 즉, 메타언어적 활동은 언어 사용자
의 '의식'이 개입되어야 한다는 점에서 무의식적으로 이루어지는 일상적인
언어 활동과 구분되며, 언어 자체를 관찰과 분석의 대상으로 삼는다는 점에

"회사 간부들은 노조원들의 일방적인 파업에 분노했습니다."
장음으로 발음하면, '간부(姦夫)', '간부(姦婦)', '간부(間夫)'의 의미이기 때문이다. 그런데
뉴스 아나운서들도 자주 장단음이 가져오는 의미차를 인식하지 못하고 틀리게 발음한다.

서 대개의 듣기 · 말하기 · 읽기 · 쓰기 활동과 구분된다고 할 수 있다.

이 설명은 대체로 국어인식 활동을 포괄하는 설명력을 가진다. 그러나 '명시적으로 인식하고 의도적으로 점검하는' 대상이 '언어'가 아니라 '언어 지식'이라는 점은 주목을 요한다. 실제 행위를 중심으로 볼 때 학습자는 언어를 인식한다. 언어를 인식한다는 것은 이미 언어가 인식 대상이 되었다는 것을 의미한다. 대상으로서 언어를 인식한다는 것은, 이 행위가 메타적이라는 의미를 함의하고 있다. 그리고 언어를 인식하는 행위는 그간 무심히 지나친 언어 현상에 대한 감지와 주목, 그것을 이해하고자 하는 인지적 · 정의적 수행 등의 덩어리이다. 새로운 언어 현상을 이해하기 위하여 기지의 언어지식과 새롭게 주목하게 된 언어 현상을 연결시키는 행위는, 이 덩어리 중의 하나인, 이해를 위한 인지적 · 정의적 수행의 하위 행위이다. 그러므로 언어에 대한 자신의 지식을 인식하고 점검하는 것은 메타언어적 활동의 일부일 뿐, 메타언어적 활동 전체라고 할 수 없다. 언어에 대해 인식하고 점검하는 것이 메타언어적 활동이고, 이 인식과 점검과정에서 자신의 언어에 대한 지식을 의식적 차원에서 활용하는 것이다. 어떻게 본다면, 언어에 대한 지식을 인식하고 점검하는 것은 메타언어적 활동에서 전략적 차원의 활동이다.[12]

메타언어적 활동과 국어인식 활동이 겹칠 수 없는 또다른 이유는, 메타언어적 활동은 듣기 · 말하기 · 읽기 · 쓰기 활동 중에 수행되는 메타적 통어 활동을 포함하기 때문이다. 글을 쓰면서 재귀적으로 자신의 글쓰기

---

12 그러나 남가영(2003)의 논의 안에서 이 같은 메타언어적 활동에 대한 정의는 유효하다. 이 논문은 고쳐쓰기 활동이라는 한정된 맥락에서 메타언어적 활동에 대해 주목한 것이기 때문이다. 그리고 그 목적이 고쳐쓰기 활동에서 자신이 이미 내면화하고 있는 국어지식을 어떻게 외면화하는가를 살펴보는 것이었기 때문에, 이때의 메타언어적 활동은 자신의 국어지식에 대해 의식하고 점검하는 것이 될 수밖에 없다.

활동을 점검하고, 말하면서 자신의 말하기 활동의 단점에 주의하며 자기 평가를 내리는 것 역시 메타언어적 활동이다. 이것 역시 일정한 의식이 전제되어야 한다. 생각 없이 듣고 말하고 읽고 쓰는 게 아니라, 듣고 말하고 쓰고 읽는 행위에 대해 생각하면서, 듣고 말하고 읽고 쓰기 때문이다.

국어인식 활동은 듣고 말하고 읽고 쓰는 행위 자체에 대한 메타언어적 활동과는 다른 메타언어적 활동이다. 이것은 국어의 다양한 국면을 다양한 관점으로 의식적으로 주목하고 깨닫는 행위이다. 이러한 행위를 '국어인식'으로 명명한 것은, 국어를 아는 것이 단순히 지식의 차원이 아니라 아는 행위라는 것을 강조하고자 함이다. 무릇 함이 곧 앎이며, 앎이 곧 함이다.[13] 이제까지 관례에 따르면, 국어지식이란 말이 더 익숙하지만 이것은 어디까지나 국어인식 활동의 결과이다. 국어지식교육의 현상적 측면에서 볼 때 '국어인식'은 학습자가 국어를 메타적으로 파악하고 깨닫는 행위의 순간성과 전체성을 아주 잘 포착하여 전달하는 용어이다.[14]

2) 속성

토박이말 화자에게 국어인식 활동은 어느 정도 자연발생적이다. (만약에 존재한다면) 언어습득장치(LAD)를 가지고 태어난 국어 화자가 자신

---

13 Maturana, H. R. and Varela, F. J.(1987), *Der Baum der Erkenntnis: Die biologischen Wurzeln des menschlichen Erkennens*(최호영 역, 인식의 나무, 자작아카데미, 1995.), 36쪽.

14 영국에서 모어에서의 문법교육의 대안으로 새롭게 제시된 것들의 명칭이 언어에 대한 지식(KAL: Knowledge about Language)과 언어인식(Language Awareness)임을 주목하라. 이것들이 주장하는 바는 내용상 동일하다. 다만 어디에 주목하느냐에 따라 명칭이 달라질 뿐이다. 전자가 교육내용 또는 교육의 결과로 학습자가 갖게 될 것에 주목한 명칭이라면, 후자는 교육 행위로서 학습자가 교육의 장면에서 행하는 학습 활동의 특성에 주목한 명칭이다. 우리의 '국어지식교육'이라는 명칭 역시 교육 내용에 따른 명칭이다. 본고에서 제안하는 '국어인식'은 이것의 대(對)로서, 이 영역의 교육에서 주목하는 학습자 행위 특성에 따른 명칭이다. 영국의 국어지식교육 동향에 대해서는 김은성(2004)을 참고하라.

의 모어로 의사소통행위를 하기 위해 준비하면서 국어인식 활동은 시작된다.[15] 그리고 이것은 일상적인 수준에서 완전하다고 판단할 정도로 의사소통능력이 발달한 다음에도 유지된다. 다만 그 성격이 달라질 뿐이다. 이른 시기에 굉장한 빠르기와 집중도를 겸비한 국어인식 활동이 의식적으로 행해졌다면, 성숙기에 들어선 이후에 이런 활동은 이미 자동화되어 무의적이나 반의식적(semi-consciousness) 상태에서 행해진다.[16] 이때까지의 국어인식의 발달은 학습자 자신의 언어적 소양, 그리고 주위 사람들과의 상호작용의 정도, 자연적으로 구성된 교육적 환경의 수준에 따라 차이가 생긴다.

한편, 국어인식 활동은 교육적 환경 안에서 행해진다. 토박이말 화자는 태어난 직후부터 국어인식 활동을 한다. 선천적인 언어 능력과 더불어 후천적인 학습 과정이 더해져야 완전히 언어를 장악할 수 있기 때문이다. 주목하고 깨닫는 데는 같은 언어공동체 일원의 시범과 예시와 같은 촉진 행위가 기여한다. 앞에서 살펴본 사례들은 이 점을 입증해준다. 적어도 어찌 되었든 말을 배우기 시작하고 어느 정도 수준에 이르기까지, 토박이말 화자는 타인의 암시적이거나 명시적인 촉진과 안내에 따라 국어인식의 폭과 깊이를 발전시킨다. 이러한 행위는 교육이라는 특수한 인간 행위이다. 국어에 대해 먼저 깨달은 자가 있고 뒤에 깨달을 자가 있으며, 후자는 전자에게 묻고, 전자는 후자에게 대답해준다.

이러한 행위는 제도적인 교육공간에서 더욱 강화된다. 국어에 대한 메타적 인식은, 자연적인 교육과 제도적인 교육으로 이어지는 선상에서 계

---

15 연구자는 개인적으로 인간의 유전자에 언어 습득과 관련된 특수한 정보가 새겨져 있을 것이라 생각한다.

16 이 차이는 언어 수행 능력의 미숙과 성숙의 수준에서 발생한다. 일상생활에서 의사 표현을 완전하게 할 수 있는 토박이말 화자에게 자신의 말은 이미 체화된 것이기 때문에 특수한 상황이 아니면 더 이상 주목의 대상이 되지 않는다.

속해서 발전한다. 물론 자연적인 교육 상황과 제도적인 교육 상황에서의 인식 활동의 양과 질은 현저히 다르다. 엄마가 아이에게 말에 대해 가르쳐 줄 때와 학교에서 언어학에 기초한 개념에 터해 언어에 대해 배울 때는 다르다.

그러나 이 두 행위의 뿌리는 본질적으로 같다. 언어적 동물인 인간은 태어나면서부터 끊임없이 언어에 대해 민감하게 반응한다. 그러지 않으면 생존 수단이자 생존 자체를 의미하는 언어를 배울 수 없기 때문이다. 그리고 이러한 언어 학습 과정은 끊임없는 인식 활동의 연속이다. 그리고 이 인식 활동은 언어공동체와의 상호작용 아래 이루어지는데, 그것이 자연적인 상황이든 제도적인 상황이든 간에 본질적으로 교육 행위의 속성을 지니고 있다.

3) 수준

인간 발달의 측면에서 볼 때, 국어인식 활동이 의도적인 환경 압력이 없이 인식 주체의 몰입과 집중 아래 행해지는 기간은 말을 배우는 기간이다. 인간은 생후 24개월에서 36개월에 이르는 사이에 하나의 언어를 생존의 도구로 완전하게 획득한다. 그리고 이러한 결과에 이르는 과정은 부단한 언어 인식 활동으로 가득 차 있다. 의사소통능력이 발달함에 따라 자연스럽게 국어를 메타적으로 인식하는 활동은 의식의 수면 밑으로 가라앉는다. 그러다가 학교라는 제도적인 교육의 장에 들어서게 되면 다시 의도적인 계획 아래 국어를 메타적으로 인식하는 활동을 촉진받게 된다. 이때부터의 국어인식 활동은 그 이전의 국어인식 활동과는 판이하게 다른 양상을 띠게 된다. 이제까지 쓰지 않았던 용어와 분석 방법으로 국어에 대해 인식하게 된다. 이것은 단순한 감지와 지각, 주목, 또는 저차원의 사고 기능을 넘어선 인식 활동이다. 국어에 대해 탐구하고 사고하는, 고도의 인간사고활동으로서의 속성을 띤다.[17]

한편, 개인의 측면에서 국어인식 활동의 주체를 보았을 때 사람마다 인식 활동의 수준이 다르다는 점을 알 수 있다. 국어를 분석적으로 보되, 메타언어를 충분히 활용하여 매우 경제적인 방식으로 국어를 인식하는 사람이 있는가 하면, 국어를 분석적으로 보더라도 메타언어를 사용하지 않고서 국어를 인식하는 있다. 그런가 하면 국어를 비분석적으로 보더라도 일단 메타적으로 인식가능한 사람이 있는가 하면, 아예 국어를 메타적으로 인식하지 못하는 사람도 있다.[18] 이러한 수준차는 일차적으로는, 학교에 들어오기 전까지 개인의 언어적 환경의 수준과 관련이 깊을 것이다. 그러나 이차적으로는, 학교에서의 국어인식 활동이 만족스러운 수준으로 행해지지 않은 것과 관계가 있을 것이다. 학교에서는 학습자의 국어인식 활동이 바람직한 수준에 이르는 것을 목적으로 그 활동을 촉진한

---

17 이런 의미에서, 국어인식 활동이 가장 완성되고 세련된 수준에 이른 것은 국어학 연구 행위이다. 국어학을 연구하면서 행하는 국어인식 활동은, 나름대로의 정교한 활동 규칙, 활동 내용, 활동 목적을 가지고 행해진다. 국어를 메타적으로 인식한다는 점에서 어린 아이의 인식 활동과 다를 바 없지만, 그 인식 활동이 사회문화적으로 고도로 세련되었다는 점에서, 그리하여 학문이라는 견고한 지식체계를 구축하고 이를 중심으로 일정한 룰에 따라 학문 행위를 한다는 점에서 그 수준이 차이가 난다. 현재 우리나라에서는 이러한 국어인식 활동이 고등 교육(대학) 수준에서 본격적으로 이루어진다. 중등까지는 '언어사용 능력의 신장'에 기여하는 수준에서 국어인식 활동을 수행하도록 되어 있다. 그러나 실제 교육에서 촉진되는 국어인식 활동은 국어를 연구하는 활동의 축소판이거나, 국어 연구 결과의 축약본을 수동적으로 수용하는 활동에 지나지 않는다. 이런 점 때문에 언어사용능력 신장에 기여하지 못하는 국어지식 교육이라는 비판이 거세지고 있다. 그러나 연구자는 중등 교육의 마지막 단계에 있는 일정한 수(극소수라 할지라도!)의 학습자에게는 최고도의 국어인식 활동을 촉진해주어야 한다고 생각한다. 현행 국어지식 교육은 고교와 대학의 위계 수준이 너무나 차이가 난다. 국민공통교육과정인 국어과에서 언어사용능력 신장에 기여하는 국어지식을 가르치더라도, 심화선택과목인 문법에서는 언어과학으로서의 국어학에 대해 좀 더 적극적으로 접할 수 있는 기회를 주어야 한다고 본다. 이런 주장은 이미 네덜란드의 모어 교육과정 논의에서 제기된 바 있다. 이에 대해서는 van Gelderen, Couzijn, and Hendrix(2000:75)를 참고할 것.

18 이런 실제 사례는 남가영(2003)을 참고할 것. 이 논문은 학습자의 국어지식 사용 양상을 실제 사례를 통해 매우 정치하게 분석해 놓은 최초의 연구성과이다.

다. 그리고 이 공간 안에서 학습자는 한층 세련된 수준의 활동을 해야 한다. 일정한 수의 전문어(형용사, 부사, 체언, 발화 등과 같은 메타언어들)도 익혀야 하고, 그것들을 가지고 국어 자체에 대한 이야기를 이해하고 다시 표현하기도 해야 한다. 그 과정에서 또 다시 학습자의 수준이 구분되게 된다. 이 과제를 성공적으로 수행하는 자, 그렇지 못하는 자가 나뉘어지게 된다.

2. 국어인식 촉진 활동

1) 개념

국어인식 촉진 활동은 사례 1의 엄마의 활동, 사례 2의 학생 1의 활동, 사례 3의 교사의 활동같은 것들을 말한다. 풀어 말하면, 학습자가 국어에 대한 인식 활동을 좀 더 수월하고 효과적으로 할 수 있도록 도와주고 안내하는 활동을 말한다. 촉진자는 학습자의 현 상태에서 어느 정도의 촉진이 적절한지 관찰하고, 촉진의 내용과 방법을 결정하여, 적절한 시기에 촉진 활동을 수행해야 한다.

그러면 우리는 왜 국어인식 활동을 '가르치지' 않고 '촉진'하는가? 국어인식 활동은, 언어적 동물인 인간이 기본적으로 수행하고, 또 수행할 수 있는 활동이기 때문이다. 모르는 사이에 무의식적으로 또는 반의식적으로 국어를 인식하거나, 극단적인 경우 국어를 인식할 수 있는 자신의 능력에 대해 알지 못할 수도 있겠지만, 실은 걷지 못하는 시절부터 능숙하게 국어를 인식해 왔기 때문이다. 그래서 국어인식 활동은 가르치지 않고 촉진해야 한다. 이미 싹이 나 있는 것을 잘 자라도록 물을 주고 거름을 주는 행위와 다를 바 없다. 아예 아무 것도 없는 황무지에 씨를 뿌리는 행위가 아니다. 따라서 이것은 가르침이 아니라 촉진이다.[19] 이미 충분히 영양분을 갖춘 토양에 씨가 뿌려져 있는 상황이니 이를 싹 틔워서

잎이 나게 하고 꽃을 피우고 열매를 맺는 데 주력해야 한다.

이 말은 곧 국어지식교육 활동은 인간의 자연스러운 행위인 국어인식 활동에 뿌리를 두고 있다는 점과 상통한다. 국어지식교육은 국어지식에 대해 아무 것도 모르는 학습자에게 새로운 지식을 가르치기 위해서 하는 행위가 아니다. 이미 학습자들은 어느 정도의 국어지식을 갖추고 있고, 그 지식을 확장하고 심화하는 활동을 하고 있다. 그러므로 교육은 이러한 학습자 행위 특성에 기반을 두고 실행되어야 한다. 학습자가 본래부터 행했던 또는 행하고 있는 국어인식 행위의 본질과 속성에 맞게 교육을 해야 한다는 것이다.

이제까지 국어지식교육은 지나치게 공학적인 교육관에 경도되었다. 학습자는 별달리 고려하지 않고, 이상적인 목표를 설정한 다음 이것에 도달하기 위한 방법적 차원에 주목했다. 그러나 학습자에게 깃들어 있는 행위 특성으로서 국어인식 활동에 주목한다면, 사정은 달라진다. 학습자가 본래적으로 행하고 있는 이 활동을 어떻게 북돋아서 발전시킬 수 있도록 하는가에 질문의 초점이 돌려진다. 이러한 변화는 크게 보면, 공학적 교육관에서 인간 중심 교육관으로 변화한 것을 의미한다.[20]

---

19 여기서의 '가르침'은 주전자와 찻잔의 비유에서와 같은 '가르침'이다. 즉, 전통적인 의미에서의 '가르침'이다. 만약 '촉진'을 '가르침'의 중핵적인 의미로 본다면, 그 '가르침'이 바로 여기에서 말하는 '촉진'과 다를 바 없다.

20 본래 '촉진'은 로저스의 '학습의 촉진(facilitaion of learning)'에서 나온 말이다. 로저스는 인간중심 교육을 주장한 인본주의 심리학자이다.
"여기에 나 자신을 전적으로 바칠 수 있는 목표가 하나 있다. 나는 학습의 촉진을 교육의 목적으로 보고, 그것은 학습자를 양육하는 방법이며, 변하는 과정 속에 하나의 인간으로 살아가는 법을 배우는 방식이라고 생각한다. 나는 학습의 촉진이야말로 오늘날 인류를 둘러싼 가장 심각한 문제들에 대하여 건설적이고 실험적인, 변천하는 과정상의 해답을 제시할 기능이라고 생각한다(로저스, 1982:173)."
이 같은 교육관은 듀이(Dewey)에서도 찾아볼 수 있다. 듀이는 학습자의 경험에 기반한 교육을 주장한 바 있다. 교사는 이 경험이 하나의 완전한 경험이 되도록 안내하고 조력하는 존재이다. 본 논문에서 '촉진'이라는 용어를 택한 것은, 국어인식 활동의 속성에 기반할

2) 속성

국어인식 촉진 활동은 학습자의 국어인식 활동을 안내하고 도와주고 뒷받침하는 활동이다. 여기에 국어인식 촉진 활동의 속성 하나가 드러난다. 이 활동은 설정해 놓은 수준으로 국어인식 활동을 이끄는 것보다는, 국어인식 활동이 활동 자체로서 하나의 충족된 경험[21]이 되도록 하는 데 주력한다. 도달점으로 설정해 놓은 이상적 목표를 달성하는 것도 좋지만 그것보다 우선한 것은, 국어인식 활동을 하는 학습자가 그 인식 활동 자체에 몰입하고, 그것을 즐기고, 그 과정에서 자신의 발전을 꾀하고, 그 발전 정도를 깨달을 수 있도록 하는 것이다.

이러한 국어인식 촉진 활동은 토박이말 화자라면 누구나 할 수 있다. 이것이 이 활동의 두 번째 속성이다. 제대로 된 배우지 못한 할머니도 손자에게 메타적인 인식을 촉진할 수 있다.[22] 국어교육을 전공하지 않은

때 이 용어가 가장 적합하다는 판단과 함께 연구자가 지지하는 교육관점이 로저스나 듀이의 그것이기 때문이다.

21 '경험'은 듀이의 사상을 이해하기 위한 핵심 용어이다. 그에 따르면 교육은 곧 경험의 성장이다. 국어인식 활동으로 이루어지는 학습자의 경험은 바로 듀이의 '경험'과 같은 의미 망 안에 놓여있다. '경험'과 '성장', 그리고 '하나의 경험'에 대해서는 다음 설명을 참고하라. "듀이에 의하면, 경험은 시작과 발신과 종결로 이루어진 하나의 활동양식으로서, 성장은 경험의 종결이 또 다른 시작으로 이어지는 연속적인 단계로 이루어진다. 그리고 적절한 과정을 거쳐 주체가 경험의 종결 상태에 이르게 되었을 때를 가리켜 '하나의 경험(an experience)'을 갖게 되었다고 한다. 하나의 경험은 대립과 갈등을 극복해온 역경과 노력의 결실이며, 대립과 갈등의 원인을 더욱 의미깊고, 더욱 고양된 삶의 국면들로 전환시켜 온 노정의 산물이다(듀이, 1934). 그러므로 하나의 경험을 갖게 되었다는 것은 불일치와 대립을 이전보다 확장된 경험 체계 안에 포섭함으로써 환경과의 조화로운 관계를 회복하게 되었다는 것을 의미한다. 이것은 가변적이고 혼란스러운 세계 속에서 주체 나름대로 확보해 낸 안정되고 확고한 영역이라고 할 수 있다. 따라서 이제부터 하나의 경험은 주체가 그 위에 발을 딛고 세상을 조망할 수 있는 하나의 기념비적인 연단, 즉, 직접적으로든 간접적으로든 그가 세상에 반응하는 방식, 세계를 이해하고 받아들이고 그에 작용하는 방식의 근간을 이루게 된다(홍원균, 1998:139~141)."

22 다음과 같은 사례를 참고하라. 이 사례의 '할머니'는 의사소통 과정에서 손자에서 '젓가락'의 방언 어휘를 명시적으로 알려주어, 원활하게 의사소통이 될 수 있게끔 조절한다.

아빠도 아이에게 국어에 대해 알려줄 수 있으며, 또래보다 약간 더 국어에 대해 많이 아는 아이가 친구에게 국어에 대해 알려 줄 수 있다. 물론 국어교사는 국어에 대해 알려주는 일을 업으로 삼고 있으니, 당연히 이 활동을 능숙하게 잘 한다.

국어인식 촉진 활동의 세 번째 속성은, 이것이 매우 전체적이고 포괄적이며 적극적인 행위라는 것에서 찾아 볼 수 있다. '촉진'이라는 어휘가 갖는 일반적 의미 때문에 학습 행위에 적극적으로 개입하지 않는 간접적인 활동으로 오인할 수도 있겠다. 그러나 국어인식을 촉진한다는 표현을 굳이 쓴 것은, 모든 국어학습자는 이미 생활 속에서 어떤 식으로든 국어인식 활동을 한다는 것을 강조하기 위함이다. 무에서 유를 만들어내는 것이 아니라, 유에서 더 많은 유를 만들어내는 것인 국어지식교육의 특성임을 강조하기 위함이다. 그러므로 '촉진'은 '간접적인 교수'만을 의미하지 않는다. 촉진의 방식은 직접적일 수도 있고, 간접적일 수도 있다. 그 방식은, 촉진자가 국어인식 활동에 임하는 학습 상황에 따라 결정한다. 따라서 촉진자는 더욱 더 인식 활동과 촉진 활동이 이루어지는 제반 환경을 적극적으로 통제해야 한다. 학습자가 의미 있게 받아들일 수 있는 문제 상황을 구성하고, 이것에 대한 학습자의 접근성(accessibility)을 최적 수준으로 높이고, 이를 위해 고도로 계산된 교육어[23]를 사용해야 한

할머니: 민아! 거기 '제' 좀 도.
손자: 예? '제'가 뭔대요?
할머니: 니는 초등학생이 '제'도 모르나? 그래가 밥은 먹나?
손자: 뭐 말인데요.
할머니: (와서 젓가락을 집으면서) 이기 '제'다, 알긋나, '제'!
손자: 아, 젓가락이요. 할머니는 참, 젓가락을 '제'라고 하면 어떻게 알아요?
할머니: 와. 젓가락이 '제'재. 그것도 몰랐던가배.

23 '교육어'에 대해서는 장상호(1997ㄱ, 1998)을 참고하라. 국어교육에서는 최근 '교사화법'이라는 이름으로 교육적 상황에서의 교사의 언어에 대해 논하고 있다. 교육학에서의 논의는 교육학 일반에 기초하고 있다는 점에서, 국어교육에서의 논의는 화법이라는 토대를

다. 쉽게 말하면, 안 그런 척 하면서 고도로 치밀하게 상황을 구성하여 학습자의 국어인식 활동의 방향을 주도면밀하게 유도해야 하기 때문에, 촉진 활동은 전체적이고, 포괄적이고, 적극적이다. 그리고 이렇게 국어 인식 활동을 해 본 학습자만이 촉진자의 안내나 보이지 않은 조력이 없 더라도 후에 다른 상황에서 국어인식 활동을 적극적으로 수행할 수 있을 것이다.[24]

3) 수준

모든 이의 국어인식 촉진 활동이 같은 수준에서 이루어지는 것은 아니다. 능력에 따라 방법과 내용이 달라진다. 제대로 국어인식 활동을 촉진하는 방식으로 전달하고 싶다면 기존 방식에 비해 매우 많은 자원을 가져야 한다. 이것을 그림 1과 같이 도식화한다면 공간적으로 설명할 수 있을 것이다.[25] (Ⅰ)은 국어인식을 촉진하는 자로서 갖는 믿음과 비전과 관련된 영역이다. 여기에는 학습자는 스스로 국어인식 활동을 할 수 있는 능력을 갖춘 존재라는 믿음, 촉진 활동을 통해 학습자의 국어인식 활동이 하나의 완전한 경험이 되도록 해야 한다는 신념, 촉진 활동을 통해 궁극적으로 이르고자 하는 지점은, 학습자가 국어인식 활동을 행하는 통

갖고 있다는 점에서, 국어지식교육으로 바로 적용될 수 없을 것이다. 다시 재개념화의 과정을 거쳐야 할 것인데, 지금으로서는 토박이말 화자에게 학문적 체계 안에서 나온 메타언어를 언제 노출할 것인지, 학습자가 국어인식 활동을 해나갈 때, 언제, 어떤 언어적 자극을 주어야 할 것인지 등이 바로 국어지식교육에서의 교육어, 또는 교사 화법으로 연구되어야 할 주제일 것이라 생각한다.

24 이 같은 아이디어는 이미 수학교육 연구에서는 하나의 강력한 이론을 형성하였다. 프랑스의 수학교육학자 부르쏘(Brousseau)가 주창한 교수학적 상황론이 바로 그것이다. 보다 자세한 것은 부르쏘(1997)를 참고하라. 이 이론은 이미 다른 교과교육에 응용되고 있다. 대표적으로, 지리교육에서는 김민정(2002)을, 국어교육에서는 심영택(2002)을 들 수 있다.

25 그림 1과 그 설명은 van Lier가 Arnold와 Brown과의 사적 대화에서 말한 것을 원용한 것이다. 자세한 내용은 Arnold와 Brown(1999:4)를 참고하라.

제의 소재(Locus of control)을 자기 안에서 찾도록 하는 것이라는 목적의식 등이 포함된다. (Ⅱ)은 국어인식 활동에 대한 지식, 국어에 대한 기존의 지식, 교육에 관한 지식, 인간의 언어 발달에 관한 지식 등을 포함한다. (Ⅲ)은 언어인식 활동을 실제로 촉진하기 위한 기술과 능력을 포함한다.

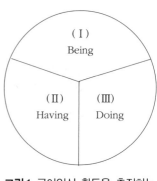

그림1 국어인식 활동을 촉진하는 자가 보유해야 할 자원

촉진 활동의 수준은 이 세 영역에 걸친 자원의 확보 수준에 따라 달라진다. (Ⅰ)의 영역에서 국어인식 활동 주체에 대한 믿음이 약한 촉진자는 자신이 모든 것을 다 하려고 할 것이고, 믿음이 강한 촉진자는 일단 학습자의 인식 활동을 지켜보면서 상황을 파악할 수 있을 것이다. (Ⅱ)의 영역에서 제반 지식이 부족한 자는 학습자의 인식 활동에 개입할 적절한 시기를 예상할 수 없거나, 명시적으로 촉진할 때 제대로 된 설명을 해 줄 수 없을 것이다. 제반 지식이 풍부한 촉진자는, 실제 촉진 활동을 할 때 그 지식들을 활용하여 머뭇거림 없이 촉진 활동을 수행할 수 있을 것이다. (Ⅲ)의 영역에서 기술과 능력이 풍부한 촉진자는 학습자에 맞게 적절한 문제 상황을 명시적으로 또는 암시적으로 구성하거나, 적절한 시기에 알맞은 교육어로 자극을 준다든가 하는 촉진 활동을 할 수 있을 것이다. 그러나 그렇지 못한 촉진자는 실제 인식-촉진 활동 국면에서 자신의 촉진 활동으로 그 국면을 완전히 장악할 수 없을 것이다.

이상과 같이 국어지식교육 현상의 두 가지 차원을 살펴 보았다. 그런데 이 두 현상은 분리되어 나타나지 않는다. 항상 함께 나타난다. 학교 상황에서는 더더욱 그렇다. 그러면 공기(Co-occurrence)하는 덩어리로서 이 현상들을 어떻게 해석해야 하는가. 그림 2는 이 두 현상의 상관적

그림 2 에셔(M. C. Escher), 〈갤러리(1956)〉

의미를 상징적으로 설명해준다. 한 사람이 막 화랑의 입구에 들어섰다. 부두를 그린 그림부터 관람한다. 그런데 그 그림 안의 건물 안에서 어떤 사람이 그를 부른다. 놀라운 일이다. 다시 한 번 살펴보니, 그림 안 건물의 지붕과 화랑의 지붕은 연결되어 있다. 그림 안과 속이 연결된 것이다. 화랑에 들어선 자는 국어 학습자이다. 그는 교수-학습 상황에서 국어를 인식 대상으로 간주하게 된다. 즉, 객관적 대상물로 인식하게 된다. 그런데 교사가 일정한 촉진 행위를 한다. 즉, 학습자를 그림(국어의 세계) 속으로 부른다. 학습자는 그 부르는 소리에 주목한다. 교사는 부두와 화랑이 연결되는 건물 안에 있다. 교사는 학습자에게 저 세상을 객관적으로 보게 한다. 동시에 저 세계와 이 세계가 연결되어 있음을 보여준다. 쉽게 말하면 객관적으로 대상화된 국어의 세계와 나의 세계가 얽혀 있음을 보여준다.

실상 인간은 언어와 얽혀있다. 국어 학습자는 모어인 국어와 매듭을 찾을 수 없을 정도로 얽혀 있다. 그렇기 때문에 국어 교사는 국어 학습자의 매듭을 풀어주기 위한 촉진 활동을 행하고, 동시에 매듭을 풀음으로써 학습자로 하여금 자신과 언어가 정말로 꽁꽁 묶여져 있음을 인식하게 해주어야 한다. 학습자는 교사의 촉진에 따라 매듭을 풀면서 감탄하고, 동시에 언어와 내가 얽혀 있는 진경(眞景)을 발견하고 감탄할 것이다.

Ⅳ. 맺음말 : 국어지식교육학을 위하여

국어지식 교육 연구에는 많은 분야가 있다. 교육 문법을 체계화하는 분야도 있고, 국어지식 교육의 평가를 담당하는 분야도 있으며, 국어지식교육의 교육과정을 담당하는 분야도 있을 것이다. 그러나 이것들은 국어지식교육의 현상에 기초하지 않고서는 제대로 연구될 수 없고, 제대로 실행될 수 없다. 국어지식을 학습한다는 것의 의미는 무엇인가? 국어지식을 학습할 때 학습자는 무슨 행위를 하도록 기대되는가? 그리고 실제로 그들은 어떤 행위를 하는가? 학습자의 국어인식 활동이란 무엇인가? 교사의 국어인식 촉진 활동이란 무엇인가? 그리고 이 둘이 잘 어우러진다는 것은 무엇을 의미하는가? 등의 질문에 대한 대답이 마련되지 않는다면, 활동의 재료가 될 국어지식, 그것의 교육방법, 평가방법을 제대로 다룰 수 없다.

무엇보다도 국어지식교육의 철학적 기반을 튼실히 세울 수 없다. 국어지식교육의 가치와 필요성은, 국어지식교육에서 경험하게 되는 학습자의 행위가 그들의 발전에 어떤 의미를 가지는가에 따라 결정된다. 국어지식 자체가 학습자의 언어사용능력에 기여하거나, 그 자체가 고유한 가치를 갖기 때문에 국어지식을 교육한다고, 우리는 단언할 수 없다. 왜냐하면 우리는 아직 학습자의 국어인식 활동이 학습자에게 갖는 의미, 더 나아가 인간 발달에 갖는 의미에 대해 진지하게 성찰해보지 않았기 때문이다. 이제까지는 '국어교육을 위한 국어지식교육의 의미', '국어지식교육을 위한 국어지식교육의 의미'에만 골몰함으로써, 이 같은 점을 놓쳐왔다.

국어지식교육의 현상을 주된 연구 대상을 삼음으로써 얻을 수 있는 가장 큰 이점은, 학문으로서의 국어지식교육학을 정립할 수 있다는 점이다. 우리는 그간 국어지식교육의 철학적 기반에 대해 무관심했다. 국어

지식교육 행위 자체를 철저히 파헤쳐 논의의 시작점으로 삼지 않음으로써, 국어지식교육 연구가 다른 연구와 변별되는 지점을 명료화하지 못했다. 그리하여 이 분야의 연구는 국어학의 응용분야라는 단순한 설명으로 기술되곤 했다. 응용이 나쁘다는 것은 아니다. 다만 응용도 응용만이 갖고 있는 고유한 특질과 토대가 필요하다는 점을 강조하고 싶다. 다음 언술의 '교육'을 '국어지식교육'으로 바꿔 읽는다면, 이것은 그대로 지금 우리에게 던져진 도전적인 과제가 될 수 있을 것이다.

독특한 삶의 한 양상으로서의 교육은 아직도 많은 부분이 비밀의 장막에 가려져 있다. 적어도 그것은 아직까지 학문의 조명을 제대로 받아본 적이 없다. 우리의 삶에서 교육이라고 하는 삶의 양상은 도대체 무엇인가? 이런 일신된 의식과 호기심을 가지고 미지의 영역을 뚫고 들어가는 것이 바로 자율적인 학문으로서 교육학이 해야 할 과제인 것이다(장상호, 2001:4).

본 연구에서는 국어지식교육의 현상으로 국어지식을 교육하는 행위에 주목했다. 그것은 '국어인식 활동'과 '국어인식 촉진 활동'으로 정리될 수 있다. 쉽게 말하면, 전자는 국어지식학습 활동이고, 후자는 국어지식교수 활동이다. 굳이 '국어인식'과 '촉진'이라는 낯선 용어를 빌어온 것은, 몇 가지 이유 때문이었다. 대표적인 이유는, '국어인식'과 '국어인식의 촉진'이 국어지식교육의 본질을 집약적으로 드러내고, 국어지식교육만의 현상을 조명해줄 수 있다고 믿기 때문이다. 또한 종국에는 '학(學)'으로서의 국어지식교육학의 대상을 명료하게 해줄 수 있다고 믿기 때문이다.

단, '국어인식'이나 '국어인식의 촉진'을 내세움으로써, 새로운 국어지식교육이 필요하다는 것을 주장하는 것은 아니다. 이제까지의 국어지식교육이 잘못됐다는 것이 아니라, 그 국어지식교육이라는 것이 무엇인지 좀 더 의미를 궁구해서 본질을 알고서 교육을 설계해야 한다는 것이, 이

논문의 취지이다. 품사를 분류하는 법을 가르치고, 사동법과 피동법을 숙지시키고, 문장의 종류에 대해 가르치는 것이 아닌 전혀 다른 내용으로 새 판을 짜자는 것이 아니라, 그러한 것들을 가르치고 배우는 것의 본질적 의미를 밝히고자 했다.

교과로서의 국어가 아닌 한 언어로서 (한)국어는 국어과 학습자에게는 모국어이다. 제도권 내에서 모국어에 '대한' 배움은 황무지에서 시작되지 않는다. 누구나 모국어의 짜임과 쓰임에 대해 암묵적인 지식을 가지고 있고, 그 지식에 기대어 언어적 삶을 영위한다. 그리고 그 삶 속에서 국어를 메타적으로 인식하는 행위는 편재(遍在)한다. 이 편재하는 인간 행위를 교육의 장에서 정교화한 것이 국어지식교육이다.

그러므로 국어지식교육의 출발점은, 그 편재하는 학습자의 국어인식 행위이다. 이것을 교육의 장에서 더 정교화된 국어인식 활동으로 변화시킨다면, 그 결과 학습자는 더 날카롭게 벼려진 언어의 눈으로 세계를 볼 수 있을 것이다. 국어지식을 갖고 있지 않은 백지 상태의 학습자에게 새로운 지식 체계를 이식하는 것이 아니라, 이미 무언가 하고 있는 학습자에게 그 무언가를 더 잘 할 수 있도록 도와주는 것이 모국어 교육에서의 국어지식교육의 몫이라고 판단한다.

주제 2 : 문법교육의 내용

민현식(2000), 어휘 의미의 가치론, 국어교육을 위한 응용국어학 연구, 서울
　　대학교출판부.
박재현(2006), 어휘교육 내용 체계화를 위한 어휘 의미의 가치 교육 연구, 새
　　국어교육 제74집, 한국국어교육학회.

국어교육에서 학습자의 언어 능력 신장을 위해 어휘교육이 중요하고 필수적이라는 것에 대해서는 누구나 공감하는 바이다. 하지만 어휘교육의 내용과 방법에 대한 연구는 그 중요성과 필요성의 크기에 비해 미진한 실태이다. 기존 어휘교육에 대한 접근은 어휘교육에 필요한 목록을 정선하여 제공하려는 양적 차원과 정교한 어휘의 의미 차이를 변별하고 관계를 파악하는 능력을 길러 주고자 하는 질적 차원이었다. 하지만 이러한 양적·질적 차원의 접근에도 불구하고 이러한 접근이 과연 학습자의 실제 언어 사용에 어떤 방식으로 얼마나 기여할지에 대한 객관적인 검증은 부족하였다.

이러한 가운데 민현식(2000)에서는 비교적 이른 시기에 실제 언어 사용 맥락에서 실효성 있는 어휘교육이 이루어지는 데 필요한 새로운 시각을 제시하였다. 양과 질이라는 객관화된 사물로서의 존재가 아니라 그 가치가 상승하고 타락하는 유기적 존재로 어휘를 상정하고 이러한 관점을 교육에 적극 도입하고자 하였다. 이 관점은 어휘가 가지고 있는 본질 중 언어 교육의 장에서 유용하게 활용할 수 있는 특성에 주목한 것으로, 본질을 정확하게 짚으면서도 어휘 교육에 대한 시야를 확장하는 데 기여하였다. 또한 탐구학습법이 적용 등 학습자의 실제 언어 능력을 신장할 수 있는 교수·학습 방법의 제안, 화법 등 타 영역에서의 통합 활용 제안, 학습자의 인성 지도를 위한 가치 교육 제안 등 어휘교육의 확장을 위한 의미 있는 논의를 담고 있다.

박재현(2006)은 민현식(2000)에서 제시한 어휘 의미의 가치의 상승과 타락에 대한 관점에 바탕을 두고 기존 어휘교육의 실태를 점검한 후 어휘 의미의 가치 교육을 주장하였다. 기존 어휘교육 목표 설정의 혼선으로 파생된 문제점과 그 결과를 지적하고 어휘 능력에 대한 인식의 전환이 필요함을 주장하였다. 재구조화한 어휘 능력의 새로운 축으로 민현식(2000)에서 제시한 어휘 의미의 가치에 주목하여 논의를 전개하였다. 즉, 민현식(2000)의 연구 결과는 박재현(2006)에서 어휘 능력을 재구조화하여 학습자의 의식과 사용 능력에

실제적으로 작동할 수 있는 어휘교육의 모습을 제안하는 데 중요한 초석으로서 의미 있는 역할을 하였다.

어휘 의미의 가치론*

민 현 식

요 약

　모든 사물이 가치를 지니듯 모든 어휘도 그 의미에 따라 의미 가치를 지니며 그 의미 가치는 상승과 타락을 보인다. 본고에서는 어휘 의미가 가지는 이러한 가치를 긍정 가치, 중립 가치, 부정 가치의 셋으로 구분하여 그 상승과 타락 양상을 살펴보았다.

　특히 어떤 단어의 가치 의미가 부정 가치로 변하는 의미 타락 현상을 자세히 분석하고, 한 단어가 긍정 가치와 부정 가치를 둘 다 실현하면서 쓰인 이중 가치어의 다양한 사례도 분석하였다.

---

* 『국어교육을 위한 응용국어학 연구』(서울대학교출판부 2000년 발행)의 141쪽부터 162쪽까지에 수록되었음. 또한, 요약은 원문에는 수록되지 않았던 것을 이 책에서 새롭게 작성한 것이다.

이와 더불어 고유어의 다양한 의미 타락 현상을 경어법의 사례, 속어와 비어의 사례, 접사로 인한 부정 가치화의 사례, 관용 표현의 사례, 의존 용언의 사례, 조사나 어미의 사례로 구분하여 분석하였다. 또한 외래어의 의미 가치를 살피고, 어휘 타락이 적나라하게 나타는 비속어화 과정을 분석하였다.

　이러한 분석 결과를 바탕으로 본고에서는 어휘 의미의 가치에 대한 이해가 바른 어휘 선택 능력을 위하여 필요함을 주장하였다. 교수·학습 방법 차원에서는 국어 어휘에서 이러한 어휘 의미의 가치가 어떻게 나타나는지 실생활의 어휘 자료를 가지고 학생들로 하여금 탐구 학습으로 지도할 것을 제안하였다.

어휘교육 내용의 체계화[*]

박 재 현(상명대학교)

I. 서론

어휘교육의 당위성에 대한 논의는 많지만, 학습자가 갖게 되는 어휘 능력의 정체는 무엇인지, 어휘 능력과 국어사용 능력의 관계는 어떠한지, 어휘 능력은 어떻게 신장시킬 수 있는지에 대해서는 명확한 해답을 찾기 어렵다. 국어의 어휘와 관련된 연구 성과는 축적되었지만, 어휘교육에 대한 연구는 상대적으로 활성화되지 못하고 있다. 언뜻 보아서는 이해할 수 없는 이상한 표현과 비속어가 난무하는 학습자들의 실제 언어생활을 대면하면, 어휘교육이 어디서부터 어떤 부분을 감당할 수 있는지 대책을 내놓기 또한 쉽지 않다.

어휘 자체에 관심이 있는 일부를 제외하고 대다수 학습자들은 어휘 능력을 통해 보다 섬세하고 정교하게 세계를 지각하고, 보다 풍부하고 다채롭게 자신의 의사를 표현하고 싶어 할 것이다. 보유하고 있는 어휘의 양을 중시하는 외국어 교육의 상황과는 달리 모어 학습자들에게 있어서 어휘교육의 의미는 구체적인 의사소통 상황에서의 이해와 표현에서

---

* 『새국어교육』 제74권(한국국어교육학회 2006년 발행)의 5쪽부터 24쪽까지에 수록된 '어휘교육 내용 체계화를 위한 어휘의미의 가치 교육 연구'를 다듬어 실음.

찾을 수 있다. 어휘에 대한 인지적 숙달도 학습자의 입장에서는 결국은 사용을 위한 준비의 과정으로 인식된다.

하지만 현재 어휘교육의 실태는, 국어지식 영역에서는 어휘론의 지식 구조를 정리하여 제시하고, 기능 영역에서는 '알맞은', '바른', '적절한' 등의 표현만 있을 뿐 그 판단 기준과 실제적인 교육적 처치를 마련하고 있지 못한 실정이다. 이 연구는 이러한 어휘교육 문제의 원인을 어휘 능력에 대한 개념 설정에서 짚어보고, 국어교육에서 어휘 능력의 의미를 토대로 어휘교육의 내용 체계에 대한 대안을 마련하는 것이 목적이다. 특별히 어휘 능력에 초점을 두고, 그 어휘 능력과 관련된 문제 해결의 단서로 '어휘의미의 가치'에 대해 논의하고자 한다.

Ⅱ. 어휘교육 목표의 혼선과 그 결과

어휘교육의 목표에 대한 다양한 논의의 공통분모는 '국어사용 능력 신장'에 기여하는 '어휘 능력 신장'이라고 할 수 있다. 이러한 목표는 일면 선명해 보이지만, 어휘 능력이 국어사용 능력과 독립적으로 존재하는 것인지, 그 안에 종속되어 있는 것인지에 대한 시각차에 따라 실제 교육과정을 설계하고 교재를 제작하는 데 많은 혼선을 초래할 수 있다.

김광해(1997ㄱ)에서는 '완전하고 수준 높은 언어 구사 능력을 기르기 위하여, 이해력 및 표현력 신장에 관련된 어휘의 양적 측면과 질적 측면을 신장시키는 것을 목표로 하는 교육'[1]으로 어휘교육의 목표를 설정하

---

1 김광해(1997ㄱ)에서는 '양적 능력'을 학습하기를 희망하는 단어의 수효로, '질적 능력'을 학습한 각 단어의 의미 및 용법에 관한 폭과 깊이로 구분하고, 어휘의 양적 측면과 관련된 능력을 '어휘력(vocabulary)', 어휘의 질적 측면과 관련된 능력을 '어휘 능력(lexical competence)'이라고 정의하였다.

고 있는데, 이것은 어휘 능력을 언어 구사 능력의 테두리 안에서 이해력과 표현력의 신장을 전제로 하여 포괄적으로 다루고 있음을 알 수 있다.[2] 손영애(1992, 2000)와 이충우(2001)에서는 '어휘교육의 일차적인 목표는 어휘력의 신장에 있지만 국어과에서의 어휘교육은 궁극적으로 언어 사용 능력의 신장에 기여할 것을 의도한다.'라고 하여, 국어사용 능력에 대한 궁극적 기여를 전제로 하지만 어휘 능력을 어느 정도는 독립적으로 인식하고 있음을 알 수 있다. 신명선(2004ㄱ)에서는 국어사용 능력 신장의 보조적 도구 정도로만 인식된 어휘교육에 대한 관점을 비판하면서, 어휘교육 자체의 독립적 위상을 주장하였다.[3]

사실 이러한 관점을 재정리하면, 독립과 종속의 문제라기보다는 상호 연관성에 대한 암묵적인 합의를 전제로, 어휘교육 목표의 무게중심을 어디에 두느냐에 대한 문제라고 볼 수 있다. 즉 한쪽에 치중하여 한쪽을 등한시하거나, 하나를 먼저 처리해야 할 우선순위로 설정하여 순서를 두거나 할 문제가 아니라 동일한 선상에서 다루어져야 할 것으로 여겨진다. 이러한 관점은 신명선(2005)에서 인지적 관점과 도구적 관점을 변증법적으로 통합한 상보적 관점에 대한 주장과, 모어 학습자에게 이러한 구분은 큰 의미가 없으며 같은 맥락에 속한 것이라는 주세형(2005)의 주장과 맥을 같이 한다.

---

2 김광해(1997ㄴ)의 "실제로 인간의 언어활동 전반에서 어휘를 이해하고 구사할 수 있는 능력이라는 것은 기본적으로 언어활동에 전면적으로 작용하는 능력이기 때문에 이를 따로 분리하여 생각하기가 어렵다. 그러므로 언어능력을 구성하는 요소를 찾는다는 관점에서 볼 때, 어휘력은 말하기, 듣기, 읽기, 쓰기 능력 등의 실제 언어 전개 과정 내부에서 분리되는 것이 불가능할 뿐 아니라, 그러한 능력들의 기반이 되기 때문에 가장 결정적인 지식이 된다."라는 논의는 포괄적 관점을 나타낸다.

3 신명선(2004ㄱ:265)의 "국어교육의 목표가 국어사용 능력 신장이라고 해서 어휘교육의 목표 또한 국어사용 능력 신장은 아니다. 국어사용 능력 신장이라는 목표는 국어교육의 내용을 구성하는 여러 요소들의 상호 작용에 의해 달성된다. 전체의 목표와 부분의 목표가 항상 같을 수는 없다."라는 언급은 독립적 관점을 여실히 드러내고 있다.

그렇다면 부분으로서 자체적인 교육적 의미가 있으면서 전체에 기여하는 어휘교육의 실제 모습은 어떠한가? 다음의 표는 제7차 교육과정에서 국어지식 영역과 기능 영역에서 어휘 관련 항목을 도출하여 정리한 것이다.

표1 제7차 교육과정 어휘 관련 항목(주세형, 2005:239~240)

국어지식 영역 관련 항목	기능 영역 관련 항목
4-국지-3 어휘의 개념을 안다. 4-국지-4 낱말과 낱말 사이의 유의 관계, 반의 관계, 하의 관계를 안다. 6-국지-3 고유어, 한자어, 외래어, 외국어의 개념을 안다. 7-국지-3 형태소와 낱말의 개념을 안다. 7-국지-4 은어, 전문어, 속어, 비어, 유행어의 개념을 안다. 7-국지-5 동음이의어와 다의어의 개념을 안다.	2-말-4 알맞은 낱말이나 문장으로 사용하여 말한다. 3-읽-2 소리와 모양이 같은 낱말이 어떤 의미로 쓰였는지 글을 읽는다. 3-쓰-6 알맞은 낱말을 선택하여 글을 쓴다. 4-듣-2 낱말의 의미를 알아보며 듣는다. 4-읽-2 국어사전에서 낱말의 뜻을 찾는다. 5-듣-4 상대의 어휘 사용이 적절한지 판단하며 듣는다. 5-읽-2 문맥을 고려하여 낱말의 의미를 파악하여 글을 읽는다. 5-읽-6 어휘 사용이 적절한지 알아보며 글을 읽는다. 5-쓰-8 문맥에 어울리지 않는 낱말을 찾아 고쳐 쓴다.

왼쪽의 국어지식과 관련해서는 주로 어휘에 관련된 '개념을 안다'에 대한 것이 주를 이루고 있다. 오른쪽의 기능 영역과 관련해서는 주로 표현 영역에서 알맞고, 적절하고, 어울리는 어휘의 사용을 강조하고 있음을 확인할 수 있다. '개념에 대한 이해'가 '효과적이고 적절한 사용'을 위한 필요조건이기는 하지만, 교육과정상에 나열된 항목들은 하나의 목표를 향해 수렴되는 모습이 아닌 물과 기름처럼 나뉘어 있음을 알 수 있다. 물론 국어지식 영역의 항목들은 인지적 관점으로, 기능 영역의 항목들은

도구적 관점으로 해석된다고 해도, 이 둘은 각자의 목표를 향해 대립하고 있으며, 현재 상태로는 상보적 관점을 적용하여 수렴되기에는 둘 사이에 엄청난 간극이 존재하는 것이 사실이다.

이러한 양상은 고등학교 문법 교과서에서 극명하게 드러난다. 다음의 표는 제7차 고등학교 문법 교과서에서 어휘 단원의 내용을 정리한 것이다.

표 2 제7차 고등학교 문법 교과서 '어휘' 단원의 구성

구 분		교수 학습 내용
단원의 길잡이		· 도입 및 준비 학습
1. 어휘의 체계	1. 어휘의 체계	· 단어와 어휘의 개념 구분하기 · 국어의 어휘 체계에 대하여 알기
	2. 고유어와 한자어	· 고유어, 한자어의 기능에 대하여 알기
	3. 외래어 가꾸기	· 외래어의 기능에 대하여 알기 · 중단원의 학습 내용 정리 및 평가
2. 어휘의 양상	1. 방언	· 방언의 기능에 대하여 알기
	2. 은어, 속어	· 은어, 속어의 기능에 대하여 알기
	3. 금기어, 완곡어	· 금기어, 완곡어의 기능에 대하여 알기
	4. 관용어, 속담	· 관용어, 속담의 기능에 대하여 알기 · 귀중한 문화 자산으로서의 관용어, 속담의 가치 알기
	5. 전문어	· 전문어의 기능 알기 · 어휘력과 지식의 관계 알기
	6. 새말 가꾸기	· 새말의 기능 및 생성 요인에 대하여 알기 · 중단원의 학습 내용 정리 및 평가
단원의 마무리		· 대단원의 학습 내용 정리 및 평가

고등학교 심화 선택 과목으로서의 문법 교과서가 10학년까지의 국어 지식 관련 사항을 포괄한 어느 정도는 전문 지식을 위주로 다룬다고 하더라도, 지나치게 '알기'를 목표로 한 지식 위주의 편성임을 확인할 수

있다. '어휘의 체계'와 '어휘의 양상'으로 이루어진 현재 어휘 단원의 교육 체계는 '어휘 능력', 특별히 국어사용 능력 신장을 전제로 한 어휘 능력에 어떤 부분을 어떤 방식으로 담당하는지 그 연결고리를 찾기가 쉽지 않다.

이러한 양상에 대해, 주세형(2005:244)에서는 현재의 어휘교육 내용은 '어휘교육'의 일환이라기보다는 '국어학 하위 분야인 어휘론의 교육적 가공'에 그치고 있다고 비판하였고, 손영애(2000:1)에서는 국어의 단어에 대한 형태론적 지식을 제공하는 데 초점이 있어서 어휘력 신장과 적극적으로 관련을 맺지 못하고 있다고 비판한 바 있다.

이렇듯 합의되지 못한 어휘교육의 목표는 어휘와 관련된 지식 자체에 대한 부분과 그것의 적합한 사용에 대한 부분이 서로 수렴할 방향을 찾지 못하고 양분된 상태로 표류하는 현재의 결과를 초래하였다. 물론 여기에는 어휘교육이 그 중요성에 비해 독립된 영역으로 설정되지 못하고 개별 기능 영역에 교육 항목이 산발적으로 분포될 수밖에 없는 환경적 요인도 무시하지 못하게 작용했을 것으로 판단된다. 국어지식 영역에서는 본연의 임무를 무시한 채 기능 영역의 보조적 역할만을 앞세울 수는 없었을 것이며, 기능 영역에서는 구체적인 어휘 관련 지식만을 상세히 다루기는 어려웠을 것이다. 이러한 문제의 원인 중 하나는 본질적으로 하나인 것을 인위적인 영역 구분에 의해 독립적으로 다루면서 상호 배타성을 갖게 된 것이라고 할 수 있다.

현재의 국어교육 영역 구도에서 이러한 문제를 해결하기 위해서 가장 핵심적인 것은 '어휘 능력'과 '국어사용 능력'의 관계를 규명하고, 둘의 연결고리를 발견하는 일이다. 이 둘의 연결고리로서 교육적인 면에서 한 축을 담당하고 있는 것은 '의미 정교화'이다. 어휘의미론을 이론적 바탕으로 하여 섬세한 의미 분별을 교육 내용으로 하는 의미 정교화에 대한 접근은 다양하게 시도되어 왔으며, 그 중요성과 구체적인 교수학습 방법에 대해서도 다양한 논의가 이루어져 왔다. 이것은 어휘 능력에 대한 심도 있는 고민에서 출발했다기보다는 축적된 어휘론의 연구 결과가 어휘 교육에 자연스레 영향을 미친 것이라고 할 수 있다.

Ⅲ. 어휘 능력에 대한 인식의 전환

국어 어휘 능력의 구조에 대한 초기의 논의는 김광해(1993)에서 시작한다. 어휘력을 양적과 질적으로 구분하고, 어휘소 자체의 의미에 대한 이해와 어휘소 간의 연관성에 대한 이해를 강조하였다.

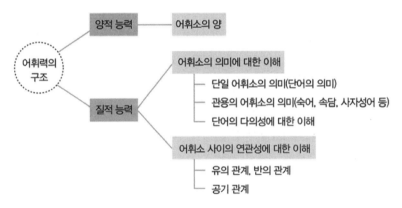

그림 1 어휘력의 구조(김광해, 1993:306)

이영숙(1997)은 김광해(1993)의 양적과 질적 구분을 받아들이되, 질적 어휘력을 언어 내적과 언어 외적으로 구분하고, 절차적 지식을 포함하여 외연을 확장한 어휘력의 구조를 제시하였다.

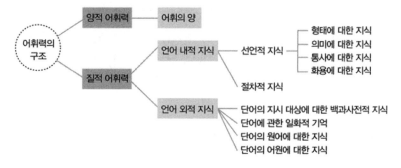

그림 2 어휘력의 구조(이영숙, 1997)

어휘 능력에 대한 본격적인 논의는 신명선(2004ㄱ, 2005)에서 이루어
지는데, 기존의 논의를 '사용으로서의 어휘'가 아닌 '정태적 존재로서의
어휘'를 중심에 둔 채 관련된 국어학 지식을 제시한 후 '절차적 지식'을
첨가했다고 비판하면서, '어휘론의 지식 구조'와 '어휘 능력의 구조'의 차
별을 강조하고, '지식'보다는 '능력'을 지향해야 함을 주장하였다.

신명선(2004ㄱ)에서는 Marconi(1997)가 말과 사상에 작용하는 '추론
능력'과 사상과 세계에 작용하는 '지시 능력'을 구분한 것을, Richards &
Ogden(1959)의 의미삼각형의 두 축에 적용하여 사상과 말의 관계를 '상
징 능력'으로 사상과 세계의 관계를 '지시 능력'으로 구분하여 어휘 능력
의 구조를 논의하였다.

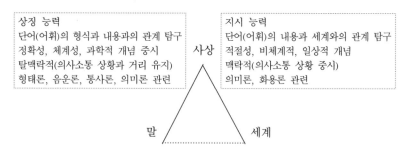

그림 3 어휘 능력의 구성 요소(신명선, 2004ㄱ : 286)

이 논의는 기존의 어휘 능력과 관련된 논의가 어휘의 양과 어휘의 질 등 '어휘' 자체에 주목했던 것에 비해, 학습자가 어휘를 인지적으로 처리하는 사고 과정으로 초점을 전환하였다는 점에서 의미가 크다. 즉 지금까지의 논의가 어휘와 관련된 체계화된 지식의 구조를 마련하는 것에 의미를 두었다면, 이 논의는 어휘교육의 목표로서의 어휘 능력이 어떠한 것인가를 설명하고 있다.

탈맥락적 상황에서 '정확성(correctness)'을 지향하는 '상징 능력'과 맥락적 상황에서 '적절성(appropriateness)'을 지향하는 '지시 능력'에 대한 구분은 Ellis(1992)가 의사소통 상황에서 인간이 사용하는 두 가지 부호체계를 구분한 것과 공통점을 찾을 수 있다. '통사적 부호'는 맥락이 주는 영향력을 최소화한 상태에서 텍스트 내에서 사전적 의미로 이해되며 논리적이며 명시적인 특징이 있으며, '화용적 부호'는 고맥락 상황에서 인간의 경험을 포함한 심리적 요소와 연계된 상태로 이해되며, 주관적이며 암시적인 것이다.[4]

표 3 화용적 부호와 통사적 부호(Ellis, 1992)

특징	통사적 부호(syntactic code)	화용적 부호(pragmatic code)
의미	텍스트 내적	인간 내적, 추정된
이해	Cohesion: 내재적 사전적 결합	Coherence: 언어와 경험의 연결
추론	논리적	주관적, 유기적
구조	명시적	암시적
맥락	저맥락	고맥락

---

4 통사적 부호는 보편적 상황에서 의사소통할 수 있는 일반화된 자질들로 구성된다. 의사소통 참여자들은 특정한 지식이나 경험을 공유하지 않더라도 문법 규칙과, 단어의 명시적 의미만으로 통사적 부호를 이해할 수 있다. 화용적 부호는 특정 상황에서 특정 집단이 공유하는 실제적인 경험과 지식에 의존한다. 예를 들어 'clean'이란 의미는 문신 애호가들에게는 '깨끗한'이 아니라 '문신을 하지 않은'을 의미한다(Ellis, 1992).

단편-통합	통합적	단편적
개입-이탈	이탈적	개입적
계획 정도	계획적	무계획적
구어-문어	문어적	구어적

이 두 논의를 종합하면, 상징 능력은 통사적 부호의 사용과 관련이 있고, 지시 능력은 화용적 부호의 사용과 관련이 있다. 이 시점에서 지금까지 국어 어휘교육의 위치를 짚어보면, 논리성과 정확성을 중시하는, 통사적 부호 차원의 상징 능력에 편중되어 왔음을 알 수 있다. 엄밀히 말하면 그러한 논의들이 상징 능력을 정확히 목표로 설정해서, 상징 능력을 신장시키도록 정교하게 설계된 것이라기보다는, 상징 능력의 기반이 되는 어휘 관련 지식을 구조화한 접근이라고 할 수 있다. 더불어 어휘의미론의 연구 대상이었던, 의미망, 의미자질 등을 이용한 접근들도 명확한 목표 의식에서라기보다는 교수학습 방법 차원의 접근이라고 할 수 있다.

어휘 능력에 대한 목표의 명시성은 차치하고라도 왼쪽 측면의 상징 능력에 대한 접근 방식의 모습은 어느 정도 드러나 있다고 볼 수 있다. 이러한 정확성과 체계성 차원의 중핵은 섬세한 의미 차이의 분별을 통한 '의미 정교화'와 관련된 교육적 접근들이다. '구분, 분류, 분석, 구별'의 유의어 변별 능력에 대한 논의(신명선, 2004ㄴ)나 사고도구어에 대한 논의(신명선, 2004ㄷ) 등이 이러한 접근의 전형적인 예다. 이러한 접근은 학습자의 머릿속 사전에 어휘들이 정교한 의미 영역을 확보한 상태로 체계적으로 자리 잡고 있는 모습을 상정한다. 여기서의 의미는 보편적이고 명시적인 의미이며 탈맥락적이고 탈가치적이다. 이 머릿속 사전에 내포적 의미가 혼재되거나, 맥락이 부여되거나 또는 가치가 개입되면, 개별 의미들의 자리매김에 혼란을 초래하게 되어 상징 능력은 저하된다. 최대한 개인적 감정이나 경험이 주는 편견(bias)을 배제하고 객관화된 상태로 의미를 분별해야 한다.

어휘 능력이 상징 능력과 지시 능력으로 구성되어 있다고 전제한다면, 지시 능력에 대해서는 어떻게 접근해야 하는 것인가? 적절성의 기준은 무엇이며, 수많은 맥락의 조합은 어떻게 범주화가 가능한 것인가? 이러한 난제들로 인해 지시 능력에 대해 나아가야 할 방향은 인식했지만 구체적인 해결 방안을 모색하는 데에 어려움을 겪고 있다.

Ⅳ. 지시 능력의 축: 어휘 의미의 가치

'어휘 능력은 국어사용 능력 신장에 기여한다.'라는 명제가 '진리'임을 증명하기 위한 과학적 실험 연구나 정치한 이론 연구는 드물지만, 이 명제가 '거짓'임을 증명하는 것은 더욱 쉽지 않은 듯하다. 국어교육의 장내에 있는 대다수가 암묵적으로 동의하고 있는 이 명제는 어휘교육자들의 논의 전반부나 후반부에 '이러할 것이다.'라는 식으로 등장하지만 그 연결고리의 구체적인 모습을 발견할 수는 없다. 기능 영역 교육자들 역시 어휘의 중요성에 대해 인정하지만 그것이 '사용(use)'에 기여하는 기제를 제대로 설명하지 못하고 있는 것이 현실이다. 두 교육자의 입장이 공유하고 있는 어휘 능력이 '상징 능력'이라면 서로 마주 보고 있음에도 불구하고 서로의 거리는 전혀 줄어들 수 없다. 이러한 문제는 앞서 논의한 국어지식 교육과 기능 영역의 단절에 결정적인 영향을 미쳤다.

이 간극을 좁힐 수 있는 단서를 의사소통 상황에서 화용적 부호를 대상으로 하는 '지시 능력'에서 찾을 수 있다. 지시 능력의 관건은 '정확성'이 아니라 '적절성'이다. 이 '적절'이라는 표현은 당연히 '맥락'이라는 환경적 요소를 전제로 하며, '주관성'이라는 심리적 판단을 기준으로 한다.

이러한 관점은 기존에 논리적인 측면에 편향되었던 어휘 능력 관련 논의를 심리적인 측면을 부각하여 균형을 이루었다는 데에 의미가 있다. 국어교육의 대상이었던 '어휘'를 인간과 분리하여 객관적 대상으로 설정하여 논리적 체계성을 강조했다면, 이것은 그 '어휘'를 처리하는 '인간'의 심리적 측면에 초점을 둔 것이다.[5] Langer(1942)는 "인간은 의미에 대하여 논리적 의식과 심리적 의식을 모두 가지고 있다. 상징과 대상 간에는 논리적인 관계가 있고, 상징과 사람 간에는 심리적인 관계가 있다."라고 하여 논리적 측면과 심리적 측면이 본질적인 것임을 언급하였다. 정확한 평가가 어려운 주관성이나, 제한할 수 없는 다양한 맥락의 조합으로 인해 교육적 접근의 상대적 곤란은 어쩌면 당연한 것이지만, 인간의 어휘 능력의 실제 모습을 접근의 곤란을 핑계로 존재 자체를 부인하거나, 접근하려는 노력을 포기할 수는 없는 것이다.

의미가 심리적 과정을 통해 처리된다는 논의는 Osgood(1963)이 의미를 '내적 표상(表象)'으로 설명한 것에서 구체적으로 확인할 수 있다. Osgood은 '비행(flight)'이라는 단어에 대한 내포적 의미의 구성과 기원을 다음의 그림과 같이 설명하고 있다.

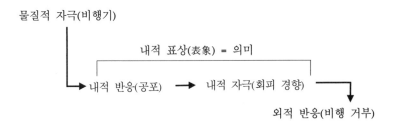

그림 4 내적 표상으로서의 의미(Osgood, 1963)

---

5 주세형(2005:244)은 "어휘교육은 '학습자가 얻게 될 능력'을 염두에 두고 그 교육 내용이 탐색되어야 한다. 학습자가 얻게 될 능력이란 어휘에 대한 심리학적인 접근을 요하기 때문에 교육 내용이 현저히 달라진다."라고 하여 심리적 차원에 대한 교육적 접근을 언급하였다.

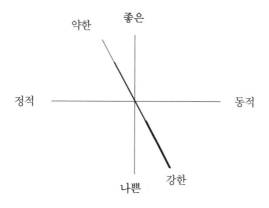

그림 5 3차원 의미 공간

'비행기'라는 단어를 듣는 것만으로도 '공포'가 형성되듯이, 외부의 자극은 내적인 의미를 형성하고 이것은 다시 외적인 반응으로 나타난다. 이러한 일련의 과정에서 '의미'란 외부 세계의 대상을 마음속에 나타낸 '내적 표상'인데, 여기서 의미는 심리적인 과정을 통해 형성되며, 개인적인 경험을 통해 다양하게 나타날 수 있다. 이러한 기호에 대한 개인이 갖는 의미는 Osgood & Richards(1973)의 '의미 공간 이론'에 의하면, 평가(좋은 - 나쁜), 활동성(동적 - 정적), 강도(강한 - 약한)라는 삼차원의 의미 공간에 위치한다. 예를 들면, 비행기의 의미는 '좋고, 동적인, 강한' 등과 같은 세 가지 차원에 대한 내적 반응에 의해 의미 공간에 좌표를 갖는다.

그렇다면 이러한 심리적 의미의 좌표축 중에서 어휘 사용의 적절성이라는 차원에 가장 근접한 것은 무엇인가? 그것은 '좋다 - 나쁘다' 또는 '옳다 - 그르다'의 끝단에서 좌표를 갖는 '평가'라는 축 즉, '가치'에 관한 문제라고 할 수 있다. 다소 인위적인 구분일 수는 있지만, '비행기'라는 단어가 형성한 '동적이다', '강하다'라는 의미는 비행기의 속성에 대한 인지적 판단에 근거한 인지적 의미(認知的意味)에 가깝고, '좋다'라는 의미는 개인의 심리 상태에 근거한 정의적 의미(情意的意味)라고 보는 것이 타당하다.

이상의 논의를 정리하면, 맥락이 존재하는 의사소통 상황에서의 '상징 능력'이란 인간의 심리적 공간에서 이루어지는 의미의 형성에 관련된 것이며, 이러한 의미가 존재하는 여러 차원 중 '가치' 차원이 상징 능력의 '적절성'과 가장 근접한 것임을 알 수 있다. 반면에 '지시 능력'은 대상에 대한 식별의 '정확성'을 중시하는 '인식' 차원이 핵심이 된다.

이렇듯 어휘 능력의 테두리에 '가치'라는 인자를 포함시킬 때, 맥락성과 적절성의 특징을 갖는 지시 능력이 활성화된다. 탈맥락적 상황에서 '가치' 인자를 제외한다면, '어휘A는 B라는 뜻이다.' 또는 '어휘C는 어휘B와 의미가 다르다.'와 같은 인식 차원의 교육적 접근만이 가능하다. 하지만 '가치' 인자가 적용되면, 'X와 같은 상황에서 E라는 어휘의 사용은 적절하다.'와 같은 교육적 접근이 가능하게 된다. 이러한 접근은 화자와 청자의 직접적인 역할이 드러나는, 맥락이 존재하는 의사소통 상황에서, 어휘의 실제적 사용에 기여한다. 즉 '가치' 인자는 지금껏 '의미 정교화'에 대한 논의 등으로 '상징 능력'으로 편중되었던 어휘교육의 기울어진 모습을 '지시 능력'을 들어 올려 균형을 이룰 수 있게 만드는 지렛대의 역할을 감당하게 된다. 이것은 물론 어휘 능력 자체의 균형에 기여할 뿐 아니라, 국어교육의 영역 구분에 의해 물과 기름처럼 겉돌던, 국어지식 영역과 기능 영역의 간극을 잇는 연결고리 역할을 하게 된다.

V. 의미 가치를 적용한 어휘교육의 모습

1. 어휘 의미 가치에 대한 기존 논의

어휘 의미의 가치에 대한 교육적 도입에 대한 언급은 일부 있어 왔으나 그리 활성화되지는 못하였다. 교육적 논의는 아니지만, 국어 어휘의 의미에 대한 가치와 관련된 연구는 심재기(1983)를 들 수 있다. Ullmann (1962)이 의미 변화를 다루면서 '가치 평가상의 변화(Changes in evaluation)'를 언급한 것에 착안하여,[6] "단어의 의미는 미적 가치에 있어서 원래는 중성(中性)이었으나 인간의 단어에 대한 심리 작용 또는 단어가 지시하는 사물에 대한 인간의 심리적·사회적인 작용으로 인하여 긍정성이나 부정성을 띠게 된다."라고 주장하며 국어 어휘 의미의 가치 변화를 경멸적 변화와 개량적 변화로 구분하여 설명하였다.[7]

민현식(2000)에서는 '어휘 의미의 가치'에 대한 논의를 국어교육에 도입한 최초의 논의이다. '촌지(寸志)'에 대한 사전적 정의를 예로 들어, 단어의 사전적 의미와 가치 의미를 설명하고 있는데, "모든 사물이 가치를 지니듯 모든 어휘도 그 의미에 따라 의미 가치를 지녀 의미 가치의 상승과 타락을 보인다. 어휘 의미의 가치에 대한 이해는 바른 어휘 선택 능력을 위하여 필요하다."라고 하여 이러한 의미 가치가 어휘 능력과 관련 있음을 주장하고 있다. 논의의 기준이 되는 어휘의 의미 가치에 대한 분류는 다음과 같다.

---

6 의미변화를 마치고 난 결과에 대한 연구는 고대 수사학에서 이미 축소(縮小), 확대(擴大), 전변(轉變)을 밝히는 논리학적 계열상의 분류가 존재하였다. 의미 변화의 결과를 순전히 논리적 관점으로만 분류했을 때에는 축소, 확대, 전변이라는 형식적 분석결과에 그칠 뿐, 그 변화를 입게 된 궁극적인 원인과의 관계(사회·심리적 배경 등)을 유기적으로 설명할 수 없다는 단점이 있다. 여기서 필요한 것이 '가치'이다(심재기, 1983).

7 심재기(1983)에서는 국어 어휘의 가치론적 의미변화를 '경멸적 발전'과 '개량적 발전'으로 구분하여 자세히 살피고 있다.
  - 경멸적(輕蔑的) 발전(pejorative development) : 인간의 심성 가운데 내재하는 비관적인 경향이 그 증세를 나타날 때에나, 개인적·사회적인 편견이 작용할 때에 일어나는 것.
  - 개량적(改良的) 발전(ameliorative development) : 부정적인 어휘가 그 지닌 바 불유쾌한 오명(汚名)을 씻어버리고 점차 약화되거나 과장적이던 표현이 그 불유쾌한 뜻을 제거했을 때.

표4 의미 가치의 구분(민현식, 2000:141)

구분	설명	예
긍정적 가치	선하고 참되고 진실한 가치를 지닌 것인데 일반적으로 인간이 인간 심성에 긍정적으로 기여하는 것으로 보는 가치	사랑, 희망, 인내, 봉사, 정조
부정적 가치	인간들이 싫어하며 혐오하고 악하며 거짓된 것으로 보는 것	미움, 절망, 방종, 간음
중립적 가치[8]	일차적 가치가 긍정, 부정 가치의 판단 대상으로 보지는 않는 것들	기계, 차, 국가, 커피

주세형(2005:240)에서는 비판적 읽기와 어휘교육의 관련성을 논의하면서, "단어 하나에도 언중의 이데올로기와 가치 판단이 응축되어 있음을 현 어휘교육에서는 크게 부각하지 못하였다."라고 하여 이데올로기와 가치의 문제를 언급하였다.[9] 또한 "담화적 응축인 어휘소에는 언중의 이데올로기적 가치 평가가 모두 집약되어 있다."라고 하여, 모어 화자를 대상으로 하는 어휘교육은 특정 맥락에서의 어휘 선택에 따른 문체적 효과뿐만이 아니라, 어휘 선택에 따른 발신자의 미묘한 표현 태도, 더 나아가 어휘에 응축되어 있는 언중의 이데올로기까지 고려하여 교육 내용을 짜야 한다고 주장하였다. 주세형(2005)의 논의는 어휘교육의 목표로서의 어휘 능력이 관여하는 지경을 어휘 그 자체에서, 어휘를 사용하는 사람의 심리, 나아가서 언어 공동체의 이데올로기까지 확장한 것에 의미가 있다.

---

8 중립적 가치의 개념은 Ullmann(1962:235)이 제시한 중립어(middle term)라는 용어와 맥을 같이 한다. 중립어란 '본질적으로 중립적이면서 문맥에 따라 호의적 또는 비호의적 의의를 가지는 단어'를 의미한다(민현식, 2000).

9 여기서 예로 든 것은 "야스쿠니 '참배'아닌 '방문'"이라는 신문 기사이다. '참배'와 '방문'이라는 사전적 의미의 차이보다 여기에 담긴 언중의 가치 판단에 주목하였다.

2. 어휘 의미 가치와 어휘교육의 체계

어휘 의미의 가치에 대한 기존의 논의는, 교육적 필요성에 대해 그리고 교육 내용을 구체화하는 데 필요한 의미 가치의 개념과 분류에 대해서 이루어졌다. 본고에서는 앞서 제기한 어휘교육 목표의 혼선으로 인한 교육 내용 체계의 양극화에 대한 해결책으로 '의미의 가치'를 적용하여 방향을 제시하고자 한다.

앞선 논의를 정리하여 어휘 능력의 개념과 구성 요소를 정리하면 다음과 같다.

첫째, 어휘 능력은 '어휘론의 지식 구조'보다는 '어휘를 수용(이해)하고 산출(표현)하는 수행을 전제로 한 능력'으로 설정한다. 이때 교육 내용의 구조는 어휘론의 지식 구조와 다른 모습을 보이며, 어휘론의 지식 구조는 수행에 필요한 기반으로서의 역할을 감당하게 된다.

둘째, 어휘 능력은 의미를 섬세하게 분별해 내는 정확성 차원의 '의미 정교화'를 중핵으로 하는 상징 능력과, 맥락에 맞는 적절성 차원의 '의미의 가치 판단'을 중핵으로 하는 지시 능력을 양 축으로 한다.

이러한 어휘 능력을 전제로 하면, 겉돌던 '어휘론의 지식 구조'와 '국어 사용 능력'의 간극을 좁혀 자연스러운 교육적 처치가 가능하다. 우선 어휘의 체계와 양상에 주목했던 개념 위주의 논의에 적절한 사용에 대한 논의를 함께 적용할 수 있다. 현재 문법 교과서에서는 우리나라의 어휘 체계를 고유어, 외래어, 한자어로 구분하여 제시하고, 속어, 비어, 은어, 금기어, 방언 등 다양한 어휘의 양상을 항목화 하여 제시하고 있다. 바른 언어생활에 대한 기여를 전제로 한 지식일지라도, 교육과정의 항목과 교과서의 기술 양상은 다분히 국어학적 개념을 설명한 것에 지나지 않는다.

그런데 어휘의 체계와 양상에서 다루고 있는 항목들에 '의미의 가치'를 적용하면, 실제 언어생활에서 활성화된 어휘의 모습으로 학습자에게 제공될 수 있다.

첫째, 고유어,[10] 외래어,[11] 한자어[12]에 대한 접근도 '이렇게 구분된다.'라는 선에서 그칠 것이 아니라 맥락에 따라 적절한 어휘 선택을 강조할 수 있다. 이문규(2003)에서 고유어와 한자어의 교과서 기술에 대한 편향된 가치 판단을 지적하였는데, 여기서의 가치 판단은 상호 간의 우열에 대한 것이 아니라 소통 맥락에서 적절한 판단에 대한 것이어야 한다. 나아가서는 획일적 가치 판단으로 인한 무차별적 언어 사대주의나 배타주의에 대해서도 경계할 수 있는 언어 의식의 고양까지 논의가 가능하다.

둘째, 속어, 비어, 은어[13] 등 어휘의 양상에 대해서도 이러이러한 양상이 있으며, 반성적 태도를 지녀야 한다는 윤리적 접근보다, 개별 어휘의 의미에는 가치적인 요소가 담겨있어서 맥락에 따라 그 적절성의 판단에 대한 기준이 된다는 의식을 고양할 필요가 있다. 학생들이 비속어를 사용하거나 심한 욕설을 하는 것은 국어교육만의 문제라기보다는 심리 상태 등 개인적 차원의 문제부터, 성장 배경, 가정 분위기, 매체의 영향 등

---

10 예로부터 의미 타락을 많이 받아온 고유어의 예는 다음과 같다(민현식, 2000).
노인-늙은이(비하), 여자-계집(비하), 부인-마누라, 꾀(부정적 지혜), 몰골

11 원어에서는 긍정 또는 중립 가치로 쓰이는데 국어에 들어와서 부정적 가치 의미를 갖게 된 경우는 다음과 같다(민현식, 2000).
보이, 마담, 호스테스, 카바레, 브로커, 커미션, 도그마, 댄스, 보스, 살롱, 프락치

12 한자어 자체가 소위 그 문자적 위엄성(威嚴性)을 잃어버리고 고유어의 성격을 띠는 경우에 그것은 본래의 한자어보다 훨씬 경멸적 의미를 많이 갖게 된다(심재기, 1983).
염치(廉恥) - 염체, 얌체, 사설(辭說) - 사살(꾸지람), 어둔(語遁)하다 - 아둔하다

13 민현식(2000:162)에서는 단어에도 상스러운 것과 고급스러운 것이 있음을 깨닫고 각자의 언어생활이 어느 방향을 지향해야 할 것인가를 터득하게 하기 위해 유행어 조사를 통한 비속어 탐구학습을 제안하였다. 또한 어휘 의미의 가치에 대한 접근은 철학교육과 윤리교육과는 다른 측면에서 이루어지는 가치교육이라고 주장하였다.

사회적 환경의 차원까지 복잡다단한 문제가 얽혀 있는 것이다. 이러한 실태에 대해 국어교육이 '속어, 비어, 은어가 있다.'라는 식의 지식적 접근이나, '반성해야 한다.'라는 식의 일방적인 교훈적 접근을 시도한다면 어휘 능력이 추구하는 바와 다시금 거리를 두게 된다.

셋째, 방언과 표준어[14]의 문제도 '가치'라는 중요한 인자를 포함하고 있다. 국어학에서 방언이 갖는 위상과 국어교육에서의 위상에는 차이가 있다. 방언은 그 자체로서 존재론적 가치가 있는 것이 분명하지만 국어교육의 장에서는 교육 정책의 문제가 개입되면서 다른 모습으로 그 가치가 조정된다. 엄밀히 말하면 그 자체의 가치가 증감하는 것이라기보다는 교육적 우선순위와 중요성에서 차이를 보일 수밖에 없다는 것이다. 이러한 맥락에서 '방언도 교육하자.'라는 식의 논의나 '표준어만을 교육해야 한다.'라는 식의 극단적 접근보다, 방언의 고유 가치는 인식하게 하되, 사적인 맥락과 공적인 맥락에서 방언과 표준어의 사용이 초래하는 영향이 다름을 인식하게 하여 적절하게 언어를 사용할 수 있는 의식을 길러 주는 접근이 필요하다. 이것 역시 의미의 가치에 대한 문제로 접근이 가능하다.

VI. 결론

본고에서는 국어교육에서 독립적인 영역이 확보되지 않은 상태에서, 교육 목표까지 합의되지 않은 상태로 지식과 사용의 두 축에서 섞이지 못하고 대립되어 왔던 어휘교육의 내용 체계에 대한 문제를 지적하였다. 이러한 문제는 교육과정 설계와 교과서 기술의 문제로 그대로 이어졌고,

---

14 심재기(1983)에서는 표준어와 방언의 충돌에서, 방언은 불행하게도 경멸적인 의미 변화를 입는 경우가 많음을 언급하고 그 예로 '서답'과 '빨래'를 들고 있다.

'어휘교육이 중요하다.' 또는 '어휘교육은 국어사용 능력에 기여한다.'라는 당위적 명제만 무성할 뿐 정련된 교육 내용을 마련하거나 교육 내용의 설계를 체계화하는 데 돌파구를 찾지 못하고 있었다고 판단된다. 물론 구체적인 어휘 능력을 목표로 한 어휘 교수학습 방법도 고전을 면치 못하고 있는 듯하다.

이러한 문제의 원인으로 탈맥락, 탈가치의 틀에서 명시적 의미만 중시했던 기존의 접근을 비판하고 지금까지 등한시되어 왔던 '가치'라는 인자를 어휘교육 내용의 대치 구도를 해결할 연결고리로 제시해 보았다. 구체적인 교수학습의 모습을 보이지는 못했지만, 개념의 항목으로 이루어졌던 지식의 구조가 실제 의사소통 맥락 속에서 어느 정도 활성화된 것을 확인할 수 있었다.

본 연구는 국어사용 능력에 기여하는 어휘 능력의 모습으로 가는 첫 단추를 '의미의 가치'에서 찾아보았다. 헤아릴 수 없는 의사소통 참여자의 심리와 이를 둘러싼 맥락의 조합에서 '가치'에 대한 논의로 모든 것을 설명할 수는 없다. 앞으로 학습자의 어휘 능력에 직접적인 초점을 둔 어휘교육 연구가 활성화되어 드러나지 않은 부분을 하나둘 확인할 수 있기를 바란다.

이러한 인간과 언어의 관계에 대한 깊은 고찰의 종착점에서 우리가 교육적 처치의 효율성을 위해 독자적으로 설정한 '어휘 능력'의 개념이 '국어사용 능력'과 분리할 수 없는 복잡하게 엉킨 실타래의 모습으로 존재할 수 있다는 예감도 지울 수 없다. 어쩌면 가치와 이데올로기를 논하는 어휘교육의 상향식 접근과 담화에서의 적절한 어휘 선택을 논하는 기능 영역의 하향식 접근이 어느 지점에선가 서로 마주칠 것이라는 느낌도 든다. 이러한 이론적 논의보다 정밀한 실험 설계를 통한 실증 연구의 필요성도 절감하게 된다. 여하튼 이 분야의 연구가 부단히 지속되어 가려진 베일을 빨리 거두어 주었으면 하는 바람이다.

민현식(2008), 한글 맞춤법 교육의 체계화 방안–문법교육과 맞춤법 교육의
관계 정립을 위한 試論, 국어교육연구 제21집, 서울대학교 국
어교육연구소.
강보선(2013), 한글 맞춤법 교육 내용 연구, 국어교육연구 제31집, 서울대학교
국어교육연구소.

맞춤법 교육은 쓰기의 교열 과정에서 활용되는 맞춤법 지식을 단순히 교육하는 것을 의미하는 것이 아니라 어휘 학습의 출발점이며 읽기와 쓰기 능력의 기초로 기능하는 교육을 의미한다. 그러나 그동안 맞춤법 교육은 퇴고 단계에서 실시되는 교열과의 관련성만 주목받은 채 문법교육 내에서 최소한으로 이루어져 왔을 뿐, 맞춤법 교육이 지니는 문법교육적 의의와 어휘 능력 향상을 통한 문해력 함양에 기여하는 교육적 가치가 제대로 모색되지 못하였다. 이는 맞춤법 교육이 단편적인 지식 위주로 기존의 교육과정과 교과서에서 소략하고 비체계적으로 다루어지고 있음을 통해서도 확인할 수 있다.

이러한 가운데 민현식(2008)은 맞춤법 교육이 지니는 의의를 쓰기교육은 물론 어휘교육 및 읽기교육과의 관련성 속에서 새롭게 고찰하고 상위 영역인 문법교육과의 관련성 속에서 맞춤법 교육의 체계화를 논의하였다. 민현식(2008)에서는 초중고 교과서의 맞춤법 교육 실태에 대한 비판적 분석을 포함하여, 문법교육과 맞춤법 교육의 관계를 고찰하면서 맞춤법 교육의 체계화를 종합적으로 시도하였다. 이를 위하여 문법교육의 내용, 교육과정, 교재, 교수 학습 방법에 철저히 기반하여 맞춤법 교육의 내용, 교육과정, 교재, 교수 학습 방법을 구체적으로 제시하였다.

강보선(2013)은 민현식(2008)에서의 체계화 논의 중 내용의 체계화에 주목하되 교육과정, 교재, 교수 학습 방법의 체계화 논의를 참고하여 내용의 체계화를 심층적으로 모색하였다. 구체적으로, 강보선(2013)에서는 맞춤법의 속성과 문법교육의 관점에서 맞춤법 교육의 내용으로 맞춤법을 이해하고 적용하기, 맞춤법을 지키려는 태도를 형성하기, 맞춤법을 건설적으로 비판하기, 맞춤법의 창의적 사용에 대해 비판적으로 수용하기 등 4가지 내용을 주요 내용으로 선정하였다. 맞춤법 교육의 내용이 올바로 선정되기 위해서는 맞춤법 교육의 필요성과 의의가 정확히 파악되고, 맞춤법 교육의 교육과정, 교재, 교

수 학습 방법 등과의 관계 속에서 내용 선정이 논의되어야 한다는 점에서 이를 종합적으로 체계화하려고 시도한 민현식(2008)은 맞춤법 교육 내용 선정 시 중요한 시사점을 제공한다. 또한, 맞춤법 교육은 국어 어휘력 신장 및 문해력 함양과 긴밀한 관련을 맺고 있음을 밝혔다는 점에서 맞춤법 교육, 넓게는 문법교육이 국어 능력 향상과 어떠한 관계가 있는지를 실증적으로 보여주는 연구를 견인하고 있으며 맞춤법 교육의 교육과정, 교재, 교수 학습 방법 등과 관련된 다양한 세부 주제에 대한 연구로까지 확장될 수 있다는 점에서 연구사적 가치가 확인된다.

한글 맞춤법 교육의 체계화 방안[*]
-문법교육과 맞춤법 교육의 관계 정립을 위한 試論

민 현 식

목 차

요 약

규범 문법에는 발음 규범, 표기 규범, 어휘 규범, 문장 규범, 담화 규범이 있으며, 표기 규범에는 맞춤법, 표준어 규정, 외래어 표기법, 로마자 표기법이 있다. 그동안 맞춤법 연구는 많아도 맞춤법 교육을 어떻게 할 것인가를 다룬 연구는 많지 않다. 한글 문자는 세종의 공로로 만들어져 전 세계에서 가장 배우기 쉬운 문자로 알려져 있지만 한글 맞춤법을 포함한 어느 표기법이나 수고롭게 익혀야 하며 노력 없이 익힐 수는 없다. 그런데 우리나라가 국민 평균의 단순 문맹률은 낮아도, 학교교육에서는 독서력과 연계한 맞춤법 교육을 체계

---

* 『국어교육연구』 제21집(서울대학교 국어교육연구소 2008년 발행)의 7쪽부터 75쪽까지에 수록되었음.

적으로 제공하지 않아 OECD 국가에서는 한국의 고학력자의 문서 문해력은 매우 낮아 실질 문맹률이 높다는 결과가 나왔다. 미국은 음운 교수법이 읽기와 어휘교육을 표기법과 연계한 교육으로 정착되어 체계적 표기법 교육이 읽기교육과 함께 이루어져 왔으나 우리는 그런 읽기, 어휘 연계 표기법 교육이 체계적으로 이루어져 온 바가 없어 비체계적이고 임의적인 맞춤법 학습이 간헐적으로 이루어져 이런 비체계적 맞춤법 교육은 어휘교육의 부실을 낳아 어휘력 저하를 낳고 이런 부실함이 누적되어 고학력자의 저문해력까지 초래하였다. 따라서 초등학교부터 체계적 문법교육 안에서 체계적 맞춤법 교육이 읽기교육, 어휘교육과 긴밀히 연계되어 제공되도록 문법교육, 맞춤법 교육의 대혁신이 요구된다. 개정 교육 과정에서도 맞춤법 교육은 나선형 교육과정으로 발전되어야 하고 교과서에서도 매 단원마다 문법과 어휘력, 맞춤법 능력 확장을 위한 익힘문제 활동을 배려하여 평소 학습이 이루어져야 한다.

한글 맞춤법 교육의 내용[*]

강 보 선(대구대학교)

Ⅰ. 머리말

원활하고 정확한 의사소통을 위해서는 맞춤법에 맞게 글을 쓰는 것이 중요하다. 그러나 글을 쓰다 보면 종종 맞춤법 오류를 범하게 되는데, 이는 개인적인 글에서뿐만 아니라 방송, 신문, 교과서 등과 같은 공적인 글에서도 종종 나타난다. 또한 국립국어원의 온라인 국어 상담 게시판에는 올바른 맞춤법을 묻는 질문들이 끊임없이 올라오고 있으며(국립국어원, 2010 참조), 국민의 어문 규범 성적이 다른 영역에 비해 현저히 뒤떨어진다는 조사 결과도 있다(이관규·신호철, 2011:41 참조). 이러한 현상들은 맞춤법에 맞게 표기하는 것이 결코 쉽지 않음을 잘 보여 준다.

이처럼 의사소통을 위해서는 맞춤법을 지켜야 하지만 맞춤법을 준수하는 것이 쉽지 않다는 점에서 맞춤법 교육은 국어교육에서 계속 다루어져 왔다.[1] 그러나 맞춤법 학습을 통해 언어생활을 품위 있게 영위하는 데 필요한 바탕 능력을 기르고, 나아가 국어 및 국어사용에 대한 일정한

---

* 『국어교육연구』 제31집(서울대학교 국어교육연구소 2013년 발행)의 1쪽부터 30쪽까지에 수록된 '한글 맞춤법 교육 내용 연구'를 다듬어 실음.

1 맞춤법 교육이 국어교육에서 차지하는 비중은 그 중요성에 비추어 볼 때 낮다고 할 수 있다(민현식, 2008; 구본관, 2008 참조).

안목과 태도를 기르는 데까지 나아갈 수 있도록 해야 함에도 불구하고 지금까지의 맞춤법 교육은 맞춤법을 언어생활에서 지켜야 할 규칙 정도로 간주해 왔다(임지룡 외, 2010:228 참조). 이로 인해 맞춤법 교육에서 중요하게 다루어야 할 내용들이 충분히 반영되지 못한 채 일부 내용만 교수·학습되어 온 측면이 있다. 이에 본고에서는 기존의 맞춤법 교육이 지나치게 규칙이나 사례 위주의 지식 학습으로 제한되어 왔다는 문제의식하에 맞춤법 교육의 본질적인 내용을 논하고자 한다.

본격적인 논의에 앞서 맞춤법 교육의 범위를 제한할 필요가 있다. 맞춤법 교육은 '넓은 의미의 맞춤법 교육'과 '좁은 의미의 맞춤법 교육'으로 나눌 수 있다. 4대 어문 규정 중 하나인 '한글 맞춤법'을 교육하는 것을 좁은 의미의 맞춤법 교육이라고 한다면, 한글 맞춤법을 포함하여 개별적인 어휘소의 정확한 표기에 대한 교육(예를 들어, '병이 낳다'를 '병이 낫다'로 바르게 표기하도록 하는 교육)까지 포함하는 것을 넓은 의미의 맞춤법 교육이라 할 수 있다. 본고에서는 이 중 좁은 의미의 맞춤법 교육, 즉 '한글 맞춤법'을 교육하는 맞춤법 교육을 대상으로 논의를 진행한다.

한글 맞춤법 교육의 내용을 탐색하기 위해 Ⅱ장에서는 역대 맞춤법 교육의 내용을 비판적으로 검토하고 Ⅲ장에서는 맞춤법 교육 내용 구성을 위한 이론적 고찰을 시도한다. 그리고 Ⅳ장에서는 Ⅲ장의 결과를 바탕으로 맞춤법 교육의 내용에 포함되어야 하는 요소를 구체적으로 기술한다.

Ⅱ. 역대 한글 맞춤법 교육 내용 검토

기존의 맞춤법 교육이 무엇을 다루어 왔는지를 살펴보기 위해서는 역대 국어과 교육과정과 교과서의 맞춤법 관련 단원을 살펴볼 필요가 있다. 교육과정에서 한글 맞춤법에 대한 교육은 6차 이후의 교육과정에서 부터 본격적으로 이루어져 왔다.

표1 역대 교육과정의 맞춤법 관련 내용

교육과정	맞춤법 관련 내용
6차 교육과정	[고등학교 '문법'] • 맞춤법의 원리와 규정을 이해하고, 그에 맞는 국어 생활을 한다. • 한글 맞춤법, 표준어 규정, 표준 발음법 등 언어 생활의 통일성을 위하여 마련된 제반 규정들을 알고, 그것을 지켜 쓰려는 태도를 가지도록 지도한다.
7차 교육과정	[고등학교 '문법'] • 맞춤법의 원리와 규정을 이해하고, 국어 생활에서 이를 지킨다. • 언어 생활의 통일성을 위하여 마련된 한글 맞춤법, 표준어 규정, 표준 발음법 등 제반 규정을 알고, 그것을 지키려는 태도를 지니도록 지도한다.
2007년 개정 교육과정	[2학년 '문법'] • 한글 맞춤법 규정이 있음을 알기 [고등학교 '문법'] • 한글 맞춤법 원리와 표준어 규정을 이해하고, 단어를 올바르게 사용한다.
2009년 개정 교육과정	[고등학교 '독서와 문법 II'] • 한글 맞춤법 원리와 표준어 규정을 이해하고, 단어를 올바르게 사용한다.
2011년 개정 교육과정	[중학교 1~3학년군 '문법'] • 어문 규범의 기본 원리와 내용을 이해한다. [고등학교 '국어 I'의 '문법'] • 한글 맞춤법의 원리와 내용을 알고, 교양 있는 표기 생활에 대해 알아본다.

표 1을 보면 역대 교육과정에서는 주로 고등학교 문법 영역에서 한글 맞춤법 교육이 이루어져 왔으며, 크게 다음 세 가지 내용이 강조되고 있음을 알 수 있다.

(1) 단어를 맞춤법에 맞게 사용한다.

(2) 맞춤법의 원리와 규정을 이해한다.

(3) 맞춤법을 지키려는 태도를 갖는다.

다음으로 교과서에서 다루고 있는 맞춤법 교육의 내용을 살펴보자. 최근의 교과서인 2009년 교육과정에 따른 고등학교 '독서와 문법Ⅱ' 교과서에서는 맞춤법 교육 단원의 학습 목표를 다음과 같이 제시하고 있다.[2]

표 2 '독서와 문법 Ⅱ' 교과서별 맞춤법 단원의 학습 목표

교과서	학습 목표
박용목 외(2012)	• 한글 맞춤법의 역사를 알고, 원리를 이해할 수 있다. • 한글 맞춤법을 지키려는 태도를 가지고 올바른 국어 생활을 한다.
윤여탁 외(2012)	• 한글 맞춤법의 원리와 표준어 규정을 이해하고 단어를 올바르게 사용할 수 있다.
이남호 외(2012)	• 한글 맞춤법의 필요성을 이해한다. • 한글 맞춤법의 원리와 규정을 이해한다.
이삼형 외(2012)	• 한글 맞춤법 원리와 표준어 규정을 이해하고, 단어를 올바르게 사용한다.

표 2의 '학습 목표'를 보면, 교과서에서는 맞춤법의 역사, 맞춤법의 원리와 규정, 맞춤법의 필요성, 단어의 올바른 사용 등이 맞춤법 교육의 내용에 포함되어 있음을 알 수 있다.

역대 교육과정과 최근의 교과서를 참고할 때, 그동안의 맞춤법 교육에서는 올바른 단어 사용, 맞춤법의 역사와 필요성, 맞춤법의 원리와 규정, 맞춤법을 지키려는 태도가 주된 교육 내용이었다. 그러나 이러한 내용들

---

2 2011년 개정 교육과정에 따른 고등학교 '국어 I' 교과서에서도 맞춤법 관련 내용이 있으나 현 시점에서 교과서를 확보할 수 없어 그 실상을 파악할 수 없었음을 밝힌다.

은 맞춤법을 하나의 지식으로서만 접근한 측면이 강하며, 이 내용들이 선정된 근거 또한 명확하지 않다는 점에서 비판의 소지가 있다. 이에 Ⅲ장에서는 맞춤법 교육 내용 선정을 위한 이론적 토대를 구축해 보고자 한다.

Ⅲ. 한글 맞춤법 교육 내용 선정을 위한 이론적 토대

맞춤법 교육에서 반드시 다루어야 할 내용을 선정하기 위하여 본고에서는 맞춤법 교육을 다음 두 가지 관점에서 접근하고자 한다. 첫째, 맞춤법 교육은 '한글 맞춤법'을 가르치는 교육이므로 '한글 맞춤법'의 속성을 반영해야 한다는 관점이다. 일반적으로 교육의 내용은 무엇을 교육 대상으로 삼느냐에 따라 달라진다는 점에서, 맞춤법 교육에서는 교육의 대상이 되는 맞춤법의 속성을 반영하여 내용 구성이 이루어져야 한다. 둘째, 맞춤법 교육은 문법교육적 속성을 반영해야 한다는 관점이다. 맞춤법은 '규칙'이라는 점에서 문법과 유사한 특성이 많고 맞춤법 교육은 문법교육 안에서 체계적으로 이루어질 수 있기 때문에 맞춤법 교육 내용은 문법교육의 내용 체계와 관련성을 가져야 한다.

1. 맞춤법의 속성에 따른 맞춤법 교육의 내용

맞춤법은 '지켜야 할 규범', '사회적 약속', '역사적 산물', '표현 도구'라는 속성을 지닌다. 이들 속성과 각 속성이 맞춤법 교육 내용 구성에 시사하는 바를 살펴보면 다음과 같다.

1) '지켜야 할 규범'으로서의 맞춤법
맞춤법은 표기의 옳고 그름을 판단하는 준거가 된다는 점에서 규범성을 갖는다. 맞춤법의 규범성 때문에 언중들은 글을 쓸 때 맞춤법을 준수할 것을 요구받으며, 만약 이 의무를 준수하지 않으면 때때로 사회적 비판을 받게 된다.[3] 따라서 맞춤법 교육에서는 학습자들이 맞춤법을 지키기 위해 필요한 지식을 학습할 수 있도록 교육 내용을 구성해야 한다.

2) '사회적 약속'으로서의 맞춤법

맞춤법은 우리 사회가 필요에 의해서 제정한 사회적 약속이다. 이러한 속성 때문에 맞춤법은 시대의 변화, 사회적 요구 등이 있을 때 개정되기도 한다. 시대의 변화가 빠를수록, 사회적 요구가 거셀수록 맞춤법은 변화의 주기가 짧아지거나 변화의 정도가 커지게 된다. 따라서 맞춤법 교육에서는 학습자들이 사회적 약속으로서의 맞춤법을 이해하고, 현행 맞춤법이 제정된 시대와 비교해 볼 때 현재의 언어 현실이 어떻게 달라졌는지, 현행 맞춤법의 개정에 대한 사회적 요구가 무엇인지를 이해할 수 있도록 교육 내용을 구성해야 한다.

3) '역사적 산물'로서의 맞춤법

맞춤법은 탈역사적으로 존재하는 것이 아니라 앞 시대와의 관계 속에서 존재하는 역사적 산물이다. 현행 맞춤법은 훈민정음 해례본(1446), 국문 연구 의정안(1909), 한글 맞춤법 통일안(1933)을 거쳐 오늘날의 '한글 맞춤법'이 된 것이다. 맞춤법이 역사성을 갖는다는 것은 현재의 맞춤법을 정확히 이해하기 위해서는 과거의 맞춤법에 대한 이해가 어느 정도 요구됨을 의미한다. 따라서 맞춤법 교육에서는 학습자들이 현행 맞춤법

---

3 비판의 정도는 그 사람의 연령, 학력, 지위, 상황에 따라 달라진다. 즉 어른일수록, 고학력일수록, 지위가 높을수록, 공식적인 상황일수록 맞춤법을 준수하지 못하였을 경우에 받게 되는 비판의 정도가 크다고 할 수 있다.

을 좀 더 정확히 이해하기 위하여 맞춤법의 기본적인 역사를 이해하고 현행 맞춤법의 규정에 영향을 끼치고 있는 역사적 표기법을 선별적으로 학습할 수 있도록 교육 내용을 구성해야 한다.[4]

4) '표현 도구'로서의 맞춤법

맞춤법은 문어적 의사소통을 위하여 국어를 한글로 적을 때 사용하는 표현 도구이다. 즉 의사소통의 목적을 정확하고 효과적으로 실현하기 위해 맞춤법이라는 도구를 활용하여 글을 표기하는 것이다. 이처럼 맞춤법은 의사소통의 '목적'이 아니라 '도구'라는 점에서 의사소통의 특수한 목적을 달성하기 위해서는 경우에 따라 본래의 용도대로 사용되지 않을 수 있다. 즉 의도적으로 맞춤법에 맞지 않게 표현함으로써 표현의 효과를 높이는 경우가 종종 발생할 수 있는 것이다. 따라서 맞춤법 교육에서는 학습자들이 표현 도구로서의 맞춤법을 이해하고, 표현의 효과를 위하여 맞춤법이 의도적으로 지켜지지 않을 수 있음을 인식할 수 있도록 교육 내용을 구성해야 한다.

이상에서 살펴본 것처럼 맞춤법이 다양한 속성을 지니고 있기 때문에 맞춤법 교육에서는 학습자들이 맞춤법을 '지켜야 할 규범', '사회적 약속', '역사적 산물', '표현 도구'로 이해하고 사용하는 데 도움이 되는 교육 내용을 제공해야 한다. 그러나 지금까지는 '지켜야 할 규범'으로서의 맞춤법만이 강조되어 온 측면이 강하다. 따라서 맞춤법 교육의 내용이 균형 있게 구성되기 위해서는 '사회적 약속으로서의 맞춤법', '역사적 산물로

---

4 역사적 표기법은 '현재 쓰이는' 표기법 중에서 '역사적' 근거를 지닌 비표음주의적인 표기를 가리키는 용어(민현식, 1999)로서, 정희창(2011)에서도 한글 맞춤법의 온전한 이해를 위해 '역사적 표기법'이 반드시 교육 내용이 되어야 함을 강조하였다.

서의 맞춤법', '표현 도구로서의 맞춤법'과 관련된 내용이 체계적으로 다루어질 필요가 있다.

2. 문법교육의 관점에서 바라본 맞춤법 교육의 내용

맞춤법 교육은 국어교육의 다양한 하위 영역과 관련이 있지만 그중에서도 문법교육과 가장 긴밀히 관련을 맺는다. 이는 맞춤법이 음운론, 형태론, 어휘론, 의미론, 통사론, 담화론, 사회언어학, 사전학, 언어정책학 등이 종합적으로 결합하여 산출된 것으로서 언어학의 종합 학문 영역적(민현식, 2008:13) 성격을 가지고 있기 때문이다. 이러한 점이 인정되어 그동안 맞춤법 교육은 문법교육 안에서 줄곧 이루어져 왔다(임지룡 외, 2010 참조). 이에 본고에서는 맞춤법 교육을 문법교육과 관련지어 그 교육 내용을 탐색해 보고자 한다.

'문법'이 '말의 구성 및 운용상의 규칙'이라면 '맞춤법'은 '표기상의 규칙'이라는 점에서 교육 대상으로서의 성격이 유사하다. 따라서 맞춤법 교육의 내용 체계는 문법교육의 내용 체계와 유사한 방향에서 구성할 수 있다. 2011년 개정 교육과정에 따르면 문법 영역의 내용은 다음과 같이 구성되어 있다.[5]

표3 2011년 개정 교육과정의 문법 영역 내용 체계표

지식	탐구와 적용	태도
• 언어의 특성 • 국어의 구조 • 국어의 규범	• 국어의 분석과 탐구 • 국어 지식의 적용 • 국어 생활의 점검과 문제 해결	• 국어의 가치와 중요성 • 국어 탐구에 대한 흥미 • 국어 의식과 국어 사랑

---

5 본래 '내용 체계표'에는 '실제'도 있으나, 맞춤법 교육과 관련하여 '실제'는 내용이라기보다는 내용을 담는 형식이라는 점에서 본고에서는 제외하였다.

표 3에서처럼 문법 영역의 내용이 '지식', '탐구와 적용', '태도'로 구성되어 있음을 감안하여 맞춤법의 교육 내용 또한 이와 연계하여 살펴보면 다음과 같다.

1) 맞춤법을 지식으로 학습할 수 있는 교육 내용

문법 영역의 내용 중 '지식'에 '국어의 규범'[6]이 포함되어 있는 것은 맞춤법을 '지식'으로 바라보는 관점이 반영된 것이라 할 수 있다(표 3 참조). 그동안의 맞춤법 교육에서도 맞춤법 지식을 교육 내용으로 강조해 왔는데, 이는 전통적으로 맞춤법은 학습자가 기억해야 할 지식이라는 인식이 강함을 보여 준다. 맞춤법은 규범이기 때문에 맞춤법에 대한 지식이 없으면 맞춤법을 준수할 수 없다는 점에서 맞춤법 교육에서 맞춤법을 지식으로 접근하는 것은 필연적이다. 따라서 맞춤법 교육에서는 학습자들이 맞춤법 지식을 체계적으로 학습할 수 있도록 교육 내용을 구성해야 한다.

2) 맞춤법을 탐구하고 적용할 수 있는 교육 내용

맞춤법은 '지식'일 뿐만 아니라 '탐구와 적용의 대상'이기도 하다. 맞춤법을 탐구와 적용의 대상으로 보는 관점은 2011년 개정 교육과정에도 다음과 같이 일부 반영되어 있다(밑줄은 연구자).

[중 1~3학년군] -문법-
(3) 어문 규범의 기본 원리와 내용을 이해한다.
…(상략)… 한글 맞춤법과 표준어 규정, 외래어 표기법과 국어의 로마자

---

6 '국어의 규범'은 한글 맞춤법, 표준어 규정, 외래어 표기법, 로마자 표기법을 모두 포함하고 있다.

표기법 등 주요 어문 규범의 <u>기본 원리를 중요한 조항을 중심으로 탐구하고</u> <u>규범을 벗어난 국어 사용의 사례를 찾아 바르게 고쳐 보는 활동</u>을 하게 하되, …(하략)…

위에서처럼 2011년 개정 교육과정에서는 맞춤법의 원리를 중요한 조항을 중심으로 '탐구'하고 맞춤법 오류를 찾아 바르게 고쳐 보는 '적용'이 강조되어 있다.

한편, '탐구와 적용'의 하위 요소 중 하나인 '국어 생활의 점검과 문제 해결' 관련 내용이 빠진 것은 문제라 할 수 있다. 많은 사람들이 국어생활에서 맞춤법으로 인한 어려움을 겪고 있으며 맞춤법의 불완전성으로 인해 맞춤법에 대한 개정 및 수정의 목소리가 계속 제기된다는 점에서 맞춤법은 '국어 생활의 점검과 문제 해결' 요소와 관련이 깊다. 따라서 맞춤법 교육에서는 학습자들이 맞춤법을 '국어 생활의 점검과 문제 해결'과 연관 지어 학습하도록 하는 것이 중요하다. 이를 위해서는 학습자가 맞춤법을 지식적으로 암기하는 것을 넘어서서 맞춤법을 비판적으로 성찰할 필요가 있다. 즉 학습자들은 현행 맞춤법의 문제는 무엇이고, 이로 인해 발생하는 국어 생활의 문제는 무엇이며, 앞으로 어떻게 해결되는 것이 바람직한지를 메타적으로 점검할 수 있어야 한다. 따라서 맞춤법 교육에서는 학습자들이 맞춤법과 관련된 국어 생활을 점검하고 문제를 해결해 보는 경험을 할 수 있도록 교육 내용을 구성해야 한다.

3) 맞춤법을 지키고자 하는 태도를 형성할 수 있는 교육 내용

문법교육에서는 '태도'를 교육 내용으로 중요하게 다루고 있다. 인터넷상에서 맞춤법을 지키지 않는 사람들이 많은 현실을 고려할 때 맞춤법 교육에서도 '태도'가 중요한 교육 내용이 되어야 한다. 문법교육에서는 태도 요소로 '국어의 가치와 중요성', '국어 탐구에 대한 흥미', '국어 의식과 국어 사랑'을 포함했는데(표 3 참조), 이를 맞춤법 교육에 적용하면 '맞춤법의 가치와 중요성', '맞춤법 탐구에 대한 흥미', '맞춤법 의식과 맞춤법 사랑'을 맞춤법 교육의 태도 요소로 상정할 수 있다. 맞춤법을 태도와 관련짓는 것은 2011년 개정 교육과정에서도 일부 반영되어 있다(밑줄은 연구자).

[중 1~3학년군] -문법-
(3) 어문 규범의 기본 원리와 내용을 이해한다.
…(상략)… <u>어문 규범을 알고 준수하는 것이 더 자유롭고 교양 있는 언어 생활을 영위하는 길임을 인식하는 데까지 나아가도록 한다.</u>

2011년 개정 교육과정에서는 맞춤법 교육에서 학습자가 맞춤법을 알고 준수하는 것이 언어생활의 '자유' 및 '교양'과 연결됨을 인식하도록 해야 함을 강조하고 있다. 이러한 인식은 자연스럽게 맞춤법을 준수하려는 태도로 이어지게 된다.

그러나 '맞춤법의 가치와 중요성', '맞춤법 사랑'을 강조한다는 것이 곧 맞춤법을 절대화하는 것이어서는 안 된다. 즉 어떤 경우에도 맞춤법을 지켜야 하며 맞춤법에 어긋난 표현은 절대 용납할 수 없다는 식의 태도를 갖는 것은 바람직하지 않다. 맞춤법을 지킬 수 있음에도 불구하고 일부러 맞춤법을 어겼다면 그 나름의 이유가 존재할 것이다. 따라서 맞춤법 교육에서는 학습자들이 기본적으로 맞춤법을 지키려는 태도를 형성하되 맞춤법을 의도적으로 어긴 현상에 대해 바람직한 태도를 형성하도록 교육 내용을 구성해야 한다. 즉 학습자는 글쓴이가 왜 맞춤법을 의도적으로 어겼는지, 맞춤법을 어기는 것이 용인될 수 있는 상황인지 등에 대해 생각하고 판단해 볼 수 있는 기회를 가져야 한다.

맞춤법 교육 내용과 관련된 지금까지의 논의를 종합하면, 맞춤법 교육에서 다루어야 할 내용을 표 4와 같이 정리할 수 있다.

표 4 맞춤법 교육에서 다루어야 할 내용

구분	항목	맞춤법 교육에서 다루어야 할 내용
맞춤법의 속성에 따른 맞춤법 교육 내용	'지켜야 할 규범'으로서의 맞춤법	① 맞춤법 지식
	'사회적 약속'으로서의 맞춤법	② 맞춤법을 둘러싼 언어 현실의 변화와 사회적 요구
	'역사적 산물'로서의 맞춤법	③ 맞춤법의 역사와 역사적 표기법
	'표현 도구'로서의 맞춤법	④ 표현의 효과를 위하여 맞춤법이 의도적으로 잘못 사용되는 현상에 대한 인식 경험
문법교육의 관점에서 바라본 맞춤법 교육의 내용	1) 맞춤법을 지식으로 학습할 수 있는 교육 내용	⑤ 맞춤법 지식을 학습하기
	2) 맞춤법을 탐구하고 적용할 수 있는 교육 내용	⑥ 맞춤법의 원리와 규정을 탐구하기 ⑦ 맞춤법 지식을 적용하기 ⑧ 맞춤법을 국어 생활의 문제와 연관 지어 살피기
	3) 맞춤법을 지키고자 하는 태도를 형성할 수 있는 교육 내용	⑨ 맞춤법을 지키려는 태도 형성하기 ⑩ 맞춤법을 의도적으로 어기는 현상에 대해 생각하기

Ⅳ. 한글 맞춤법 교육의 내용

Ⅳ장에서는 Ⅲ장의 논의를 토대로 맞춤법 교육의 내용을 구체적으로 제시한다. 이를 위해 표 4의 내용을 그 성격이 유사한 것끼리 묶어 보면 다음과 같이 크게 네 가지 유형의 내용 범주로 나눌 수 있다.[7]

---

7 이들 각 범주가 맞춤법 교육 내용에서 지니는 위상과 성격은 동일하지 않다. 예컨대, ㄱ과 ㄴ이 학년에 관계없이 다루어져야 할 교육 내용이라고 한다면, ㄷ과 ㄹ은 내용의 성격

ㄱ. 맞춤법을 이해하고 적용하기 (①, ③, ⑤, ⑥, ⑦)

ㄴ. 맞춤법을 지키려는 태도를 형성하기 (⑨)

ㄷ. 맞춤법을 건설적으로 비판하기 (②, ⑧)

ㄹ. 맞춤법의 창의적 사용에 대해 비판적으로 수용하기 (④, ⑩)

다음에서는 이들 각각의 내용에 대해 구체적으로 살펴본다.

1. 맞춤법을 이해하고 적용하기

맞춤법을 적용하는 것은 맞춤법의 이해를 근간으로 한다. 맞춤법을 공시적, 통시적으로 정확히 이해하고 있으면 맞춤법에 맞게 표기할 수 있다는 점에서 '적용'은 '이해'와 불가분의 관계에 있다. 따라서 1절에서는 맞춤법과 관련된 '무엇'을 학습자가 이해하도록 해야 할 것인지가 논의의 초점이 되어야 한다. 맞춤법에 대한 이해는 맞춤법의 원리[8]에 대한 이해, 규정에 대한 이해, 개별 단어에 대한 이해로 나누어 생각해 볼 수 있다.

1) 맞춤법의 원리에 대한 이해

맞춤법의 원리에 대한 이해는 그동안의 맞춤법 교육에서도 줄곧 강조되어 왔다. 맞춤법에서 가장 까다로운 것이 소리 나는 대로 적을 것인지,

---

상 일정 수준 이상의 맞춤법 지식이 학습되고 맞춤법 준수 태도가 바람직하게 형성된 이후에 다루어지는 것이 바람직할 것이다. 또한 ㄱ은 모든 맞춤법 규정과 관련 있는 범주라면 ㄷ은 일부 맞춤법 규정에 국한된 범주라는 점에서 그 위상이 동일하지 않다. 이와 같이 이들 각 범주가 맞춤법 교육 내용에서 동일한 위상을 지니는 것은 아니며 학년별로 위계화되어야 할 범주이지만 맞춤법 교육의 전체 내용을 구성하는 요소로 반드시 포함되어야 할 범주임에는 틀림없을 것이다.

8 맞춤법의 원리는 총칙 제1항에 "한글 맞춤법은 표준어를 소리대로 적되, 어법에 맞도록 함을 원칙으로 한다."로 명시되어 있다.

원래 형태를 밝혀 적을 것인지와 같은 선택의 문제라는 점에서 이들의 근본적 관계를 다룬 맞춤법의 원리는 맞춤법 교육에서 중요하게 다루어져야 한다. 그러나 이 원리가 단순히 설명되는 것만으로는 충분치 않다.[9] 맞춤법 교육에서 중요하게 다루어야 하는 것은 '표음주의와 표의주의를 혼용한다'는 사실 자체라기보다는 어떤 경우에 표음주의를 택하고 어떤 경우에 표의주의를 택하는지를 알려주고, 이를 바탕으로 하여 학생들의 맞춤법 능력을 키워 주는 것이다(위호정, 1999:245). 따라서 원리 학습이 지식 학습에 머물러서는 안 되고 특정 항목을 보고 표음주의를 적용할지, 표의주의를 적용할지에 대한 판단과 적용으로 이어질 수 있도록 교육 내용이 구성되어야 한다.[10]

한편, 표의주의와 표음주의로 대표되는 한글 맞춤법의 원리 외에 역사적 표기법에 대한 이해도 필요하다. 정희창(2011:110)에 따르면 역사적 표기법은 한글 맞춤법의 두 원리와 동등한 위상을 지닌 것은 아니나 한글 맞춤법을 온전히 이해하기 위해서는 역사적 표기법에 대한 이해가 필수적이다. 역사적 표기법의 흔적이 맞춤법 제7항, 제8항, 제9항, 제30항 등에 남아 있어(구본관, 2008) 현재의 맞춤법 규정에 일정한 영향을 끼치고 있다는 점에서 이에 대한 이해가 필요하다고 할 수 있을 것이다.

2) 맞춤법의 규정에 대한 이해

맞춤법의 규정에 대한 이해를 위해서는 총 57개의 규정을 모두 교육

---

9 한글 맞춤법의 원리는 단순히 설명되기도 어려운 면이 있다. 이는 한글 맞춤법의 원리 중 핵심어인 '소리대로'와 '어법에 맞도록'을 배타적이고 선택적인 관계로 인식할 수도 있고 상호협력의 관계로 인식할 수도 있기 때문에(허철구, 2007 참조) 그 원리를 정확히 이해하는 것이 쉽지 않기 때문이다.

10 구본관·신명선(2011:292)에서는 맞춤법의 원리 이해와 관련하여 원리 발견 활동의 두 가지 예를 제시하고 있어 참고할 만하다.

내용으로 다루는 것이 이상적이다. 그러나 이는 제한된 학습 시간을 고려할 때 현실적으로 불가능하다는 점에서 맞춤법 교육에서 중요하게 다루어야 할 규정을 선별해야 한다. 맞춤법 교육에서 반드시 다루어야 할 규정으로는 두음법칙, 사이시옷, 띄어쓰기 규정을 선정할 수 있다(민현식, 2008 참조).[11] 이들 규정에 대한 이해가 선행되지 않으면 각 규정에 종속적인 모든 항목들을 일일이 외워야 하는 번거로움이 발생한다는 점에서 이들 규정에 대한 명시적 학습이 중요하다.[12]

3) 일부 단어들의 맞춤법에 대한 이해

맞춤법 교육에서는 맞춤법의 원리와 주요 규정에 대한 이해 중심으로 내용이 구성되지만 일부 단어들에 대해서는 의도적인 교육이 필요하다. 예를 들어 두음법칙의 적용을 받는 단어들 중에서 다음 표 5의 '2단계'와

---

11 민현식(2008:54)에서는 맞춤법 규정을 난이도에 따라 다음처럼 A, B 유형으로 나누었다.

   A. 필수 이론 설명이 필요한 규정: 총론 1-3항, 10-12항 두음법칙, 30항 사이시옷 규정
   B. 이론 설명 없이도 시각적 인지로 자연스레 터득할 수 있는 규정: 5∙9항 된소리, 구개음화, 모음 규정, 32-40항 준말 규정, 51-57항의 기타 규정

그리고 B에 해당하는 규정은 평소 생활 속에서 터득되므로 맞춤법 교육 내용으로 굳이 강조하거나 편성하지 않아도 되며, 맞춤법 교육에서는 A에 속하는 규정만을 다룰 것을 강조하였다.

한편, 민현식(2008:54)에서는 따로 언급하지 않았지만 띄어쓰기는 시각적 인지로 익히기에는 그 종류와 수가 많고 원칙과 허용이 복잡하게 얽혀 있기 때문에 규정을 확실히 익히는 것이 띄어쓰기를 바르게 하는 데 큰 도움이 된다고 본 점을 고려하여 본고에서는 띄어쓰기를 교육 내용에 포함시켰다.

12 예컨대, 사이시옷의 경우, 한자 합성어 중에서는 2음절 한자어인 '셋방, 횟수, 숫자, 툇간, 곳간, 찻간'에만 사이시옷을 표기한다는 규정(제30항)을 알고 있으면 한자어 '초점(焦點), 대가(代價), 전세방(傳貰房)' 등을 '촛점, 댓가, 전셋방'으로 잘못 적지 않을 수 있다. 반대로 이 규정에 대한 이해가 없으면 사이시옷을 쓸 만한 환경에 속한 한자어들의 정확한 표기를 일일이 외워야 하기 때문에 맞춤법 학습에 대한 부담감이 매우 커지게 된다.

'3단계'에 속하는 단어들은 시각적 인지만으로는 학습의 효과가 낮다는 점에서 주요 단어의 경우 맞춤법 교육에서의 명시적인 교수·학습이 이루어져야 한다.

표 5 난이도 및 사용 빈도에 의한 선정 어휘(박덕유, 2011:368)

	중요도 높음 (일상생활에 매우 필요함)	중요도 중간 (일상생활에 보통 필요함)	중요도 낮음 (일상생활에 드물게 필요함)
이해도 높음 (아주 쉬움)	개량, 규율, 나열, 낙원, 노인, 당뇨, 백분율, 불이행, 비논리적, 사례, 성공률, 유행, 익명, 익사, 파렴치, 하류 〈1단계〉	도리, 분열, 사례(謝禮), 선량, 연세, 예의, 자율, 조율, 진열, 연세 〈1단계〉	광란, 남부여대, 누각, 미립자, 소립자, 열역학, 정릉, 총유탄 〈2단계〉
이해도 중간 (보통 쉬움)	요도(尿道), 유대, 은닉, 중노인, 투고란 〈1단계〉	독자란, 몰염치, 배뇨, 부화뇌동, 수류탄, 신여성, 실낙원, 중노동 〈2단계〉	능묘, 비구니, 생육신, 와룡 〈3단계〉
이해도 낮음 (어려움)	가정란, 고랭지, 뇌성, 만년, 반나체, 선릉, 쌍룡 〈2단계〉	육혈, 운니 〈3단계〉	가영수, 결뉴, 과인산, 이토, 평지낙상 〈3단계〉

한편, 맞춤법 교육에서는 자주 틀리거나 헷갈리기 쉬운 단어들까지 교육 내용으로 다루기보다는 이들 단어를 듣기·말하기, 읽기, 쓰기 교육에서 시각적 인지를 통해 반복적으로 학습하도록 해야 한다. 예를 들어, '스포츠난, 널따랗다, (10시에) 갈게, 수놈 등'[13]은 해당 단어가 나올 때마다 '스포츠란, 넓다랗다, 갈께, 숫놈 등'으로 잘못 쓰지 않도록 주의시키는 것이 이들 단어들을 맞춤법 교육에서 별도로 다루는 것보다 바람직하

---

13 이들 단어들은 일반 국민들이 정확한 표기를 잘 모르는 단어들이다(민현식, 1999 참조).

다. 이는 맞춤법 교육이 제한된 시간 동안 이루어지기 때문에 모든 개별 단어들을 다룰 수 없는 현실적 상황 때문이기도 하지만 반복적 주의가 시각적 인지 경험을 높여 올바른 맞춤법을 자연스럽게 익히는 데 많은 도움이 되기 때문이기도 하다(민현식, 2008 참조).

2. 맞춤법을 지키려는 태도를 형성하기

'태도'는 국어교육의 제반 영역에서 중요하게 다루어져야 하지만 특히 맞춤법 교육에서는 맞춤법을 소중히 여기고 적극적으로 지키고자 하는 태도를 형성하는 것이 매우 중요하다. 맞춤법에 어긋난 표현 중에서는 독자가 전후 문맥을 통해 바른 표기를 유추할 수 있는 경우가 많기 때문에 맞춤법의 오류는 의사소통에 심각한 문제를 일으키지 않는 경우가 많다.[14] 또한 맞춤법을 틀렸다고 하여 제재를 받거나 비판을 받는 경우도 드물다.[15] 이처럼 맞춤법 오류에도 불구하고 의사소통이 성공적으로 이루어지는 경우가 많고 맞춤법 오류에 대한 별다른 불이익이 없는 경우가 많기 때문에 맞춤법에 맞게 글을 쓰기 위해서는 맞춤법에 맞게 표기하고자 하는 태도를 지니고 있는 것이 중요하다.

또한 학습자가 맞춤법을 지키려는 적극적인 태도를 지니고 있어야지만 올바른 표기가 오히려 낯설게 느껴질 때에도 맞춤법에 맞는 표기를 능동

---

14 '우리 집은 빛이 많다'와 '우리 집은 빗이 많다'에서 '빛'과 '빗'의 차이가 문장의 의미를 전혀 다르게 전달한다는 점에서 맞춤법은 의사소통 시 매우 중요하다. 그러나 일상생활에서는 '깍두기'를 '깎두기'로, '곱빼기'를 '곱배기'로 잘못 적더라도 문맥을 통해 올바른 표기를 복원할 수 있어 맞춤법 오류가 의사소통에 큰 지장을 주지 않는 경우가 많은 것 또한 사실이다.

15 학습자들이 국어 수업과 무관하게 글을 쓰는 경우(타 교과에서의 글쓰기, 사적인 글쓰기, 인터넷에서의 글쓰기, SNS 글쓰기 등)에는 맞춤법 오류가 별로 문제시되지 않는 현상을 의미한다.

적으로 선택할 수 있다. 예를 들어, 일상생활에서 사용하는 단어 중에는 '순댓국', '만둣국', '우윳값', '원윳값'과 같이 언중들에게 매우 낯선 표현이 존재한다. 이 경우 맞춤법에 어긋난 표기인 줄 알면서도 '순대국', '만두국', '우유값/우유 값', '원유값/원유 값'으로 표기하고 싶은 마음이 들게 된다. 그러나 맞춤법에 맞는 표기가 눈에 익숙하지 않다고 하여 맞춤법에 어긋난 표기가 정당화될 수는 없다.[16] 비록 맞춤법에 맞는 표기가 낯설지라도 해당 단어를 맞춤법에 맞게 적기 위해서는 심리적 거부감을 극복하고 맞춤법에 맞게 표기하려고 하는 능동적인 태도가 필요한 것이다.

맞춤법 준수 태도를 형성하기 위해서는 맞춤법을 지키지 않았을 때 발생할 수 있는 문제를 간접적으로 경험하게 하는 것도 효과적이다. 예를 들어 미국의 경제 전문지 포브스에는 성공을 막는 13가지 작은 습관 중 첫 번째로 철자를 틀리는 등의 '맞춤법 실수'를 들었는데, 맞춤법을 틀리면 글쓴이가 교육을 받지 못했고 사소한 것에 신경 쓰지 않는다는 느낌을 준다는 것이다.[17] 이러한 사례를 접함으로써 학습자들은 맞춤법이 사회적 성공과도 무관하지 않음을 깨달을 수 있다. 또한 사회 지도층에 속한 사람이 공개적인 자리에서 맞춤법을 틀리게 되면 사회적 비판을 받는 등[18] 교양인과 지도자에게 맞춤법 준수가 필수적으로 요구되는 다

---

16 일례로 수학 용어인 '극대값, 극소값, 근사값, 기대값, 대표값, 자리값, 절대값, 진리값, 최대값, 최소값, 함수값'이 '극댓값, 극솟값, 근삿값, 기댓값, 대푯값, 자릿값, 절댓값, 진릿값, 최댓값, 최솟값, 함숫값'으로 변경될 당시에는 많은 사람들이 낯설어하였으나 이것이 계속 교육되고 반복적으로 사용되는 과정에서 점점 낯익은 용어들이 되었음을 고려할 때 낯선 표현은 반복적 인지를 통해 얼마든지 친숙한 표현이 될 수 있다.

17 성공을 막는 13가지 작은 습관은 다음과 같다. 1. 맞춤법 실수, 2. 행동보단 말, 3. 성급한 결정, 4. 불평불만, 5. 허풍떨기, 6. 남 탓하기, 7. 요령 찾기, 8. 열정 있는 척, 9. 목적 없이 살기, 10. 부탁 다 들어주기, 11. 인생을 쉽게 생각, 12. 생각없이 행동, 13. 현실 부정 (한국경제 2013년 1월 19일자 인터넷 기사 제목: 맞춤법 실수·불평·허풍이 성공 막는다.)
http://www.hankyung.com/news/app/newsview.php?aid=2013010999071

18 실제로 대통령 후보들이 다음과 같이 맞춤법이 틀린 표현을 썼다가 언론과 누리꾼들

양한 사례를 접하게 하는 것도 태도 형성에 효과적일 것이다.[19]

3. 맞춤법을 건설적으로 비판하기

현행 맞춤법은 여러 한계와 문제를 가지고 있으며 그에 대한 비판의
목소리도 계속 나오고 있다.[20] 따라서 맞춤법 교육에서는 학습자들로 하
여금 맞춤법을 단순히 이해하는 데 만족하도록 할 것이 아니라 맞춤법을
건설적으로 비판할 수 있도록 교육 내용을 구성해야 한다. 예를 들어,
학교 문법의 불규칙 활용과 관련이 있는 맞춤법 18항에서는 '말다'의 금
지 명령형인 '말아라'는 틀린 표현이고 '마라'로 적어야 함을 규정하고 있
다.[21] 그러나 이선웅(2012)에 따르면 실제 언어생활에서 '말아라'는 해라
체 활용형으로 '마라'만큼 자주 쓰일 뿐 아니라 활용이 규칙적이어서 불
규칙 활용형인 '마라'보다 더 자연스럽게 사용될 수 있는 측면이 있다.

의 조롱과 비판을 받는 등 논란이 된 적이 있다.
　"당신들의 희생을 결코 잊지 않겠읍니다. 번영된 조국, 평화통일을 <u>이루는데</u> <u>모든것을</u>
<u>받치겠읍니다.</u>", "더불어 함께 살아가는 사회를 꿈꿉니다." 등(밑줄은 맞춤법에 어긋난 부
분)

19 2011년 개정 교육과정 고등학교 국어 I 의 '분법'에서도 태도 형성을 위하여 실제적이
고 구체적인 내용을 생각해 보도록 강조하고 있다.
　"맞춤법을 지키지 않음으로써 일어날 수 있는 불이익의 양상도 생각해 보며, 반대로
맞춤법에 맞는 교양 있는 표기 생활을 함으로써 얻게 되는 이점도 생각해 보도록 한다."

20 일례로 김형배(2007)에서는 맞춤법 5항에 근거하여 53항의 '-(으)ㄹ게', '-(으)ㄹ걸'
등과 같이 'ㄹ' 받침 뒤의 어미들은 된소리로 적어야 함을 주장하고 있으며, '란(欄)'을 한자
어 뒤에서는 '란'으로, 고유어와 외래어 뒤에서는 '난'으로 적는 것은 어종에 따라 같은 말을
다르게 적는다는 점에서 문제이고, 21항에서 같은 형태의 접미사 '-다랗다', '-직하다'가 결
합하는데도 앞말에 있는 겹받침의 발음에 따라 달리 적는다는 것은 문제라고 지적하고
있다.

21 18항의 [붙임]은 다음과 같다.
　[붙임] 다음과 같은 말에서도 'ㄹ'이 준 대로 적는다.
　마지못하다　　마지않다　　　(하)다마다
　(하)자마자　　(하)지 마라　　(하)지 마(아)

실제로 많은 국민들은 '말아라'가 정말 맞춤법에 어긋난 표현인지, 왜 틀린 표현인지를 매우 궁금해하고 있다(국립국어원, 2010:41 참조). 따라서 맞춤법 교육에서는 '말아라'는 틀린 표현이고 '마라'로 써야 한다는 규정을 무조건 암기하도록 할 것이 아니라 이 규정이 과연 합당한지를 비판적으로 접근하도록 할 필요가 있다.[22]

맞춤법 규정을 비판적으로 접근하지 않으면 모든 규정은 암기의 대상이 될 뿐이며 현실 언어의 모순, 사전과의 괴리 등에 대해 문제를 제기할 기회가 원천적으로 차단된다. 맞춤법의 속성에서도 알 수 있듯이 맞춤법은 불변의 진리가 아니며 더 타당한 설명과 이론이 있으면 얼마든지 수정되고 보완되어야 하는 규정이다. 따라서 맞춤법 교육에서는 학습자가 맞춤법을 수동적으로 받아들이는 것을 넘어서서 필요한 경우 비판적으로 접근할 수 있도록 해야 한다.

맞춤법 교육에서의 '비판'은 '건설적 비판'으로 수렴되어야 한다. '건설적 비판'은 문제점을 단순히 비판하는 것이 아니라 해당 규정의 문제를 해결할 수 있는 대안까지 모색해 보는 것을 의미한다. 물론 학습자들의 수준에서 맞춤법 규정의 문제를 비판적으로 고찰하는 것을 넘어 대안을 모색하는 것은 어려운 일일 수 있다. 그러나 대안과 관련된 적절한 자료가 주어진다면 학습자들이 그 자료를 바탕으로 바람직한 대안에 대해 생산적으로 논의해 볼 수 있다. 대안 마련 시 활용할 수 있는 자료 유형은 크게 두 가지가 있다.

첫째는 학습자들이 문제제기를 한 규정에 대해 전문가들이 비판적으로 고찰한 글이다. 전문가의 글을 학습자의 수준에 맞게 적절히 가공한 후 이를 학습자들에게 제시하고 전문가가 제시한 대안의 타당성에 대해

---

22 실제로 '말아라'는 2015년 11월 국어심의회에서 '마라'와 함께 복수 표준형으로 인정되었다.

논의하는 것은 학습자 수준에서도 얼마든지 가능한 일이다. 예를 들어, 학습자들은 2음절 한자어 6개에 한해서만 사이시옷을 표기해야 한다는 규정을 학습할 때 '왜 하필 6개 단어에만 사이시옷을 표기하는가?', '이들 6개 단어도 사이시옷을 표기하지 않으면 안 되는가?'와 같은 의문을 품게 된다. 비록 학습자들이 이러한 문제의식을 체계적으로 해결할 능력은 부족하지만 다음과 같이 동일한 문제의식을 공유하고 있는 전문가의 글을 읽고 문제 해결의 대안이 지니는 타당성에 대해 논의해 볼 수 있다.

이 여섯 단어의 선정 기준은 불확실하다. 가령 '횟수(回數)'는 '회수(回收)'와 구별되므로 ㅅ을 붙인 것이라면 '호수(號數)-호수(湖水), 대가(代價)-대가(大家), 소장(所長, 小將, 小腸, 所藏)'처럼 구별되는 예도 ㅅ을 허락해야 할 것인데 이들은 제외되었다. 현 규정에 따르면 이들은 모두 구별 없이 '호수, 대가, 소장'으로만 써야 하므로 동철이의어가 되었다. 이들 동철이의어가 문맥으로 대개 변별되고 어차피 ㅅ을 없애는 쪽으로 했다면 애매한 선정으로 6개의 한자어를 외우게 하기보다는 한자어에서의 사이ㅅ을 완전히 폐지하는 쪽으로 함이 좋을 것이라는 반론이 있게 된다. 이미 '이점(利點), 허점(虛點), 요점(要點), 문제점(問題點), 내과(內科), 치과(齒科)' 등은 ㅅ 없이 시각적으로 잘 익혀 쓰고 있으므로 한자어에서만이라도 철저히 ㅅ을 폐지함이 좋다는 것이다. 따라서 6개의 예만 굳이 ㅅ을 유지할 이유가 없다는 것이다 (민현식, 1999:143).

이처럼 학습자들은 규정의 문제를 지적한 후, 그와 관련하여 대안을 제시한 전문가들의 다양한 글들을 읽음으로써 규정을 건설적으로 비판할 수 있는 기회를 가져야 한다.

맞춤법 규정의 문제점에 대한 대안 마련 시 활용할 수 있는 두 번째 자료는 북한의 맞춤법 규정이다. 국어를 한글로 표기하고 있는 북한의 맞춤법과 우리의 맞춤법을 비교함으로써 맞춤법에 대한 사고의 폭을 확장할 수 있으며 문제 해결의 대안을 모색하는 데 도움을 얻을 수 있다. 전술(前述)한 사이시옷 규정의 경우, 2음절 한자어 6개에만 사이시옷을 표기하도록 한 남한과 달리 북한의 맞춤법에서는 사이시옷을 특수한 경우(샛별, 빗바람)에만 한정하여 표기하도록 하고 있으며 그 외의 경우에는 사이시옷을 사용하지 않는 것이 원칙이다.

조선말규범집(1988) 제15항 [붙임]
소리같은 말인 다음의 고유어들은 혼동을 피하기 위하여 아래와 같이 적는다.
례: 샛별 - 새 별(새로운 별), 빗바람(비가 오면서 부는 바람) - 비바람(비와 바람)

이처럼 북한에서는 소리가 같은 일부 단어를 제외하고는 사이시옷을 사용하지 않기 때문에 사이시옷을 적을지 말지에 대한 혼돈이 상대적으로 적다. 학습자는 북한의 맞춤법 규정을 통해 사이시옷 규정의 문제를 해결할 수 있는 방안 중 하나로 사이시옷을 전혀 사용하지 않는 방안까지 생각해 볼 수 있는 기회를 가질 수 있다. 남북한의 맞춤법은 여러 규정에서 차이를 보이기 때문에 학습자들이 현행 맞춤법을 건설적으로 비판할 때 북한의 맞춤법을 참고하는 것은 사고의 폭을 넓혀 주고 대안을 다양하게 생각해 볼 수 있는 계기를 마련해 준다는 점에서 의미가 있다. 따라서 맞춤법 교육에서는 건설적 비판의 과정에서 북한 맞춤법과의 비교를 적극적으로 활용할 필요가 있다.[23]

---

23 2011년 개정 교육과정 [중 1~3학년군] '문법'의 '어문 규범' 관련 해설에서 "남북의 한글 맞춤법에서 차이점을 간략히 알아보고 남북한 언어 동질성 회복 방안에 대해서도

요컨대, 맞춤법 교육에서는 학습자가 맞춤법을 수동적으로 암기하는 것을 넘어서서 맞춤법을 비판적으로 고찰하고, 전문가의 대안과 북한의 맞춤법 규정을 참고하여 현행 맞춤법 규정의 문제를 해결할 수 있는 방안을 적극적으로 모색해 보는 활동을 제공해야 한다.

4. 맞춤법의 창의적 사용에 대해 비판적으로 수용하기

맞춤법에 맞게 표기할 수 있음에도 불구하고 표현 효과를 위하여 의도적으로 맞춤법을 어기는 것을 맞춤법의 '창의적 사용'이라고 할 수 있다. 맞춤법의 창의적 사용은 표현의 효과를 높이기 위해 시(詩)에서 종종 이용된다.[24] 비단 시(詩)에서뿐만 아니라 상품명, 광고, 간판, 방송, 만화 등에서도 표현의 효과를 높이기 위하여 창의적으로 맞춤법을 사용하는 경우가 종종 있다.

그러나 맞춤법의 창의적 사용이 항상 사회적으로 용인되는 것은 아니다. 일례로 2012년에 방영된 KBS 드라마 '착한남자'는 본래 제목이 '차칸남자'였으나 공영방송이 맞춤법에 어긋난 제목을 사용하는 것이 문제로 지적되어 결국 드라마 방영 도중에 '착한남자'로 수정되었다.[25] 드

알아보도록 한다."라고 하여 맞춤법 교육 시 북한 맞춤법과의 비교를 강조하고 있다(밑줄은 연구자).

24 예를 들어 조지훈의 '승무'에서는 '하이얀, 나빌레라, 감추오고, 모두오고, 감기우고, 귀또리' 등의 단어가 맞춤법에 어긋나게 표기되어 있다. 만약에 이 단어들을 맞춤법에 맞게 표기한다면 시인이 의도했던 문학적 효과가 감소할 수밖에 없을 것이다. 박영목 외(2012: 257)에서도 '승무'를 통해 맞춤법과 창의적 표현의 관계를 다음과 같이 탐구해 보도록 하고 있다.

○ 이 시에서 국어 규범에 어긋난 표현을 찾아보자.
○ 이 시에서 국어 규범에 어긋난 표현을 사용한 이유와 그 효과에 대하여 말해 보자.
○ 국어 규범에 맞는 표현과 창의적 표현의 관계에 대한 자신의 생각을 이야기해 보자.

라마 제작진은 창의적 표현을 위해 오기(誤記)가 불가피했음을 강조하였으나 결과적으로 맞춤법의 창의적 사용이 사회적으로 용인받지 못하고 말았다.

따라서 맞춤법 교육에서는 학습자로 하여금 국어생활 곳곳에서 나타나는 맞춤법의 창의적 사용이 용인될 수 있는 수준의 것인지, 아니면 수용 불가능한 것인지에 대해 판단하고 비판적으로 수용해 보도록 하는 기회를 제공할 필요가 있다. 특히 오늘날 인터넷 언어의 영향력이 커지고 창의적 표현이 강조되는 상황에서 맞춤법의 창의적 사용에 대해 학습자가 주체적이고 비판적인 수용 능력을 기르는 것은 매우 중요하다. 맞춤법의 창의적 사용을 모두 수용해서도 안 되지만 엄격한 원칙주의에 갇혀 모든 창의적 사용을 거부해서도 안 된다는 점에서 비판적 수용 경험은 맞춤법 교육의 주요한 내용이 되어야 할 것이다. 한편, 비판적인 수용 능력은 학습자가 맞춤법을 창의적으로 사용하는 것과도 연관된다. 학습자 스스로가 표현의 효과를 위하여 맞춤법을 창의적으로 사용할 때 그 결과가 사회적으로 수용될 수 있을 것인지에 대한 판단이 필요한데, 그 판단은 비판적 수용 능력이 있을 때 가능하기 때문이다.

---

25 이와 관련하여 논란이 된 시점의 한 신문 기사를 소개하면 아래와 같다.

　　한글학회, 국립국어원 등 한글단체들은 12일 방송되는 KBS '차칸남자'가 한글 맞춤법을 파괴하고 있다고 항의했다. 한글학회는 "'세상 어디에도 없는 차칸남자'의 제목을 보고 대한민국 공영방송인 KBS의 드라마 제목인지 놀라지 않을 수 없었다'고 전했다. 이어 "우리 글을 가장 잘 사용하고 국민을 교육하는데 앞장서야 할 한국방송공사에서 한글 맞춤법을 무시하며 연속극을 만드는 사실에 우려를 표한다"는 입장을 밝혔다. 국립국어원 역시 "한글맞춤법과 국어기본법을 위반했으며 한류의 핵심인 한국어에 대한 잘못된 지식을 전파할 수 있다"며 우려를 표했다. 이와 관련해 '차칸남자' 제작진 측은 "이번 제목 설정이 극의 흐름을 반영한 제작진의 창의적 표현을 위해 맞춤법 오기가 불가피했다."라며 "거듭 이해를 당부하고 공영방송 KBS로서 아름다운 우리말 발전을 위해 더욱더 최선을 다하겠다"고 뜻을 밝혔다 (http://www.mhj21.com/sub_read.html?uid=61197).

V. 맺음말

역대 맞춤법 교육에서는 맞춤법을 지켜야 할 규칙으로서만 이해하여 맞춤법 교육의 내용을 단어를 맞춤법에 맞게 사용하기, 맞춤법의 원리와 규정을 이해하기, 맞춤법을 지키려는 태도를 갖기와 관련된 내용으로 한정하여 왔다.

그러나 본고에서는 기존의 맞춤법 교육 내용이 별다른 논의 없이 관습적으로 구성되어 왔음을 지적하고 맞춤법의 속성과 문법교육적 관점에서 맞춤법 교육의 내용을 살펴보았다. 그 결과 맞춤법은 지켜야 할 규범, 사회적 약속, 역사적 산물, 표현 도구로서의 속성이 있었고 각각의 속성을 반영하여 맞춤법 교육에서 다루어야 할 교육 내용을 도출하였다. 또한 문법교육의 관점에서 바라본 맞춤법 교육의 내용은 맞춤법을 지식으로 학습할 수 있는 교육 내용, 맞춤법을 탐구하고 적용할 수 있는 교육 내용, 맞춤법을 지키고자 하는 태도를 형성할 수 있는 교육 내용이 되어야 함을 규명하였다.

그리고 이를 종합하여 맞춤법 교육의 내용이 다음 네 가지로 구성되어야 함을 보였다. 첫째, 맞춤법을 이해하고 적용하기 둘째, 맞춤법을 지키려는 태도를 형성하기 셋째, 맞춤법을 건설적으로 비판하기 넷째, 맞춤법의 창의적 사용에 대해 비판적으로 수용하기 등이 바로 맞춤법 교육의 주요 내용이다.

앞으로의 맞춤법 교육은 학습자들로 하여금 단순히 맞춤법 지식을 기계적으로 암기하여 수동적으로 맞춤법을 지키도록 하는 것에 머물러서는 안 된다. 학습자가 맞춤법을 지키고자 하는 능동적인 태도를 가지고 맞춤법을 정확히 이해하고 실생활에 적용할 뿐만 아니라, 맞춤법을 건설적으로 비판하고 맞춤법의 창의적 사용을 비판적으로 수용하는 방향으로 나아가야 할 것이다.

본고에서는 한글 맞춤법 교육에서 반드시 다루어야 할 교육 내용을 고찰하는 데 초점을 두어, 학년별 한글 맞춤법 교육 내용의 위계화에 대해서는 깊이 있는 논의를 하지 못하였다. 맞춤법 교육이 특정 학년에서만 일회적으로 시행되기보다는 모든 학년에서 지속적으로 다루어질 필요가 있다는 점에서 학년별 맞춤법 교육 내용의 위계화가 필요하다. 이에 대해서는 후고를 기약한다.

민현식(2009), 국어 능력 실태와 문법교육의 문제점, 국어교육연구 44집, 국어교육학회.

이기연(2013), 문법 능력 평가 내용 연구 - 문법적 판단력 설정을 중심으로-, 국어교육연구 32집, 서울대학교 국어교육연구소.

문법 능력이란 무엇인가, 문법 능력의 본질이 무엇인가에 대한 문제는 문법교육 연구에서 해결해야 할 가장 기본적이고도 근본적인 의문이라고 할 수 있다. 이 문제는 사실상 하나의 정답이 제시되기보다 문법교육의 구체적 방법을 모색하고자 하는 과정에서 이론적이고 실천적인 측면에서 다양한 접근이 가능하다고 보이는데, 이에 대한 풍부한 논의를 통해 문법교육의 지향을 분명히 하고자 하는 노력이 필요하다.

이러한 가운데 민현식(2009)은, 국어 능력의 본질적 가치를 논의하는 가운데 문법 능력이 어떠한 역할을 할 수 있는지를 다시금 정밀하게 기술하고 이에 입각하여 국어 능력이 지향해야 할 바를 기술하고 있는 의미 있는 연구 성과이다. 이 연구는 궁극적으로 문법교육은 주체적이고 능동적인 국어 능력을 함양하기 위한 필수적인 능력이라 보고 있으며 지식이나 규범을 체계적으로 교육할 필요를 강조하고 있다. 이기연(2013)은 이러한 관점을 계승하여 문법 능력을 갖춘 학습자란 결국 주체적 언어 사용자이며, 이러한 사용자를 길러 내기 위해서는 문법적 판단력을 강조해야 함을 주장하였다. 이때 간과하지 말아야 할 것은 문법적 판단력은 문법 지식이나 규범 지식을 기반으로 하게 되며 이는 체계적인 교육을 통해 성취할 수 있는 것이라는 점이다. 이기연(2013)의 문제의식은 그러므로 민현식(2009)에서 제시한 바와 같이 단어 능력 및 표기 능력이 부실한 현실과 이에 원인이 된 체계적이지 않은 규범 교육의 문제 등과 맥을 같이한다. 이기연(2013)에서 제시하는 문법 능력의 문법적 판단력은 기존의 문법교육이 지향해 왔던 탐구 능력이나 지식 등을 전제로 학습자의 문법 경험이 종합되어 작동하는 사고력의 일종으로 실제적(authentic)인 판단이 가능하도록 하는 데 의의가 있다. 그러나 이러한 실제적 판단력이나 사고력은 반드시 기본적인 지식, 한자에 대한 능력, 규범에 대한 깊이 있는 이해 등을 기반으로 해야 하며, 지식이나 규범의 적용은 학습자가 지닌 가치관과도 밀접한 관련이 있다고 하겠다. 민현식(2009)에서 강조하고자 했던 '주제 의식'을 드러낼 수 있는 국어교육이라는 이론적 관점은 이렇듯 문법 지식과 규범 지식이 적용되는 외연을 확장함으로서 문법 교수 학습 및 평가 과정이 보다 생생하고 현실적인 성격을 지니게 되고, 문법교육이 학습자들의 국어 능력 함양에 기여할 수 있다는 구체적인 대안을 보여준다는 점에서 연구사적 가치가 있다.

국어 능력 실태와 문법교육의 문제점[*]

민 현 식

요 약

　문법의 교육 과정은 발음, 정서법, 어휘, 화법의 일부, 문장 구성, 문체 등이 학년에 따라 배치되어 있는데 한국의 경우 한글과 관련된 보편적인 문맹률은 최저이나 고급 지식인, 전문인의 문식성 수준이 낮으며 한자와 관련된 문맹률은 높은 상태로, 단어 교육과 표기 능력이 매우 부실한 실정이다. 특히 문법교육에서 규범 교육이 무계획적이고 비체계적으로 이루어지고 있어 초등교육부터 규범은 임의적으로 빈약하게 교육되고 있으며 중고교에서의 교육도 전혀 위계적이지 못해 규범 교육의 교육과정 체계와 지침을 제시하지 못하고 있다고 할 수 있다.

　그러나 문법 능력이야말로 국어 능력의 기초 능력이며 규범 능력은 그중에서도 간과할 수 없는 능력이다. 이 연구를 통해 규범 능력이 부실한 원인을

* 『국어교육연구』 제44집(국어교육학회 2009년 발행)의 1쪽부터 56쪽까지에 수록되었음. 또한, 요약은 원문에는 수록되지 않았던 것을 이 책에서 새롭게 작성한 것이다.

여덟 가지로 제시하였는데 교육은 이를 극복하는 방식으로 진행할 필요가 있다. 아울러 국어 능력은 이러한 규범 지식만으로 완성되는 것이 아니고 기능적 지식이나 문학이나 문법 영역의 구조적 지식이 뒷받침되는데 이들과 다른 차원에서 국어 내용 지식, 즉 주제 지식을 어떻게 국어 사용자가 자신의 국어 담화 텍스트의 내용 속에서 전하느냐가 중요한 국어 능력 평가의 요인이라 할 수 있다. 이에 따라 국어교육에서 주제 지식의 교육이 매우 중요하며 국어과에서 다룰 주제 지식의 기준으로 세계관, 국가관의 두 성취 기준을 제시하였다. 교육과정 및 교과서 개발자들도 국어 능력을 기르게 하는 명문, 명작에 담긴 주제 지식의 힘을 중요한 국어 능력의 원천임을 깨닫고 이러한 세계관, 국가관의 국어교육적 변환을 통해 주제 지식으로 개발하고 다양한 명문, 명작을 발굴하고 게재하여 학생들의 모국어 능력 향상을 꾀할 수 있도록 해야 한다.

문법 능력의 평가 내용[*]

이 기 연 (국립국어원)

I. 들어가며

'교육'이라는 술어는 기본적으로 목표로 삼는 특정한 '능력'을 전제하고 있으나, 궁극적으로는 '능력' 그 자체라기보다 '그러한 능력을 갖춘 사람'을 최종 목표로 삼는 활동이라 할 수 있다. 이러한 점에서 평가는 교육 목표의 달성 여부를 판단할 수 있는 척도로서의 가치뿐 아니라, 학습자가 지향해야 하는 인간형을 구체적인 방식으로 제시해 교수-학습을 극대화하고, 교육의 질을 개선하는 데 도움이 된다는 점에서 반드시 필요한 교육 활동이라 할 수 있다.

그간 문법교육의 방향을 고민하는 과정에서 문법 영역의 평가에 대해서도 다양한 논의가 있어 왔다. 문법 평가에 대한 관점 차원에서는 박인기(2000), 김강희(2002), 주세형(2009), 이은희(2011ㄱ), 하성욱(2011), 김규훈(2012) 등을 참조할 수 있고 평가 방식에 대해서는 송현정(2003), 이도영(2007), 박형우(2011), 구본관(2010), 구본관·조용기(2013) 등을

---

* 『국어교육연구』 제32집(서울대학교 국어교육연구소 2013년 발행)의 105쪽부터 132쪽까지에 수록된 '문법 능력 평가 내용 연구-문법적 판단력 설정을 중심으로'를 다듬어 실음.

참조할 수 있다.

최근 문법 능력 평가는 문법교육 내용이 '분절적이지 않고', '단편적 지식으로서가 아니며', '총체적 국어 현상을 묻도록', '문법 탐구력에 기여하는' 평가를 지향해야 함을 강조(주세형, 2009:482)하면서 평가 문항을 구성하는 데 있어서도 이러한 경향이 반영되어 평가 독자적인 문법 지식을 묻기보다는 탐구의 과정을 제시하거나 담화나 텍스트를 활용하여 맥락을 기반으로 한 평가를 추구하고자 하는 경향을 보인다. 이는 문법교육이 지향해 온 흐름과도 무관하지 않은데, 국어학의 학문적 성과를 교육용으로 정리한 객관적 지식(학교 문법)을 주입식으로 교육하는 방식에서 벗어나고자 문법교육은 언어 인식 및 탐구학습이라는 담론을 도입하여 문법교육의 변화를 꾀했다. 이후, 문법교육은 문법 그 자체의 독자성에 국한하지 아니하고 읽기, 쓰기, 듣기, 말하기 등 기능 영역과의 통합을 통해 학습자들에게 좀 더 실질적인 지식을 제공하고자 하는 시도와, 국어학적 지식으로서의 문법 그 자체의 특징이나 원리 등을 주목하여 문법 지식의 실제성을 발견하고자 하는 논의들을 전개해 왔다. 이러한 발전된 논의들은 문법교육의 지평을 확대하고, 학문으로서 문법교육학이 정립할 수 있는 위상을 확고히 하는 데 기여해 왔다고 할 수 있다.

그러나 문법교육이 다양한 관점이나 담론을 발전시켜 그 외연을 확대하고 내실을 다져 왔음에도 불구하고, 문법 평가를 통해 평가되는 문법 평가 요소들은 결국 문법 지식에 대한 정확성으로 수렴되는 경우가 많아 궁극적으로 학습자가 갖추어야 할 바람직한 문법 사용자로서의 능력을 충분히 평가하고 있는지 논의의 여지가 있어 보인다. 구본관(2010:187)에서는 이러한 문법 평가의 현실에 대해 지적하며, 문법 평가의 경우 평가에 대한 논의 자체가 많은 편이 아니라서 문법 평가가 지향해야 하는 이상이 무엇인지조차 불분명하고 따라서 이상과 현실의 괴리를 어떻게 극복해야 할 것인지에 대한 논의 자체가 쉽지 않다고 한 바 있다. 7차

이후 문법교육의 변화 양상이 평가에도 반영되어 문법 평가 문항이 비교적 지식 중심에서 탐구 과정이나 문법 지식의 활용 중심으로 옮아가고 있는 모습을 통해 다소 긍정적인 방향 전환이 이루어지고 있음을 긍정할 만하나 이러한 상황이 그리 극복되지 않은 한계가 꾸준히 지적되고 있는 것이다. 이에 본고에서는 보다 현실적인 측면에서 문법 학습자들이 갖춰야 할 능력, 즉 문법교육이 지향해야 할 목표로서의 문법 능력을 상정하고 이를 바탕으로 문법 능력 평가가 어떠한 방향을 지녀야 하는지 모색해 보고자 한다.

Ⅱ. 문법교육의 목표와 문법적 판단력

교육 평가의 방향 설정에서 가장 기본이 되는 것은 바로 목표의 확인이다. 그러므로 논의의 시작에 앞서 문법교육이 지향해야 하는 바인 '목표'가 무엇인지를 고민할 필요가 있다. 문법교육의 목표는 궁극적으로 국어교육의 목표와 궤를 달리할 수 없으므로 국어교육의 목표라는 큰 틀 안에서 문법교육의 목표를 논의하고자 한다. 교육을 하는 본질적인 목표는 앞서 언급했던 바와 같이 어떠한 교육적 효과를 습득한 인간형일 것이다. 그러하기에 교육에서 각 교육이 목표하는 인간상을 상정하지 않고는 어찌 보면 제대로 된 교육 목표를 구성하기 어렵다 할 수 있다. 그러나 학문적 발전의 양상에 비해 국어교육이 추구하는 교육적 인간상에 대한 논의는 여전히 미진한 편이다. 더불어 이는 문법교육에서 역시 마찬가지라 할 수 있는데 문법교육이 지향해야 할 인간상에 대한 연구로는 거의 유일하게 신명선(2007)을 참조할 수 있다. 신명선(2007)에서는 문법교육을 통해 도달하고자 하는 교육적 인간상을 '언어적 주체'라 설정하였는데 이러한 '언어적 주체'는 '인식'이나 '태도'에 있어서 언어적인 차이에 민감성을 가지며 비판적인 언어 인식을 갖춘 인간이어야 한다. 본고는 여기에 착안해, 문법 학습자가 갖추어야 할 비판적 언어 인식의 한 항목으로 문법적 '판단력'[1]을 강조해야 함을 제안하고자 한다. 그리고 이 지점에서 본 연구는 문법교육의 목표로, '문법적 판단력'을 포함한 '문법 능력'을 갖춘 주체적인 언어 사용자를 길러내는 것을 그 교육의 목표로 상정하고 주체적 언어 사용자가 갖추어야 할 문법 능력의 세부 요소를 검토해 보고자 한다.

기본적으로 교육이라는 술어가 지향하는 바는 특정한 능력이다. 그런 점에서 문법교육에서 지향하는 바는 문법 능력이 되어야 하는데, 이는 기본적으로 국어 능력에 터하고 있는 능력이라 하겠다. 김대행, 김광해, 윤여탁(1999)에서 국어 능력을 크게 '사용으로서의 언어'와 '한국 문화로서의 언어'로 정의한 후, 국어 능력의 하위 영역으로서 문법 능력은 이전에 '지식'이 강조되었던 것과 달리 사용과 문화 그 두 축 사이에서 자리를 잡고자 노력한 흔적을 볼 수 있다.[2]

그러나 이는 여전히 흔적에 다름 아니어서, 문법 능력 자체가 명시적으로 언급된 것은 7차 이후, 그리고 그 속성에 대한 논의는 비교적 최근에서야 활발히 진행되고 있는 양상이다. 7차 이후 2007 개정 교육 과정을 거치면서 문법교육에서는 '문법 능력'이라는 용어를 본격적으로 등장시키고, 교육의 목표로 문법 능력을 상정하고 있으나 사실 교육과정상에는 문법교육의 목표로서 제시되는 문법 능력의 실체가 분명히 제시되어 있지 않다.[3]

---

1 사실상 사고력과 판단력을 구분하기는 쉽지 않으나, 본고에서는 실질적인 언어 사용에 직접적으로 관여하는 최종 단계로서의 문법 능력이라는 측면에서 '판단력'과 '사고력'을 구분하고자 한다. '판단력'에 대한 논의는 이후 구체적으로 기술하도록 하겠다.

2 김대행 외(1999:191)에서 기술한 문법 능력은 "문장의 문법적 정확성을 판단하고 표현하는 능력"이라고 협소하게 정의내려져 있다.

이관규(2008:57)에서는 국어교육의 목표 중 하나로 문법 능력을 명시하고 '지식 능력', '사용 능력', '태도 능력'이 모두 포함되는 것으로 기술하고 있다. 구본관(2010:190)에서는 여기서 '태도'가 능력으로서 문법 능력에 포함될 수 있는지 여부는 다소 언급하기 어려운 문제라고 지적하면서 '문법 능력'을 국어에 대한 이해 능력과 실제 언어에 대한 탐구를 포함하는 능력으로 한정하였다.[4]

구본관(2010)에 따르면 본질적인 문법 능력은 '문법에 대한 지식 능력', '국어에 대한 탐구 능력', '국어에 대한 지식을 국어 생활에 활용하는 능력'을 지칭한다. 본 연구에서는 문법 능력에 대한 정의에 있어 구본관(2010:190~191)에서 제안한 문법 능력의 범위에 큰 틀에서 동의하며,

---

3 2007 개정 교육과정에서 제시한 문법교육의 목표는 다음과 같다.

국어에 대한 이해와 국어에 대한 탐구 활동을 바탕으로 문법 능력을 발달시키고 국어와 국어 문화의 발전에 기여하는 태도를 기른다.
  가. 국어의 원리와 규칙을 이해한다.
  나. 실제 국어생활에 대한 탐구를 바탕으로 문법 능력을 기른다.
  다. 국어를 사랑하고 국어 문화를 창의적으로 발전시킨다. (밑줄은 연구자)

2009 개정 교육과정에서는 '독서와 문법'으로 구현되어 있는데 여기서 문법에 해당하는 목표만 추리면 다음과 같다.

문법은 언어에 내재해 있는 원리와 규칙이며, 국어 문법은 개별 언어로서의 국어에 내재해 있는 원리와 규칙을 가리킨다. 이러한 원리와 규칙은 언어활동에서 국어를 정확하고 효율적이며 창의적으로 사용하는 데 필요한 기저 지식 체계이다. 문법은 국어의 구조와 기능을 분석적으로 이해하고 국어를 통합적으로 구사할 수 있는 능력을 기르는 데 기여한다. 문법 능력은 국어 능력의 토대로서 '듣기·말하기', '읽기', '쓰기', '문학' 등과 관련을 맺으며, 국어의 소중함과 가치를 일깨우고 국어 의식을 높이는 데에 기여한다.(이하 발췌)
  나. 국어 현상을 탐구하고 다양한 자료를 분석하며 비판적·창의적 문제 해결 능력을 기른다.
  라. 독서와 문법을 통하여 개인의 삶과 사회 현상을 성찰하며 국어 문화를 창의적으로 발전시키는 태도를 기른다. (발췌 및 밑줄은 연구자)
4 사실상 태도를 그 자체로 '능력'의 구성 요소라 하기 어려운 측면이 있다. 능력이 지닌 속성으로서 '위계화'가 어려운데다 사실상 별개의 범주로 놓아야 하는 측면이 있기 때문이다.

그를 기반으로 논의를 진행하고자 한다.[5] 다만 구본관(2010)에서 제안한 '지식', '탐구', '활용' 능력이 병렬적인 것이 아니라 각각이 다른 층위에 존재하는 측면이 있다고 보고 있다. 왜냐하면, 각 요소가 각각 개별적으로 존재하기보다 각 요소가 영향을 미치거나 다른 능력의 구성이 될 수 있기 때문이다.[6]

이때 국어와 관련된 능력은 본질적으로 '사고력'의 성격을 띠게 되는데 이는 '국어'의 개념과 관련된 '능력'에 대한 관점과 관계가 있다. '국어 능력'이란 고등 수준의 사고이며, 문제 해결적이고 가치 판단적인 사고를 전제하는 것으로 단순한 글자 읽기(decoding)나 글자 쓰기(transcribing) 과 같은 기능(skill)의 숙달이 아니라, 체계적인 사고 과정의 결과이자 체질화된 태도로서 말하고, 듣고, 읽고, 쓸 줄 아는 능력(competence)을 의미한다(김대행 외, 1999:175)고 할 수 있기 때문이다. 이에 본 연구는 기본적으로 문법 능력은 고등 수준의 '사고'로서 문법적 사고력과 문법적 판단력, 그리고 (문법) 활용 능력으로 세분화될 수 있다고 본다. 이때 문법 능력에는 활용 능력이 포함되나 태도는 능력의 범주에 포함하지 않는다.[7]

---

5 이러한 논의는 문법을 기존의 구조주의적 관점이 아닌 생성적 관점에 바탕을 두고 있기에 가능하다. 생성적 관점을 도입하면, 문법 능력은 규칙을 기억하는 능력뿐 아니라 머릿속에 내재되어 있는 문법 지식을 실제 언어생활에 적용하는 능력으로 정의할 수 있다. 생성 문법은 문법을 언어에 내재되어 있는 원리에서 나아가 인간의 머릿속에 들어 있는 규칙으로 보고, 궁극적으로 언어를 생성해내는 원리로 보고 있는 관점이기 때문이다(구본관, 2010:191 참조). 본고에서는 이러한 관점을 적극적으로 찬성하며 언어란 화석화된 대상이 아니라 인간이 능동적으로 사용하는 살아있는 대상으로 인식되어야 한다고 본다. 문법은 결국 이러한 언어를 대상으로 정리한 이론 혹은 규칙이 되므로 이는 역시 고정적이기보다 유동적이고, 생성적인 성격을 지닌다.

6 더군다나 '지식'은 그 자체가 능력이라기보다 특정한 사고 행위(탐구, 이해)의 산물이라 할 수 있으며 탐구는 '사고' 과정이라 할 수 있다. 그에 비해 활용은 직접 언어로 구현되는 실체를 대상으로 하는 '행위'의 성격이 강하다 하겠다.

7 이 과정에서 '태도'가 빠진 것은 역시 문법 '능력'을 구성하는 요소로 태도를 포함하는

앞서 구본관(2010)에서 언급한 문법 능력의 경우, 사실상 언어사용자의 '사고'의 관점에서 접근하면 '지식 능력'은 그 자체가 어떠한 능력이라기보다 다른 능력(판단, 활용)에 작용되는 산물로 작동되고, 오히려 지식을 획득하게 하는 사고 작용에 주목할 수 있게 한다. 신명선(2004:224)에서는 국어적 사고력에 대해 강조하면서 국어 활동이 곧 사고 활동-문제 해결 과정이라고 언급하고 있는데, 이러한 맥락에서 문법적 지식이 갖고 있는 체계성이나 원리를 이해하는 인지 활동으로서 '문법 지식에 대한 이해 능력', '국어에 대한 탐구 능력' 등을 상정하는 것이 오히려 '능력'의 차원에서 접근하는 데 더 현실적인 측면이 있다.

Bloom(1956)에서는 사고력이라는 지적 능력을 이해력 이상의 고등 정신 능력인 적응력, 분석력, 종합력 및 평가력으로 분류하여 '새로운 문제 사태를 조작 또는 처리하는 일반화된 방법을 추출, 활용할 수 있는 능력'으로 정리하였다(하성욱, 2008:18 재인용). 이러한 관점은 문법에 대한 탐구 능력뿐 아니라 문법 지식을 이해하고 종합하는 사고 능력을 포함하는 개념으로 볼 수 있어, 이러한 관점을 적용해 문법 능력의 하위 요소인 문법적 사고력을 구성할 수 있을 것이라 예상된다. 그리하여 본고에서는 문법 능력을 다음과 같이 세 영역으로 보고자 한다.

것에 대한 다소 애매한 입장 때문인데 이러한 점이 문법교육이나 문법 평가에서 '태도'를 소홀히 여긴다는 의미는 아니라는 점을 분명히 밝혀두고자 한다. 또한 능력의 요소가 아니더라도 태도는 그 자체로 교육의 목표가 될 수 있으며 매우 중요한 교육 대상이기도 하다. 사고력과 관련한 기존의 논의를 살펴 보면 노명완(1994:47)에서는 언어적 사고력을 '언어를 매개로 어떤 대상에 대한 인식의 변화를 꾀하는 정신 작용'이라고 언급하였고, 이삼형 외(2000:141)에서는 국어적 사고력은 국어 텍스트를 바탕으로 어떤 지식이나 경험, 정서 등과 관련한 의미를 구성하거나 표현하는 정신 활동 능력을 의미한다고 하였다. 이러한 정의는 '능력'이라기보다는 '태도'와 좀 더 가까운 양상을 보인다고 할 수 있다. 그러나 본 연구에서는 사고력을 보다 적극적인 활동 차원의 능력으로 상정하고, 태도는 능력 밖의 다른 요소로 정리하고자 한다.

그림1 문법 능력의 구성 요소

본 연구에서는 이 중, 문법적 판단력을 독자적으로 설정, 이를 주목하고자 하는데 이해력, 종합력이 포함된 문법적 사고력을 기반으로 형성된 문법 지식과, 탐구를 통해 얻은 언어 작용의 원리, 그리고 실제 언어 사용자가 경험하는 각종 언어적 경험이 종합될 때 작동하는 인지적 활동이 문법적 판단력이라 할 수 있다. 여기서의 판단력은 그 자체로 사고 작용이라는 차원에서 사고력과 분리하기 어려워 보이기는 하나, 판단은 정오의 확인처럼 정적인 것이 아니라 수행에 가까운 적극적이고 능동적인 것으로서 실제적인 언어 사용 상황에서 작동하는 '판단'을 강조하고자 이를 따로 분리하고자 하는 것이다. 학습자들에게는 이러한 판단력의 활성화가 필수적이며 궁극적으로 이러한 판단력을 바탕으로 다양한 문법 지식을 활용할 수 있을 것이라 예상할 수 있다.[8]

---

8 다만 이렇게 판단력을 강조하는 것이 '지식'이나 '규범'을 소략하게 여기는 것이라는 오해를 해서는 안 된다. 이러한 문법적 판단력은 사실상 문법에 대한 정교한 지식, 규범에 대한 이해, 언어에 대한 이해를 바탕으로 해야 가능함 문제이기 때문이다. 이는 민현식(2009)에서 규범 교육이나 체계적인 문법 지식을 강조하고 있는 것과 그 맥을 같이 한다.

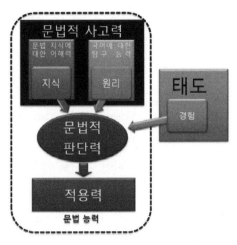

그림 2 문법 능력의 구조와 적용 원리

위에 제시된 그림은 문법 능력의 구조와 각 하위 능력이 적용되는 원리를 간략하게 제시한 것이다. 즉, 문법적 사고력을 기반으로 한 원리와 지식, 그리고 학습자의 바람직한 태도로 인해 형성된 언어 경험은 언어로 구현되는 상황(적용력)에서 정오 판단 및 적합성, 적절성 등을 판단해 줄 수 있을 것이다.

문법적 판단력은 정해진 어떤 틀을 지향하기보다는 그때그때 마주하는 살아있는 언어를 대할 때 작동할 수 있는 방향으로 발전하는 것을 지향한다. 규범이 적용되어야 하는 상황이거나, 어떤 문법 표지를 골라야 할까를 선택할 때 작동되는 능력이라는 것이다. 또한 다양한 언어 상황에서 언어에 대해 가지는 태도는 언어사용자가 지니는 의미 있는 경험을 구성하는 매우 중요한 요인이라 문법적인 판단을 하는 장면에서 작용되는 요소라 할 수 있다.

이는 실제로 문장을 구성하는 행위, 발화하는 행위에 가까운 적용 능력과는 별개로, 다소 자동적으로 이루어지는 발화 행위, 문장 구성 능력에서 더 나아가 의도적이고 의식적인 행위로서의 판단을 강조한다. 가령 어떠한 문장을 작성할 때, 학습자들 혹은 언어 사용자들은 큰 불편 없이 문장을 생성해서 발화하거나 작성할 수 있다. 그러다가 적절한 어미를 선택해야 하는 경우라든지, 정확한 발음이 무엇인지 고려해야 하는 상황에 처하게 되는 경우, 혹은 이 문장이 다른 뜻으로 해석될 여지가 있는 것은 아닌지 등을 점검하고 고민해야 하는 순간이 올 때, 학습자는 본인이 갖고 있던 문법적 지식과 경험 등을 고려하여 특정한 '판단'을 내리게 된다. 이 지점에서 작용하는 능력이 '판단력'이라 할 수 있는 것이다.

본 연구는 문법교육과 평가는 궁극적으로 이 지점을 주목해야 할 것을 강조하고자 한다. 이러한 판단력은 결국 언어 사용자가 실제 언어를 마주하고 이를 사용하는 매 순간 결정적인 역할을 할 것이기 때문이다. 더불어 주체적으로 자신의 언어를 점검하고 반성하는 민감한 언어 사용자는 궁극적으로 언어를 사용하고자 할 때나 혹은 자신의 언어를 점검하는 최종 단계에서 매우 정교한 판단력을 적용하게 될 것이기 때문이다.

Ⅲ. 문법적 판단력 평가의 적용 방향

본 장에서는 현재 문법 능력이 어떻게 평가되고 있는지 그 구체적인 양상을 몇 가지 살펴보면서 이를 바탕으로 문법 능력 평가가 판단력을 평가하기 위해 실현될 수 있는 방향을 좀 더 구체적으로 제안하고자 한다.

대상으로 삼는 평가는 '대학수학능력시험(이후 수능)'으로 국가 수준 평가로서는 가장 권위 있는 평가라 볼 수 있다. 사실상 국가수준의 평가로 한 축을 차지하고 있는 성취도 평가도 고려 가능하나, 성취도 평가의 경우는 학교에서 수행하는 학교 교육의 성취 정도를 확인하는 학업성취도 검사의 성격이 짙어 지식을 평가하는 데 다소 집중되어 있고, 최근의 수능 평가는 2014년 수능에서부터 언어영역을 '국어'영역으로 명칭을 변경하면서 성취도 평가의 성격도 어느 정도 확보하였으며 수학능력시험이 기형적일 정도로 학교 교육에 영향을 미치고 있는 현 상황을 고려할 때 이 시험을 대상으로 삼는 것이 적절하다 여겨진다.

지금까지 수능의 경우 문법 문항은 근본적으로 출제 비중이 낮았다는 점, 2005년부터 단독 문항이 출제되기는 했으나 음운론 0, 형태론 14, 통사론 6, 담화텍스트 0, 표준어 규정 1 문항으로 출제 내용에 있어 극심한 불균형을 보였다는 점(신명선, 2007:425), 문항 유형이 대부분 〈보기〉를 주고 보기를 잘 읽고 선택지와 대조하는 능력(이해력, 적용력)을 평가하는 문항으로 단순하다는 점 등 문법 평가 차원에선 여러 가지 문제가 지적되어 왔다.[9]

신명선(2007:428)이나 주세형(2009:483~4)에서는 수학능력시험은 교육과정의 본질 구현과 거리가 멀다고 지적하면서, 문법 평가의 본질을 논의하기엔 부족한 측면이 있다고 하였다. 그러나 본 연구에서는 교육 내용으로서의 문법을 어떻게 평가하는가를 넘어 문법적 '판단력'을 평가할 수 있는 평가의 가능성을 고려하기 위해 사고력을 평가하고자 하는 수능을 대상으로 삼는 데에는 큰 문제가 없을 것이다.

더군다나 수능은 2014년 수능부터 몇 가지 달라진 점이 생기는데 그 중 하나가 앞서 밝혔듯 개별 교과 중심의 학업성취도 검사에 가까운 성격을 띠게 되었다는 점이다. 국어 과목에 있어서도 '언어 영역'이었던 시험 과목이 '국어 영역'으로 변화하여 결과적으로 범교과적 소재를 활용한 사고력 평가의 성격이 상대적으로 약화되었고, 교육과정에 근거하여 출제하는 것을 시도하고 있다. 이러한 변화가 특히 크게 나타난 것이 문법 영역인데, 지금까지 단독으로 '어휘어법' 문항이나 '읽기'에 포함되어 출

---

9 수능에 대한 분석은 주로 구본관·조용기(2013)을 참조한 것으로 수학능력시험에서 문법 평가의 구체적인 한계와 문제점에 대해서는 구본관·조용기(2013) 참조.

제되던 문법 문항이 A형(수능 언어 이전보다 쉬운 형) 5문항, B형(현 수능 수준, 국어사 포함) 6문항을 모두 단독 출제하게 됨으로써 문법 문항 출제가 강조되었다. 그리하여 최근에 출제된 2013 수능 기출문항과 2014 모의고사 6월, 9월(각 A, B형), 2014학년도 수능 예비 시행 국어 영역 A/B형 문제지의 문항들을 살펴보면서 문법 능력 평가가 문법적 판단력을 평가하기 위해서는 어떠한 방향을 지닐 수 있는지 검토하고자 한다.

수능에 자주 등장하는 고무적인 형태의 문항은 다음과 같은 탐구형 문항이다. 이는 학습자들이 언어를 탐구해보는 경험을 간접적으로나마 수행할 수 있고 이를 통해 탐구 경험을 비롯하여 언어가 작동되는 원리도 어느 정도 습득할 수 있기 때문이다. 또한 2014 수능에서는 교육 과정에 근거하여 문항이 출제되게 되면서 문법교육계의 연구 성과를 반영하는 출제를 가능하게 한 의미 있는 가능성이 열렸다. 이를 통해 기존 언어학의 지식을 가르치는 것이 아니라 실생활에 필요한 다양한 문법 지식과 활용을 중요한 교육 내용으로 삼고자 했던 현 교육 과정이 수능 문항에 반영될 수 있을 것이다. 이러한 변화는 문항 구성 방식에서 선택지를 담화 차원으로 꾸린다든가 하는 방식으로 드러나고 있다.

그러나 여전히 아쉬운 점이 있다면 〈보기〉를 제시하고 이를 따라가는 과정을 유지하는 문항 유형이다. 현재 문법 능력 평가 문항은 탐구의 과정에서 겪을 수 있는 내용이나 설명들이 보기에 제시되고 여전히 보기를 적용하는 방식의 문항이 아직은 다수를 차지한다. 〈보기〉를 제공해 주는 문항 유형이 아쉬운 이유는 학습자가 본인이 가지고 있는 본래의 지식을 활용하기 전에, 보기를 이해하고 그를 바탕으로 문제를 해결할 수 있는 여지가 있기 때문이다. 이는 학습자가 원리를 이해하고 있는지, 혹은 원리나 개념을 이해할 수 있는지에 대한 사고력을 묻는 문항으로는 가능할 수 있으나, 학습자가 내재화한 문법 능력을 평가하기에는 다소 미흡한 측면이 있다. 이러한 유형의 문제로 인해 사전 지식이 없이도 '즉

석'에서 익힌 원리를 적용할 수 있기 때문이다.

11. 〈보기〉는 사이시옷 표기 조건에 관한 학습 활동지의 일부이다. 학습한 결과를 정리한 것으로 적절하지 않은 것은? [3점]

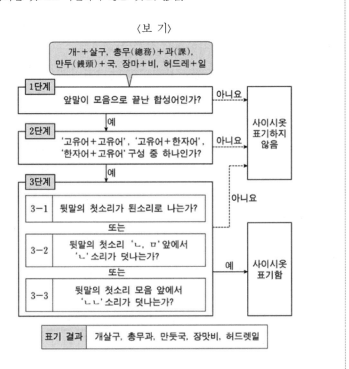

〈보 기〉

① '개-+살구' 구성은 1단계를 만족시키지 못하므로 '개살구'라고 쓴다.
② '총무+과' 구성은 2단계를 만족시키지 못하므로 '총무과'라고 쓴다.
③ '만두+국' 구성은 1, 2, 3-1단계를 만족시키므로 '만둣국'이라고 쓴다.
④ '장마+비' 구성은 1, 2, 3-2단계를 만족시키므로 '장맛비'라고 쓴다.
⑤ '허드레+일' 구성은 1, 2, 3-3단계를 만족시키므로 '허드렛일'이라고 쓴다.

(2014학년도 수능 6월 모의평가 B형)

이 문항의 경우, 사이시옷 표기와 관련한 매우 정교한 탐구 문항이나, 결국 최종적으로 도달하는 지점이 학교 문법에서 제시하는 문법 내용으로 귀결된다는 점에서 아쉬움이 있다. 이는 자칫하면 결국 '암기'된 지식을 확인하는 단순한 문제로 전락하기 쉽기 때문이다.[10] '암기된 내용의 확인'은 앞서 언급한 '내재화된 문법 능력'과도 다른 것이다. 본고에서 강조하고자 하는 바는 내재화된 '지식'의 확인이라기보다 '지식'과 '원리'를 바탕으로 이를 실제적인 언어생활에 적용하기 위해 고민하게 되는 지점에서 발생하는 '능력'으로서의 내재화된 능력이다.

본 연구에서 지향하고자 하는 바는 기존의 출제 방식을 버리고 이러한 형식으로 나아가야 한다는 것이 아니라, 다음과 같은 부분을 보완해 출제하면 좋겠다는 일종의 방향제시라 할 수 있다.

탐구 과정에 있어서도 학자들이 수행하는 것과 같은 정확한 탐구 과정을 따라가기보다 둘 다 가능한 답/틀리지 않은 답 중에서 좀 더 적절한 답을 고르는 것, 혹은 가능한 여러 가지 중에서 불가능한 전제나 설정을 골라내는 방식을 구현해 내는 것이 가능한 평가가 필요하다. 지금까지의 탐구 학습이 가능한 범위를 생각해 보면 결국은 탐구의 과정으로 인해 나오는 결과는 '학교문법이 정해놓은 범위 내'의 문법 이론이나 지식에 국한되는 한계가 있었다고 보인다. 현재 문법 연구에서 진행되는 다양한 관점들, 품사 구분 문제, 혹은 접속사 처리 문제라든가, 문법을 형태 중심에서 벗어나 기능주의적 관점에서 보아야 한다는 관점 설정의 문제 등이 반영이 되어 〈보기〉로 제시되는 "설명"을 잘 읽고 답지에 제시된 사례들과 비교하여 풀 수 있는 문제의 수준을 넘어서야 스스로 '탐구'하고 '사고'하는 문법적 '사고력' 및 '판단력'을 증진시킬 수 있지 않을까 생각된다.

가령 다음의 사례는 다소 해결하긴 어렵긴 하지만 문제 삼을 수 있는

---

10 이는 자칫, 문법이 지양하고자 했던 암기된 지식으로서의 문법으로 인식될 수 있는 위험성이 있다.

예시가 될 수 있을 것이다.

> "힘이 들다" 구문 : "X가 Y가 들다" : "나 등산하는 데 진짜 힘이 들었다"
> '들다'의 의미가 '들어가다'의 의미이든 '들어올리다'의 의미이든 'X가 Y가 들다'는
> 정말 독특한 문형이라 할 수 있다.[11] 얼핏 보기에는 (~을 하기에) 힘이 들다(소
> 요되다, 필요하다) = (이 책을 사려면) 돈이 든다……와 같은 의미의 '들다'로 인
> 식될 수 있지만 실제로 'X가 Y에 들다'가 기본형인 이상, '힘이(Z-이)'란 논항이
> 생긴 것이[12] 매우 독특한 양상을 보이는 것이다.

이런 경우 '정답'이 '무엇이다'를 판단하기보다 이 과정에서 생길 수 있
는 자연스러운 의문의 과정을 제시하거나, 해석이 다양하게 놓일 수 있
는 여지들을 제시하여 그중에서 가장 타당하거나, 아니면 가장 타당하지
않은 해석 과정을 찾아내는 방식 등으로 문항이 구성될 수 있을 것이다.

이는 다소 극단적이기는 하나 낯선 언어 자료 내지는 낯선 언어학적
관점에서 접근하여 학습자들에게 매우 적극적으로 문법적 사고력과 판
단력을 활용할 수 있게 할 것이다.

이는 이미 수능에서 어느 정도 반영된 점도 있는 부분으로 좀 더 적극
적으로 발전시켜 나갈 수 있는 요소가 될 것이라 생각된다. 가령 2014
예비 A형 15번 문항의 경우가 변화하는 문법 지식의 활용을 고려한 문항
으로서 고무적이라 여겨지는 점도 있으나, 사실상 여기서 제시한 변화하
는 문법 지식이라는 것도 '학습자가 스스로 새로운 말을 만들 수 있음'
정도의 변화라 본질적으로 학습자가 능동적으로 문법적인 판단에 개입

---

11 이와 관련해서 '힘이 나다'와도 전혀 다른 경로로 뜻이 자리 잡았다.
12 다만 '힘들다'라는 형용사가 존재하기 때문에 이를 기반으로 하여 '힘이 들다'의 형태
가 재구된 것인지도 한 가지의 가능성이 될 수 있을 것이다.

힘-들다 [-들어, -드니, -드오] 「형용사」 [1] 「1」 힘이 쓰이는 면이 있다. 「2」 어렵거
나 곤란하다.[2] 【…이】【-기가】 마음이 쓰이거나 수고가 되는 면이 있다.(표준국어
대사전)

될 일이 적은 문항 유형이라고 할 수 있다.

---

15. 다음의 ㉠에 제시된 파생 접사들을 이용하여 새말을 만든 결과로 가장 적절한 것은?

선생님 : 새말을 만들 수 없다면 새로운 사물이나 개념이 생겨도 부를 수 없어요. 다행히도 사람들은 새말을 만드는 능력이 있지요. 만일 선생님이 '웃보'라는 새말을 만들었다면 그게 무슨 뜻일까요?

지호 : 잘 웃는 사람일 것 같아요.

선생님 : 맞아요. '-보'는 어떤 특성이 많은 사람을 가리킬 때 쓰는 파생 접사예요. 그러니까 사람이 아닌 사물에는 쓸 수 없어요. 사람을 가리키는 데 사용하는 파생 접사에는 '-보' 외에 '-지기, -꾸러기, -장이'도 있는데 각각 쓰임이 달라요. 이 접사들의 뜻에 맞게 새말을 만들어 봅시다.

㉠	◦ -지기 : '그것을 지키는 사람'의 뜻을 더하는 접사 ◦ -꾸러기 : '그것이 심하거나 많은 사람'의 뜻을 더하는 접사 ◦ -장이 : '그것과 관련된 기술을 가진 사람'의 뜻을 더하는 접사

① 유행에 민감한 사람이라는 뜻으로 '유행지기'라는 말을 만들었어.
② 산에 자주 가는 사람이라는 뜻으로 '산꾸러기'라는 말을 만들었어.
③ 노래를 멋있게 부르는 사람이라는 뜻으로 '노래꾸러기'라는 말을 만들었어.
④ 농담을 많이 하는 사람이라는 뜻으로 '농담장이'라는 말을 만들었어.
⑤ 한과를 전문으로 만드는 사람이라는 뜻으로 '한과장이'라는 말을 만들었어.

2014 예비(A형)

담화나 텍스트를 기반으로 하는 경우 가능한 여러 가지 답안 중에서 정도성의 차이를 보여주는 방식으로 문법적 판단력을 길러줄 필요가 있다. 그럼에도 현재의 문항들은 결국 '바른 표현' 혹은 문법적으로 비문이 아닌 형태에 집중하는 양상을 보인다.

---

14. 〈보기 1〉의 ㉠, ㉡에 해당하는 가장 적절한 예를 〈보기 2〉에서 고른 것은?
〈보기 1〉
대답을 요구하는 의문문에는 긍정이나 부정의 대답을 요구하는 것과 ㉠ 구체적인 설명을 요구하는 것이 있다. 대답을 요구하지 않는 의문문은 구체적인 담화 상황에 따라 화자의 의도를 나타내는데, 서술을 나타내는 경우, 감탄을 나타내는 경우, ⓒ 명령을 나타내는 경우 등이 있다.

〈보기 2〉
ㅇ 학교에서 수업을 하는 상황
선생님 : ㉮독서 모둠 활동은 언제, 어디에서 하면 좋겠니?
학 생 : 3시부터 도서실에서 하면 좋겠어요.
ㅇ 늦잠 자는 아들을 깨우는 상황
어머니 : 학교 늦겠어! ㉯그만 자고 얼른 일어나지 못하겠니?
아 들 : 엄마, 제발요. 조금만 더 잘래요.
ㅇ 두 학생이 함께 하교하는 상황
학생 A : ㉰나랑 같이 문구점에 갈 수 있니?
학생 B : 나도 연필 살 게 있었는데, 참 잘됐다.
ㅇ 동생이 억울한 일을 겪은 상황
언 니 : ㉱어쩜 이럴 수 있니?
동 생 : 아, 정말 억울해서 못 견디겠어.

   ⓐ ⓑ
① ㉮ ㉯
② ㉮ ㉰
③ ㉰ ㉱
④ ㉰ ㉯
⑤ ㉰ ㉱

(2014학년도 수능 9월 모의평가 B형)

이 문항의 경우는 앞서 지적한 것과 같은 꼭 맞는 상황의 문항은 아니나, 의문형으로 실현될 수 있는 다양한 상을 다소 제한한 것 같은 측면이 있다. 모국어 학습자라면 사실 그리 어렵지 않게 골라낼 수 있는 문항이고, 이는 보기가 있어서 더욱 쉬운 문제가 되었다. 물론 문항이 모두 '어려워야하는 것은 아니지만 기초적인 판단을 꾀하고자 한다면 학습자들이 어떤 상황에 어떤 문법적 장치를 써야 할지 고려하고 판단하는 과정이 좀 더 적극적으로 드러날 수 있는 문항이 구성되면 좋겠다는 바람이다. 본질적으로 문법 능력의 평가, 더 나아가 문법교육에 대해 논의하기 위해서는 문법의 본질이 어디에 있는지와, 교육의 목표로 삼는 대상이 무엇인지 역시 살펴야 할 것이기 때문이다.

본디 언어란 인간이 사용하는 양상 그 자체로 어찌 보면 고정된 지식이 아니다. 다만 학교에서 배우게 되는 문법(학교 문법)의 경우는 학습자들이 용이하게 익힐 수 있도록 정리한 이론적이고 체계적인 일종의 '지식'으로 규범성이 짙고 그 자체가 사실상 '실제(authentic)' 언어를 반영하고 있다고 보긴 어렵다. 실제로 인간이 사용하는 언어는 수많은 변이형을 양산하며 소위 '문법적'으로 오류가 가득한 문장과 단어로 이루어져 있기도 한 것이다. 물론 이러한 상황을 그대로 방치해야 한다든가(이 문장 자체에도 다소 가치 판단이 개입되어 있으나), 이러한 현상을 그대로 인식해야 한다는 것은 아니나, 학교 문법에서 제시하고 있는 바가 실제 언어생활과 동떨어질 때 학습자들의 학습 경험은 결국 유의미하게 자리 잡기 어려울 것이라는 생각이다.

이러한 판단력은 결국 궁극적으로 학교 교육에서 문법교육을 통해 길러 주어야 할 것이고 그 과정에서 학교 문법은 충분히 '도구적'으로 사용될 수 있을 것이다. 여기서 '도구적'이라고 굳이 표기한 이유는 현 상황에서 학교 문법의 내용이 학습자들의 문법교육의 목표나 대상이 되지 않아야 한다는 점을 강조하기 위해서이다. 학교 문법은 말하자면 학습자들이 세상의 언어를 바라보게 되는 기본적인 틀을 제공해주는 첫 단계라 할 수 있기 때문이다. 학교문법을 통해 익힌 기본적인 지식과, 언어를 다루는 관점이나 방식 등을 통해 실제의 언어를 논리적인 방식으로 '스스로' 살펴나갈 때 진정한 문법적 사고력, 문법적 판단력이 길러진 훌륭한 문법 사용자가 될 수 있을 것이라 사료된다.

극단적으로는 일상에서 마주하는 오류 표현들의 허용 가능한 수정 사항 등을 판단하게 하는 것 역시 다루어야 할 평가 내용으로 포함될 수 있을 것이다. 언어란 살아서 움직이는 것으로 학습자들이 실제로 사용하는 소위 비문법적인 표현들에 대한 구체적인 인식을 고민하게 하는 문항도 현실적으로 필요하다고 본다. 가령 최근 유행하고 있는 '-하고 가실게요' 같은 표현이나 '고객님, 환불이 안 되시는데요'와 같은 언어 현상들은 이미 기존의 문법적 설명으로는 '비문', '오류'로 처리해버리는 경향이 있으나 사실상 이러한 문장들을 순화해야할 대상으로 보기보다는 어떤 점에서 오류이고, 어떤 장면에서 어떻게 허용 가능한지 살필 수 있어야 한다고 본다. 이와 궤를 같이하여 최근 서비스업 종사자들의 언어와 관련하여 '-시'의 사용 확대나 '-ㄹ게요'의 종결 표현 사용에 대한 논의가 활발해지고 있어 현재 '비문법적'이라 여겨지는 언어 표현들이 특정 경향을 띠고 자리잡아가고 있음을 보여주고 있다. 물론 국어학 내지는 문법 연구에서 실제 언어 현상을 분석하고 기술하는 것과, 그것이 교육의 장으로 들어오는 것은 좀 다른 문제라 할 수 있으나, 기본적으로 학습자들이 접하게 되는 수많은 언어 표현들을 용인할 수 있는 용인 가능성의 정도를 교육과 평가의 장에서 충분히 고려할 수 있어야 한다.

과연 언어 표현에서 어떤 것이 오류인가 하는 오류 설정에 대한 문제에 있어 이지선(2006:42~43)을 참조할 수 있는데 그는 절대적 개념인 문법성과 상대적 개념인 용인가능성의 두 가지 요건에 맞지 않을 때 오류로 볼 수 있다고 하였다. 그에 따르면 용인가능성은 이론적이라기보다 실제적인 개념으로, 어떤 발화가 문법적인지를 결정하는 것은 언어를 알고 있는 사람(knower)인 반면에 그것이 용인 가능한지를 결정하는 사람은 언어 사용자(user)이다. 관련하여 라이온스에 의하면 '용인 가능한 발화가 행해지고, 적절한 맥락에서 원어민 화자에 의해 산출된 것은 다른 원어민 화자들에서 문제의 언어에 대한 소유물로 받아들여진다'(라이온스(Lyons), 1968:137, 이지선(2006:43) 재인용)고 하면서 '비문법적인 발화는 원어민 화자가 용인하기 어렵다고 인식할 뿐만 아니라 고칠 수 있다(라이온스(Lyons), 1977:380, 이지선(2006:43) 재인용).

권영문(1998:158)에서는 문법 규칙에 위배되지만 용인 가능한 경우가 있으며 이와 반대로 문법 규칙에는 위배되지 않지만 용인 불가능한 경우가 있다고 하면서, 비문법적인 경우에도 담화 규칙에 위배되지 않는 경우는 용인 가능하다고 하면서 언어 사용에서의 맥락을 강조한 바 있다. 결국 학습자에게 어떤 표현이 '오류'인가를 판단하게 하는 데 있어서 문법적인 원리와 맥락을 모두 고려할 수 있도록 교육과 평가가 진행되어야 할 것이다. 그리고 그러한 맥락에서 문법적 판단력을 평가할 때는 반드시 '담화'와 '맥락'이 적절히 고려되어야 함을 강조할 수 있을 것이다.[13]

그러나 현재 대체로 오류를 대하는 현재의 문항은 다음과 같은 다소 '고전적'인 양상을 보인다. 그나마 다음 문항은 문장을 기계적으로 수정했다기보다 어떠한 원리를 바탕으로 수정할 수 있는지를 묻는 문항이라는 점에서 참조 가능한 부분이 있어 인용하였다.

---

12. 〈보기 1〉을 참고하여 〈보기 2〉와 같이 문장을 수정하였다. 〈보기 2〉의 (가), (나)에 들어갈 내용을 바르게 고른 것은?

〈보기 1〉
정확한 문장을 구성하기 위해서는 문장을 형성하는 규칙인 문법을 잘 지켜야 한다. ㉠ 주어, 목적어, 필수적 부사어 등 서술어가 필요로 하는 문장 성분이 빠져 있는 경우, ㉡ 주어와 서술어, 부사어와 서술어 등 문장 성분 간의 호응이 지켜지지 않은 경우, ㉢ 조사나 어미를 잘못 사용한 경우에는 문법성이 결여되어 바르지 않은 문장이 된다.

〈보기 2〉

원래의 문장 ⇒ 수정한 문장	고려한 사항
o 이 장면은 연출된 것이니 반드시 따라 하지마세요.	(가)

⇒ 이 장면은 연출된 것이니 절대로 따라 하지마세요.	
○ 우리는 타인의 인격을 존중해야 하고 나와 평등하다는 생각을 지녀야 한다. ⇒ 우리는 타인의 인격을 존중해야 하고 타인이 나와 평등하다는 생각을 지녀야 한다.	(나)

<table>
<tr><td></td><td>(가)</td><td>(나)</td></tr>
<tr><td>①</td><td>㉠</td><td>㉡</td></tr>
<tr><td>②</td><td>㉠</td><td>㉢</td></tr>
<tr><td>③</td><td>㉡</td><td>㉠</td></tr>
<tr><td>④</td><td>㉡</td><td>㉢</td></tr>
<tr><td>⑤</td><td>㉢</td><td>㉡</td></tr>
</table>

(2014학년도 수능 6월 모의평가 B형)

지금까지 소략하게 다루어졌던 기초적인 규범 지식에 대한 평가 역시 꾸준히 수행되어야 한다. 표준어뿐 아니라 표기법이나 띄어쓰기와 같은 맞춤법 규범은 단순히 암기해야 하는 것처럼 여겨져 교육이나 평가의 장면에서 다소 소외되는 측면이 있어 왔다. 이는 문법교육 내지는 문법 평가가 단편적인 지식을 독자적으로, 주입식으로 가르치고 평가해 왔던 과거의 교육 상황을 극복하고자 하는 데서 생긴 부작용이라 할 수 있다. 실제로 어떠한 단어나 문장을 규범에 맞게 쓰기 위해서는 다양한 문법적 판단력이 요구된다. 중고등학교 학습자들뿐 아니라 성인 화자들의 글에서도 자주 등장하는 고질적인 규범 실수 등은 평가의 세환 효과를 통해서도 충분히 수정 가능할 것이다.

가령 띄어쓰기 같은 경우 규정은 규정 자체가 비교적 간단하고 분명하다 여겨지는 것에 비해 정말로 정확하고 정교하게 띄어쓰기를 하기 위해서는 문법 지식이 종합적으로 고려되어야 한다. 형태가 같은데 품사가 다른 경우뿐 아니라, 접사와 동사가 공존하는 경우 미세한 의미 차이,

해당 단어의 품사(혹은 접사 여부) 등을 세밀히 살펴야 하며 허용 가능한 경우 또한 고려할 수 있어야 하는 것이다. 가령 '-하다', '-받다', '-당하다', '-시키다' 등의 접사의 띄어쓰기 같은 경우 각각이 동사로 쓰일 때가 있고 접사로 쓰일 때가 있다. 대체로 '하다'가 존재하는 동사들은 사동 혹은 피동일 경우에 붙여 쓰는 것이 당연하나 '하다'가 대응되지 않는 경우도 있고, 각각의 접사가 동사로 사용될 때도 있다. 이때 이러한 접사들의 띄어쓰기를 바르게 하기 위해서는 각 단어가 접사인지 동사인지를 판단해야 하고 그를 위해서는 의미를 고려해야 하는 것이다.[14]

여기서 제시한 사례는 매우 간단한 것이지만 일상에서 마주하는 외래어 표기라든가, 로마자 표기, 띄어쓰기는 모두 암기라기보다는 문법에 대한 총체적 지식 및 원리 등을 적용해 복합적인 문법적 판단력을 요하는 규범이라 할 수 있다. 이는 구본관·조용기(2013:39)에서도 문법이 암기 과목이라는 오해와 편견에서 벗어나기 위해서는 원리 중심의 문법 교육이 이루어져야 하고 평가되어야 한다는 맥락에서 한글 맞춤법의 각 조항 역시 조항의 암기가 아닌 원리를 통해 이해하고 있는지를 묻는 문항이 개발되어야 할 필요를 역설한 바 있다. 그리고 이러한 문항은 결국 '정확한 규범'에서 약간 벗어나 있는, 의미와 원리를 고려하여 판단해야만 하는 다양한 실제 사례를 통해 구현될 수 있을 것이다. 문법 능력 평가에서 이러한 부분이 소략하게 다루어진다면 결국 문법교육에서도 규

---

14 이는 좀 극단적인 사례이기는 하나, "내 맘 속 꼭 한 대"와 같은 문구의 경우 엄격하게 띄어쓰기를 적용하게 되면 시각적으로 어색한 느낌을 준다. 이 경우 임의로 붙여야 한다면 가장 가능할 수 있는 곳이 어디이며 그 근거를 어떻게 달 수 있을지, 아니라면 어떤 방식으로 이러한 불편한 띄어쓰기를 극복할 수 있는지 고민해 보는 것도 띄어쓰기와 관련해서 학습자들에게 판단을 할 수 있는 주체적 인식을 심어주는 활동이 될 수 있을 것이다. 실제로 이 경우는 '맘'을 '마음'으로 고치면 시각적 어색함을 어느 정도 극복할 수 있는데, '마음속'은 이미 한 단어로 굳어진 합성어라 '내 마음속 꼭 한 대'로 수정이 가능하다. (또한 최근, '맘속' 역시 '마음 속'의 준말로 사전에 등재되어 있다.)

범과 관련된 부분이 외면당할 것이며 이는 결국 문법 능력의 한 축을 이루는 영역이 불균형하게 발달되는 결과로 이어질 수 있을 것이다.

Ⅳ. 나오며

본 연구에서는 '문법적 판단력을 갖춘 인간 양성'을 목표로 하여 사실상 이미 정리된 지식을 찾아가는 과정(탐구)을 수행할 수 있는지를 평가하는 평가와 더불어 언어생활에서 '실제적(authentic)인 판단'이 가능한지를 평가하는 평가를 지향해야 함을 주장하였다. 그러나 사실상 이러한 문제의식이 본고에서 처음 시작된 것은 아니며 국가 수준의 평가를 비롯하여 여타의 평가에서 이러한 방식의 평가를 수행하기 어려웠던 것은 다만, 평가의 정합성이나 신뢰성, 타당성을 확보하는 과정에서 어쩔 수 없는 한계에 부딪혔기 때문이라 여겨진다. 또한 본고에서 논의하고자 하는 용인가능한 정도의 오류(오류라는 말 자체에 이미 '잘못'이라는 의미가 포함되어 있어 '수정'의 의미를 전제하는 측면이 있기는 하지만)에서 '용인 가능'의 정도가 합리적으로 도출될 수 있는지 여부가 큰 문제가 될 것이라고 예상할 수 있다. 본 연구에서는 이에 대해 '원리의 적용'이라는 큰 기준을 적용하고자 했으나 적용상의 세밀한 부분에 대한 추후 보완이 필요할 것이다.

주제 3 : 문법교육의 방법

민현식(2007), 문법교육의 반성과 교과서 개발의 방향, 국어교육연구 제19집,
　　　서울대 국어교육연구소.
오현아(2012), 에듀테인먼트 콘텐츠로서의 문법교육 내용의 이야기화 모델
　　　탐색, 국어교육 138호, 한국어교육학회.

　　교과서는 교사와 학습자를 매개하는 교육 내용의 구체적 실현체인 동시에
문법교육 이론을 실천의 장으로 이끄는 연구 주제라 할 수 있다. 그러나 문법
교육 연구에서는 기존 문법교육의 문제점을 바탕으로 교과서 개발의 실천적
방향에 대한 논의가 활발하지 못했다.

　　민현식(2007)에서는 비교적 이른 시기에 문법교육 내용의 위계화 문제와
문법 교과서 개발 방향에 대해 미국의 교육과정과 문법교육 자료 분석을 바
탕으로 구체적으로 논의하고 있다. 기존 문법교육의 문제를 '국어 문법 지식
의 단계별 위계화 전략, 전통의 부재, 규범 교육의 부재, 기능 교육과의 연계
부재, 실용적 평가의 부재'로 꼽으면서, 문법교육은 발음, 표기 등 규범 교육
의 목록과 품사, 성분 등 문법교육의 목록을 초등 단계부터 12년간 어떻게 제
시할 것인지 구체적으로 제시하여 영어의 스펠링 교육의 전통처럼 교과서 개
발이 이루어져야 하며, 국어의 구조에 대한 품사, 성분 등의 기초 용어들은
초등학교 단계에 앞당겨 수준을 조절하여 쉽고 재미있게 반복 제공하여야 함
을 강조하고 있다.

　　오현아(2012)는 이러한 민현식(2007)의 영향에 힘입어 문법 교과서 개발에
있어서 쉽고 재미있는 문법교육의 가능성에 대해 모색한 논의라고 할 수 있
다. 즉, 오현아(2012)에서는 딱딱하다고만 느낄 수 있는 문법교육 내용에 오
락적 요소를 가미한 에듀테인먼트 콘텐츠로서의 문법교육 내용의 이야기화
가능성을 탐색해 보고자 하였다. 그리고 에듀테인먼트 콘텐츠로서의 문법교
육 내용 이야기화 모델을 1) 피동·사동 표현, 2) 합성어와 파생어 사례를 통
해 실제적으로 제안해 보고자 하였다. 문법교육 내용의 이야기화 관련 논의
는 학습자에게 좀 더 쉽고, 재미있게 다가가기 위한 탐색의 일환으로서 그 연
구사적 의의가 충분하다 할 수 있다.

문법교육의 반성과 교과서 개발의 방향[*]

민 현 식

목 차

요 약

국어과는 문법, 기능, 문학 영역으로 구성된다. 국어과는 문법, 기능 영역을 전 교과의 도구영역으로 기여하는 교과이면서 문학을 국어과 고유의 영역으로 갖고 있다. 따라서 국어과는 문해 능력과 문학 능력을 갖춘 인간을 기르는 것을 목표로 한다. 문법교육은 발음, 표기 등 규범 교육의 목록과 품사, 성분 등 문법교육의 목록을 초등 단계부터 12년간 어떻게 제시할 것인지 구체적으로 제시하여 영어의 스펠링 교육의 전통처럼 교과서 개발이 이루어져야 한다. 국어의 구조에 대한 품사, 성분 등의 기초 용어들은 초등학교 단계에 앞당겨 수준을 조절하여 쉽고 재미있게 반복 제공하여야 한다. 실용적 문법교육이 되려면 '표기 교육, 어휘교육, 품사 교육, 문체 교육, 문장 교열 교육'을 강화하고 문법 지식을 반드시 작문이나 화법과 연계하여 올바른 문장부호, 어휘 선택, 문체를 고려한 문장 쓰기 교육이 되도록 하여야 한다.

* 『국어교육연구』 제19집(서울대 국어교육연구소 2007년 발행)의 287쪽부터 358쪽까지에 수록되었음.

국어 교과서의 문법 학습은 특정 문법 지식 단원에서만 고립적으로 하지 말고 평소 모든 단원에서 '표기에 주의할 단어와 발음, 주제별 낱말밭, 올바른 문장 쓰기, 주목할 수사 표현, 문장 교열 연습' 등을 체계적으로 다루어 문법 연습 활동이 상시 이루어질 수 있도록 하여야 한다. 국어교육이나 문법교육은 국어 능력 향상을 위해 색다른 '기교'를 찾을 것이 아니라 '기본'으로 돌아가서 초등학교 단계부터 제대로 맞춤법, 띄어쓰기, 문장부호, 문체 효과, 어휘 확장 문장교정 훈련 등을 체계적으로 배열, 반복하여 가르쳐야 한다.

문법교육의 이야기화 모델[*]

오 현 아(강원대학교)

I. 서론: 에듀테인먼트 콘텐츠로서의 문법교육 내용 이야기화

에듀테인먼트(edutainment)[1]란 교육(education)에 오락(entertainment)을 결합시킨 신조어이다. 이는 대표적 경성문화라 할 수 있는 교육에 주요한 연성문화인 오락을 접목한 것이다. 지식과 정보의 습득, 즉 학습활동에 흥미를 유발하는 오락적 요소를 가미한 것이다. 국가적, 개인적 경쟁력을 위해서 필수적으로 지속되어야 할 교육을 보다 더 효과적으로 전수하고자 오락의 즐거움을 한데 묶어보자는 발상이다(이종철·강현구, 2007:80~81).

---

[*] 『국어교육』제138집(한국어교육학회 2012년 발행)의 117쪽부터 146쪽까지에 수록된 '에듀테인먼트 콘텐츠로서의 문법교육 내용의 이야기화 모델 탐색'을 다듬어 실음.

[1] 에듀테인먼트(edutainment)란 용어를 만들어 처음 사용한 사람은 로버트 헤이맨(Robert Heyman)이다. 1973년에 그는 국립지리학회의 제작자로 일하는 동안 자신의 영화들을 에듀테인먼트라고 부르기 시작한 것이 용어가 탄생하게 된 계기가 되었다. 그가 제작한 영화들은 시청자들에게 서스펜스, 속도감, 설화 등의 오락적 요소와 함께 동시에 자연세계와 인류의 문화에 관하여 알려주는 효과를 담아내고 있었다. 그래서 그는 교육을 의미하는 'edu-'와 놀이 또는 오락을 의미하는 '-tainment'를 한 단어인 에듀테인먼트로 합쳤다고 한다(백영균, 2005:67).

이러한 에듀테인먼트 콘텐츠로서의 문법교육 내용 이야기화[2]는 이미 김은성(2007)과 오현아(2010)에서 모색된 바 있다. 김은성(2007)과 오현아(2010)에서는 '재미있는 문법교육'을 위하여 기존의 설명문 중심의 문법교육용 담화 유형에서 탈피하여 문법교육 내용을 서사물 형식으로 전달하는 방안을 모색한 연구물들이라고 할 수 있다. 김은성(2007)에서 기존 소설들 속에서 문법 관련 교육 내용을 담고 있는 것을 선별하여 그 가능성을 모색했다면, 오현아(2010)에서는 2007 개정 교육과정에 따른 검정 교과서를 대상으로 문법교육 내용의 이야기화를 모색한 내용 구성과 결과물 분석를 통해 문법교육용 담화의 새로운 양태를 분석하여 그 가능성을 진단하고자 하였다. 그러나 문법교육 내용의 이야기화, 즉 서사 형식을 원용한 문법교육 내용의 전달을 위해서는 이야기화 과정의 구체적인 원리와 전략이 탐색될 필요가 있다.

본고의 논의는 여기에서부터 시작된다. 기존의 문법교육 내용의 이야기화 가능성 탐색의 연구 흐름을 에듀테인먼트 콘텐츠로서의 문법교육 내용 탐색 과정으로 파악하여, 2장에서는 에듀테인먼트 콘텐츠로서의 문법교육 내용 탐색의 배경을 1) 학습자의 변화, 2) 지식관의 변화, 3) 교육관의 변화를 통해 탐색하고, 3장에서는 에듀테인먼트 콘텐츠로서의 문법교육 내용 이야기화 모델을 1) 피동·사동 표현, 2) 합성어와 파생어 사례를 통해 제안해 보고자 한다.

---

2 여기서 '이야기화'는 전달하고자 하는 정보인 '문법교육 내용'을 학습자흥미 유발을 위해 서사 형식으로 가공·변환하는 과정을 지칭하는 용어라는 점에서 '스토리텔링' 개념과 유사하다고 할 수 있다. 다만 에듀테인먼트 콘텐츠 분야에서 '스토리텔링'이 디지털 매체로의 구현까지 고려하는 경우가 많은데 반해, 본고의 '이야기화' 개념은 가상공간으로의 구현까지 염두에 둔 것은 아니라고 할 수 있다.

Ⅱ. 에듀테인먼트 콘텐츠로서의 문법교육 내용 탐색의 배경

그렇다면 우리는 왜 에듀테인먼트 콘텐츠로서의 문법교육 내용 이야기화에 주목해야 하는가? 흔히들 문법은 전형적인 지식 교과로 여겨지며, 명백한 정답이 존재하는 수학 교과처럼 인식되어 너무도 분명한 규칙과 그에 해당하는 사례들의 제공만으로 학습자에게 충분한 교수학습이 일어날 수 있다고 여겨진다. 그러나 본고에서는 이러한 문법교육에 대한 인식이 문법교육을 더욱 어렵고 까다로운 교육 내용으로 인식하게끔 만들었다는 판단 아래 에듀테인먼트 콘텐츠로서의 문법교육 내용 탐색의 배경을 1) 학습자의 변화, 2) 지식관의 변화, 3) 교육관의 변화 차원에서 논의하고자 한다.

1. 학습자의 변화

요즘 학습자들은 기성세대와는 달리 하루를 인터넷으로 시작하여 인터넷으로 마감할 정도로 일상생활에서 인터넷이 차지하는 비중이 높다. 이들은 손편지보다는 전자우편을 사용하고, 종이 신문을 읽기보다는 포털 사이트를 통해 주요 뉴스를 접한다.

그리고 오프라인에서 인간관계를 맺고 유지하지만 온라인에서의 인간관계가 차지하는 비중 역시 높다. 또한 소셜 네트워크(SNS, social network service)를 활용한 자신의 의사 표현과 의사소통 또한 활발한 것이 그 특징이라 할 수 있다.

이러한 디지털 매체 환경의 변화는 학습자들의 학습 방식 또한 변모하게 만들었다고 할 수 있는데, 학습의 무대가 교실이나 강의실과 같은 물리적 공간에서 디지털 네트워크와 같은 가상공간으로 바뀌게 되면서 교육 내용이 제공되는 방식 또한 디지털 매체 환경에 맞추어 변화하고 있는 상황이다. 시·도 교육청별로 운영하고 있는 사이버 가정학습 사이트[3]들도 이러한 학습자의 매체 환경을 고려한 학습 방식의 변화 사례라 할 수 있다.

그리고 이러한 사이버 학습 콘텐츠들은 이종철·강현구(2007:58)에서 제시하고 있는 것처럼 내용 전달형(정보 제공형, 자율학습형), 탐구형(질의응답형, 문제해결형, 협동학습형)과 같이 학습자의 변화에 발맞추어 학습자의 흥미와 동기를 유발할 수 있는 다양한 교수 학습 유형을 개발해 적용하고 있는 상황이다. 따라서 온라인 학습에서뿐만 아니라 오프라인 학습에서도 학습자의 변화에 발맞춘 교육 콘텐츠 개발이 요구된다고 할 수 있으며, 에듀테인먼트 콘텐츠로서의 문법교육 내용의 이야기화는 이러한 요구에 부응할 수 있는 하나의 제안이라 할 수 있다.

2. 지식관의 변화

1990년대 중반 이후 널리 보편화된 인터넷 등 정보 통신 공학의 발달과 정보 통신 기술의 발달에 따른 지식 기반 사회와 디지털 시대로의 진입, 교수자 중심에서 학습자 중심으로의 교육 패러다임의 변화는 지난 몇 해에 걸쳐 기업 및 공교육에 커다란 혁신을 일으키고 있다. 특히 인터넷의 발달은 산업혁명 이후 인간의 모든 삶에 영향을 미치는 매우 중요한 요소로 자리매김하고 있으며, 교육의 내용적인 측면에서 기존의 전통적인 지식으로부터 새로운 시대에 부응할 수 있는 창의적이고 생산적인 지식에 그 초점을 맞추고 있다(Lankshear & Knobel, 2003).

---

3 초·중·고등학생들을 대상으로 학교 교육과정과 연계한 자율학습 콘텐츠를 무료로 제공해 보충 학습 기회를 제공하는 사이트로, 시·도 교육청별로 별도의 사이버가정학습 프로그램을 개발해 운영 중이다. 서울시교육청의 꿀맛닷컴(http://www.kkulmat.com/), 강원도교육청의 강원에듀월드(http://ngcc.gweduone.net/) 등을 대표적인 사례로 들 수 있다.

그리고 이러한 지식관의 변화는 지식의 절대성을 강조하던 관점에서 지식의 상대성을 강조하는 지식관으로의 변화와 맞물린 것이라 할 수 있다. 지식의 상대성을 강조하는 지식관은 문법교육 내용에도 영향을 미쳐 문법교육 내용을 언어 사용자와 별개인 절대적인 지식으로 상정하고 이를 규칙 혹은 체계로 설명하고자 하였던 시각에서 언어 사용자가 사용하는 일상의 언어를 중심으로 이상적인 박물관 언어가 아닌, 구체적인 실현태로서의 언어를 언어 사용자의 의도와 관련지어 설명하고자 하는 시각으로 변화하고 있는 상황[4]이다.

따라서 이러한 새로운 관점에 따라 문법교육 내용을 언어 사용자 혹은 학습자를 중심으로 새롭게 재구성해 볼 필요가 있다. 에듀테인먼트 콘텐츠로서의 문법교육 내용의 이야기화는 이러한 탐색의 한 과정이라고 할 수 있다.

3. 교육관의 변화

Suomala & Shaughnessy(2000)에서 Mayer는 최근 10년 동안 교수와 학습에 있어서의 가장 중요한 발전에 대하여 다음과 같이 언급하고 있다.

개념적인 수준에서, 학습은 지식의 습득이라는 관점으로부터 학습은 지식의 구성이라는 관점으로의 중요한 변화가 일어나고 있다. 지식의 습득이라는 관점에 따르면, 학습은 개인의 기억에 새로운 정보를 추가하는 것이 관여하고 교수는 강의나 교과서에서와 같이 정보의 분배에 관여한다. 지식의 구성이라는 관점에 따르면, 학습은 학습자에게 유효한 지적 표상을 만드

---

4 지식의 절대성을 강조하던 문법교육의 관점을 오현아(2008)에서는 '정확성' 중심의 문법교육관으로 명명하고, 이에 대해 비판적 고찰을 한 바 있다.

는데 관여하고, 교수는 토론과 유도된 발견 등과 같이 실제의 학문적인 과제에 대한 인지적 안내에 관여한다(Suomala & Shaughnessy, 2000:478~479).

즉, Mayer는 '교사 중심'에서 '학습자 중심'으로의, '완벽한 구성체로서의 지식의 습득'에서 '학습자 주도적인 지식의 구성'으로 교수 학습의 전반적인 교육관의 변화를 들고 있다.

이러한 그의 언급은 Don Tapscott(1998)에서 언급한 디지털 네트워크 시대 도래에 따른 학습 방식의 8가지 변화와 그 맥락을 같이 한다고 볼 수 있는데, 그 내용은 다음과 같다.

① 선형적 학습에서 하이퍼미디어 학습으로의 변화이다.
② 주입식 교육에서 참여와 발견학습으로의 변화이다.
③ 교사 중심 교육에서 학습자 중심 교육으로의 변화이다.
④ 주입식 교육에서 학습 방법을 배우는 교육으로의 변화이다.
⑤ 학교 교육에서 평생 교육으로의 변화이다.
⑥ 일정한 교육 내용을 일정 기간 동안 동시에 다량의 학습자를 일정한 수준으로 끌어올리기 위한 획일화된 교육에서 학습자 개개인의 흥미와 관심, 그리고 요구에 부응하는 맞춤화된 교육으로의 변화이다.
⑦ 누군가 시켜 마지못해 하는 괴롭고 재미없는 학습에서 학습자 스스로 자신의 학습 활동에 동기가 유발돼 적극적으로 참가하는 재미있는 학습으로의 변화이다.
⑧ 교사의 역할이 완제품으로서의 지식을 전달하는 전달자에서 학습자의 학습활동을 촉진시키고 조력하는 학습 촉진자로의 변화이다(백영균, 2005:19~21에서 재인용).

여기서 우리는 디지털 정보화 시대에 교사의 역할이 학습자의 동기와 흥미를 고려해 학습활동을 촉진하고 조력하는 학습 촉진자로서 변화되고 있음을 확인할 수 있다. 그리고 이 지점에서 에듀테인먼트 콘텐츠로서의 문법교육 내용의 이야기화는 학습자의 동기와 흥미를 고려하는 동시에 학습자의 탐색 과정을 통해 문법 지식이 재구성되는 교육 콘텐츠로서 중요한 의미를 획득할 수 있다.

Ⅲ. 문법교육 내용의 이야기화 모델 탐색

1. 에듀테인먼트 콘텐츠 설계

놀이와 지식이란 개념이 도입된 에듀테인먼트 콘텐츠는 사용자가 놀이 형식을 즐기는 과정에서 스스로 교육의 기대치를 획득하도록 고안된 콘텐츠를 말한다. 이러한 에듀테인먼트 콘텐츠의 공통적인 개념들을 살펴보면 다음과 같이 그 특성을 요약할 수 있다.

① 에듀테인먼트 콘텐츠는 교육적 목적을 바탕으로 제작 및 설정되어야 한다. 그러나 학습에 대한 직접적인 설명과 사실적인 자료를 제시하여 지식을 습득하도록 하는 것보다는, 학습 과정의 즐거움을 자극하여 학습자가 지식을 구성하는 사고 과정을 중시하며 시행착오를 권장한다.
② 학습에 대한 동기와 몰입을 유도하여 학습자의 능동적이고, 적극적이며, 자발적인 학습 참여를 극대화시킴으로써 교육의 효과를 높일 수 있어야 한다. 이를 위해 에듀테인먼트 콘텐츠의 유형별로 동기와 몰입을 유도할 수 있는 장치들이 마련될 수 있다.
③ 현실적으로 제공하기 힘든 교육적 내용들을 가상현실과 환상을 통해 제공하여 간접체험이 가능하도록 할 수 있다.

④ 긍정적인 피드백을 기반으로 한 재미 요소가 첨가되어 지속적인 참여를 이끌어낼 수 있어야 한다. 이를 위해서 에듀테인먼트 콘텐츠는 상호작용을 지속적으로 유지시키기 위한 장치들로 구성되어져야 한다. 놀이란 기본적으로 실용적인 목적을 위한 행위가 아니다. 놀이가 가져다주는 재미는 응당 특정한 목적을 가진 교육이라는 의도와 상충되게 되어 있다. 따라서 놀이와 교육이라는 두 가지 측면을 결합시키고자 할 때, 이 둘의 적절한 균형을 마련하는 것은 매우 중요해 보인다. 놀이를 표방한 교육, 교육과 흥미의 결합을 추구하는 에듀테인먼트 콘텐츠에 접목되는 스토리텔링은 태생적으로 두 가지 목표를 지향할 수밖에 없다. 우선적으로 학습자에게 일정한 지식과 정보를 전달하고자 하는 교육적인 목표를 상정할 수밖에 없다(안성혜·송수미, 2009:3).

문제는 이 교육적인 의도가 너무 생경하게 노출되어서는 안 된다는 것이다. 이 목표는 학습자에게 은폐되거나 에듀테인먼트 콘텐츠를 활용하는 동안에는 망각되는 것이 바람직하다. 공부하는 줄도 모르는 채 실컷 즐기면서 배우는 것, 여기에 에듀테인먼트의 진정한 의의가 있기 때문이다. 따라서 교육이라는 목표를 은폐하는 대신, 학습자가 욕망하고 도달하기를 바라는 또 다른 목표, 즉 표면적인 목표를 제시해야 한다(강심호, 2005:20).

이를 위해서는 에듀테인먼트 콘텐츠에서 전달하고자 하는 정보인 '학습 내용'의 구조화 단계, 에듀테인먼트 콘텐츠에서 학습자의 동기를 유발할 수 있는 '흥미 유발' 고안 단계, 콘텐츠 사용자가 적극적으로 콘텐츠를 향유하도록 '학습 내용'과 '흥미'가 어우러진 서사 장치로서의 '스토리텔링 고안 단계'를 통해 에듀테인먼트 콘텐츠의 설계가 진행될 필요가 있다.

1) 학습 내용 설계

에듀테인먼트 콘텐츠에서 '학습 내용'은 전달하고자 하는 정보를 의미하고, '구조'는 학습 내용의 선정과 배열에 관한 문제라고 할 수 있다. 에듀테인먼트 콘텐츠 설계를 위해서는 우선적으로 전체적인 학습 목표의 설정과 학습 내용의 선정 및 배열이 이루어져야 이를 바탕으로 흥미 요소를 추가하여 에듀테인먼트 콘텐츠를 구성해낼 수 있는데, 다음과 같은 양식을 통해 학습 내용을 구조화할 수 있다.

2) 재미 요소 설계

에듀테인먼트에 있어서 재미는 어디서 오는가? 전달해야 할 교육적 내용에 재미를 부여하는 방법은 무엇인가? 안성혜·송수미(2009:152-153)에서는 기존의 선행 연구를 바탕으로 재미 요소를 사용자의 수용 기관을 기준으로 지각적 재미와 인지적 재미로 크게 구분하여 살피고 있다. 재미 요소의 유형 분류를 옮겨와 보면 다음과 같다.

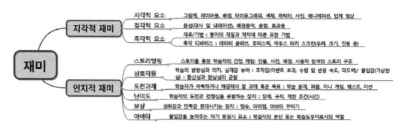

그림1 재미 요소의 유형 분류(안성혜·송수미, 2009:154)

여기서 지각(perception)이란 물리적이고 감각적인 외부 신호에 인간의 감각기관이 반응하는 것과 밀접한 관계를 가지며, 인지(conception)는 지각된 신호를 정보로 인식하여 자신의 지식과 경험 등을 통해 문제를 해결하는 과정이라고 할 수 있다. 따라서 지각적 재미는 인간의 오감 중 시각, 청각, 촉각을 중심으로 살펴볼 수 있으며, 인지적 재미는 지각적 재미와 같이 현상적이기보다는 심리적인 측면에서 학습자의 몰입을 위해 도전감, 경쟁심, 성취감, 만족감, 간접체험을 느낄 수 있도록 하는 것이다.

본고에서는 이러한 재미 요소 중에서도 인지적 재미의 하위 유형인 스토리텔링에 주목해 에듀테인먼트 콘텐츠로서의 문법교육 내용의 이야기화 가능성을 탐색해 보고자 한다.

3) 스토리텔링 설계

에듀테인먼트 콘텐츠는 매체 유형에 따라 출판 에듀테인먼트 콘텐츠, 디지털 에듀테인먼트 콘텐츠, 공간체험 에듀테인먼트 콘텐츠로 나뉘어질 수 있는데, 출판 에듀테인먼트 콘텐츠에서 스토리텔링이 차지하는 비중은 특히나 크다고 할 수 있다. 이때 스토리텔링은 Ruth Wajnryb(2009:3)에서 구분하고 있는 '내러티브 장르로서의 텍스트에 대한 학습 차원', '내러티브를 활용한 언어 학습 차원' 중 '내러티브를 활용한 언어 학습 차원'에 해당한다고 할 수 있다.

예를 들어, 우리는 수학의 제곱 개념을 직접적인 방식으로 다룰 수도 있지만, 아이들 수준에서 그 개념을 은유화한 '깡충 뛰기'가 등장하는 〈예시 1〉의 학습 텍스트를 통해 간접적인 방식으로 다룰 수도 있다. 이는 서사 형식을 활용한 학습 내용 자체에 주목하는 것이지, 서사 형식 자체의 이해에 학습 내용의 초점이 있지 않다는 점에서 '내러티브 장르로서의 텍스트에 대한 학습 차원'과는 다르다고 할 수 있다. 또한 학습 내용을 개념 중심의 직접적인 방식 외에도 은유를 활용한 간접적인 방식[5]으로 다룰 수 있는 가능성을 보여주는 사례라 할 수 있다. 그리고 본고에서 시도하고 있는 문법교육 내용의 이야기화 모델은 학습자의 흥미유발 장치로서의 서사 구조 안에서 주요 문법 개념을 은유화하는 과정을 보여주는 적극적 사례라 할 수 있다.

"아주 간단해. 그건 깡충 뛰기에서 나온 거야."
"깡충 뛰기에서?"
로베르트가 의아해하며 말했다.
"도대체 그런 표현이 어디 있냐? 언제부터 숫자가 깡충 뛴다는 거냐?"
"내가 그걸 깡충 뛰기라도 부르니까 이름이 '깡충 뛰기'일 뿐이야. 여기서 지금 누가 숫자들을 마음껏 부리는지 너 잊어버렸냐? 내가 괜히 수학 귀신인 줄 알아?"
"알았어, 알았다고."
로베르트는 얼른 수학 귀신의 비위를 맞추었다.
…(중략)…

$$5^1 = 5$$
$$5^2 = 25$$
$$5^3 = 125$$

---

5 은유는 전통적으로 표현의 문자적 의미와 비유적 의미 간의 유사성(similarity)이나 비교(comparison)의 개념에 근거를 두고 있다(임지룡·김동환 역, 2010:170). 이러한 은유의 기법을 문법교육 내용의 이야기화 모델에 도입하게 되면, 학습자의 동기와 흥미를 유발할 수 있다는 장점이 있다.
하지만 학습자의 은유 해석 과정에서 잘못된 해석이 일어날 소지가 있으며, 그럴 경우 명시적인 문법교육 내용 전달보다 못하다는 비난을 피할 수 없다. 그러나 본고에서 제안하는 이야기화 모델 안에서의 은유는 일상적 은유라는 점에서 그러한 잘못된 해석의 여지가 비교적 낮다고 할 수 있다. 하지만 학습자가 은유 해석 과정에서 잘못된 문법 개념을 형성하지 않도록 교사의 주의가 요구된다.

5의 1깡충, 5의 2깡충, 5의 3깡충, 5를 깡충 뛰게 만드는 거지. 이런 식이야. 알아듣겠니?

〈예시 1〉 내러티브를 활용한 언어 학습 차원 사례(고영아 역, 1997:40~43)

(1) 스토리텔링 구성 요소

출판 에듀테인먼트에서의 스토리텔링은 인지적 재미를 주는 가장 큰 부분으로 스토리가 얼마나 매력적이고 재미있는가에 따라 학습자의 몰입도가 달라진다. 스토리텔링을 매력적으로 만들기 위한 스토리의 구성 요소를 살펴보면, 일반적으로 캐릭터, 사건, 배경의 3가지로 구성된다.

캐릭터는 이야기에서 사건을 이끌어가며 학습자가 자기 동일화를 꾀할 수 있는 주체이기 때문에 학습자의 관심을 끌 수 있을 정도로 매력적인 존재여야 한다. 캐릭터는 스토리상의 역할에 따라 1) 스토리 진행의 주체이며, 사건을 해결하는 주인공과 2) 주인공을 방해하는 적대자, 3) 주인공을 돕는 동료나 친구들인 조력자, 4) 스승이나 사범 등 주인공에게 무언가를 주는 자인 증여자, 5) 주인공에게 무언가를 주는 자인 증여자, 6) 주인공에게 사명을 부여하고 멘토로서의 역할을 하는 파견자, 7) 사건을 의뢰하거나 사건의 빌미를 제공하는 의뢰자 등으로 구분할 수 있다.

사건에는 메인이 되는 사건을 중심으로 스토리를 풀어가는 방식과 서브 사건으로 연결된 다중 사건 구조가 있다. 메인 사건을 중심으로 스토리가 진행이 될 때에는 사건을 해결하기 위한 캐릭터가 주체적으로 등장하고 캐릭터에 관심이 집중되는 반면에, 다중사건 구조는 어느 한 캐릭터가 주체적으로 움직이지 않으며 몰입감도 어느 한 개인 캐릭터에 치중되지 않아 사건에 더 관심을 높이게 된다.

스토리의 요소 중 배경은 크게 시간적 배경, 공간적 배경, 사회·문화적 배경의 세 가지로 구분된다. 시간적 배경은 과거, 현재, 미래의 시간적 흐름이 중요하게 작용한다. 그리고 공간적 배경은 사건이 일어나 이야기가 시작되고 마무리되어지는 장소의 개념으로서 장소뿐만 아니라 그 공간을 구성하는 소품 등을 모두 포함하는 것으로서 현실감을 더해 준다. 사회·문화적 배경은 스토리에 개연성과 정체성을 심어주는 중요한 요소로서 스토리가 전개되는 동시대의 관습과 통념이 드러나야 하며 동시대의 문화적 요소가 적절하게 드러나야 한다(안성혜·송수미, 2009:208~212).

스토리텔링에 재미를 부여하기 위해서는 캐릭터, 사건, 배경을 매력적으로 개연성 있게 설정하여 조화롭게 만드는 것이 중요하며, 이와 같은 구성 요소들은 곧 스토리의 주제로 모아져 학습자에게 전달하고자 하는 학습 내용을 매력적으로 만든다고 할 수 있다.

(2) 에듀테인먼트 스토리텔링의 설계

안성혜·송수미(2009:226~228)에서는 스토리 구성을 위한 기초 설계 단계에서 1) 스토리의 모티브 포착, 2) 주제 결정, 3) 제재 및 소재 선정, 4) 시간 및 공간적 배경 결정, 주요 사건 설정을 진행할 필요가 있음을 강조하면서, 전체적인 에듀테인먼트 스토리텔링 구성 단계를 다음과 같이 제시하고 있다.

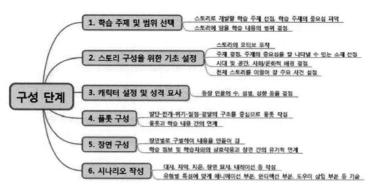

그림 2 에듀테인먼트 스토리텔링 구성 단계(안성혜·송수미, 2009:226)

그림 2를 바탕으로 에듀테인먼트 콘텐츠로서의 실제적인 문법교육 내용의 이야기화 모델[6]의 설계가 가능한데, 퀘스트 스토리텔링 모델 사례로 피동·사동 표현과 캐릭터 스토리텔링 모델 사례로 합성어와 파생어를 제시[7]하고자 한다. 자세한 내용은 다음 2, 3절에서 다루기로 한다.

2. 퀘스트 스토리텔링 모델: 피동·사동 표현

퀘스트(Quest)란 게임 안에서 주어진 임무 또는 목적을 위해 수행하는 모든 행위를 말하여 기획자가 게임의 설정 및 상황에 관련된 이야기를 플레이어에게 제공하는 수단으로 '미션(mission)'이라고도 한다. 에듀테인먼트 콘텐츠에서의 퀘스트는 교육적 지식이나 원리를 전달하기 위해 학습자의 흥미를 유발시키는 장치로써 만들어진 '가공된 사건'을 뜻한다.

즉, 퀘스트 스토리텔링이란 어떤 문제 해결을 위한 경로 탐색의 스토리화라고 말할 수 있으며, 이것은 한편으로는 학습자들의 승부욕을 자극하면서 다른 한편으로는 학습자의 수준에 적절한 교육 내용을 제공하여 학습자가 스스로의 한계에서 벗어나도록 유도하는 게임 방식의 스토리

---

6 에듀테인먼트 스토리텔링의 유형은 크게 공간 스토리텔링, 퀘스트 스토리텔링, 캐릭터 스토리텔링으로 구분(안성혜·송수미, 2009:202)되는데, 이 중 공간 스토리텔링은 테마파크처럼 학습자가 자신의 감정을 이입해 3차원적인 공간 안에서 스스로 이야기를 경험하게 하는 스토리텔링이다. 문법교육 내용의 이야기화 모델에서는 공간 스토리텔링이 중세국어 지식 관련 학습 내용이나 한글의 가치나 중요성을 인식하게끔 하는 학습 내용과의 연계 가능성은 높아 보이나, 일반적인 문법교육 내용의 이야기화 모델은 퀘스트 스토리텔링 모델과 캐릭터 스토리텔링 모델에 가깝다고 판단하여, 이 두 모델을 중심으로 문법교육 내용의 이야기화 모델 설계를 진행해 보았다.

7 본고에서 사례로 다루고 있는 '피동·사동 표현'과 '합성어와 파생어' 이야기는 2011학년도 2학기 K대 국어교육과 2학년 대상의 문법교육 전공 수업에서 '재미있는 문법교육'을 위한 탐색 과정 속에서 나온 의미 있는 결과물이다. 예비 교사로서 그 탐색의 과정에 적극적으로 임해 준 변석준, 신한샘, 장문수 학생에게 고마움을 전한다.

텔링이라고 할 수 있다(안성혜·송수미, 2009:204).

이 절에서는 피동·사동 표현을 중심으로 퀘스트 스토리텔링 모델을 1) 학습 내용 설계 차원, 2) 재미 요소 설계 차원, 3) 스토리텔링 설계 차원으로 구분하여 고안해 보고자 한다.

1) 학습 내용 설계 차원

학습 내용 설계 차원에서는 우선 '피동 표현의 의미와 형태를 이해하고 그 개념을 활용할 수 있다'는 학습 목표 아래 '단형 피동'과 '장형 피동'을 구체적인 학습 내용으로 삼았다. 사동 표현은 '사동 표현의 의미와 형태를 이해하고 그 개념을 활용할 수 있다'는 학습 목표 아래 '단형 사동'과 '장형 사동'을 구체적인 학습 내용으로 삼으면서, 피동 표현과 사동 표현의 형태가 동일한 경우를 구분하는 학습 목표와 학습 내용을 함께 설계하였다. 이를 바탕으로 한 피동·사동 표현의 학습 내용 구조도는 다음 그림 3과 같다.

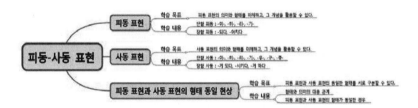

그림 3 피동·사동 표현의 학습 내용 구조도[8]

---

8 피동·사동 표현은 기존의 '형태 중심의 문법교육 내용'에서 '의미 중심의 문법교육 내용'으로의 변화를 보여주는 대표적인 문법교육 내용이라 할 수 있다. 즉, 기존에 단형 및 장형 형태를 알고 이를 구분하는 '형태 중심의 문법교육 내용'에서 2007 개정 교육과정(7학년 문법 영역 (4) 표현 의도에 따라 사동·피동 표현이 달리 사용됨을 안다.) 이후 언어 사용자의 의도와 상황에 따라 동일한 사건을 능동 대신 피동을, 주동 대신 사동을 선택해 사용하는 언어 형식의 효과에 대해 주목하게 함으로써 '의미 중심의 문법교육 내용'으로

2) 재미 요소 설계 차원

재미 요소 설계 차원에서는 인지적 재미로서의 스토리텔링을 중심으로 등장인물로 '웅지'와 '엄마'를 설정하고, 메인 사건으로 '상자의 자물쇠에 맞는 열쇠를 찾아 상자 열기'라는 미션을 상정하고 그에 대한 보상으로 과자가 주어지는 사건으로 설계하면서, 배경은 '방과 후 웅지 방'으로 삼았다. 이를 바탕으로 한 피동·사동 표현의 재미 요소 구조도는 다음 그림 4와 같다.

그림 4 피동·사동 표현의 재미 요소 구조도

3) 스토리텔링 설계 차원

스토리텔링 설계 차원에서는 우선 1) 학습 주제 및 범위 선택 단계에서 '피동·사동 표현'을 설정하고, 2) 스토리 구성을 위한 기초 설정 단계에서 스토리의 모티브를 미션 형태의 '퀘스트 스토리텔링 모델'을 원용하여 주제 및 수재 선정 단계에서 피동·사동 표현을 '자물쇠와 열쇠'라는 은유적 장치로서의 소재를 활용하여 배경으로는 '방과 후 공부를 하고

변화한 대표적 사례라 할 수 있다.

이러한 변화를 고려할 때 그림 3의 문법교육 내용은 기존의 형태 중심 문법교육 내용으로 구성되어 있어, 개별 문법 항목에서 중시되는 학습 목표가 충분히 구현되지 않았다는 비판을 피할 수 없다.

그러나 피동·사동 표현이 처음 교육되는 중학교 1학년 학습자들의 경우, 언어 사용자의 의도에 따른 형식의 선택이라는 '의미 중심의 문법교육 내용'에 다가가기 위해서는 우선 피동과 사동의 형태를 익히고, 피동과 사동의 형태가 같은 경우도 있다는 '형태 중심의 문법교육 내용'이 선행적으로 다루어질 필요가 있다. 따라서 표 2의 학습 내용은 '의미 중심의 문법교육'이 이루어지기 이전의 단계인 '형태 중심의 문법교육' 단계에서 활용할 수 있는 학습 내용이라 할 수 있다.

있는 웅지와 미션을 제시하는 엄마의 상황'을 상정하였다. 그리고 3) 캐릭터 설정 단계에서 미션을 해결하는 주인공으로서의 '웅지'와 미션을 제공하는 의뢰자로서의 '엄마'를 설정한 후에, 플롯 구성 단계에서 세부 플롯을 구분하여 설계하였다. 이에 따른 피동·사동 표현의 스토리텔링 구조도는 다음 그림 5와 같다.

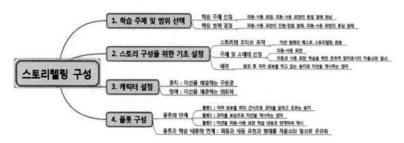

그림 5 피동·사동 표현의 스토리텔링 구조도

그리고 피동·사동 표현 학습을 위한 은유적 장치로서 활용할 '자물쇠와 열쇠'의 은유 양상을 은유의 근원 개념과 목표 개념으로 분석해 보면, 다음 표 1과 같다.

표 1 피동·사동 표현 스토리텔링에 활용할 은유의 근원 개념과 목표 개념

근원 개념 (source concept)	목표 개념 (target concept)	은유의 난이도
자물쇠	피동·사동 표현 개념	하
열쇠	피동·사동 표현 형태	하

이상의 퀘스트 스토리텔링 모델로서의 피동·사동 표현 학습 내용 결과물을 제시해 보면, 다음 표 2와 같다.

표 2 퀘스트 스토리텔링 모델로서의 피동·사동 표현 학습 내용

> 웅지는 국어 공부를 하다가 어머니에게 간식으로 과자를 달라고 졸랐다. 그러자 어머니께서는 자물쇠 세 개가 달린 이중 타원 형태의 상자와 열쇠 12개를 주시며, 자물쇠에 알맞은 열쇠를 찾아 상자를 열면 과자가 있으니 먹을 수 있다고 하셨다. 어머니께서 웅지에게 준 열쇠와 자물쇠에는 여러 가지 피동·사동 형태와 피동-사동 표현이라고 쓰여 있었다.
>
> 　　
>
> 　자물쇠1: 피동　　　자물쇠2: 피·사동　　자물쇠3: 사동
>
> | 열쇠 |
> | --- |
> | |
> | 열쇠 1 : -이-
 열쇠 2 : -히-
 열쇠 3 : -리-
 열쇠 4 : -기-
 열쇠 5 : -우-
 열쇠 6 : -구-
 열쇠 7 : -추-
 열쇠 8 : -되다
 열쇠 9 : -어지다
 열쇠 10 : -게 되다
 열쇠 11 : -시키다
 열쇠 12 : -게 하다 |
>
> 1. 웅지는 과자를 먹기 위해 위에 제시된 열쇠를 가지고 자물쇠를 열어야 한다.
>   1) 각 열쇠가 열 수 있는 자물쇠의 개수와 이름을 써 보자.
>   2) 자물쇠를 2개 이상 열 수 있는 열쇠의 단어를 가지고 간단한 문장을 만들어 보자.
>
> 　자물쇠 1, 2, 3을 열고 보니, 그 안에 다시 자물쇠 4, 5가 있다.

자물쇠4: 피동-단형

자물쇠5: 사동-장형

2. 웅지는 안에 있는 더 맛있는 과자를 먹기 위해 위에 제시된 열쇠를 가지고 자물
쇠를 열어야 한다. 그러나 이번엔 기회는 한 번뿐이다.

1) 자물쇠 1번을 열었던 열쇠 중 자물쇠 4번을 열 수 있는 열쇠의 개수와 이름을
써 보자.

2) 자물쇠 3번을 열었던 열쇠 중 자물쇠 5번을 열 수 있는 열쇠의 개수와 이름을
써 보자.

3. 캐릭터 스토리텔링 모델: 합성어와 파생어

에듀테인먼트 콘텐츠에 스토리텔링을 활용하는 이유 중 하나는 교육
내용을 마치 자신의 이야기인 것처럼 느끼게 함으로써 학습자의 몰입을
이끌어낼 수 있기 때문이다. 이때, 학습자가 자신의 이야기인 것처럼 느
낀다는 것은 스토리상의 주인공에게 자기 동일시를 느낀다는 것인데 출
판 에듀테인먼트 콘텐츠에서는 주인공의 캐릭터의 성격과 행동에 학습
자가 빠져들 수 있도록 해야 한다(안성혜·송수미, 2009:206).

이 절에서는 합성어와 파생어를 중심으로 퀘스트 스토리텔링 모델을
1) 학습 내용 설계 차원, 2) 재미 요소 설계 차원, 3) 스토리텔링 설계 차
원으로 구분하여 고안해 보고자 한다.

1) 학습 내용 설계 차원

학습 내용 설계 차원에서는 우선, '합성어의 단어 형성 방식을 이해하

고 분류할 수 있다'는 학습 목표 아래 '어근과 접사의 개념', '합성어의 단어 형성 방식', '외래어와의 결합 방식'을 구체적인 학습 내용으로 삼았다. 그리고 파생어는 '파생어의 단어 형성 방식을 이해하고 분류할 수 있다'는 학습 목표 아래 '어근과 접사의 개념', '합성어의 단어 형성 방식'을 구체적인 학습 내용으로 삼았다. 이를 바탕으로 한 합성어와 파생어의 학습 내용 구조도는 다음 그림 6과 같다.

그림 6 합성어·파생어의 학습 내용 구조도

2) 재미 요소 설계 차원

재미 요소 설계 차원에서는 인지적 재미로서의 스토리텔링을 중심으로 등장인물로 '나, 단일어 나라, 복합어 나라, 어근과 접사 민족, 합성어 가문, 파생어 가문, 병사, 스파이, 용병'을 설정하고, 사건으로 다중 사건 구조를 채택하여 '합성어 가문과 파생어 가문의 전쟁, 합성어 가문의 병사 생성, 파생어 가문의 스파이 색출, 단일어 나라의 공격, 복합어 나라의 휴전과 동맹, 합성어 나라의 지원군 파병, 합성어 나라의 용병 도입'을 설계하였다.

배경은 삼국지를 원용한 듯한 '춘추전국시대의 복합어 나라 안'으로 '복합어 나라 안의 합성어 가문과 파생어 가문의 대립 및 동맹 상황'을 상정하였다. 이를 바탕으로 한 합성어와 파생어의 재미 요소 구조도는 다음 그림 7과 같다.

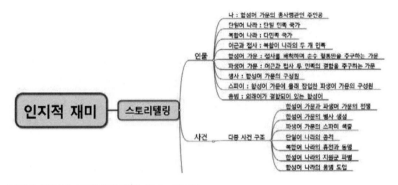

그림 7 합성어·파생어의 재미 요소 구조도

3) 스토리텔링 설계 차원

스토리텔링 설계 차원에서는 우선 1) 학습 주제 및 범위 선택 단계에서 '합성어와 파생어'를 설정하여 학습 범위는 '단어의 분류, 어근과 접사, 합성어와 파생어'로 잡고, 2) 스토리 구성을 위한 기초 설정 단계에서 스토리의 모티브를 주인공이 감정 이입되는 '캐릭터 스토리텔링 모델'을 원용하여 주제 및 소재 선정 단계에서 합성어와 파생어를 '두 가문의 전쟁 상황'이라는 은유적 장치로서의 소재를 활용하여 배경으로는 '춘추전국시대의 합성어 가문과 파생어 가문의 전쟁과 동맹'으로 상정하였다. 그리고 3) 캐릭터 설정 단계에서 합성어 가문의 총사령관인 주인공으로서의 '나'와 '복합어 나라' 안의 '합성어 가문'과 '파생어 가문', 그리고 합성어 가문의 구성원으로서의 '병사', 합성어 가문에 몰래 잠입한 파생어 가문의 구성원으로서의 '스파이', 외래어가 결합되어 있는 합성어로서의 '용병'을 설정하여, 플롯 구성 단계에서 세부 플롯을 구분하여 설계하였다. 이에 따른 합성어와 파생어의 스토리텔링 구조도는 다음 그림 8과 같다.

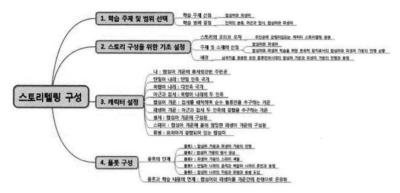

그림 8 합성어·파생어의 스토리텔링 구조도

그리고 합성어와 파생어 학습을 위한 은유적 장치로서 활용할 '국가, 민족, 가문' 등의 은유 양상을 은유의 근원 개념과 목표 개념으로 분석해 보면, 다음 표 3과 같다.

표 3 합성어와 파생어 스토리텔링에 활용할 은유의 근원 개념과 목표 개념

근원 개념 (source concept)	목표 개념 (target concept)	은유의 난이도
대륙	단어	하
딘일 민족 국가	딘일이	하
다민족 국가	복합어	하
복합어 나라의 두 민족	어근, 접사	중
민족의 결합을 추구하는 파생어 가문	파생어	하
접사를 배척하며 순수 혈통만을 추구하는 합성어 가문	합성어	하
병사	합성어의 예	하
스파이	파생어의 예	중
용병	외래어가 포함된 합성어	중

이상의 캐릭터 스토리텔링 모델로서의 합성어와 파생어의 학습 내용 결과물을 제시해 보면, 다음 표 4와 같다.

표 4 캐릭터 스토리텔링 모델로서의 합성어·파생어 학습 내용

단어 대륙은 단일 민족인 단일어 나라와 다민족 국가인 복합어 나라로 이루어져 있다. 복합어 나라는 두 민족으로 이루어져 있는데, 하나는 단어의 근간을 의미하는 어근이고, 다른 하나는 의미를 첨가하고, 품사를 바꾸어 주는 역할을 하는 접사이다. 복합어 나라는 두 민족이 결합하는 과정에서 두 가문으로 나누어졌는데, 하나는 민족의 결합을 추구하는 파생어 가문이고, 다른 하나는 접사를 배척하며 순수혈통만을 추구한 합성어 가문이다.
서로 추구하는 바가 달랐던 두 가문의 갈등은 나날이 심해져 갔고, 갈등의 불씨는 커다란 화염이 되어 나라를 휘감았다.

당신은 합성어 가문의 총사령관이 되어 전쟁을 승리로 이끌어야 한다. 다음 미션을 해결하여 승리로 한 발짝 다가가라!

미션 1. 지금은 병사를 만들 재료가 부족한 상태이다. 다음 단어들 중 합성어 나라의 병사를 생성하기 적합한 것을 골라라!

나물, 밥, 논, 밭, 풋-, 새-, 모자, 물, 높-, 달리-, 헛-, -으(ㅁ)
예시 답안: 나물, 논, 밭, 모자, 물, 높-, 달리-

미션 2 병사로 생성하던 중 파생어 나라의 스파이가 침입했다는 소식을 들었다. 스파이를 색출하라.

높푸르다, 군말, 풋고추, 일꾼, 오르내리다, 잡히다.
예시 답안: 군말, 풋고추, 일꾼, 잡히다.

전쟁 그 5년 후, 나라는 점차 피폐해져 갔다. 전쟁의 피로는 점점 쌓여만 가고, 민중의 고통이 점점 심해져 가던 중, 당신과 파생어 가문의 사령관은 단일어 나라에서 공격을 감행한다는 소식을 들었다. 이를 해결하기 위해 파생어 가문은 당신에게 휴전과 동맹을 요청했다. 당신은 이를 수락했고 그에 대한 대가로 최전선에 있는 파생어 가문에게 지원군을 파견하기로 결정했다. 하지만 당신의 영토 역시도 단일어 나라에게 위협받고 있는 상황이라 군사를 빼기엔 위험하다. 이 와중 당신의 참모가 다른 나라의 용병을 합성어 가문으로 받아들이자는 책략을 제시했다.

미션 3 아래의 단어들이 외국인 용병 후보로 선발된 병사들이다. 당신이
생각하기에 어떤 단어를 합성어 가문으로 받아들여도 괜찮다고 생각하는
가? 또 왜 그런 판단을 하였는지 설명해 보아라!

풋고추, 컴맹, 넷맹, 채팅방, 상황적
예시 답안: 내가 판단하기에는 컴맹, 채팅방, 그리고 넷맹 같은 것은 받아들여도
된다고 생각한다. 왜냐하면, 컴 그리고 채팅이나 넷은 이미 한국어에 깊숙이 파고
들어 있는 외래어이다. 이런한 것들이 다른 어근과 합성어가 된다고 해도, 한국어
에 딱히 어긋난다고 생각하지 않을 뿐만 아니라, 새로운 단어 창조에 도움이 된다
고 생각하기 때문이다.

V. 결론: 은유를 활용한 탐구 중심의 문법교육을 위하여

본고에서는 에듀테인먼트 콘텐츠로서의 문법교육 내용의 이야기화 모
델에 대한 탐색을 위해 2장에서 에듀테인먼트 콘텐츠로서의 문법교육
내용 탐색 배경을 1) 학습자의 변화, 2) 지식관의 변화, 3) 교육관의 변화
로 나누어 제시하고, 3장에서 문법교육 내용의 이야기화 모델 탐색 차원
에서 피동·사동 표현을 중심으로 한 퀘스트 스토리텔링 모델과 합성어
와 파생어를 중심으로 한 캐릭터 스토리텔링 모델을 제안하였다.

이러한 본고의 논의는 명확하게 직설적인 방식으로 "효과적으로" 교육
될 수 있는 문법교육 내용을 오히려 학습자의 추론과 해석의 과정이 필
요한 은유적인 방식으로 "비효율적"으로 제시하고 있다는 비판에 직면할
수 있다. 여기서 에듀테인먼트 콘텐츠로서의 문법교육 내용 이야기화 모
델의 탐색이 근본적으로 문법교육 내용의 은유적 제시 방식과 맞닿아 있
다는 지점에는 전적으로 수긍이 가능하다.

그러나 문법교육 내용의 은유적 제시 방식이 학습자의 문법교육 내용
구성 과정에 "비효율적"이라는 주장에는 수긍할 수 없다. 은유는 Lakoff

& Johnson(1980:3)에서 말하고 있는 것처럼, 언어뿐만 아니라 사고와 행동으로 대표되는 일상의 삶에 널리 퍼져 있고, 우리가 생각하고 행동하는 일상적 개념 체계는 근본적으로 은유적 본성을 지니고 있다고 할 수 있기 때문이다.

또한 학습자 중심 작문 평가 결과 방식으로서의 은유적 작문 평가 결과 제시 방식이 비효율적일 수 있다는 우려와는 달리, 학습자의 추론과 해석 과정을 통해 학습자의 뇌리에 직설적인 작문 평가 결과 제시 방식보다 오히려 선명하게 남았다는 오현아(2011)의 논의는 문법교육 내용의 은유적 제시가 학습 내용의 지속 효과 측면에서 긍정적으로 작용할 수 있는 가능성을 제시한 것이라 할 수 있으며, 이는 학습자의 단순한 암기가 아닌 적극적인 탐구 과정을 강조하는 최근의 문법교육 관점에서도 중요한 의미를 지닐 수 있다. 따라서 본고에서는 에듀테인먼트 콘텐츠로서의 문법교육 내용의 이야기화의 필요성을 제기하면서 실제적으로 문법교육 내용의 이야기화 모델을 제안하였다는 점에 의의를 두면서, 문법교육 내용의 은유적 제시에 따른 교육적 효용성에 대한 본격적 논의는 후일의 과제로 남겨두고자 한다.

민현식(2002), 국어 지식의 위계화 방안 연구, 국어교육 제108집, 한국어교육학회.
이관희(2009), 문법교육 위계화를 위한 방법론 개발: 품사 교육을 대상으로, 문법교육 제10집, 한국문법교육학회.

교육은 학습자의 성장 가능성을 전제로 하여 기획되고 실천된다는 점에서, 학습자의 발달에 따라 혹은 학습자의 발달을 추동하기 위해 어떠한 교육 내용을 어느 단계에서 제공할 것인가의 위계화 논의는 교육 연구와 교육 실천을 직접적으로 매개하는 중요한 연구 주제이다. 그러나 그간의 문법교육학 논의는 왜에 대한 물음에 답하기 위해 목표론에 기반한 교육 내용 선정 차원의 논의가 주를 이루어 이를 수직적으로 어떻게 배열하고 조직할 것인가의 문제는 본격적으로 다루어지지 않아 왔다. 이러한 현상은 교육과정론이라는 거시적이고도 담론적인 관점의 논의가 다른 교과나 영역에 비해 문법교육학에서는 두드러지지 않았음을 통해서도 확인할 수 있다.

이러한 가운데 민현식(2002)은 문법교육 내용의 위계화 문제를 문법교육을 둘러싼 총체적인 관점에서 설계한 선구적인 연구 성과이다. 민현식(2002)에서는 우선 문법교육을 왜 하는가에 답하기 위해 국어 지식의 개념, 국어학 지식과 문법교육의 상관성은 물론, 당시의 첨예한 논쟁 사안이었던 문법교육 무용론 문제까지도 포괄적으로 다루어 문법교육의 본질과 방향을 공고히 하였다. 이러한 기반에 터해 제7차 국어과 교육과정 속이 지식(현재의 문법) 영역의 위계화 문제를 전 학년, 전 교육 내용에 걸쳐 미시적으로 진단하였으며, 각각에 대한 대안을 실천적으로 제시하였다. 나아가, 대안 제시의 전제로 위계화의 고려 요인들을 다각도로 탐색하였는바, 횡적으로는 문법교육의 내용 체계를 '국어와 문화', '문법과 규범' 영역으로, 종적으로는 학습자의 발달 단계를 기초, 초급, 중급, 고급의 네 단계로 구획하여 반복·심화의 계열화 원리에 입각한 문법교육의 위계화 방안을 도출하였다.

이관희(2009)는 이러한 연구 성과에 힘입어 출현한 논의로, 민현식(2002)에서 개진한 문법교육의 위계화 논리를 되짚어 가는 가운데 학습자에 초점을 두어 위계화를 위한 일종의 방법적 절차를 마련하고 품사 교육을 대상으로 그 가능성을 타진한 연구이다. 보다 구체적으로, 이관희(2009)에서는 문법교육 위계화를 위한 방법론을 일종의 모형 차원에서 제시하였으며, 각각의 단계에서 품사 교육을 사례로 하여 위계화 방향을 논의하였다. 교과교육학 연구에서 위계화와 관련된 논의는 해당 교과 교육에 직간접적으로 내재된 제반 요소들에 대한 장기간의 면밀한 탐색이 요구되는 작업일 수밖에 없다는 점에서, 민현식(2002)과 그에 터해 수행된 이관희(2009)는 문법교육 전반에 대한 중요한 시사점을 제공한다. 또한, 학습자의 문법 능력 발달, 문법교육 내용 간의 연계성 등의 세부적 연구는 물론 문법교육 내용 조직, 문법교육과정 설계 등의 거시적 연구로까지 확장될 수 있다는 점에서 연구사적 위상을 확인할 수 있다.

국어 지식의 위계화 방안 연구[*]

민 현 식

목 차

요 약

특정 학년 혹은 단계에서 어떠한 내용의 국어 지식을 교수할 것인가의 문제는 문법교육을 기획하고 설계하기 위한 핵심적인 과제임에도 불구하고, 이제까지는 연구자나 교사들의 주관적·경험적인 판단에만 의존하여 국어 지식의 위계화가 이루어져 온 것이 사실이다.

제7차 국어과 교육과정 역시 이러한 지적에서 자유롭지 않아 국어 지식 영역의 위계화는 적지 않은 문제점을 안고 있다. 본고에서는 '국어와 문화', '문법과 규범'으로 문법교육의 내용 체계를 나누고, 후자를 다시 '음운·발음과 표기 규범 교육', '단어·어휘와 어휘 규범 교육', '문장·담화와 문장·담화 규범 교육'의 세 영역으로 세분하여 국어 지식 교육 내용을 선정하고, 제7차

[*] 『국어교육』 제108집(한국어교육학회 2002년 발행)의 71쪽부터 129쪽까지에 수록되었음. 또한, 요약은 원문에는 수록되지 않았던 것을 이 책에서 새롭게 작성한 것이다.

국어과 교육과정에서의 위계화에 대한 비판적 진단에 터해 합리적인 대안을 제시하고자 한다. 이를 위해, 국어 지식 교육 내용의 학년별 배열 단위를 기초(초등학교 1~3년), 초급(초등학교 4~6년), 중급(중학교 1~3년), 고급(고등학교 1~3년)의 네 단계로 등급화하고, 각각의 단계에 따라 학습자들의 발달 양상을 고려하여 국어 지식의 내용 체계별 교육 내용을 반복·심화하는 위계화 방안을 구안하였다.

본고에서 제안하는 국어 지식의 위계화 방안은 지속적으로 수정되고 보완되어 향후 새로운 국어과 교육과정 개발에 실질적으로 기여할 수 있어야 할 것이다. 나아가 이러한 논의를 토대로 국어 지식 교육의 이론적·실천적 상을 이상적으로 담아낼 수 있는 국어 지식 교육과정론 및 국어교육 전체의 기획 논의가 이어져야 할 것이다.

문법교육의 위계화 방법론[*]

이 관 희(호서대학교)

Ⅰ. 문제 제기: 문법교육 연구의 추상성 극복

교육 연구가 현실적 추동력을 얻기 위해서는 실천의 목적과 내용 그리고 절차를 단계적으로 논의해야 함에도 불구하고, 문법교육 연구는 그간 목표 담론을 중심으로 한 교육 내용 선별 차원의 논의가 대종(大宗)을 이루어 선별한 내용들을 어떻게 조직할 것인가, 즉 교육과정 수준의 논의는 활발히 전개되지 않아 왔다. 또한, 학습자들의 국어 능력 발달에 대한 실증적 연구가 드문 상황에서 어떤 학년 단계에 어떤 내용의 국어 지식을 교수할 것인가의 학습 내용의 위계화 문제는 연구자들의 주관적, 경험적 판단에 의존할 수밖에 없었다(민현식, 2002:71~72).

반면, 문학교육의 경우에는 텍스트, 즉 제재에 대한 위계화 연구[1]를 기점으로, 교육과정 구성의 거시적 연구[2]까지 어느 정도 진척이 된 상황이다. 염은열(2007:234)에서 진단하는바, 문학교육 연구에 있어 '무엇을'과

---

* 『문법교육』 제10집(한국문법교육학회 2009년 발행)의 205쪽부터 240쪽까지에 수록된 '문법교육 위계화를 위한 방법론 개발-품사 교육을 대상으로'를 다듬어 실음.

1 대표적으로 김중신(1994), 윤여탁(1997), 김상욱(2001) 등의 연구를 들 수 있다.

2 박인기(1996, 2001), 김중신(1997), 우한용 외(1997) 등 10여 년 전부터 시작된 연구가 최지현(2006), 고영화(2007), 염은열(2007)으로까지 확장되고 있다.

'어떻게'를 탐색하기 위한 연구의 질적·양적 발달에 힘입어 문학교육 연구가 이제는 그 '무엇'을 구체화하는 과정에 들어선 것이다. 이와는 대조적으로, '문법교육론, 문법교육과정론'의 색채를 띤 총체적이고 실천적인 관점의 연구 성과가 부재하다는 사실은 현재 문법교육 연구가 처한 상황을 여실히 드러냄은 물론 향후 지향해야 할 방향에 대해 시사하는 바가 크다.

문법교육 연구 역시 목표론과 내용론의 차원에서 이루어진 성과를 기반으로 이제는 '왜, 무엇을'이라는 추상적인 질문[3]에서 벗어나, 선별된 교육 내용들을 구체화하고 이들을 체계적으로 조직하는 작업, 즉 문법교육과정 구성의 기반을 공고화해야 할 때이다.

이를 위해, 본고에서 주목한 것은 문법교육과정의 수직적 조직을 위한 핵심 키워드인 '위계화(位階化)'이다. 교육은 학습자의 성장 가능성을 전제로 이루어지며, 따라서 어떤 교육이든 간에 학습자의 능력 발달은 교육의 계획과 실천에서 최우선적인 고려 요인이어야 함을 감안할 때, 위계화 연구는 실천의 적절성과 효율성을 가늠할 수 있게 하기 때문이다. 또한 일정한 위계 체제는 교육 내용들을 수준별로 배열할 수 있는 하나의 모형을 제공함으로써 학교 급별, 학년별로 교육 내용을 배분할 수 있게 한다(이경섭, 1996:214)는 점에서 위계화 연구는 현재 문법교육 연구가 처한 추상성의 문제를 극복할 수 있는 실마리를 제공할 수 있을 것이다.

본고에서는 품사 교육으로 논의 대상을 초점화하여 문법교육의 위계

---

3 여기에는 목표와 내용 수준의 논의가 마무리되어야 교육과정 수준의 논의가 가능하다는 논리가 전제되어 있다. 그러나 교육과정 층위의 다면적 논의를 통해 목표와 내용 논의의 방향성을 점검하고 통제할 수 있어야 한다는 점, 목표론, 내용론, 교재론, 방법론, 평가론의 모든 층위의 논의는 궁극적으로 위계화 논의로 수렴되거나 관련을 맺을 수밖에 없다는 점에서 관점의 전환이 요구된다.

화 방법론을 제안하고자 한다. 굳이 '방법론'이라는 비획정적 용어를 사용하는 것은 본고의 목적이 문법교육과정의 완결된 위계화 구조를 제안하는 데 있지 않고, 위계화를 위한 하나의 방법적 절차를 개진하고 그 가능성을 타진하는 데 있기 때문이다. 즉, 본고에서 제안하는 위계화 방법론은 다양한 교육과정 변인들에 대한 객관적인 검증을 완료한 상태가 아닌 일종의 시론(試論)으로서의 의의를 지닌다는 것이다.

먼저 II 장에서는 논의의 이론적 전제 마련을 위해 위계화의 개념과 고려 요인을 고찰한다. 이를 토대로 본격적인 논의에 해당하는 III장에서는 문법교육과정의 정합적 위계화를 위한 방법론을 크게 네 단계로 나누어 각각의 절차에 대해 입론(立論)하고자 한다.

II. 위계화 논의를 위한 이론적 전제

1. 위계화의 개념

일반적으로 교육과정을 구성하기 위한 두 축을 '범위(scope)'와 '계열(sequence)'로 나누어 설명한다. 전자가 해당 교육에서 다루어야 하는 내용 요소들을, 여러 변인들을 고려하여 선별(選別)⁴하는 차원이라면, 후자는 선별된 교육 내용들을 일정한 단계에 따라 조직하기 위한 개념이다. 다시 말해, 이 둘은 교육과정의 수평적 조직과 수직적 조직의 차원으로 범주화될 수 있다.

---

4 '선정(選定)'이라는 일반적인 용어를 두고 굳이 '선별(選別)'을 사용한 것은 주세형 (2006ㄴ:125)에서 지적하는바, 전자에는 '배제'의 논리가 내포되어 자칫 문법교육의 내용 요소들을 협소하게 파악할 우려가 있다고 판단했기 때문이다.

수평적 조직과 관련[5]해서는 통합성(統合性, integration, 이홍우, 2006: 16), 횡적 구조 체계화(주세형, 2006ㄴ:133), 유기성(有機性, 민현식, 2002: 54) 등의 개념들을 고려해야 한다. 이들 용어들은 다소간의 개념 차는 두고 있더라고, 대체로 동일 학교 또는 학년 수준에서 여러 교과들이 서로 어떠한 관련을 맺고 있는가와 관련된 문제(이홍우, 2006:16)라는 점에서는 맥락을 같이 한다. 다만, 교육과정의 실행 차원에서는 통합성 혹은 유기성의 개념을 '해당 교과 내의 영역 간'이라는 좁은 범주와 '전체 교과 내의 과목 간'이라는 넓은 범주로 구분하여 다루어야 할 필요가 있다.

수직적 조직과 관련해서는 타일러(Tyler)가 제시하는 계속성 (continuity)과 계열성(sequence)이 대표적인 개념인데, 전자는 학년이 올라감에 따라 목표를 실현하기 위한 교육 내용이 반복적으로 다루어져야 함을, 후자는 교육 내용이 계속성을 바탕으로 하되 좀 더 폭넓고 깊이 있게 다루어져야 함을 의미한다(이홍우, 2006:76). 이렇게 볼 때, 계속성은 어느 정도 계열성에 포함된 개념이며, 일반적으로는 '계열화(系列化)'라는 용어를 주로 사용한다. 이는 구조화된 교육 내용을 점차 폭과 깊이를 갖추어 확장하는 구조라는 점에서 브루너(Bruner)가 주창한 '나선형 교육과정'의 토대를 이루는 개념이다.

한편, 남가영(2008ㄱ:52)에서는 '문법 학습 경험'이라는 개념을 토대로 보다 실천적인 관점에서 '학습자에 주목한 계열화'를 시도하는데, 그에 따르면 '계열화'는 특정한 학습 경험이 그 이전의 경험과 유기적으로 연계되고 차후의 경험에 의미 있게 이어질 수 있도록 배열하는 문제와 관련된다. 즉, 포스너와 케네스(Posner & Kenneth, 1976:401)가 강조한바,

---

5 교육과정의 수직적 조직을 논의하면서 수평적 조직과 관련되는 개념들을 살피는 것은 교육과정의 전체 조직에 개재하는 전체 개념들 속에서 '위계화'의 의미를 보다 명확히 파악할 수 있어야 하기 때문이다.

계열화는 교육 내용의 논리적 구조와 학습자의 심리적 차원이라는 두 요소 중 어느 것을 주된 원리로 보는가에 따라 방향성이 달라지는데, 남가영(2008ㄱ)에서는 후자의 중요성을 역설한다는 것이다.

이러한 논의에도 불구하고, '계열화(sequence)'라는 용어 자체는 학습자 측면보다는 교육 내용의 논리적 관계를 고려한 배열 차원의 속성이 강하다. 이는 계열화의 지향 지점을 결정하는 '단계(grade)'의 구분에서 학습자의 능력 발달이 일차적인 고려 요인이 아니고, 교육 내용의 논리적 체계를 반영한 상대적 단계가 중점적으로 다루어지기 때문이다. 바로 여기에서 '위계화' 논의의 출발 지점을 확인할 수 있다. 다시 말해, 위계화는 계열화된 교육 내용들을 학습자의 발달을 고려하여 학년 군이나 학교 급에 따라 일정한 원리로 단계화하는 과정을 의미한다는 것이다.

요컨대, 위계화 과정에는 필연적으로 '교육 내용 자체의 계열화 문제'와 '학습자의 능력 발달 수준 문제'가 동시에 포함되며, 교육과정의 정합적 위계화를 위해서는 이 두 요인에 대한 전체적 조망을 토대로 각각의 접합 지점을 교육과정의 수직적 조직을 위한 구심점으로 삼아야 한다.

그런데 개별적으로 존재하던 교육 내용들을 특정한 관계로 구축하는 의미의 '위계(位階)' 개념은 좀 더 신중히 쓰일 필요가 있다. 국어교육학사전(1999:577~578)에 의하면, '위계(位階)'와 관련된 영어 표현은 'hierarchy'와 'staging, grading'의 두 층위로 구분⁶된다. 미시적 수준의 위계에 해당하는 'hierarchy'는 지식을 총체적 체계로 파악하고 그 체계의 상부에 속하는 지식과 하부에 속하는 지식을 구분하여 조직하는 '지식의 계층화(stratification of knowledge, 교육학용어사전: 655)'를 전제로 한다. 즉, 학습의 순서 혹은 과정에 따라 교육 내용들 사이의 우선순

---

6 국어교육학사전(1999)에서는 전자를 '위계성(位階性)', 후자를 '위계화(位階化)'라는 용어로 구분한다.

위를 정하는 차원[7]의 개념이라는 것이다. 반면, 거시 수준의 위계로 파악 가능한 'staging, grading'은 위계적(hierarchy)으로 조직된 교육 내용들을 학습자의 능력 발달에 따라 일정한 군(群)으로 묶어 구획하고 이를 순차적으로 단계화하는 과정을 의미한다. 본고에서의 '위계화'는 후자에 해당하는 것으로, 학습자의 발달에 따라 왜 해당 목표와 내용을 그 학년 군에 배열해야 하는지에 대한 명확한 기준을 근거로 각각의 교육과정을 종적으로 구성한다는 의미이다.[8]

2. 위계화의 고려 요인[9]

상술하였듯이 교육과정의 위계화를 위해서는 '교육 내용의 논리적 측면'과 '학습자의 심리적 측면'을 모두 고려해야 한다. 따라서 위계화 논의의 이론적 기반을 구축하고 위계화의 토대가 되는 단계화의 거점을 확보하기 위해서는 교육 내용 요인과 학습자 요인을 상호 조회하여 둘 사이

---

7 'hierarchy'는 대체로 수학, 과학 등의 지식 교과에서 지식의 구조 체계를 구축하는 데 자주 등장하는 개념이다. 국어과의 타 영역에 비해 비교적 지식의 체계가 분명하다고 인식되는 문법 영역에서도 이러한 지식 체계를 구축할 필요가 있다. 최근 김호정 외(2007), 남가영 외(2007)에서 문법 용어를 중심으로 이 같은 연구가 시도된 바 있다.

8 한편, 민현식(2002:89)에서는 위계화의 실현 층위에 따른 구분을 시도하는바, 학습 내용을 학습자의 수준에 맞추어 배열하는 외적 위계화 차원과 학습 내용도 항목별로 난이도에 따라 조직하는 내적 위계화의 두 층위로 위계화를 구분하여 설명한다.

9 교과 교육 설계의 다양한 부면을 담아내야 하는 위계화 논의는 본고에서와 같이 비교적 단순한 요인들만을 살펴서는 그 실천성이 담보되기 어렵다. 본고에서는 방법론을 구안하는 차원에서 담론적 수준의 요인들을 살피는 것이다. 민현식(2002:83~88)에서는 위계화 실천을 위한 세부적인 고려 요인들로, (1) 문법 지식과 언어 실제 기능의 조화, (2) 구어 문법과 문어 문법의 조화, (3) 선택과 위계화, (4) 복잡성, 학습성, 교수성 등 위계화의 고려 사항, (5) 규범적 문법과 기술적 문법, (6) 형태 규칙의 문법과 용법 규칙의 문법, (7) 연역적 기술과 귀납적 기술, (8) 명시적 기술과 암시적 기술, (9) 문법 지식 교육의 효율성과 적합성, (10) 사실성, 제한성, 명료성, 단순성, 친근성, 적절성을 충족하는 문법 규칙의 기준의 열 가지를 상세하게 제시하여 좋은 참조가 된다.

의 공통분모를 마련해야 한다.

먼저, '교육 내용 요인'을 고찰하기 위해서는 문법교육은 지식 교과로서의 성격이 강하며,[10] 언어 현상을 대상 세계로 삼아 그 구조와 원리를 탐색하는 언어적 경험이 살아 있는 공간이라는 전제가 확립되어야 한다.

그런데 문법교육에서 교육 내용으로 다루어야 하는 문법 지식은 '체계성'과 '과정성'의 두 가지 속성을 동시에 지닌다. 문법 지식은 언어에 대한 정교한 논리 체계를 근간으로 한다는 점, 문법 지식의 가치와 의미는 공존하는 다른 개념에 의해 결정된다는 점에서 '체계성'이 의미화되며, '과정성'은 이러한 지식 체계가 외부에서 주입되는 고정불변한 실체가 아니라 언어 주체의 인식과 탐구 과정을 거쳐 완성된 비판 가능한 구조라는 점을 의미한다. 따라서 학습자들이 문법 지식을 학습한다는 것은 '일정한 체계 속에서 해당 지식의 위치를 감식(鑑識)하고 구조화할 수 있는 능력'과 '주어진 결과가 아닌 알아가는 과정 속에서 해당 지식을 구조화하고 해석하는 능력'을 동시에 갖게 된다는 것을 의미한다.

본고에서 많은 문법 항목 중 품사를 연구 대상으로 삼은 것도 바로 이러한 이유 때문이다. 품사(品詞)는 어류(語類)를 '형태, 기능, 의미'의 세 가지 기준[11]으로 문법적 성질이 같은 것끼리 묶어 낸 단위로, 일정한

---

10 물론 문법교육에서 다루어야 할 교육 내용 중에는 '체계성과 과정성'으로 곧바로 치환하기 어려운 '국어 순화, 국어 문화' 등의 요소도 존재한다. 하지만 본고에서 문법교육의 지식적 속성을 강조하는 것이 이러한 요소들의 배제를 상정하는 것은 아니다. 그보다는 문법교육의 본질에 비추어 중심축을 정립한 뒤에야 이러한 요소들도 '인식의 수준'에 따라 위계화할 수 있다고 본다.

11 '형태, 기능, 의미'의 기준에 대해 그간 국어학적으로 많은 논란이 있어 왔다. 어떤 기준을 우선시하는가에 따라 품사 체계가 달라짐은 물론, 몇몇 단어의 품사도 달리 설정된다. 그러나 문법교육에서 품사 분류 기준을 다루는 것은 품사 체계를 국어학적으로 가장 정확하게 기술하느냐의 '학적 논리'에 있지 않고, 세 기준에 대한 단계적 이해를 통해 품사 분류의 전체 체계를 과정적으로 인식하게 하는 '교육적 논리'에 있음을 상기할 필요가 있다. 따라서 어떤 체계를 갖추어야만 하는가의 국어학적 기술보다는 어떤 구조로 품사를 체계화하는 것이 품사 교육의 유의미한 목적을 달성하는 데 효과적인가를 최우선적으로 고려해야 한다.

논리적 체계로 구조화됨은 물론, 그러한 체계는 각각의 기준에 따라 단어들을 분류해 가는 과정의 결과이기 때문이다. 또한 학교문법의 9품사 체계는 완벽한 체계가 아닌 일종의 '합의된 체계'라는 점에서 해석과 비판의 여지를 담고 있어 문법 지식의 '과정성'을 보여 주는 대표적인 교육 내용이다.

위계화의 두 번째 고려 요인은 교육의 주체이자 수혜자인 '학습자'이다. 그런데 학습자는 성향, 자질, 연령, 성별, 환경적 차이, 인지 능력, 언어 능력 등의 수많은 요인을 포함하는 복잡다단한 변인이어, 이를 모두 반영하여 교육을 설계하는 것은 불가능하다. 다만, 학습자의 어떤 능력 부면에 중점적으로 접근하는가에 따라 위계화의 방향이 결정되며, 이때 해당 교육에서 학습자의 성격을 어떻게 규명하는가는 교육의 목표와 의의를 결정하는 중요한 지점이다. 본고에서는 문법교육의 목표 중 하나인 '언어 의식(language awareness)[12]의 고양(高揚)'에 논의의 초점을 두었으며, 이를 위해 학습자의 인지 발달에 초점을 두어 위계화 요인을 살핀다.

이러한 방식으로 초점화된 학습자의 능력은 발달에 따라 단계화할 수 있어야 한다. 즉, 일정한 원리가 학습자의 발달 과정 속에서 관류(貫流)하는 구조의 단계화가 요구된다는 것이다. 그래야만이 특정한 시점에서 교육 내용에 대한 학습자의 이해를 도모하는 데에만 그치지 않고, 그 이해가 다음의 보다 높은 단계로 이어지는(박재문, 2003:77) 위계화가 가

---

12 'language awareness'의 번역은 '언어 의식'과 '언어 인식'의 두 방향으로 이루어져 왔다. 김은성(2006)에서는 새로운 대상에 대한 발견의 과정을 부각하기 위해 '언어 인식'을, 남가영(2003)에서는 의식적이고 적극적인 학습자의 능력을 강조하기 위해 '언어 의식'을 번역어로 쓴다. 물론 두 경우 모두 언어를 대면하는 학습자의 인지적 행위에 초점을 둔다는 데에는 큰 차이가 없지만 본고에서는 교육 목표 차원에서 학습자의 총체적 능력을 표현하기 위해 '언어 의식'을 상정하고 그 세부 영역에 인지 수준에 따른 '언어 인식'이 작용하는 구조로 파악하고자 한다.

능하기 때문이다. 예컨대, 주세형(2006ㄴ:124)에서는 학습자의 알아가는 과정에 착목하여 다음과 같이 종적 구조 체계화 방안을 제안한다. 물론 학습자의 인지 발달에 초점을 둔 본고의 위계화 논의와는 다소 차이가 있으나, 상위 단계로 올라갈수록 전체 체계를 한층 정교화해가는 과정을 중점적으로 다루는 양상은 본고의 위계화 논의에 시사하는 바가 크다.

표1 주세형(2006ㄴ)의 종적 구조 체계화 방안

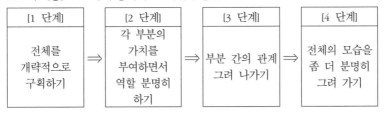

본고에서 주목하는 학습자 요인으로서의 '인지 발달'은 성장에 따라 학습자의 언어 인식력이 확장되어 감을 의미한다. 즉, 인지 발달에 따른 지식의 학습 과정은 단순히 지식을 축적하는 수준을 넘어 인식의 틀을 바꾸는 변화이며, 학습자들은 이 과정을 통해 언어에 대한 인식의 깊이와 밀도를 더해 간다는 것이다. 이러한 인식 경험의 누적은 기존의 인식 수준이 대체되거나 상위 인식 수준과 연관되면서 인식 체계 전반의 조정과 확장을 가능하게 한다. 인간의 앎은 근본적으로 직선적인 건설 구조가 아닌, 순환적인 수정 구조(이규호, 1974:42~44)로 이루어지기 때문이다. 따라서 문법교육의 위계화는 학습자의 인지적 사고가 이전 단계의 사고방식을 통합하고 변형하며 분화시켜 발달한다는 점을 고려하여 한 단계의 목표가 실현되면 이후의 목표를 향해 점진적으로 학습자의 성장을 이끄는 방향으로 설계되어야 한다.

이제까지의 논의를 요약하면, 문법교육과정 위계화의 거점은 '교육 내

용 요인'과 '학습자 요인'으로 마련되며, 전자는 '문법 지식의 체계성과 과정성'을, 후자는 '초점화된 학습자의 능력과 전체를 관류하는 단계 구조'를 포함한 요인이어야 한다. 이때 학습자와 교육 내용으로서의 지식의 관계는 비록 대립적인 긴장 관계에 있으나, 서로 모순되는 것이 아니며 오히려 교육의 양대 지주로서 동시에 고려되어야 한다(홍은숙, 1999: 333)는 점을 주지해야 한다.

Ⅲ. 문법교육 위계화의 방법적 절차: 품사를 대상으로

1. 교육 목표의 설정: 종적(縱的) 일관성의 회복

전술하였듯이, 문법교육의 내용은 체계성과 과정성을 지니는 문법 지식으로 채워진다. 이때의 지식은 일반적으로 명제적 지식의 의미로 통용되는 경우가 많다. 그런데 명제적 지식은 해당 내용의 성격이나 역할 면에서 교육적으로 의미 있는 유형화가 가능하다.

오우크쇼트(Oakeshott, 1967:164~167)는 명제적 지식에 해당하는 '정보'의 종류를 크게 셋으로 분류한다. 첫째, 어떤 행위를 할 수 있기 위해 반드시 알아야 하는 '조건'의 성격을 가지는 명제가 있다. 둘째, 어떤 행위의 정오(正誤) 여부를 평가할 수 있는 '준거'의 성격을 가지는 명제가 있다. 준거로서의 명제는 조건으로서의 명제와는 달리, 행위를 잘 하는 데 반드시 필요한 것은 아니다. 셋째, 행위를 이해하고 관련 현상을 설명하기 위한 '원리'로서의 명제가 있다. 원리로서의 명제는 행위를 하기 위해 반드시 알아야 하는 조건도 아니고 행위가 적합한지를 판단하는 준거도 아니지만, 행위 속에서 발생하는 현상에 대한 '합리적 근거'를 제시하는 역할을 한다.

그렇다면 문법교육에서 역시 명제적 형태의 문법 지식을 어떤 성격으로 규정하느냐에 따라 문법교육의 목표가 달라질 것이다.[13] '조건으로서의 문법 지식'은 언중들의 언어 사용에 기반을 제시하며, '준거로서의 문법 지식'은 언어 규범이라는 틀 안에서 언어 사용의 정확성을 판단하는 기준이 되기 때문이다. 또한 '원리로서의 문법 지식'은 인간의 언어 행위 혹은 언어 그 자체의 체계와 속성을 이해하기 위한 역할을 수행한다. 이를 목표 형태로 언표화하면 다음과 같이 정리될 수 있을 것이다.[14]

① 정확하고 효과적인 의사소통을 위한 기초적 지식을 제공하는 영역으로서의 역할
② 듣기, 말하기, 쓰기, 읽기, 문학 행위를 위한 사회적 언어 자원을 제공하는 영역으로서의 역할
③ 자신의 언어를 대상화할 수 있는 주체적 언어 사용자를 길러내기 위한 영역으로서의 역할
④ 국어 공동체의 역사적, 사회문화적 이해를 위한 문법적 경험을 제공하는 영역으로서의 역할

이상의 요소들은 모어 화자를 대상으로 한 문법교육에서 각각 차별화된 가치를 가지는 중요한 목표 지점들이다. 그런데 본고의 목표인 위계화의 방향성을 결정하기 위해서는 이러한 목표 요소들 중 하나 혹은 그

---

13 문법교육은 실용성이 없는 지식만을 가르친다는 비판은 실상 이러한 명제의 층위를 고려하지 않은 채 이루어졌다는 점에서 문제가 있다. 또한 문법교육의 영역에서도 이러한 명제 층위에 대한 인식 없이 그때그때의 자구책으로 방어의 논리를 생산해 왔던 것이 사실이다. 외연을 확장하여 '문법'의 다양한 부면을 들여다보고 지식에 대해 새롭게 인식할 필요가 있다.
14 주세형(2007ㄱ:178)의 정리를 인용한 것이다.

이상을 선택하여 위계화의 입각 지점으로 삼을 수 있어야 한다.[15] 교육 목표는 특정한 관점의 선택이며, 선택된 관점은 교육 내용의 선별은 물론 그것들을 조직하고 배열하는 교육과정의 구성에 관여하기 때문이다. 문법교육 위계화 절차의 첫 단계로 교육 목표 선정을 논의하는 이유가 여기에 있다. 즉, 해당 영역의 교육 목표는 국어과 교육의 일반 목표로부터 도출되어 단계별로 구체화되고 체계화될 때 비로소 합당하고 실효성 있는 성취 수준이나 활동들을 갖추게 된다(최지현, 2005:218)는 것이다.

그런데 특정한 관점으로 선택한 교육 목표를 토대로 위계화의 방향성을 결정하기 위해서는 교육 목표를 학습자의 발달에 따라 일정한 위계 구조로 체계화해야 한다. 교육의 목표를 설정하고 이를 달성하기 위한 내용을 선정하는 일도 결국에는 일정한 조직적인 틀 속에 그 위치를 차지해야만 비로소 교육적인 의의를 지니게 되기(이경섭, 1996:212) 때문이다. 다시 말해, 각급 단계의 교육 목표를 일정한 원리가 관류(貫流)하도록 일관되게 구조화하지 않고, 교육 내용에 이끌려 그때그때 분산 배열해서는 학습자의 특정한 능력 발달을 담보할 수 없다는 것이다.

이러한 인식이 교육과정 구성 차원에서 공유되지 못한 사실은 2007 개정 교육과정의 학교 급별 지도 중점에서도 여실히 드러난다. 표 2에서 확인할 수 있듯이, 국어교육 전반의 핵심 지도 중점을 초등과 중등으로 나누어 어느 정도 차등을 두지만 실제 국어교육 현상에서는 뚜렷하게 구분되기 어려운(최미숙 외, 2008:32) 요소들을 배치하고 있기 때문이다.

---

15 이 지점에서 '언어의 특성, 국어의 특질, 국어 정책, 국어 순화, 국어의 계통, 국어사, 국어 규범' 등의 비구조적 문법 지식들을 어떻게 배치해야 할 것인가의 문제를 고려해야 한다. 사실 이 문제는 교육 목표를 결정하는 문제와 상동하여 '거기에 있기 때문에 가르치는 것'이 아니라, '목표를 실행하기 위해 가르친다'는 인식이 전제되어야 한다.

표2 2007 개정 교육과정의 학교 급별 지도 중점

비고	초등학교	중등학교
국어사용 능력의 측면	정확성, 효과성 강조	정확성, 비판성, 창의성 강조
국어 활동의 측면	사고력, 상상력의 배양	고등 사고력, 심미적 안목 배양
정의적 능력의 측면	국어 활동을 즐기고 존중하는 태도	국어 문화에 대한 관심과 국어를 발전시키려는 태도

보다 구체적으로, 본고의 연구 대상인 품사가 7차와 2007 개정 교육과 정에서 다루어진 양상(표 3)을 살피면 교육 목표의 차원에서부터 일관된 위계 구조가 형성되지 않았음을 확인할 수 있다. 7차의 경우, 4학년에서 는 품사의 체계에 대한 고려 없이 극히 일부분만을 다루며, 9학년과 심 화 단계에서는 제시 순서만 바뀌었을 뿐, 교육 목표가 차별화되지 않고 있다. 또한 2007 개정 교육과정의 3학년에서 다루는 '품사의 기초 개념' 은 그 범위가 대단히 모호하며, 심화 단계의 교육 목표가 과연 적합한지 의구심이 든다. 오히려 심화 단계의 목표는 초등 단계로 하향 조정되어 학습자들이 품사 학습의 의의를 초등 단계에서부터 인식할 수 있도록 배 치[16]했어야 할 것이다.

---

16 단어 분류라는 행위가 지니는 의의와 효용성은 학습이 완료되는 시점인 고등 단계가 아니라, 학습의 출발 시점인 초등 단계에서부터 지속적으로 강조되어야 할 품사 교육의 전제에 해당하기 때문이다. 품사 학습의 이유에 대한 인식이 공유되지 않은 상태에서는 단순히 활동의 경험이나 암기해야 할 지식 목록의 추가 정도로 품사 학습의 의의가 전락될 우려가 있기 때문이다. 이러한 관점은 품사 교육을 위계화하는 III장에서 초등 단계의 교육 목표와 내용을 설정하는 차원에서 표면화된다.

표3 7차와 2007 개정 교육과정의 품사 교육 내용

7차 교육과정	2007 개정 교육과정
[4학년] 용언의 기본형을 안다.	[3학년] 국어사전에서 낱말 찾는 방법을 안다. - 국어 품사의 기초 개념 이해하기 - 용언의 기본형 알기
[9학년] 품사의 분류 기준과 각 품사의 특성을 안다.	[7학년] 품사의 개념, 분류 기준, 특성을 이해한다.
[심화] 국어의 품사 분류와 그 기준을 이해한다.	[심화] 단어의 품사 분류를 이해하고 단어 분류의 의의와 효용성을 국어 생활과 관련하여 설명한다.

이러한 사태의 원인은 각급 단계의 교육 목표를 설정함에 있어서, 일정한 관점을 토대로 한 위계 구조를 구축하지 못한 채, 일종의 선택적 병치(竝置)[17]가 그 구조를 대체하고 있는 데 있다. 다시 말해, 학습자가 해당 교육을 통해 습득해야 하는 지식과 발달시켜야 하는 능력이 교육 목표상에 반영되지 못한다는 것이다.

교육 목표는 그 자체로 교육을 통해 학습자가 변화하고 도달해야 할 상태를 의미한다. 또한 문법교육에서 중점적으로 다루어야 하는 학습자의 능력은 현재의 지식에 새로운 지식을 누적적으로 보태어 가는 방향이 아니라 '지식에 대한 인식의 수준을 확장시켜 나가는 방향이어야 한다. 그렇다면 교육 목표 선정의 차원에서부터 학습자의 능력이 분화되고 통합되어 가는 양상을 담을 수 있는 일정한 위계 구조가 설정되어야 할 것이다.

또한 그렇게 되었을 때, 학습자의 결여된 부분을 보충하기 위해 지식

---

17 최지현(2005, 2006)에서 사용된 것으로, 국어과 교육과정에서 영역 구분의 문제, 학년별 교육 내용의 배열 문제를 논의함에 있어 일정한 원리와 관점이 아닌 분산과 합의가 쟁점이 된다는 점을 지적하는 용어이다.

을 주입하는 문법교육이 아닌, 학습자가 가지고 있는 현재의 능력을 토대로 교육 내용에 접근하게 하는 문법교육이 가능해진다. 해당 단계에서 학습자가 가시적으로 인식할 수 있는 교육 목표를 설정[18]할 수 있으며, 단계에 따른 교육 목표의 일관성을 유지함으로써 교육 내용의 분산이 아닌 수준과 깊이의 차이를 반영하는 위계화가 가능해진다는 것이다.

2. 학습자 발달 수준의 단계화: 학습자 능력의 초점화

두 번째 단계의 논의는 1단계의 논의와 밀접하게 연동하는 가운데 이루어진다. 2단계에서 주목하는 학습자 발달 수준의 단계화는 학습자가 가지는 다양한 능력 중 하나의 부면을 초점화할 때 가능하며, 이러한 초점화는 1단계에서 설정한 교육 목표에서 출발하기 때문이다.

1단계에서 논의한 교육 목표의 위계는 해당되는 학습자 능력에 비추어 단계화될 수 있어야 한다. 학습의 기회는 학습자가 지니는 사고 구조와 연계하여 주어져야 하기 때문이다. 이때 학습자의 발달은 현상적인 차원에서 각 단계별로 분화되어 일어나는 것이라기보다는 통합적이고 상호작용적인 기제 속에서 이루어진다는 점을 상기할 필요가 있다. 그렇다면 학습자의 발달 단계는 전 단계의 목표를 포괄하면서 다음 단계의 목표들을 누적시켜 가는 방향으로 구성할 수 있어야 한다.

그런데 위계화 연구에서 학습자의 발달 단계에 대한 논의는 가장 필수적이면서도 동시에 비판의 대상이 되어 왔다. 단계 구분의 일반화 문제[19]

---

18 교육 목표를 학습자가 현재 가지고 있는 능력에서 출발해야 한다는 인식은 비고츠키의 근접발달영역(the zone of proximal development), 듀이의 가시표적(ends-in-view) 개념에서도 확인 가능하다. 이들 논의는 교육 목표를 예견된 결과의 형태로 설정할 수 있어야 한다는 인식에 기반을 두고 있다.

19 이에 대해 염은열(2007:207)의 다음과 같은 지적을 참고할 수 있다.

와 더불어 개별 교과에서의 적용 문제가 걸림돌이 되어 왔던 것이다. 특히 후자의 비판은 여러 발달 이론 자체가 다분히 모형의 형태를 띠고 있어 개별 교과 수준에서 발견되는 구체적 경향들을 모두 포괄할 수 없다는 점을 지적한다. 이렇듯, 발달 이론의 추상성과 이를 교육의 국면에 적용하기 위한 구체성 사이의 간극은 위계화 논의가 가지는 근본적인 한계일 수밖에 없다.

그렇지만, 이러한 간극(間隙)을 이유로 발달 이론들이 지니는 긍정적인 계기들조차 일방적으로 폐기하는 것은 적절한 대안이 될 수 없다(김상욱, 2001:154). 그보다는 추상적 이론들을 해당 교과의 구체적인 관점으로 재해석하는 과정을 통해 합리적이고 의미 있는 지점들을 포착하여 간극을 좁혀 나갈 수 있어야 한다. 따라서 위계화를 위한 발달 이론의 기여는 각 연령에서 학습자들이 어떠한 특징을 발현하는가를 철저하게 분석하는 데 있지 않고, 학습자 발달의 특징적 변화를 고려한 각 단계에서의 교육 방향성을 구축하는 데 있다.

Ⅱ장에서 논의하였듯이, 본고에서 연구 대상으로 삼은 품사 교육의 목표는 품사 체계에 대한 학습자들의 인식을 확장시켜 나가는 것이며, 그에 따라 인지 발달 이론을 학습자 발달 단계 구분의 핵심으로 삼고자 한다. 학습자들의 문법 지식 학습 경험은 인지 발달에 따라 문법 지식을 인식하는 틀을 바꾸는 변화이며, 학습자들은 이 과정을 통해 문법 지식에 대한 인식의 깊이와 밀도를 더해 가기 때문이다. 다시 말해, 학습자의 문법에 대한 인식력 발달은 인지적 사고의 기능적 분화에 따른다는 것이다. 따라서 학습자의 발달에 따라 품사 교육을 위계화하기 위해서는 언

물론 인간의 인식적 발달은 동일한 크기의 계단을 오르는 일이 아니라, 때로 과거의 인식 체계와의 단절을 통해 가능하기도 하고 그 계단의 폭이 넓을 수도 좁을 수도 있다. 그럼에도 불구하고 발달적 필요를 여러 단계로 구획하여 각 단계의 특징을 살펴보는 것은, 아동들에게 가르칠 내용을 위계화하여 제시하기 위해 불가피한 것이다.

어 인식력을 인지 발달 이론의 위상에서 검토하고 개념화하는 과정이 필요하다.

그런데 인지 발달 이론을 제도 교육이라는 구체적인 과정으로 들여온다고 할 때, 학습자의 연령과 학년 군 체제 사이의 항존적 관계가 성립할 수 있느냐의 비판이 제기될 수 있다. 즉, 인지 발달론에서의 연령 차이가 우리의 학제 단위와 명백한 일치를 보이느냐 하는 것이다. 그렇지만 교육의 효율성과 제도적 운용이라는 측면을 감안하면 현행 학제(學制) 단위에 기반한 어느 정도의 단계 구분은 불가피한 면이 있다. 각국의 학제가 대개 초등학교 5~6년, 중학교 2~3년, 고등학교 3~4년으로 비슷한 구분을 보이는 것도 이러한 인식이 공유되었기 때문일 것이다.[20]

또한 본고에서 단계를 상정하는 것은 해당 단계에서의 학습자 특성에 대한 철저한 기술이 목표가 아니라, 각 단계별로 문법교육의 지향점이 달라진다는 '초점 요소의 변별성'을 제시하고자 하는 데 그 목적이 있다. 따라서 우리 학습자들의 인지 발달에 대한 객관적 연구가 전무한 현실 속에서 학교 급별 문법교육의 지향을 설정하기 위해서는 학제 단위를 기준으로 한 단계 논의가 참조 지점을 제공할 수 있다.

피아제(Piaget)의 논의에 따르면,[21] 인간의 인지 발달은 '감각 동작기, 전조작적 사고기, 구체적 조작기, 형식적 조작기'의 네 단계로 구분된다. 이 중 제도 교육이 대체로 8세 이후에 이루어짐을 감안하면 앞의

---

20 민현식(2002)에서, 기초(1~3학년), 초급(4~6학년), 중급(7~9학년), 고급(10~12학년)으로 단계를 설정한 것 역시 이러한 전제에 기반한 것으로 읽을 수 있다.

21 물론, 피아제의 논의는 개인의 발전을 단선적으로 파악하며 특정한 중심 항을 설정하고 그 방향을 고스란히 반복한다는 점에서 많은 비판에 직면해 왔다. 또한 학습자가 상황에 유연하게 대처하고 동화되는 것이 아닌, 일정한 단계에 고착되고 만다는 점에서 사회와 문화의 영향력을 간과한다는 비판도 받아 왔다. 하지만 인간이란 특정한 주체가 주어진 환경에 적응하면서 발전해 나간다는 그의 근본적인 논의는 여전히 유효하며, 교육적으로도 중요한 의의를 지닌다.

두 단계는 단계 구분의 대상이 되기 어렵고, 본격적인 교육은 초등학교 단계에 해당하는 구체적 조작기(concrete operations stage)에서부터 시작된다.

이 시기의 학습자들은 대상에 대한 객관적·논리적 사고가 가능해진다. '조작(operation)'을 한다는 것은 대상을 머릿속으로 결합, 분해, 재결합할 수 있음을 의미(이홍우, 2006:106)한다는 점을 고려하면, 초등학교 학습자들은 대상을 직관적이고 구체적으로 인식하여 사물들 간의 관계를 이해함으로써 대상들을 일정한 기준에 따라 분류하고 유목화할 수 있게 된다. 따라서 문법 지식에 대해서도 구성 요소들 사이의 관계를 파악함으로써 직관적 수준에서 내용들을 분류하고 체계화할 수 있게 될 것이다. 그러나 분류와 관계에 대한 이 시기의 인식은 경험 귀납적 한계를 보여, 언어 인식 역시 학습자의 언어 경험에 기반할 때 충분히 활성화될 수 있다. 즉, 초등 단계에서의 문법교육은 구체적이고 가시적인 경험을 대상으로 설계될 때, 학습자들이 직관적이고 귀납적인 수준에서 문법 요소들 사이의 '관계'와 '분류'를 다룰 수 있다는 것이다.

형식적 조작기의 학습자들은 본격적으로 논리의 세계에 진입하여 '가설 연역적 사고(이홍우, 2006:108)'를 할 수 있게 되며, 자신의 사고를 명제 형식으로 표현할 수 있다. 이 단계의 초기에 해당하는 중학교 시기에 학습자들은 비교적 많은 양의 지식을 학습할 수 있게 되는데, 기존의 지식인 '전이해'를 기초로 새로운 지식을 받아들이게 되기 때문이다(홍은숙, 1999:277). 이때 학습자들은 추상적 사고를 통해 습득한 지식들의 체계를 논리적으로 엮을 수 있다. 따라서 이 시기 학습자들의 언어 인식은 직관을 넘어 분석적으로 이루어지며, 분석한 언어 요소들을 일정한 논리에 따라 체계화할 수 있게 될 것이다. 그렇다면 이 시기의 문법교육은 전 단계에서 직관적으로만 인식하던 문법 체계에 대해 명시화·구체화하게 하는 방향으로 설계되어야 할 것이다.

고등학교 단계부터는 절대적 연령보다는 개인의 자질이나 환경 등의 요소가 더 큰 영향을 미친다는 지적이 많이 있어 왔다(고영화, 2007: 10). 루소(Rousseau)에 의하면, 15세 이후의 학습자는 미개인의 상태에서 사회적 존재로 도약(유한구, 1998:102)하여 관심 범위가 사회와 세계로 넓어진다. 따라서 이 시기 학습자들은 언어에 대해서도, 언어를 도구나 체계로 파악하는 수준을 넘어 집단의 제도와 문화 양식으로 볼 수 있게 된다. 또한 형식적 조작기의 후기 단계로서 논리적·추상적 사고가 높은 수준에 도달하며 확장된 범주를 동반할 수 있는 안목을 갖추기 때문에 학문적인 주제에 대해서도 어느 정도 자신의 의견을 표방할 수 있게 된다. 이에 따라, 이 시기 학습자들은 기존에 이해했던 언어 체계에서 벗어나는 요소들을 비판적으로 인식할 수 있게 된다.

학습자의 인지 발달에 따라 언어를 대상화하여 인식하는 수준이 변화한다는 이상의 논의를 정리하면, 초등학교 단계에서는 '직관적-분류적'으로, 중학교 단계에서는 '체계적-명제적'으로, 고등학교 단계에서는 '사회적-비판적'으로 문법교육의 방향성을 확보할 필요가 있다. 이는 1단계에서 문법교육의 목표를 '언어 인식력의 신장'으로 대표화한 것을 바탕으로 하여 학습자의 능력을 '인지 발달로 초점화했기에 추출된 단계 구분이다. 이러한 논의를 본고의 연구 대상인 품사 교육과 관련하여 표상하면 다음과 같이 정리되는데, 인식 수준에 따른 단계 구성이 선조적 누적 구조가 아닌, 이전 단계를 토대로 보다 높은 수준으로 나아가면서 새로운 관점에 의한 재해석이 이루어지는 과정으로서의 점층적 구조를 취한다는 점을 주목해야 한다.

표 4 인지 발달을 초점으로 한 학습자 발달 단계 구분

학제	위계화 단계	품사 교육의 방향
초등학교	직관적·분류적 인식 단계	일정 기준에 따른 단어 분류를 통한 품사 체계의 직관적 인식
중학교	체계적·명제적 인식 단계	분류 기준에서 출발한 품사 분류 메커니즘에 대한 체계적 인식
고등학교	비판적·사회적 인식 단계	품사 체계 설정의 비판적 평가를 통한 언어 세계 표상화 인식

3. 학교 급별의 거시적 틀 구축: 횡적(橫的) 일관성의 견지

문법교육 위계화를 위한 세 번째 단계는 학교 급별 위계를 구성하여 교육과정의 종적 체계화를 위한 토대를 마련하는 작업이다. 즉, 2단계에서 구체화한 발달 단계에 따른 학습자의 인지적 특성을 고려하여 교육과정의 수준에서 품사 교육을 세목화·구체화한다는 것이다. 이는 실천을 위한 교육적 논리를 마련하는 일종의 교육과정 이론화 작업(주세형, 2006ㄴ:109)에 해당하며, 이때 굳이 '거시적 틀'이라는 제한을 두는 것은 4단계에서 논의할 학년별의 세부적 위계화와의 차별을 두기 위함이다. 다시 말해, 교육의 구체적 장면에 그대로 적용 가능한 4단계의 논의에 앞서, 3단계에서는 학교 급별로 중점을 두어야 하는 초점 요소를 기준으로 교육과정 틀을 마련한다는 것이다.

이를 위해, 교육과정 구성의 횡적 거점은 타일러(Tyler)의 항존적 교육과정 모형의 변인인 '목표-내용-방법'을 통해 확보하되, 평가 변인도 동시에 고려할 수 있어야 한다. 교육 행위의 일반적인 과정에 따라 교육 목표, 교육 내용, 교수-학습 방법, 평가의 순으로 구성하여, 교육과정이 현실에서 제 역할을 충분히 발휘될 수 있도록 한다는 것이다.

그런데 교육과정의 횡적 변인들은 중심 위계 축을 거점으로 하여 다양

한 축들이 상호연관을 맺는 가운데 전체 위계로 나아갈 수 있도록 구조화되어야 한다. 그래야만, 이전 단계의 논의를 완료한 후에야 후속 단계의 연구를 진행하는 식의 선조적 흐름이 아닌, 교육과정 각 층위에서의 고유한 패러다임을 견지(堅持)하는 가운데, 각 단계의 논의가 이전 단계로 환류(還流)되어 영향을 미칠 수 있게 된다.

물론, 이때의 중심 위계 축은 1, 2단계에서의 논의를 토대로 마련된, 학교 급별 학습자의 인지적 특성과 그것의 실체인 교육 목표에 놓여야 한다. 교육 목표는 실제 교육의 국면에서 구체적이고 정합적으로 구성된 교육 내용들을 통해 실현 가능하고, 교수-학습 방법은 교육 목표를 가장 효율적으로 성취하기 위한 구체적 절차와 단계로 설계되며, 평가는 교육 목표 달성 여부를 확인하기 위한 기준과 방법으로 구체화되기 때문이다. 이렇듯, 문법교육과정의 위계는 학습자의 언어 인식력 발달이라는 중심 축을 거점으로 '교육 목표의 위계, 교육 내용의 위계, 교수-학습 방법의 위계, 평가의 위계'가 일관된 흐름으로 구조화될 때, 교육적 실천의 구체상을 마련할 수 있다. 3단계 절차의 핵심을 '횡적 일관성'이라 명시한 것도 이러한 이유 때문이다. 즉, 교육과정 각 층위의 위계는 해당 단계 학습자의 특성을 적극적으로 반영하되, '목표-내용-방법-평가' 사이의 일관성을 확보하는 가운데 구조화되어야 한다는 것이다. 이렇게 되었을 때, 목표와 내용은 물론 목표와 방법, 목표와 평가 사이의 관계화가 가능하며, 이를 토대로 정합적인 교육과정 틀을 마련할 수 있다.

초등학교 단계의 품사 교육은 이 단계에서 보이는 학습자들의 인지적 특성을 고려하여, 단어를 대상화하여 메타적으로 주목하게 함으로써 이루어지는 '단어들의 분류'라는 언어 탐구 행위에 초점을 두어야 한다. 즉, 명시적인 지식과 체계화된 논리가 아닌 모어 화자로서 가지는 언어 감각과 직관을 중심으로 품사 지식을 다룰 수 있어야 한다는 것이다. 따라서 이 단계에서의 품사 교육 목표를 '단어 분류의 직관적 인식'으로 설정[22]하여 학습자들이 직관적인 수준에서 단어들을 일정한 기준에 따라 분류하고 또 이를 인식할 수 있도록 해야 한다. 이러한 목표를 실현하기 위한 교육 내용은 학습자들로 하여금 실제 단어를 분류하는 과정에 참여하는 방식의 '경험'으로 제공할 필요가 있다. 경험은 학습자들이 구체성을 통해 보편성에 대한 인식으로 나아갈 수 있도록 연결(고영화, 2007:43) 한다는 점에서 차후 단계에서 품사 체계를 이해하기 위한 기반을 제공하기 때문이다. 이러한 경험으로서의 교육 내용은 분류 활동을 중심으로 한 교수-학습 방법으로 다루는 것이 효율적인데, 이때 활동의 맥락화가 유지되도록[23] 일정한 체계를 갖춘 활동들을 유기적으로 조직해야 한다. 끝으로, 경험과 활동에 기반한 초등학교 품사 교육은 포트폴리오 방식으로 평가하는 것이 효과적이다. 포트폴리오는 단어 분류 활동이라는 학습자들의 수행 결과물을 지속적으로 수집·관찰함으로써 학습 과정과 결과에 대한 피드백이 가능하며, 학습자의 변화 과정을 누가적(累加的)으로 제공하게 하는 평가 방법이기 때문이다.

중학교 단계에서는 이전 단계에서 직관에 의해 어렴풋하게 인식했던

---

22 물론, 이러한 진술은 모호하고 추상적이기 때문에 교육과정에 직접적으로 표상하기에는 적합하지 않다. 실제 교육과정에서는 추상적 수준을 함의하면서도 개별 교육 내용들을 구체적으로 포함하는 방식으로 진술되어야 할 것이다. 이관희(2008:72)에서는 상하위 목표 체계와 행동 지표를 고려하여 초등학교 품사 교육의 목표를 다음과 같이 설정한 바 있다.
- 상위 목표: 단어들이 일정한 기준에 따라 분류됨을 인식한다.
- 하위 목표:
  ① 모습이 변하는 단어와 그렇지 않은 단어를 구분할 수 있다.
  ② 문장에서 수식어와 조사를 찾아 그 역할을 파악하고, 언어생활에서 이를 활용할 수 있다.
  ③ '의미'를 인식하여 '동사와 형용사', '부사와 관형사'를 나눌 수 있다.
23 실제 교육의 장면에서 이루어지는 '활동'이 학습자의 수행성만을 강조하여 해당 교육 목표에 도달하지 못한다는 비판이 많이 제기되어 왔다. 즉, '왜 하는지, 무엇을 하는지'에 대한 전체적인 조망이 배제된 가운데 이루어지는 활동은 무의미하다는 것이다. 따라서 각각의 활동들은 동일한 원리와 핵심적인 개념을 포함하는 가운데, 유기적으로 조직되어야 한다.

품사 체계에 대한 분석적·논리적 접근이 요구된다. 이 시기의 학습자들은 형식적 조작기에 진입하여 가설 연역적으로 사고할 수 있기 때문이다. 따라서 중학교 품사 교육의 목표는 분류된 개별 단어들의 논리적인 관계를 따져 품사 체계 전체를 인식하도록 설정해야 하며, 이때 품사 분류를 가능하게 하는 문법적 기준인 '형태, 기능, 의미'에 대한 개념적 이해도 포함되어야 한다. 이러한 목표를 실현하기 위한 교육 내용은 품사 체계가 형성되어 가는 과정에 대한 명제적 지식으로 제공할 필요가 있다. 다시 말해, '형태, 기능, 의미'의 분류 기준에서 출발하여 일정한 분류 과정을 거쳐 품사 체계가 완성되는 양상 그 자체가 중학교 단계의 핵심적인 교육 내용이라는 것이다. 이를 위한 교수-학습은 학습자의 활동이나 탐구에 의한 귀납적 방식보다는 교사에 의해 체계 형성의 과정을 보여 주는 연역적 방식으로 진행되는 것이 효율적이다. 중학교 단계에서 중점적으로 학습해야 할 품사 지식의 체계성을 담보할 수 있어야 하기 때문이다. 끝으로, 평가는 학습자들의 품사 체계에 대한 이해 정도를 평가 대상으로 삼아야 한다는 점에서 '선택형 문항'이 효과적이다. 물론, 전통적 평가 방식인 선택형 문항에 대한 비판이 많은 것도 사실이지만, 문항 구성 방식에 대한 변화를 통해 이해력 평가의 도구를 마련할 수 있을 것이다.

고등학교 단계의 학습자들이 평가적 사고에 기반한 '비판성'과 인간에 대한 이해를 목적으로 하는 '사회성'의 특징을 동시에 지님을 고려하면, 이 단계의 교육 목표와 내용은 두 갈래로 정립될 필요가 있다. 먼저, 학교 문법의 9품사 체계를 비판적으로 인식한다는 교육 목표의 실현을 위해 비전형적 품사 범주들을 교육 내용으로 구성한다. 예컨대, 조사의 단어 포함 문제, 서술격 조사 '이다'의 문제, '있다'의 동사적 활용 문제, 품사 통용 현상 등이 포함될 수 있을 것이다. 둘째, 품사 범주에 반영된 언중의 의식을 포착하기 위한 교육 내용은 국어 품사와 영어 품사의 비교를 통해 마련할 수 있다. 대표적인 예로 국어 인칭대명사의 분류 체계를 영어의 그것과 비교하여 '높임법의 발달과 인간관계를 중시하는 민족성'이라는 언중들의 의식을 유추하게 하는 탐구가 가능[24]할 것이다. 이러한 두 방향의 교육 내용은 학습자가 스스로 지식을 구성할 수 있도록 주어진 자료를 탐구해 가는 활동으로 구체화하는 것이 효과적이다. 이때, 일정한 수업 전개와 절차를 반영한 모형화된 교수-학습 방법이 요구되며, 그에 앞서 핵심적인 개념을 담으면서도 학습자의 논리적이고 해석적인 사고를 충분히 자극할 수 있는 탐구 자료가 개발되어야 한다. 마지막으로, 고등학교 품사 교육은 탐구 자료의 해석 능력과 논리적 의견 진술을 지표로 한 논술형 문항으로 평가할 수 있다. 제시된 언어 자료를 탐색하여 문제 상황을 발견하고, 논리적으로 해당 문제에 대한 자신의 관점을 정교화해 가는 고차원적인 사고 능력이 이 단계에서의 평가 대상이기 때문이다.

이제까지 논의한 품사 교육의 학교 급별 교육과정 틀은 표 6과 같이 체계화될 수 있다. 물론, 교육 목표, 교육 내용, 교수-학습 방법, 평가의 각 교육과정 층위는 각급 단계에서 보다 구체적인 양상으로 기획될 수 있어야 하는데, 본고에서는 거시적 틀 구축을 우선적인 목표로 한다는 점에서 세부적인 논의는 피하기로 한다. 다만, 세부적 논의의 본질적인 측면 역시, 교육과정 구성의 출발점이 학습자의 인지적 능력 발달과 교육 내용으로서의 품사 체계가 지니는 속성에 놓인다는 점을 상기하면서 논의되어야 할 것이다. 표 6으로 정리되는 학교 급별 품사 교육 위계화의 거시적 틀 구성에서 중핵적으로 고려해야 하는 사항은 1단계에서 설정한 교육 목표가 학습자의 능력 분화에 따라 종적 일관성을 유지해야

---

24 이 외에도, 국어가 동사 중심 언어라는 점에 주목한 '관계와 맥락 중시', '있다'가 동사와 형용사의 경계선적 특질을 가진다는 점을 고려한 '존재와 소유 개념 미분화' 등을 교육 내용으로 마련할 수 있을 것이다.

한다는 점과 3단계에서 논의한 교육과정 각 충위가 횡적 일관성을 보장
해야 한다는 점을 상기할 필요가 있다.

표5 학교 급별 품사 교육과정의 틀(이관희, 2008:165)

비 고	초등학교	중학교	고등학교
학습자의 인지적 특성	직관적-분류적 인식 단계	체계적-명제적 인식 단계	비판적-사회적 인식 단계
	⇓	⇓	⇓
교육 목표	단어 분류의 직관적 인식	품사 체계의 명제적 인식	품사 범주의 비판적 인식과 세계상의 사회적 인식
	⇓	⇓	⇓
교육 내용	단어 분류의 경험	형태·기능·의미에 따른 품사 분류 체계	비전형적 품사 범주와 국어 품사의 특수성
	⇓	⇓	⇓
교수-학습 방법	분류 활동 중심 교수-학습	체계 설명 중심 교수-학습	자료 탐구 중심 교수-학습
	⇓	⇓	⇓
교육 평가	포트폴리오를 통한 수행의 평가	선택형 문항을 통한 이해의 평가	논술형 문항을 통한 사고의 평가

그런데 이러한 위계화 체계는 수정이나 변형이 불가능한 고정된 틀이
아님을 염두에 두어야 한다. 그보다는 '초점과 비중 요소'를 전제로 교육
과정 설계의 밑그림이 되는 토대 틀로서의 의의를 지닐 뿐이다. 따라서
개별 단계에서 반드시 그 학교 급에 해당하는 요소들만으로 교육이 이루
어질 것이 아니라, 여타의 요소들을 배제하지 않는 가운데 해당 단계에
서 초점을 두고 비중을 높여야 하는 위계 요소가 작용하는 구조의 교육
이 요구된다. 이러한 구조가 전제될 때, 다양한 교실 여건과 학습자를
고려하여 수업을 설계함에 있어, 확고하게 주어진 일정한 틀에 수업을
짜 맞추는 방식이 아닌, 해당 학교 급에서 지향하는 품사 교육의 내적

구조를 토대로 변별적 요소들을 선택하고 조합하는 방식으로써 보다 융통성 있고 탄력적인 설계가 가능해진다.

4. 학년별의 미시적 구조 조직: 연계성에 대한 고려

교육과정의 구성을 그물망을 짜는 과정에 비유할 때, 마지막 단계에서 이루어져야 할 작업은 3단계까지의 학교 급별 패러다임을 유지하는 가운데 가장 촘촘한 수준에서 해당 교육 내용을 어느 학년, 어느 학기, 어느 단원에 배치할 것인가의 문제를 결정하는 일이다.

그간 교육과정상에서 품사를 학년별로 배치한 양상은 표 7과 같은데, 품사의 어떤 요소를 왜 그 학년에서 다루어야 하는가에 대한 엄밀한 논의가 배제된 채, 임의적으로 분산시켜 왔음을 확인할 수 있다. 즉, 앞 단계들에서 논의한 '일정한 기준과 원리가 관류하는 구조'의 학년별 위계화가 이루어지지 못했다는 것이다.[25] 예컨대, 4차 교육과정에서는 3학년 이후의 전 학년에 걸쳐 품사를 다루면서 3학년에서는 불변어와 가변어의 구분을, 4학년에서는 용언 어간과 어미의 구분을, 5학년에서는 명사와 대명사의 인식을 교육 내용으로 구성한다. 또한 7차와 2007 개정 교육과정에서 '4학년 → 3학년', '9학년 → 7학년'의 하향 조정이 교육 내용 간의 연계성이 드러나지 않는다는 비판 아래 이루어진 점을 감안하면, 일정한 패러다임을 견지하지 못한 채 그때그때의 비판을 해소하기 위한

---

25 표 7에서 확인 가능한 또 하나의 문제는 '교육 내용의 소략화' 현상이다. 이는 4차 이후부터 교육과정 개정 때마다 끊임없이 제기되어 온 교육 내용 적정화의 요구에 따른 것으로, 전반적인 학습의 양을 줄이고, 난도를 낮추어 왔기 때문이다. 물론, 학습 부담을 줄이기 위한 조처라는 긍정적 평가가 가능하지만, 이러한 소략화 현상은 문법 지식이 지니는 체계성과 각 단위 사이의 유기성을 저해할 위험이 있다는 부정적 측면도 간과되어서는 안 된다. 김은성 외(2008)에서는 문장 단위를 중심으로 이 문제에 대해 상세히 논구하고 있다.

자구책으로 학년별 교육 내용이 배치되어 온 사실을 짐작할 수 있다.

표 6 품사를 다루는 학년의 변화

교육과정	품사를 다루는 학년
4차	3학년 → 4학년 → 5학년 → 7학년 → 8학년 → 9학년 → 국어 1 → 문법
5차	4학년 → 7학년 → 8학년 → 9학년 → 고교 국어 → 고교 문법
6차	4학년 → 7학년 → 고교 국어 → 고교 문법
7차	4학년 → 9학년 → 심화 문법
2007 개정	3학년 → 7학년 → 심화 문법

이러한 문제를 타개하기 위해서는, 이전 단계들에서 논의한 바와 같이 종적·횡적으로 일관된 패러다임을 견지한 학교 급별 위계화를 기반으로, 각 학교 급의 어느 학년에서 품사 교육을 실시할 것인가에 대한 객관적·실증적 논의가 필요하다. 본고에서는 이를 위해 크게 두 방향의 연구를 제안하고자 한다. 하나는 각 학교 급별로 초점화된 학습자의 능력을 학년 발달에 비추어 구체화하는 작업이다. 초등학교 학습자의 단어 분류 인식력 발달, 중학교 학습자의 품사 체계 이해력 발달, 고등학교 학습자의 비판적·사회적 사고력 발달이 어느 학년에서 유의미하게 형성되는가를 논리적으로 측정해야 한다는 것이다. 다른 하나는 교육 내용으로서의 품사 지식에 초점을 두어 문법 교과 내의 다른 지식들[26]과의 연계성을 고려한 논리적 구조화 작업이다.

---

26 보다 거시적인 관점으로 보면, 국어과 내 타 교과의 교육 내용과의 연계성에 대한 연구도 요구된다. 하지만 본고에서는 문법 교과라는 단일 교과에 초점을 두어 타 교과와의 연계성에 대한 고려는 배제하기로 한다. 문법교육만의 고유한 속성과 구조에 대한 규명이 철저히 이루어진 연후에야, 문법교육을 중심축으로 하는 타 교과와의 진정한 통합이 가능하다고 판단하기 때문이다.

두 방향에서의 논의가 필요한 것은 학습자의 세부적 발달 양상과 교육 내용 사이의 논리적 연계성에 대한 정합적인 논의가 완료된 뒤에야 학년별의 미시적 위계 조직의 구축이 가능하기 때문이다. 그러나 각각의 논의는 정밀하고 포괄적인 경험 연구로 접근해야 하는 방대한 주제라는 점을 감안하면, 본고에서 구체적인 결과물을 제시하는 일은 불가능하다. 다만, 여기에서는 두 방향의 논의에 대한 필요성과 방향성을 개진하고, 실현 가능한 연구 방법을 제안하는 데 목적을 두고자 한다.

먼저, 각 학교 급에서의 학습자 능력 발달을 학년별로 세분화하여 구획할 수 있는 정밀한 연구가 필요하다. 교육과정의 완벽한 위계화는 12개 전 학년의 엄밀한 단계 구분을 바탕으로 할 때 가능하기 때문이다. 초등학교의 경우를 예로 들면, 단어 분류에 대한 직관적 인식력[27]이 어느 학년에서 유의미하게 발달하는지에 대한 검증을 통해 해당 교육 내용을 그 학년을 중심으로 배치할 수 있게 된다. 이를 위해, 우선 '단어 분류의 인식력'이라는 범주의 구성 요소들을 조작적으로 정의하는 과정이 선행되어야 하며, 각각의 구성 요소들을 표상하는 항목으로 구성된 타당한 검사 도구를 설계해야 한다. 이 검사 도구를 1학년에서 6학년까지의 학년별 표집 대상을 통해 실행하여 나온 결과를 기술적으로 분석하여 학년별 단계를 구성할 수 있을 것이다. 이러한 결과는 분산분석법(ANOVA)에 기반한 'Duncan 다중 검정'이나 'Scheffe 다중 검정' 등을 활용하여 해석할 수 있는데,[28] 이를 통해 해당 구성 요소에 대한 학습자의 인식력

---

27 언어 발달 연구는 대개 언어 사용의 측면에서만 다루어진 경향이 있다. 하지만 '언어'에 대한 관점을 확장하면, 언어를 대상화하여 인식하는 능력에 대한 발달 연구가 절실하다. 이런 점에서 엄훈(2001)의 논의는 연구 대상이 한정적이고 메타언어적 인식의 범위를 언어 단위에 따라 분절하는 한계가 있다 하더라도, 학습자의 언어 인식력이 성장에 따라 발달한다는 사실을 증명하고자 하는 의미 있는 연구이다. 그는 이 연구에서 3세에서 8세까지의 아동 14명을 대상으로 어휘의 기호 작용에 대한 메타언어적 인식이 범주별로 특정 시점에서 중점적으로 이루어지며, 성장에 따라 인식 가능한 범주가 확장됨을 논의한다.

발달이 어느 학년에서 본격적으로 이루어지는가를 측정해 낼 수 있게 된다. 예컨대, 불변어와 가변어를 분류하고 인식하는 능력[29]이 이러한 과정으로 그룹핑(Grouping)이 된다면, 해당 학년에서 이를 교육하는 것이 효과적이라는 결론에 도달할 수 있을 것이다.

그런데 아무리 통계적으로 정교하게 계측(計測)되었다 하더라도, 발달 연구는 결국 심리학적 해석 과정을 거칠 수밖에 없다. 이때 연구자 개인이 대상 집단의 반응 결과를 주관적으로 해석할 위험이 있다. 또한 학습자 발달에 대한 연구가 위계화 논의의 기초 자료이기는 하지만, 단일 연구를 통해 복잡다단한 학습자의 모든 부면을 일반화할 수는 없으며 교육적 설계를 위해서는 현실적 여건을 고려할 수 있어야 한다.

이에 대한 보완책으로, 최근 주목받고 있는 '경험치(經驗值)'를 통한 연구를 병행할 수 있다. 경험치란, 교육에 대한 전문성과 윤리 의식을 겸비한 연구자나 교사가 교육 사태를 평가하고 재단하는 판단의 준거를 의미한다. 우선, '다중 검정'을 통해 단계화된 학년별 품사 교육 내용을 각 구성 요소별로 구체적 활동의 수준으로 설계하여 초등학교 교사들에게 그 배치 순서를 묻는 설문을 설계할 수 있다. 또한 설문 결과를 토대로, 해당 학년의 인지 발달에 적합한 수준에서 필요한 교육 내용들을 선별하라는 반복 설문으로 확장해 갈 수 있을 것이다. 이러한 과정을 거침으로써, 초등학교 교사들이 인식하는 학년별 학습자 능력의 차이에 대한 구

---

28 이러한 연구 방법은 김봉순(2000)에서 차용한 것이다. 그는 이 연구에서 텍스트 구조에 대한 11개 학년의 인지도 발달을 관찰하였는데, 양적 연구 방법의 전형성을 보이는 대표적 연구라는 점, 연구의 설계와 결과의 해석이 높은 타당성을 보인다는 점에서 언어 인식 발달을 다루는 연구에서도 그 구조와 방식을 취할 필요가 있다고 판단된다.

29 이와 관련하여 두 가지 선결 과제를 해결해야 하는데, 하나는 '단어 분류 능력'과 '분류된 범주의 인식 능력'을 같은 층위에서 접근할 수 있느냐의 문제이다. 다른 하나는 개별 범주에 대한 인식력이 상이하게 발달한다고 할 때, 각각의 범주들을 서로 다른 학년에서 다루어야 하는가의 문제이다.

조화가 가능하며, 그 결과를 다중 검정 연구와 상호 조회하여 학년별의 미시적 위계화를 도모할 수 있게 된다.

학년별의 미시적 위계 조직을 위한 두 번째 연구 방향은 품사 지식과 다른 문법 지식 사이의 연계성을 따지는 작업이다. 앞서, 'staging, grading'으로서의 위계화와 구분한 'hierarchy'로서의 문법 지식 위계 체계를 구축한다는 것이다. 이제까지 문법교육에서 지식의 체계는 구조주의적 언어관에 의해 분절된 언어 단위들을 작은 것에서 큰 것 순으로 배열하는 방식으로 구축되어 왔다. 즉, 교육 내용 사이의 연계성을 문법 지식 자체의 체계성에만 기대어 마련해 왔던 것이다. 하지만 이경현(2007)의 조사에 따르면 학습자들은 오히려 음운, 음절, 형태소 등의 작은 단위들을 학습하는 데 더 많은 어려움을 호소한다. 비록 문법 지식 사이의 체계성이 문법 교과의 중요한 내적 논리를 제공하지만, 경우에 따라서는 학습자들의 유의미한 학습 경험 위계를 고려하여 품사 교육의 학년별 배열을 결정해야 할 것이다. 교육 내용 자체의 논리적 구조에 더하여, 각각의 교육 내용들이 학습자의 인지 구조 속에서 자리 잡아 가는 양상을 살필 수 있어야, 진정한 의미의 '연계성'을 확보하고 이를 통해 학년별의 미시적 위계화를 완료할 수 있기 때문이다.

이때 '지식 분석법(knowledge state analysis method)'을 활용하여 각 개념들 사이의 위계를 구조화하는 방안을 구상할 수 있다. 이는 정합적으로 구조화된 평가 문항에 대한 학습자들의 정오(正誤) 반응을 통해 각 개념들 사이의 알고리즘을 그려 나가는 방식으로, 하위 위계의 내용은 상위 내용 학습에 선행 요건으로 작용한다는 전제 아래 각 개념들 사이의 위계를 그려가는 방법이다. 단순화하면, 용언의 활용을 묻는 문항과 수식언을 묻는 문항에 있어 전자는 오답, 후자는 정답인 경우의 학습자가 없다면 수식언은 용언의 활용에 비해 하위 위계에 속한다는 식이다. 일반적으로 수학이나 과학 등 지식의 위계가 비교적 분명한 교과에서 많은 연구가 진행되었으나, 핵심 개념들을 추출하고 이 개념의 인식 여부를 정합적으로 물을 수 있는 문항이 개발된다면 문법교육에서 역시 충분히 적용 가능한 방법일 것이다. 궁극적으로, 이는 문법 지식들 사이의 위계와 연계성을 분석하여, 해당 교육 내용을 어느 학년에 어떠한 순서로 배열할 것인가를 결정하기 위한 방안임은 주지의 사실이다.

Ⅳ. 결론 : 논의의 확장과 남는 문제

문법교육에서 학습자를 중심으로 한 위계화 연구는 그 중요성과 필요성에 대한 공감에도 불구하고 학습자라는 추상적 요인을 고려해야 한다는 어려움 때문에 연구의 출발 지점을 포착하기가 쉽지 않았던 것이 사실이다. 이에, 본고에서는 위계화 연구를 위해 밟아야 할 절차와 단계를 가시화하고, 각각의 절차를 방법론의 수준에서 입론하고자 하였다. 향후 개별 절차에 대한 이론적·실증적 논의들이 활성화되어, 각 단계에서의 담론을 진행 혹은 환류시킴으로써 문법교육의 정합적인 위계화에 기여할 수 있기 때문이다.

그러나 정작 구체적 실상을 가시적으로 제시해야 할 4단계의 입론에서 연구 방법의 제안으로 논의를 대신한 것은 본고의 한계이다. 3단계까지의 논의는 일정한 패러다임을 토대로 위계화의 경개(梗槪)를 제시하는 중요한 의의를 담보하지만, 위계화 논의가 피상적이고 선언적인 수준에서 벗어나 교육과정상에서 제 기능을 발휘하기 위해서는 4단계의 구체화가 반드시 필요하기 때문이다.

그럼에도 불구하고, 해당 교육 내용의 속성을 명확하게 파악하고, 그것을 통해 발달시켜야 할 학습자의 능력을 엄밀하게 초점화한다면, 본고의 논의는 다른 문법 지식들에도 그대로 전이될 수 있음은 물론 문법

교육 전체의 위계화 논의에도 방향성을 제공할 수 있을 것이다. 굳이 '방법론'이라는 제한성을 띤 용어를 주제로 삼은 것도 이러한 의도 때문이다. 또한 문법교육만이 가지는 고유한 속성을 충분히 반영한 위계화 논의가 전제되어야, 진정한 교과 교육으로서의 실천적 상을 마련함은 물론 다른 교과와의 원활한 통합도 가능하다는 면에서도 본고의 의의를 찾을 수 있다.

그렇지만, 교육을 다루는 많은 연구에서 필연적으로 발생하는 '실현 가능성'의 문제는 위계화 논의에서도 여전히 '남는 문제'일 수밖에 없다. 이론적 차원에서는 최대한 교육의 실제를 예상하여 위계화 논의를 진행하여도 실행의 과정에는 항상 다양한 변인들이 내재하기 때문이다. 이 사이의 간극을 확인하고 이를 좁혀 나가는 과정은 길고 지루할 수밖에 없지만, 반드시 수반되어야 한다. 우선은 정합적으로 위계화가 되어 있지 않은 현재의 상황 속에서 이론적 차원에서 개발된 위계화를 실행하고, 그 사이에서 발생하는 문제들을 중심으로 완전한 위계화 방안 모색의 출발점을 삼을 수 있어야 할 것이다.

또 하나, 서론에서 화두로 제기한 '문법교육의 목표' 문제 역시 위계화를 논의하는 데에도 여전히 해결을 요하는 과제로 남는다. 문법교육이 정확성을 넘어 창조성과 효용성 그리고 언어 의식 및 사고력이라는 넓은 범위의 목표를 모두 포괄한다고 할 때, 이들을 어떠한 방식으로 구조화하고, 각각을 어떠한 요소에 기반하여 위계화할 것인가에 대한 복합적인 논증이 필요하기 때문이다. 이는 궁극적으로는 학습자에 대한 이해와도 맞닿아 있어, 각각의 목표를 표상하기 위해 중점적으로 고려해야 할 학습자의 능력과 둘 이상의 목표를 통합적으로 구현할 경우의 능력 구조에 대한 정밀한 논의도 요구된다.

이러한 문제들을 고려할 때, 결국 문법교육의 위계화는 예상 가능한 제반 요소들에 대한 장기간의 면밀한 탐색이 요구되는 작업일 수밖에 없다. 교육과정 구성 논의의 시발점에서 제기되는 문제들이야말로 위계화의 틀과 방향성을 결정하는 중요한 요소임은 물론, 문법교육의 본질적 속성을 규정하기 위한 잣대로 기능하기 때문이다. 그렇지만 문법교육 그리고 교육과정을 두고 제기되는 문제들을 배제하지 않을 때, 실행과 계획의 간극이 좁혀진 '실현 가능한 정합적인' 위계화 논의가 가능할 것이다.

주제 4 : 문법교육과 텍스트

민현식(2005), 문법교육의 표준화와 다양화의 과제, 국어교육연구 제16집, 서울대학교 국어교육연구소.
남가영(2011), 문법교육용 텍스트의 개념 및 범주, 국어교육 제136집, 한국어교육학회.

'문법 지식에 대한 앎이 학습자의 국어 능력을 얼마나 가시적, 실질적으로 신장하는가'라는 물음은, 문법교육의 구체적 방법을 모색하고자 하는 이론적, 실천적 시도를 일정 부분 무력화해 왔다. 문법교육학이라는 하나의 정합적 학문 체계를 세우기 위해서는, 문법교육의 목표 및 위상을 다시금 점검하고 이에 근거하여 문법교육의 틀을 공고하게 체계화하고자 하는 노력이 필요하다.

이러한 가운데, 민현식(2005)은 문법교육의 가치를 다시금 정밀하게 논증하고 이에 입각하여 문법교육의 표준화와 다양화를 시도할 필요가 있음에 주목하여 그 방향과 과제를 제시한 선구적 연구 성과이다. 민현식(2005)에서는 국어교육 및 한국어교육을 막론하고 현 문법교육이 당면한 정체성 문제를 다시금 체계적 문헌 분석을 통해 정밀하게 검토하고, 문법교육의 가치와 필요성을 체계적으로 논증하였다. 그리고 이러한 철학적 기반에 근거하되 문법교육의 체계화를 위해서는 표준화와 다양화의 두 방향에서 문법교육의 개신이 이루어져야 함을 역설하면서 그 구체적 과제를 제시하였다. 이러한 시도에는, 교육의 기획과 실천을 위해서는 '표준화'로 상징되는 체계화의 노력이 뒷받침되어야 하며, 이를 통해 비로소 유의미한 방식으로의 다양화 가능성이 담보될 수 있다는 인식이 깔려 있다. 그리하여 민현식(2005)에서는 우선적으로 문법 체계와 용어, 교육과정, 발음·문법·어휘 교수요목의 표준화 문제를 상론한 후, 이를 토대로 문법 기반 교육과정 개발, 문법 기반 교재 개발, 문법 기반 교수·학습 개발 등과 관련한 시도가 다양히 이루어질 수 있음을 보이고 있다.

남가영(2011)은 이러한 연구 관점을 계승하여, 문법 교수·학습 및 교재 개발이라는 구체적 실천 부문에서의 다양화를 위한 토대로서, '문법교육용 텍스트'의 개념을 새롭게 도입하여 문법 교수·학습 및 교재 개발 과정에서 활용 가능한 텍스트의 범주를 체계화하고자 하였다. 문법 교수·학습의 과정과 이러한 과정에서 이루어지는 문법 경험에 대한 분석을 토대로 체계화된 문법교육용 텍스트의 유형과 범주는, 문법 교수·학습 과정에서 다양하고 생생한 문법 경험을 가능케 하는 토대가 된다는 점에서, 다양화를 추구하기 위한 표준적 토대로서 의미를 지닌다. 이렇듯, 표준화를 통해 다양화를 모색할 수 있다는 민현식(2005)의 이론적 관점은, 문법 교실의 개선을 목적으로 문법 용어의 도입 순서, 문법교육과정의 위계화, 문법 내용 기술의 계열성 확보 등을 모색하고자 하는 일련의 체계화 시도로 구체화될 수 있다는 점에서 연구사적 가치가 있다.

문법교육의 표준화와 다양화의 과제[*]

민 현 식

요 약

국어교육이나 한국어교육에서 문법교육은 모두 위기의 전환기에 처해 있어 문법교육은 학문의 정체성 확립과 그에 따른 교수·학습의 혁신이 요구되고 있다. 이에 문법교육의 위상을 검토해 보고, 외국어로서의 한국어교육에서 문법교육의 과제를 문법의 표준화와 다양화의 관점에서 검토할 필요가 있다.

그간의 문법교육은 국어교육, 한국어교육을 막론하고 그 당위성에 대한 물음을 지속적으로 받아왔다. 이런 점에서, 문법 지식이 언어 일반과 모어 전반에 걸친 분석적 지식과 교양, 능력을 제공해 준다는 점에 주목하고, 이들 지식을 국어 능력의 향상으로 이어질 수 있도록 교수·학습 활동을 구안하는

* 『국어교육연구』 제16집(서울대학교 국어교육연구소 2005년 발행)의 125쪽부터 191쪽까지에 수록되었음. 또한, 요약은 원문에는 수록되지 않았던 것을 이 책에서 새롭게 작성한 것이다.

것이 중요한 과제이다. 즉, 문법 지식이라는 '사실'을 교실에서의 '활동'으로 활성화하는 방법에 대한 고민이 필요하다.

이에 본 연구에서는 우선적으로 문법 체계와 용어, 교육과정, 발음·문법·어휘 교수요목의 표준화 문제를 상론하고, 이를 토대로 다양한 문법 기반 교육과정 개발, 문법 기반 교재 개발, 문법 기반 교수·학습 개발과 관련하여 문법교육의 다양화를 시도해야 함을 역설하였다.

문법 지식은 지식 자체로서나 언어 능력 발달 지원의 측면으로서나 가치 있는 교육 내용으로서, 문법교육의 표준화와 다양화는 상호 보완적인 방향으로 국어 능력 향상에 기여할 수 있도록 시도되어야 하며, 이를 통해 문법교육 방법의 개발을 지원할 수 있어야 할 것이다.

문법교육용 텍스트의 개념과 범주[*]

남 가 영(아주대학교)

I. 문법교육용 텍스트 개념화의 필요성

1. 교육과정의 설계 측면

2007 개정 국어과 교육과정의 경우, 장르 및 텍스트를 성취기준 안에 포함하여 제시하고 학년별, 영역별로 '담화 및 글의 예'를 함께 제시하여, 텍스트 중심의 교육과정이라 간주되고 있다. 그러나 그 선정 및 배열 기준, 그에 따른 실제적 선정 양상에는 몇 가지 주요한 문제를 노출하고 있다. 우선, 선정 기준으로 "언어 목적별로 대표성을 지니는 텍스트, 내용과 형식면에서 하나의 텍스트로서 완결성을 갖추었다고 사회적으로 용인되는 텍스트, 개인의 성장과 발달을 돕고, 사회생활에서 요구되는 구체적인 텍스트(교육과학기술부, 2007)"를 제시하고 있으나, 선정 및 배열의 구체적 원리로 삼기에는 추상적이고 모호하다. 또한 이경화·안부영(2010)에서도 지적했듯이, 텍스트의 유형과 종류가 뒤섞여 나타나고 있으며, 학년별로 텍스트 유형이 중복되거나 계열성이 확보되지 못하고

---

[*] 『국어교육』 제136집(한국어교육학회 2011년 발행)의 139쪽부터 173쪽까지에 수록된 '문법교육용 텍스트의 개념 및 범주'를 다듬어 실음.

있는 등, 텍스트 선정 양상이 상당히 비체계적이다. 문법 영역의 경우 '언어 자료'란 이름으로 텍스트를 선정, 제시하고 있으나, 타 영역에서 텍스트가 '교육내용 선정의 준거'로서 작용하는 것과 달리 기능에서 차이를 보이고 있으며, 언어 자료를 제시하는 방식 일정한 기준 없이 문법 지식 중심으로 진술되어 있어, 해당 언어 자료를 선정하는 준거로 활용되기에 는 정보량이 부족하다.[1]

2011년 8월 개정 고시된 새로운 국어과 교육과정(교육과학기술부 고시 제2011-361호)의 경우, 이상과 같은 텍스트 요인이 성취기준에서는 다시 제외되고, 학년군별 성취기준 목록 뒤에 해당 학년군에서 활용할 수 있는 텍스트의 '예'의 형태로 덧붙는 방식으로 조정되었다. 이를 통해 기존 교육과정에서 보이고 있는 문제점이 일정 정도 해소된 것이 사실이나, 문법 영역에서 활용할 수 있는 텍스트 혹은 언어 자료는 별도로 명시되지 않았다. 즉, 2011 개정 국어과 교육과정에서는, '해당 학년군에서 활용할 수 있는 국어 자료의 예'라는 이름으로 이들 텍스트 목록이 소개되고 있는데, 이들 텍스트 목록은 다시 '담화', '글', '작품'으로 나뉘어 제시되고 있는바 문법교육용 텍스트로 활용될 수 있는 별도의 자료 범주는

---

1 교육과정 문서에서 '언어 자료'가 진술되어 있는 방식은 다음과 같다. 몇몇 술어를 중심으로 미묘하게 진술 방식이 다르긴 하나 별다른 변별점 없이 문법 지식 중심의 진술로 일관되고 있어서, 언어 자료를 선정하는 데 있어 유의미한 기준으로 활용되기에는 어려움이 있다. (밑줄은 연구자)

| 문법교육 내용 + (음운/형태/통사 어휘/의미 텍스트/규범 관련 지식) | 이(가) 사용된 이(가) 들어 있는 을(를) 보여 주는 을(를) 알려주는 을(를) 이해할 수 있는 을(를) 설명하는 을(를) 적용한 | + 언어 자료 |

찾아볼 수 없다.

이러한 정황이 문법 영역의 특성상 해당 자료를 소개하기 어렵다는 이론적 판단에 의거한 것인지, 아니면, 담화, 글, 작품을 문법 영역에서도 함께 활용할 수 있다는 판단에 의거한 것인지 여부는 사실 명확하지 않다. 분명한 것은, 문법 영역에서 활용할 수 있는 텍스트에 대한 개념화가 아직 이루어지지 못하였다는 점이다. 언어의 구조와 작용을 탐색하고 인식하도록 한다는 명시적 목적 하에, 문법교육 안에서 활용 가능한 텍스트의 범위와 그 활용 양상에 대한 폭넓은 탐색이 필요한 것은 이 때문이다.

2. 교재의 개발 측면

그간 의미 및 어휘, 이야기, 매체, 국어생활 및 생활사 관련 내용 등이 포섭되면서 문법교육 내용이 양적으로 확대되고 언어 자료의 실제성이 지속적으로 강조됨에 따라 됨에 따라, 7차 이후 문법 교과서에 수록된 텍스트의 양과 범위는 대폭 확대되었다. 교과서에 수록된 텍스트의 유형 및 종류가 다양해졌으며, 텍스트를 활용하는 방식 또한 다양해졌다. 7차 고등학교 국어 교과서 및 문법 교과서를 대상으로 하여 그 양상의 일부를 제시하면 다음과 같다.

표1 7차 문법 및 국어 교과서에 수록된 텍스트 유형과 활용 방식

텍스트 유형·종류	텍스트 활용 방식
설명 텍스트	문법 지식을 설명, 서술하고 있는 텍스트

담화 텍스트	문법 형태의 형식 및 의미기능을 보여 주고 있는 텍스트 (예) 친구 간의 대화를 제공하고, 대화에 나타난 '우리'의 의미 기능을 탐색하도록 함.
고전 텍스트	문법 형태의 형식 및 의미기능을 보여 주고 있는 텍스트 (예) 마당극 텍스트를 제공하고, 지시 표현 및 양태 표현 등의 의미기능을 탐색하도록 함.
방송 텍스트	문법 지식(특정 텍스트의 장르적 속성)을 간접적으로 드러내 보여 주는 텍스트 (예) 방송 프로그램 대본을 제공하고, 방송 프로그램의 음성언어적, 문자언어적 속성을 파악하도록 함.
광고 및 잡지 텍스트	당대나 오늘날의 국어생활을 보여 주는 텍스트 (예) 개화기 광고를 제공하여 당시 국어 생활문화를 파악하도록 함. (예) 오늘날의 잡지를 제공하여, 무분별한 외국어 사용 양상을 비판적으로 탐색하도록 함.
신문 텍스트	특정 언어현상에 대한 정보를 제공하여 문법 지식에 대한 사고를 촉발하는 텍스트 (예) '초코파이, 마당놀이' 등의 고유명사 사용과 관련한 법적 판결에 관련한 기사를 제공하여, 고유명사와 보통명사의 의미와 관계를 탐색하도록 함.
수필 텍스트	문법 형태를 포함하고 있어 해당 문법 형태의 식별 및 확인, 구분을 요청하는 텍스트 (예) 수필의 일부분을 제공하여, 형용사와 동사를 찾아 구별하도록 함.

그런데 이처럼 교과서에 수록된 텍스트의 유형 및 종류와 그 활용 방식이 다양해짐에 따라, '교육 내용'과 '활용된 텍스트' 간의 관계는 오히려 점차 헐거워지는 양상을 보이고 있다. 원칙적으로 교육 내용과 텍스트 간의 관계를 '텍스트가 교육 내용을 표상하는 것'으로 규정할 수 있을 때, 표상성의 양상과 정도가 다기(多岐)해진 결과 문법교육용 텍스트의 실체는 오히려 점차 모호해지는 양상이 나타나고 있다. 또한 교과용 도서의 개발을 위해 교육과학기술부에서 제시하고 있는 '집필 기준'의 '제재 선정 시 유의사항'에서도 '문법' 영역의 경우 정보량이 지극히 낮아[2] 유의미한 선정 기준으로서 기능하기 어려운 실정이다. 문법교육 안에서 텍스트

가 담당하는 역할과 기능에 대해 명료하게 인식하고 탐색함으로써, 문법 교육용 텍스트의 외연과 내포를 명확히 규정할 필요성이 다시금 확인되는 형국이다.

3. 교육과정의 운영(교수·학습 및 평가) 측면

언어 자료의 실제성, 다양성이 강조되면서, 교수·학습 및 평가 과정에서도 실제 담화 및 매체 자료가 폭넓게 수용되고 있으나, 이에 대한 명시적인 지침이나 준거 역시 마련되어 있지 않다. 일례로, 2009 개정 고등학교 선택 교육과정 '독서와 문법 I, II'의 '교수·학습 운영' 부문 진술을 보아도, '실제 언어 자료나 현상을 제시하고 학습자가 원리나 규칙을 스스로 도출하도록', '단편적인 단어나 문장보다는 실제 국어 생활 속의 담화를 통하여 지도', '매체 언어, 학술 담화 등에 나타나는 다양한 국어 표현도 적극적으로 다루도록' 등과 같은 일반적 수준의 진술만을 반복하고 있을 뿐 구체적인 정보를 제공해 주지 못하고 있음을 확인할 수 있다. 이는 2011년 개정 고시된 국어과 교육과정에서도 큰 차이가 없다. 결국 실제 교수·학습 및 평가 과정에서 다양한 언어 자료를 폭넓게 도입, 활용할 것을 권고하고 있음에도, 이를 위한 이론적, 실천적 참조점은 기실 부재하고 있는 형국인 것이다.

---

2 해당 부분에서 관련 표현을 일부 소개하면 다음과 같다(교육과학기술부, 2007).
- 가능한 한 학습자의 수준에서 쉽게 접할 수 있고 흥미를 느낄 수 있는 자료
- 다루는 자료가 특정 국어 생활의 것에 치중되지 않도록
- 다양한 매체를 활용한 제반 국어 생활 양상의 자료 가운데에서 골고루
이들 제재 선정 기준이 실제 텍스트를 선정하는 과정에서 실질적인 기준으로서 작용할 수 있으리라 기대하기는 어렵다.

Ⅱ. 문법교육용 텍스트 개념화의 전제와 방향

1. 개념화의 전제

문법교육용 텍스트를 개념화하기 위해서는, 우선 텍스트와 교육용 텍스트, 국어교육용 텍스트와 문법교육용 텍스트 등 인접 개념들을 변별할 필요가 있으며, 문법교육 안에서 텍스트가 차지하는 역할과 위상을 검토할 필요가 있다.

1) '텍스트'와 '(국어)교육용 텍스트'의 차이

'텍스트'는 일차적으로 국어 현상을 이루며 그 안에서 실재(實在)하는 실체이다. 한편, '교육용 텍스트'라 함은, 교육 목적의 달성에 적합하다는 교육적 판단에 의해 사후적으로 규정, 포착되는 실체로서 속성을 지닌다. 그러므로 '교육용 텍스트'를 선정하기 위해서는 교육적 판단을 위한 토대 및 준거를 마련할 필요가 있다.

또한 교육용 텍스트는, '교육 대상'으로서의 텍스트와 '교육 도구'로서의 텍스트의 의미를 모두 포함할 수 있다. 대개의 경우 교육용 텍스트는, 교육 목적 및 내용이 우선되는 교육 도구로서의 성격을 지니나, 정전 텍스트 읽기를 비롯하여 '무슨 텍스트인가'가 중요해지는 몇몇 맥락이나 텍스트에 담긴 내용 및 주제가 강조되는 맥락에서는 텍스트가 그 자체로 교육 대상으로 간주되는 경우가 존재할 수 있다. 결국, 교육 맥락 및 목적에 따라 교육용 텍스트의 성격이나 그 무게 중심이 다소 변별되는 셈이다.

2) '국어교육용 텍스트'와 '문법교육용 텍스트'의 관계

이론적으로 볼 때, 문법교육용 텍스트를 개념화하기 위해서는 국어교육용 텍스트에 대한 개념화가 선행되어야 할 것이다. 그러나 국어교육용 텍스트에 대한 논의 역시 그간 충분하게 이루어지지 못한 것이 사실이다. 국어교육을 목적으로 하여 텍스트를 분류하고자 한 시도를 몇 편 찾아볼 수 있을 따름이며(김혜정, 2009; 김봉순, 2010),[3] 이들 논의 역시 읽기교육의 맥락에서 텍스트 분류를 시도하고 있을 뿐, 문법교육 관련 텍스트에 대한 논의는 부재한 형편이다. 이는 문법 지식의 체계적 전수에 주력하였으며 그 결과 문법 교과서에 수록된 상당수의 텍스트가 문법 지식을 체계적으로 서술한 설명문 텍스트이거나 국어의 옛 모습을 보여주는 고전 텍스트였던 그간 문법교육의 전통에서 그 원인을 일부 찾아볼 수 있다.

문법교육용 텍스트가 개념적으로 국어교육용 텍스트에 속하는 이상 국어교육용 텍스트에 대한 개념화가 선행되어야 할 필요가 있는 것은 사실이다. 그러나 문법교육용 텍스트에 대한 개념화 작업을 통해 국어교육용 텍스트의 실체를 좀 더 명확히 구체화해 나가는 방식도 얼마든지 가능하다. 즉, 부분을 채워 나감으로써 전체의 구도를 그려 나가는 방식을 택하는 것인데, 특히 문법교육과 같이 여타 국어교육 영역과 그 질성(質性)이 상당 부분 차별화되는 영역의 경우, 문법교육용 텍스트에 대한 개

---

3 김혜정(2009)에서는 역대 국어 교과서 수록 제재의 분류를 통해 국어교육용 텍스트 자료의 유형 분류를 시도하였으며, 김봉순(2010)에서는 국어교육을 위해 '자아와 세계의 이원론적 내용 성격, 상위 구조, 장르 관습'을 중심으로 텍스트를 분류하였다. 이들 논의는 비록 읽기교육에 국한된 논의이긴 하나 국어교육의 계획 및 실천이라는 명시적 목적하에 텍스트를 분류하고자 한 시도라는 점에서 '국어교육용 텍스트'에 대한 중요한 연구로 의미를 지닌다. 또한, 이러한 개념 규정 및 횡적 범주화 논의와 별개로, 학습자의 인지 발달 단계에 따라 적절한 난도와 내용의 텍스트를 계열적으로 선정, 제공해 주어야 한다는 요청이 지속적으로 개진되고 있으나 이에 대한 실증적인 논의 및 실천 역시 국어교육 내부에서는 거의 부재한 편이다.

한편, 문학교육용 텍스트를 선정하는 문제와 관련해서는, 위와 같은 인지적 계열화, 더 나아가 정서적 계열화 문제와는 별개로 '정전'의 문제가 맞물려 있는바, 문법교육용 텍스트의 개념화 및 선정과는 그 성격을 달리한다.

넘화 작업을 통해 국어교육용 텍스트의 외연과 내포를 채워 나가는 것이
더 현실적이고 효율적인 방식일 수 있다.

3) 문법교육 안에서 '텍스트'의 역할

학습자에게 문법 경험을 제공하는 데 있어 텍스트는 어떤 역할을 하는
가, 텍스트 관련 경험은 어떠한 양태로 나타나는가의 물음과 관련하여,
텍스트를 이루는 세 측면, 즉 내용, 형식, 표현을 중심으로 나누어 그간
문법교육 안에서 텍스트가 담당했던 역할을 살피고 그러한 역할별로 해
당 텍스트를 활용한 학습자의 경험 양태를 변별하여 정리해 보면 아래
표와 같다.

표2 문법교육 안에서 텍스트가 담당한 역할 및 주된 경험 양태

텍스트의 측면	텍스트의 역할	주된 경험 양태
내용	주요 문법 개념과 규칙, 국어의 특징과 역사 등을 설명하거나, 국어 의식을 촉구하는 글을 통해, 지식의 이해, 국어 의식의 고취를 촉구	텍스트 읽기 (내용 파악)
형식	국어 담화 및 글의 구조적 양식과 관습을 드러냄으로써, '이야기'의 속성 및 구조, 개별 담화 장르의 언어적 특징 파악 유도	텍스트 관찰/분석
표현	문법 형태의 쓰임을 드러냄으로써, 의미 구성의 형식이자 자원인 문법 형태의 의미기능에 대한 이해를 촉구	텍스트 관찰/분석

위 표의 구분에 기초할 때, 그간 문법교육 안에서는 텍스트의 세 측면
중 '내용'에 주목하여 텍스트를 활용해 오던 방향에서, 텍스트의 '표현'
및 '형식'을 활용하는 방향으로 점차 무게 중심을 이동해 갔다고 볼 수
있다. 이는 실제 언어 자료를 바탕으로 문법 요소의 구조와 기능을 분석
하고 파악해 보는 분석 및 탐구 중심으로 문법 활동이 변화한 데 따른

것이라 할 수 있다.

문장 이하의 단위에 국한되지 않고 그 이상의 단위에서 작용하는 언어의 작용 양상을 언어에 대한 앎의 영역 안으로 가지고 들어와야 한다는 입장이 문법교육 내부에서 소통되기 시작하면서 '텍스트 중심 문법교육'이 새롭게 대두되기 시작하였다. 텍스트 중심 문법교육은 크게 다음 두 가지 의미로 소통되고 있다. 첫째, 음소, 형태소, 단어, 문장 등의 '언어 단위'의 형태와 의미기능에 대한 학습은 '언어 자료'로서의 텍스트를 바탕으로 이루어져야 한다는 관점(김호정, 2006; 김은성, 2008; 김규훈, 2010 등)이 그 하나이며, 둘째, 텍스트는 장르 혹은 사용역의 언어적 실현태이며, 해당 장르를 언어적으로 구성하고 설명할 수 있는 지식과 능력이 문법 능력의 중핵이므로, 텍스트를 언어적으로 분석, 설명하고 이를 토대로 텍스트를 생성할 수 있도록 문법교육이 이루어져야 한다는 관점(주세형, 2005ㄴ 등)이 다른 하나이다. 이들 두 관점 모두 텍스트의 '형식'이나 '표현'에 주목하여 텍스트를 관찰하고 분석하는 경험을 중시하는 관점이라는 점에서 이상과 같은 변화의 흐름과 맞닿아 있다고 할 수 있다. 그러나 현재 문법교육 안에서 주를 이루고 있는 것은 전자의 관점이며 텍스트 역시 이러한 관점에 힘입어 '표현' 측면에 주목하여 문법 형태의 의미 기능을 탐색하는 데 주로 활용되고 있는 양상을 보이고 있다.

2. 개념화의 방향

1) 문법교육용 텍스트의 개념화 방식

문법교육용 텍스트는 다음의 두 가지 방식으로 개념화할 수 있다. 하나는, 문법교육의 실천태를 바탕으로 하여 개념화하는 방식이다. 이는 '문법교육용 텍스트'를 '문법 교수·학습 목표 달성을 위해 동원, 활용되는 텍스트'로 결과적으로 규정하고, 문법 교재, 문법 수업, 문법 평가에 활용, 수록, 동원된, 혹은 동원될 수 있는 텍스트를 모두 문법교육용 텍스트로 수용하여 그 외연을 규정하는 방식이다. 이는 실제 전개되고 실천되고 있는 문법교육에 기반하여 문법교육용 텍스트를 개념화하는 방식으로서, 문법교육의 실제를 반영한다는 강점은 있으나 문법교육용 텍스트를 규정하는 본질과 중핵에 대해서는 말해 주지 못한다는 한계를 지닌다.

그러므로 '문법교육용 텍스트의 본질은 무엇인가', '문법교육용 텍스트를 문법교육용 텍스트로 규정짓는 요소는 무엇인가', '문법교육용 텍스트는 어떠한 기준을 충족해야 하는가' 등과 같은 물음을 던짐으로써 문법교육용 텍스트의 본질과 핵심을 탐색해야 할 필요가 있다. 이러한 물음은 사실 문법교육에 대한 상(像)을 설정하는 문제와 연계된다. 문법교육을 통해 길러내고자 하는 인간상, 문법교육을 통해 제공하고자 하는 경험 및 내용에 대한 탐색은 곧, '문법교육이란 무엇이며 어떠해야 하는가?'라는 물음과 다르지 않기 때문이다. '문법교육에서 제공하고자 하는 핵심적인 문법 경험은 무엇인가', '문법교육에서 가르치고자 하는 교육 내용은 무엇인가'라는 질문에서 출발해서 '문법교육에서 제공하고자 하는 핵심적인 문법 경험을 견인하는 텍스트인가?', '문법교육에서 가르치고자 하는 교육 내용을 표상하는 텍스트인가?'라는 물음을 뒤이어 던짐으로써 문법교육용 텍스트를 온전히 개념화할 수 있다.

2) 문법교육용 텍스트의 중핵과 외연

문법교육 내용은 문법 능력의 신장을 위해 체계적으로 선정, 구조화된 것이며, 문법 경험은 이러한 문법교육 내용에 근거하여 구성되고 실현되는 것이다.[4] 그러므로 문법교육용 텍스트를 규정하는 핵심 요인은 결국

---

4 내용과 경험은 이론적으로 구별되는 실체이되 그 관계에 대해서는 다음과 같은 진술을 참고할 수 있다.

'문법교육 내용'일 수밖에 없다. 앞서 2007 개정 교육과정에서 '문법지식을 드러내는/보여 주는/나타내는 언어 자료'와 같은 방식으로 문법교육에서 활용 가능한 텍스트를 제시하고 있는 방식 또한 이와 무관하지 않다. 문법교육의 내용을 중심으로 문법교육용 텍스트의 중핵과 외연을 규정하면 다음과 같다.

먼저, 문법교육용 텍스트는 무엇보다도 문법교육 내용을 '표상(表象)하고 있는' 텍스트여야 한다. 특정 텍스트를 문법교육용 텍스트로 규정할 수 있는 중핵 요인은 다름 아니라 '문법교육 내용의 표상'이기 때문이다. 표상의 범위에 따라, 문법교육용 텍스트는 문법교육 내용을 의도적·원천적으로 표상하는 텍스트와 비의도적·사후적으로 표상하는 텍스트로 다시 나뉠 수 있다. 다시 말해, 교육 내용을 표상하고자 하는 의도 하에 생성된 텍스트뿐 아니라, 교육 내용을 표상한다고 사후에 포착된 텍스트까지가 모두 문법교육용 텍스트에 포함될 수 있다.[5] 또한 표상의 층위에 따라, 문법교육용 텍스트는 다시 형식, 내용, 표현의 측면에서 교육 내용을 표상하는 텍스트로 나뉠 수 있다. 즉, 텍스트의 (장르적) 구조와 형식 층위에서 교육 내용을 표상하는 텍스트, 텍스트의 내용 및 주제 층위에서 교육 내용을 표상하는 텍스트, 텍스트의 언어 형태 층위에서 교육 내용을 표상하는 텍스트 모두 문법교육용 텍스트에 포함될 수

- "내용과 경험은 이론적으로 구별되어야 한다. 이는 경험이 의미 있고 생산적인 학습과 그렇지 않은 경우를 구별해 주기 때문이다. 즉 내용은 집단적, 객관적이고, 경험은 개인적, 주관적 개입이 존재한다(강충렬, 2006:61~63)."
- "교육과정 내용은 교육과정 계획의 살이지만 학생을 위해 계획된 경험은 교육과정의 심장이다. 경험은 내용에 대한 학습자의 경향성, 궁극적으로는 내용에 대한 학습자들의 이해를 결정하는 핵심적 요인이다(Ornstein, A. H. & Hunkins, F. P.(1988), 장인식 외 역, 2007:352)."
5 이처럼 의도적·원천적 텍스트와 비의도적·사후적 텍스트의 구분과 관련하여, 국어교육미래열기편(2010:101)에서는 교육과정의 통제 아래 체계적으로 마련된 교재를 '자료로서의 교재'와 달리 '제재로서의 교재'라 부르면서 서로 구별하고 있는바, 참고할 만하다.

있는 것이다.

이처럼 문법교육 내용을 표상하고 있는 텍스트가 문법교육용 텍스트의 중핵을 이루지만, 문법교육의 목표를 달성하기 위해 '활용되는' 텍스트 역시 문법교육용 텍스트의 외연을 이룬다고 볼 수 있다. 즉, 분명하게 문법교육 내용을 표상한다고 보기 어려우나, 모종의 교육적 의도하에 문법 수업에서 활용되거나 문법 교재에 수록되거나 문법 평가 시 동원되는 텍스트 등도 넓게는 문법교육용 텍스트의 범위 안에 포함되어 느슨하게 문법교육용 텍스트의 경계를 형성하고 있다고 볼 수 있다.

3) 문법교육용 텍스트의 개념화 방향

이상과 같은 논의를 토대로 하여, 이하에서는 문법교육용 텍스트를 규정하는 중핵 요인, 즉 준거를 출발점으로 삼되, 그러한 준거에 의해 구체적으로 포착 가능한 실체를 범주화하여 살펴봄으로써, 문법교육용 텍스트의 개념을 잡아나가고자 한다. 이는 근본적으로 오우크쇼트(M. Oakeshott)의 '중층성(重層性)' 논리에 기댄 것이다. 오우크쇼트는 '구체적 총체로서의 경험'과 그러한 경험들이 특정 국면에서 억류된 상태인 '경험의 양상'을 구분하면서, 전자와 후자는 논리적으로 구분된 실체이되 사실적으로 구분되지 않는다고 보았다. 즉, 전자는 후자에서 추론되어 나온 것이면서 동시에 후자가 추구하는 목적이자 후자가 성립하고 존립하기 위한 논리적 기준이 된다(조영태, 1998; 차미란, 2003)고 보았다. 그리고 이러한 입장에 의거하여, 특정 국면에 억류된 경험의 양상을 탐색함으로써, 구체적 총체로서의 경험에 다가가고자 하였다.

따라서 이하 절에서도 '문법교육의 내용을 표상하는 텍스트'를 문법교육용 텍스트를 규정하는 준거로 삼아 구체적인 문법교육용 텍스트의 여러 양태를 폭넓게 살펴 범주화하면서, 문법교육용 텍스트의 개념에 순차적으로 다가서고자 한다.

Ⅲ. 문법교육용 텍스트의 개념화

1. 문법교육용 텍스트의 개념

앞 절에서 문법교육용 텍스트는 '문법교육의 내용을 표상하는 텍스트로서, 문법교육의 목표 달성을 위해 문법 교수·학습 과정에 활용된다.'고 규정한 바 있다. 그렇다면 크게 두 가지 물음을 던짐으로써, 문법교육용 텍스트의 실체를 좀 더 구체화해 나갈 필요가 있다.

첫째, 문법교육용 텍스트는 '무엇'을 표상하는 텍스트인가? 이는 결국 '문법교육의 내용은 무엇인가'라는 물음으로 치환될 수 있다.

둘째, 문법교육용 텍스트는 문법교육의 내용을 '어떻게' 표상하는 텍스트인가?

이하에서는 이들 두 가지 물음에 대해 구체적으로 답해 가면서, 문법교육용 텍스트의 실체에 좀 더 근접하고자 한다.

1) '무엇'을 표상하는 텍스트인가?

그간 국어교육의 '내용'에 대해서 숱한 논의가 전개되어 왔음에도 문법 영역의 경우 '문법지식'이라는 상당히 명확한 실체가 교육 내용으로 존재한 까닭에 문법교육의 내용에 대해서는 상대적으로 활발한 논의가 전개되지 못하였다. 그러나 최근 들어, 문법지식 외에도 문법교육의 내용으로 '활동', '태도', '경험'과 같은 요소들이 새롭게 논의되고 있어 주목을 끌고 있다.[6]

---

6 국어에 대한 '태도'는 김은성(1999)에서 본격적으로 논의되기 시작하였으며, 차후 김광해(2000), 김은성(2005ㄴ, 2006)에서 집중적으로 다루어졌다. 한편, 국어 인식 활동, 국어 탐구 활동과 같은 '활동'을 교육 내용의 실체로 간주하는 관점은 남가영(2008ㄱ)에서 '해야 할 활동'으로서 '문법 탐구 경험'을 교육 내용으로 설정하면서 새롭게 제시되었다.

문법교육의 내용에 명제적 지식(문법 개념, 명제, 규칙 및 절차)과 문법적 인식 및 태도가 포함된다는 데에는 논의의 여지가 없는 편이며, 본고에서는 문법교육의 내용에 문법적 사고 또는 활동이 포함된다는 입장을 취한다. 이는 남가영(2008ㄱ)의 입장에 근거한 것이며 이러한 입장은 2007 개정 국어과 교육과정 및 2011년 개정 고시된 국어과 교육과정의 '문법' 영역의 내용 체계에서도 일부 반영되어 있기에, 이에 대해서는 어느 정도 합의가 이루어져 있다고 보아도 크게 무리가 없다.[7]

이에 본고에서는 문법교육의 내용을 명제적 지식, 문법적 사고 및 활동, 문법적 인식 및 태도의 세 요소로 나누어 살펴보고자 한다. 이 중 비교적 그 성격이 명료한 명제적 지식을 제외하고, 교육 내용으로서 문법적 사고 및 활동, 문법적 인식 및 태도는 어떠한 질성을 갖춘 실체인지, 그리고 이들 세 유형의 교육 내용들은 어떠한 관계를 지니는지 등 좀 더 면밀한 탐색이 필요하다.

먼저, 문법적 사고(활동)는 의미 구성의 형식이자 자원으로서의 언어 및 그 작용에 대해 관심을 두는 사고 및 활동[8]으로서, 이들 활동은 거리 두기와 대상화를 동반한 메타적 사고라는 점에서 언어적 사고(활동)과 변별되는 특징을 지닌다.

이는 국어 인식 활동이 문법교육의 근본을 이루는 핵심 현상이라는 점에 주목한 김은성(2005ㄱ) 등의 관점을 이어받되, 그러한 현상을 교육 내용의 형태로 편입함으로써 문법교육의 기획에 적극적으로 반영하고자 한 시도라 할 수 있다. 이런 점에서 교육 내용으로서 '활동'과 '경험'은 서로 연계되어 있다고 할 수 있다.

7 2007 개정 국어과 교육과정의 '문법' 영역의 내용 체계표에서는 '탐구' 범주가 '관찰과 분석', '설명과 일반화', '판단과 적용'으로 서술되어 있어, 해당 범주가 '문법적 사고 및 활동'을 의미하는 것으로 판단할 수 있다. 2011년 개정 고시된 국어과 교육과정의 해당 범주('탐구와 적용')에서도 '국어의 분석과 탐구', '국어 지식의 적용', '국어 생활의 점검과 문제 해결'로 그 세부 내용이 기술되어 있는 것으로 보아, 해당 범주가 여전히 문법적 사고(활동)의 속성을 지니고 있음을 확인할 수 있다.

8 이는 그간 '국어(문법) 탐구 활동(김광해, 1995)', '메타언어적 활동(엄훈, 2001; 남가영, 2003)', '국어 인식 활동(김은성, 2005ㄱ; 남가영, 2006)' 등의 이름으로 다루어져 왔다.

한편, 문법적 인식(태도)은 문법적 사고 및 활동의 결과 내면화된 인지적, 정의적 태세(態勢)[9]로서, 이들 문법적 인식은 문법적 사고의 결과로서 지속성을 지니면서 문법적 사고를 촉발하는 동시에, 문법적 사고의 과정에서 명시적이든 암묵적이든 동반되는 속성을 지닌다.

이렇게 볼 때, 문법교육의 내용을 이루는 '명제적 지식'과 '문법적 사고(활동)', '문법적 인식(태도)'은 다음과 같은 관계를 지닌다고 설명할 수 있다. 첫째, 명제적 지식은 문법적 사고의 결과 축적된 산물(1차적)이자 문법적 사고를 동원하여 접근하여야 이해 가능한 실체(2차적)이기도 하다. 둘째, 문법적 사고의 과정에는 문법적 인식(태도)이 동반되며, 그 결과 문법적 인식(태도)이 일정한 방향으로 강화, 조정되는 결과를 보인다. 즉, 문법적 인식(태도)은 문법적 사고를 촉발하는 동기 요인으로 작용하면서, 해당 사고 및 활동의 과정에 함께 동반되며, 문법적 사고의 결과 유의미한 방향으로 강화되거나 조정된다. 결국 이들 세 차원은 문법적 사고(활동)를 축으로 하여 상호 연계되는 양상을 보이고 있으며, 개념적으로는 구분되는 실체이나 실제 문법적 사고(활동)의 과정에서 서로 긴밀하게 얽혀 있는 실체라 할 수 있다.

이처럼 문법교육의 내용과 이들 내용들 간의 관계를 설정할 수 있을 때, 문법교육용 텍스트는 '문법적 지식을 표상하는 텍스트', '문법적 사고(활동)을 표상하는 텍스트', '문법적 인식(태도)을 표상하는 텍스트'로 구체화될 수 있을 것이다. 그런데 이와 같이 문법교육용 텍스트를 구체화한다 하여도, 실제 문법교육용 텍스트는 이들 문법적 지식, 사고, 인식을 '어떻게' 표상하는가에 따라 그 구체적 양상을 달리할 것으로 예측할 수 있다.

---

9 이는 그간 국어에 대한 태도(김은성, 1999)의 일환으로 메타언어적 인식(남가영, 2003), 국어 인식(김은성, 2005ㄱ), 국어 의식(김광해, 2000; 신명선, 2007; 교육과학기술부, 2007, 2011) 등의 이름으로 다루어져 왔다.

2) '어떻게' 표상하는 텍스트인가?

(1) 직접 표상과 간접 표상

문법교육용 텍스트는 문법교육 내용을 직접 표상하는가, 간접 표상하는가에 따라 다시 구체화될 수 있다.

먼저 문법교육 내용을 직접적으로 표상하는 텍스트란, 교육 내용이 표면적으로 드러나는 텍스트를 이른다. 이는 다시 다음과 같이 유형 ①-③으로 나뉠 수 있다.

- 유형 ① - 문법적 사고(활동)의 과정을 직접 보여 주는 메타 텍스트
- 유형 ② - 문법적 사고(활동)의 산물인 명제적 지식(문법지식)을 설명, 서술하는 텍스트
- 유형 ③ - 문법적 인식(태도)을 명시적 주제 및 내용의 형태로 담고 있는 텍스트

유형 ①에는 문법적 사고 과정을 성찰하거나 기술하는 고백적, 메타적 텍스트가 포함될 수 있다. 아래 [사례 1]은 소설의 첫 문장에서 조사 '이/가'와 '은/는' 중 어느 것을 선택하여 쓸지 고민스러웠다는 작가의 인터뷰 기사로서, 문법 형태의 선택을 위해 그 의미기능을 탐색하는 문법적 사고의 과정이 메타적으로 드러나 있다. [사례 2]는 조사 '(이)나'를 선택하여 시의 핵심 의도를 구현하고자 했다는 시인의 설명이 드러난 인터뷰의 일부로서, 특정 언어 형태를 선택함으로써 의도한 의미를 구체화하고자 한 문법적 사고가 시 창작의 과정에서 작용하고 있음이 명시적으로 드러나 있다.

[사례 1]

나는 프랑스어는 모르지만, 거기에는 조사가 없으니 내 원래 문장과 크게 다를 것이다. 나는 글을 쓸 때 조사를 어떻게 쓸 것인가 가장 고민한다. 나는 조사를 증오한다. 조사 없는 나라에 가서 살고 싶다. …(중략)… 이 소설의 첫 문장 '버려진 섬마다 꽃이 피었다'의 경우, '꽃은 피었다'로 썼다가 '꽃이'로 고치고, 다시 바꾸기를 며칠 거듭했다. '꽃이'라고 쓰면 꽃이 핀 객관적 사실을 말하지만, '꽃은'이라면 어딘가 뽕짝 같고, 주관적 정서를 투사하는 것이다. 조사가 없는 영어나 프랑스어에는 없는 고민이다.

- 김훈과의 인터뷰 중에서[10]

[사례 2]

이 시 '가슴에 묻은 김치국물'의 착상은 친구와 몹시 다툰 날의 일을 아무런 꾸밈없이 있었던 그대로 풀어낸 것입니다. 가끔씩 이렇게 전혀 시적이지 않을 것 같은 일상이 낯설게 다가올 때가 잇습니다. …(중략)… 그러니까 이 시의 중심어는 맨 마지막 행 '가슴에 슬쩍 묻혀나 볼 일이다'의 조사 '나' 입니다. '묻혀도' 혹은 '묻혀'라고 해도 될 것을 굳이 '묻혀나'라고 한 것은 그만큼 타자와의 소통이 힘들다는 것을 은근히 힘주어 말하기 위해서였습니다. 이 시는 어떤 작은 깨달음을 얘기하고 있는 것 같지만, 그 이면에는 그런 깨달음의 탈을 쓰고 괴로워하고 자조하고 있는 화자의 모습이 담겨 있기도 합니다. 그것이 이 시에 깔린 슬픔이라 할 수 있겠습니다.

- 손택수 시인과의 인터뷰 중에서[11]

---

10 '〈칼의 노래〉-佛서 출판, 작가 김훈-번역자 양영란 만나다'(조선일보, 2006년 2월 27일자)에서 발췌한, 김훈의 인터뷰 내용 중 일부이다.

11 강은교의 '시에 전화하기(문학세계사, 2005:32~33)'에서 가져온 자료이다. 저자는 자신이 즐겨 읽는 시 100편을 선택하여 싣고, 해당 시의 시인에게 전화를 걸어 시를 쓰게 된 동기나 맥락, 시의 의미 등에 대해 묻고 그 내용들을 함께 수록하고 있다. 위 질의응답은

유형 ②는 명제적 지식이 내용의 형태로 담긴 텍스트를 이르는바, 문법 및 국어에 대한 각종 설명문 등이 이에 해당한다. 아래 [사례 3] 외에도, 단어의 갈래, 문장의 구조 등을 설명하고 있는 문법 교과서 텍스트의 대부분이 이러한 텍스트 유형에 해당한다고 볼 수 있다.

[사례 3]
언어를 이루는 음운, 단어, 문장, 이야기는 각각의 구조를 가지며, 그 구조는 일정한 규칙과 체계로 짜여 있다. 가령 누군가가 "할머니께서 온다.", "우리는 어제 산에 갈 것이다.", "궁금하면 저 언니에게 물어 봐."처럼 말했다고 하자. 한국 사람이라면 누구든지 이 문장들이 이상하다고 말할 것이다. 그 이유는 이 문장들이 국어의 정상적인 문장 구조가 지켜야 할 규칙(규칙)을 지키지 않고 있기 때문이다. 이렇게 국어의 규칙을 지키지 않은 문장을 비문법적인 문장이라고 한다. …(하략)…

- 7차 고등학교 문법 교과서(2002:34) 중에서

유형 ③으로는 바람직한 국어 의식 및 태도를 촉구하는 글, 바른 국어 생활을 권장하는 글 등이 포함된다. 아래 [사례 4]는 영문 신문사에서 한국 신문사로 옮긴 것을 계기로 한국어의 아름다움을 살려 정확하고 아름

시인 손택수의 '가슴에 묻은 김치국물'과 관련하여 주고받은 것이다. 참고로 시 전문을 소개하면 다음과 같다.

점심으로 라면을 먹다/모처럼만에 입은 흰 와이셔츠/가슴팍에/김치국물이 묻었다.
난처하게 그걸 잠시/들여다보고 있노라니/평소에 소원하던 사람이/꾸벅 인사를 하고 간다.
김치국물을 보느라/숙인 고개를/인사로 알았던 모양
살다보면 김치국물이 다/가슴을 들여다보게 하는구나
오만하게 곧추선 머리를/푹 숙이게 하는구나
사람이 좀 허술해 보이면 어떠냐/가끔은 민망한 김치국물 한두 방울쯤/가슴에 슬쩍 묻혀나 볼 일이다

답게 글을 쓰고 싶은 태도와 욕망을 드러내고 있는 글이며, [사례 5]는
새롭게 규정된 규범 표기에 따라 국어생활을 해야 함을 주장하면서 이를
위해 제도적 차원의 노력이 필요함을 촉구하는 글이다. 두 사례 모두,
바람직한 국어 의식을 비교적 명시적으로 표상하거나 촉구하고 있는 글
이라는 점에서 공통적이다.

[사례 4]
　　내 첫 직장은 영문 일간 신문사였다. …(중략)… 5년 뒤에 새로 창간된
신문사로 일자리를 옮겼을 때, 나는 그 새 신문의 민주주의적 공간 속에
내 몸을 편안히 눕히게 된 것 못지않게, 한국어로 글을 쓸 수 있게 된 것이
기뻤다. 나는 드디어 한국어로 글을 쓰는 것을 업으로 삼게 된 것이었다.
나는 정확하고 아름다운 한국어로 글을 쓰고 싶었다. 그리고 그러기 위해
애썼다. 아름답고 정확한 한국어를 쓰겠다는 몽상, 그것이 내가 지녔던 여
러 몽상들 가운데 실현될 가능성이 가장 높은 몽상이었다. …(중략)… 이
모든 꿈이 손가락 사이로 빠져나가 버린 지금, 나는 정확하고 아름다운 한국
어로 글을 쓰고 싶다는 꿈을 간직하고 있다. 정확성과 아름다움으로 한국어
의 가능성을 넓혔다고 평가받을 만한 글말이다. 아직은 그것이 몽상에 불과
하지만, 나는 앞으로도 한국어로 글을 쓸 작정이므로, 이 꿈은 언젠가는 이
룰 수 있을지도 모른다.
　　　　　　　　　　　　　　　　　　- 고종석(1999), '서툰 사랑의 고백' 중에서[12]

[사례 5]
　　얇게 썬 고기를 끓는 물에 데쳐 양념장에 찍어 먹는 냄비 요리를 흔히

---

12 전직 신문기자였던 칼럼니스트 고종석의 수필집인 '감염된 언어(개마고원, 1999:5~
20)'의 서문인 '서툰 사랑의 고백(서문을 대신하여)'의 일부이다.

'샤브샤브'라 부른다. 쇠고기 샤브샤브, 해물 샤브샤브, 버섯 샤브샤브 등 그 종류도 가지가지다. 이 음식이 소개된 지는 꽤 오래됐지만 아직 사전에 오르지 않았다.

그런데 얼마 전 이 음식 이름의 정식 표기가 정해졌다. 정부 언론 외래어 심의공동위원회에서 이 음식 이름의 올바른 표기를 '샤부샤부'로 결정한 것이다. 일본 글자 'しゃぶしゃぶ'를 '샤브샤브'로 적거나 소리 낼 근거가 없으며, 정확한 소리가 바로 [샤부샤부]이기 때문이다.

그동안 모든 음식점 차림표에 '샤브샤브'로 표기했고 손님들도 그렇게 발음하여 음식을 주문해 왔다. 이제 현실 표기와 규범 표기가 달라지게 되었다. 어떻게 해야 할까? 당연히 규범 표기를 따라야 할 것이다. 그러려면 정부나 언론 기관은 규범 표기를 결정하는 데 머무르지 말고, 국민들에게 좀 더 적극적으로 알려 표기법에 맞게 쓸 수 있도록 노력해야 한다. ⋯(하략)⋯

– 권재일, '샤브샤브' 중에서

이상과 같이 문법교육 내용을 직접적으로 표상하는 텍스트 외에, 문법교육 내용을 간접적으로 표상하는 텍스트도 존재하는데, 여기서 문법교육 내용을 간접적으로 표상하는 텍스트란, 텍스트 이면을 들여다보고 해석해야 교육 내용이 드러나는 텍스트를 이른다. 이는 다시 아래 유형 ④∼⑥으로 나눌 수 있다.

- 유형 ④ - 문법적 사고(활동)의 결과로 재해석될 수 있어 문법적 사고 (활동)를 추론할 수 있는 텍스트
- 유형 ⑤ - 문법적 사고(활동)의 결과로서, 문법 지식이 추론, 해석될 수 있는 텍스트, 또는 그러한 사고 과정에서 동반된 문법적 인식 (태도)이 추론, 해석될 수 있는 텍스트
- 유형 ⑥ - 문법적 인식(태도)을 명시적 주제나 내용으로 다루지는 않았

으나, 이를 간접적으로 촉구할 수 있는 텍스트

유형 ④로는 각종 언어활동의 산물들, 즉 각종 담화나 글이 포함되는데, 이는 그러한 텍스트를 구성하기까지 언어 형태의 선택, 해당 언어 형태의 의미기능의 판단 등과 같은 문법적 사고(활동)가 개입하였으리라 추론할 수 있기 때문이다. 이들 텍스트를 관찰하고 '왜 필자(화자)가 이러한 언어 형태를 선택했을까?', '이러한 언어 형태는 어떤 형식적 특성을 지니며 어떠한 의미기능을 하는가?'와 같은 질문을 던져 보는 등, 이른바 '텍스트 분석 경험'을 통해 문법적 사고(활동)의 학습 및 문법 지식의 학습을 이끌 수 있다.

아래 [사례 6]에서는 환자와 의사의 대화에서 양태 표현이 쓰이는 방식을 살펴봄으로써 양태 표현이 담당하는 의미기능을 탐색하는 것이 가능하다. 즉, 의사가 어느 경우에 양태 표현을 사용하는지(치료 가능성, 수반 가능한 부작용 등), 또 어떤 경우에 양태 표현을 사용하지 않았는지(약 복용 방법, 약의 성능 등) 등을 살펴봄으로써, 양태 표현이 담당하는 의미기능과 그에 따른 언어 선택의 양상을 탐색할 수 있다. 이러한 경험은 [사례 7]을 통해서도 이루어질 수 있다. [사례 7]에서는 식당과 회의실이라는 서로 다른 상황 맥락 안에서 동일한 화자가 어떻게 높임 표현을 달리 선택하여 쓰는지를 보여 주고 있는바, 이러한 텍스트를 통해 높임 표현의 의미기능과 그에 따른 선택 양상에 대해 탐색함으로써, 그러한 선택의 과정에서 개입된 문법적 사고(활동)의 과정을 간접적으로 다시 체험할 수 있다.

[사례 6]

환자: 앞으로 숙이는 거랑 이렇게 뒤로 트는 게 <u>안 됩니다.</u> 그러니까 등뼈 끝 쪽이, 계속 뾰족한 걸로 찌르는 거 같은 느낌이 계속 <u>들어요.</u>

의사: 등 아래쪽이 아프시다고요. 언제부터 그러셨습니까?

환자: 그러니까 저번 주부터 좀 이상했는데, 어젯밤엔 이게 안 돌아가더라고요. 일어나지도 못하고 화장실도 못 갔습니다.

의사: 일단 좀 쉬시고요, 제가 진통제를 좀 드릴 테니까, 통증은 좀 줄어들 겁니다.

환자: 자 혹시 뼈에 무슨 문제가 있는 건가요, 아니면······.

의사: 등 뒤에 있는 근육이 찢어졌습니다. 많이 움직이시지만 않으면 괜찮을 겁니다.

환자: 괜찮아지는 데 얼마나 걸릴까요?

의사: 최소한 일주일은 걸릴 겁니다.

환자: 일주일이요.

의사: 2주가 될 수도 있고요. 여기 처방전을 써 드릴게요. 소화불량이 올 수도 있으니, 반드시 식후에 복용하세요. 아, 졸음 오는 건 아닙니다. 중간에 좋아지시면 더 드실 필요는 없습니다.

환자: 알겠습니다.

- 남가영(2008:182)에서 재인용

[사례 7]

1. 식당에서

김 과장: 승진 축하해. 지금 속도라면 나보다 빨리 부장 되겠어.

박 과장: 아이 선배님두. 이번에 운이 좋아서 된 거지 항상 이렇겠어요?

김 과장: 그나저나 한턱 근사하게 내야지.

박 과장: 그럼요. 저도 기분 한 번 내야지요.

2. 회의실에서

김 과장: 그럼 회의를 시작하겠습니다. 박 과장님께서 이번 시장 조사 결과를 보고하여 주시겠습니다.

박 과장: 영업부의 박○○입니다. 이번 시장 조사는 10대 후반의 청소년층을 대상으로 한 것입니다. 일단 화면을 보면서 말씀드리겠습니다. 김 과장님께서는 화면 조정하는 것을 좀 도와주시기 바랍니다.
김 과장: 네, 신호를 보내시면, 제가 여기에서 스위치를 작동하겠습니다.

- 7차 고등학교 문법 교과서(2002:189) 중에서

한편, 이러한 경험은 실제 담화 자료에서만 가능한 것이 아니라 아래 [사례 8]과 같은 시 텍스트의 경우에서 이루어질 수 있다. [사례 8]에서는 예사소리와 된소리, 양성 모음과 음성 모음 간의 대립을 활용한 음성 상징에 착안하여, 급작스럽게 내리는 비로 인해 외부와 점차 차단되어 고립된 아이의 심정을 미묘하게 형상화하고 있는바, 해당 텍스트의 형상화 방식과 그에 따른 의미를 분석하는 과정에서 우리말의 음성 상징 체계를 탐색하는 문법적 사고를 체험할 수 있게 된다.

[사례 8]
조록조록 조록조록 비가 내리네.
쪼록쪼록 쪼록쪼록 비가 막 오네.
나가 놀까 말까 하늘만 보네.
창수네 집 갈래도 갈 수가 없네.

주룩주룩 주룩주룩 비가 더 오네.
쭈룩쭈룩 쭈룩쭈룩 비가 오는데
찾아오는 친구가 하나도 없네.
누나 옆에서 앉아 공부나 더 하자.

- 임석재(1980), '비 오는 날'

유형 ⑤는 문법적 사고(활동)의 산물이 해석이나 감상을 요구하는 형태로 구체화된 텍스트를 의미하는데, 예를 들어, 언어 관련 각종 수필류, 언어의 속성 및 작용을 소재로 한 이야기책, 언어에 대한 인식을 담은 고전 및 국어생활사 자료 등이 이에 속한다. 이들 텍스트에서는 그러한 텍스트를 생성한 문법적 사고(활동)와 그러한 과정에 동반된 문법적 인식(태도)을 간접적으로 추론해 낼 수 있다. 또한 그러한 산물에서 상징적으로 형상화되는 언어 및 문법에 대한 명제적 지식도 학습 가능한 경우가 있다. 이러한 텍스트는 '텍스트 읽기 경험'을 통해 문법적 지식과 문법적 사고(활동)의 학습을 일정 부분 담보할 수 있는 유형으로서, 이들 텍스트에서는 교육 내용의 표상이라는 측면 외에도, 글의 구조적, 형식적 완결성과 주제적 선명성, 표현적 심미성 등이 중요한 의미를 지닌다.

[사례 9]
"자, 이제부터 뭔가가 변화한다." 하고 그는 외쳤다. 그는 이제부터 침대를 '그림'이라고 부르기로 하였다. 아침에 눈을 뜨자 그는 한참 동안을 그림 속에 누워서 이제 의자를 무어라 부르면 좋을까 곰곰히 생각하였다. 그는 의자를 자명종이라고 부르기도 하였다. 그는 벌떡 일어나서 옷을 입고는 자명종에 앉아서 두 팔을 책상에 괴고 있었다. 하지만 이제 책상을 더 이상 책상이라고 불러서는 안 되었다. 그는 이제 책상을 양탄자라고 불렀다. 그러니까 그 남자는 아침에 그림에서 일어나 옷을 입고는 양탄자 옆의 자명종에 앉아 무엇을 어떻게 부를까 곰곰이 생각한 것이다.
- 페터 빅셀, '책상은 책상이다' 중에서

위 [사례 9]는 주변 사물을 자기 마음대로 달리 이름 붙여 부르는 한 인물이 결국 타인과 소통하지 못하게 되는 비극을 상징적으로 형상화한 텍스트로서, 언어의 자의성에 주목하여 의도적으로 생산한 텍스트이다. 따라서 이러한 텍스트를 해석, 감상하는 과정을 통해 언어의 자의성과 관련한 앎을 간접적으로 체득하는 것이 가능하다.

아래의 [사례 10]은 무인도에 난파당함으로써 언어를 잃어버린 두 아이의 모험을 다룬 소설의 일부로서, 잃어버린 언어를 찾아나가는 여정에서 낱말의 세계를 살펴보는 발췌 부분은 품사의 분류와 속성을 이야기의 형태로 형상화해 놓고 있어, 이를 통해 품사의 분류, 개별 품사의 특성에 대한 앎을 체득할 수 있다. 비록 [사례 9]와 [사례 10] 모두 외국의 창작물이며 외국어(프랑스어)를 대상으로 하고 있기는 하나, 둘 다 언어의 속성 및 구조에 대해 의식적으로 주목하여 이를 이야기의 형태로 형상화하고자 하는 명시적 의도 하에 생산된 텍스트로서, 이들 텍스트를 읽고 감상하는 경험을 통해 언어를 대상화하여 탐구하는 문법적 사고(활동)의 일면을 맛볼 수 있는 동시에 결과적으로 문법적 지식을 체득하는 것도 가능하다.

[사례 10]

눈앞에 펼쳐진 광경에 당혹감을 떨칠 수 없었다. 거기엔 너무나 많은 낱말들이 있었다. 그것 마치 거대한 소용돌이와 같았다. 시간이 좀 지나자 점차 낱말들의 종족을 구별해 낼 수 있었다. 바로 그거였다. 우리 사람들처럼, 낱말들도 종족으로 나뉘어 있었고, 각 종족은 각자 적당히 일을 도맡고 있었던 것이다.

이를테면, 관사란 종족의 역할은 매우 단순했다. 솔직히 말하면 헛되어 보이기까지 했다. 관사는 명사에 앞서 걸으면서 작은 종을 울린다. "물렀거라. 남성 명사 나가신다." "물렀거라. 여성 명사 나가신다." 명사와 관사는 아침부터 밤까지 늘 함께 다닌다. 그러곤 하루 종일 쇼핑을 즐긴다. 그들이 초토화 시키는 가게는 바로 형용사 가게이다.

여성 명사 '집(maison)'은 작은 종을 울리는 관사 'la'를 앞에 거느리고 가게 안으로 들어섰다. "오늘 내가 좀 스타일이 평범한 거 같아서 말이죠." "원하시는 건 뭐든 구비되어 있습니다. 자, 이리로 오시죠." 매니저는 진열장 앞으로 명사를 안내했다. 명사 '집'은 옷을 입어 보기 시작했다. 이 얼마나 고민되는 과정인지. 결정하기는 또 왜 그렇게 어려운지. 이것보다 저게 나은가? '푸른 집, 안전한 집, 알자스의 집, 꽃향기 감도는 집?'이 모든 형용사들이 선택되기만을 고대하며 가장 멋진 자태를 뽐내며 손님 주변을 맴돌고 있었다. 장장 2시간에 걸친 고민 끝에 '집'은 여전히 'la'를 앞세운 채 '유령의'를 싸들고 가게를 나섰다. "생각해 봐. 집은 말야. 너무 평범하고 또 심심하잖아? '유령의'가 붙은 집이라니. 난 이 마을에서 가장 흥미로운 건물이 될 거야. 모든 애들이 날 무서워하겠지?" …(중략)…

사랑스럽고 또 사랑스러운 형용사들이여. 형용사가 가져다주는 선물이 없다면 명사는 얼마나 지루한 존재인가. 그런데도 명사는 형용사를 얼마나 형편없이 대하는가? 명사는 타고 나기를 불성실한 존재들이다. 명사는 양말 바꿔 신듯 형용사를 바꿔댄다. 곧 유령에 질려 버린 '집'은 눈 깜짝할 사이에 '역사적인'을 더 좋아하게 됐다. 여기서 멈출 리가 있겠는가. '귀족적인'도 있고 '황제의'도 있는데. 그래서 불쌍한 형용사 '유령의'는 거리를 방황하게 되었다. 그러곤 자신을 데려가 달라고 다른 이들에게 구걸하기 시작했다. "날 데려갈 사람은 아무도 없나요? 이봐요, '숲', 그냥 숲만큼 흔해 빠진 게 어딨어요? 날 데려가면 금세 신비롭게 특별한 숲으로 다시 태어날 수 있다고요!" 그러나 명사들은 쳐다보지도 않고 지나쳤다. 이건 정말 가슴 아픈 장면이다. 버려진 모든 형용사들이란.

- 에릭 오르세나, '문법은 아름다운 노래' 중에서¹³

---

13 에릭 오르세나(E. Orsena)가 짓고 정혜용이 번역한 '문법은 아름다운 노래(MEDIA 2.0, 2006; 102~104)'에서 발췌한 내용이다.

한편, 유형 ⑥의 예로는 국어학자의 일생을 다룬 전기문 같은 것 등을 들 수 있는데, 비록 문법적 사고(활동)나 문법적 인식(태도)이 텍스트의 명시적 내용이나 텍스트를 생성한 명시적 원리의 형태로 드러나지 않을 수 있으나, 해당 텍스트 읽기 경험을 통해 문법적 인식(태도)의 간접적 고취가 가능한 텍스트 유형이다. 예를 들어, 국어 연구에 일생을 바친 주시경의 일생을 다룬 전기문을 읽음으로써 간접적으로 국어에 대한 관심과 열정을 새롭게 다지거나, 헬렌켈러의 전기문에서 언어를 학습하게 된 결정적 장면을 읽거나 그 생애를 따라가는 과정에서 언어가 인간 삶에 갖는 힘과 역할을 깨닫게 됨으로써 간접적으로 언어의 가치나 역할에 대해 숙고하고 공감하는 것이 가능할 수 있다. 이러한 유형의 텍스트가 본격적인 의미의 문법교육용 텍스트라 보기 어려움에도, 이 역시 텍스트가 문법교육의 맥락 안에서 유의미하게 작용하는 국면이라 할 수 있다.

(2) 논리적(긴밀한) 표상과 우연적(헐거운) 표상

문법교육용 텍스트는 교육 내용을 논리적으로(긴밀하게) 표상하는가, 우연적으로(헐겁게) 표상하는가에 따라서도 좀 더 구체화될 수 있다.

문법교육의 내용을 논리적으로 표상하는 텍스트란, 표상하는 교육 내용과 텍스트가 논리적 관계를 지닌 텍스트를 이른다. 즉, 표상하고 있는 교육 내용이 해당 텍스트의 '텍스트다움'과 긴밀히 관련되는 경우이다. 한편, 문법교육 내용을 우연적으로 표상하는 텍스트란, 표상하는 교육 내용과 텍스트가 논리적, 필연적 관계를 지니지 못한 텍스트를 이른다. 즉, 교육 내용을 표상하고 있되, 그것이 해당 텍스트의 '텍스트다움'과 거리가 먼 경우이다. 이는 굳이 그 내용을 가르치는 데 있어 해당 텍스트를 활용해야 할 이유가 없는 경우이며, 달리 말하면 해당 텍스트의 가치를 온전히 활용하지 못한 경우라고도 볼 수 있다.

예를 들어, 신문 텍스트를 가지고 '인용 표현'의 형식과 기능, 작용을 살피는 방식이나, 아래 [사례 11]과 같이 시 텍스트에서 핵심 시어의 '함축적 의미'를 물으면서 사전적·함축적 의미를 다루는 방식은, 시어의 함축성이나 신문에서의 인용 표현이 '시'나 '신문' 텍스트의 텍스트다움과 밀접한 관계가 있는 주요 요소라는 점에서 의미를 지닌다. 즉, 시어의 함축적 의미, 인용 표현의 형식과 의미기능을 다루는 것은 단지 시 텍스트, 신문 텍스트를 자료로 하여 해당 지식 및 언어 표현을 학습하는 데 그치는 것이 아니라, 그 자체로 시 텍스트, 신문 텍스트의 장르적 특정을 파악하기 위한 핵심 경로가 될 수 있기 때문이다. 그러나 아래 [사례 12] 와 같이 수필 텍스트를 가지고 '고유 명사·보통 명사', '피동 표현·사동 표현'을 있는 대로 찾고 그 의미기능을 파악하도록 하는 방식은 대개의 경우 해당 내용을 학습하기 위해 굳이 '수필' 텍스트가 동원되어야 할 필요가 없으며, 그런 점에서 이는 '수필'이라는 텍스트를 온당하게 활용하는 방식이라 보기 어렵다.

[사례 11]
호박꽃잎 위에는 노랑 구슬
가지꽃잎 위에는 보라 구슬
고추잎새 위에는 초록 구슬
밤새워 아기별들이
구슬치기하다
서둘러 돌아간
텃밭 놀이터
햇살이
손 뻗어
조심스레 주워 담는다

- 오은영, '아기별이 잃어버린 구슬'

• 위 시의 제목에서 '구슬의 사전적 의미와 함축적 의미를 각각 설명하여 보자.

- 7차 고등학교 문법 교과서(2002:202) 중에서

[사례 12]

선암사 뒷산에는 산수유가 피었다. 산수유는 다만 어른거리는 꽃의 그림자로서 피어난다. 그러나 이 그림자 속에는 빛이 가득하다. 빛은 이 그림자 속에 오글오글 모여서 들끓는다. 산수유는 존재로서의 중량감이 전혀 없다. 꽃송이는 보이지 않고, 꽃의 어렴풋한 기운만 파스텔처럼 산야에 번져 잇다. 산수유가 언제 지는 것인지는 눈치 채기 어렵다. 그 그림자 같은 꽃은 다른 모든 꽃들이 피어나기 전에 노을이 스러지듯이 문득 종적을 감춘다. 그 꽃이 스러지는 모습은 나무가 지우개로 저 자신을 지우는 것과 같다. 그래서 산수유는 꽃이 아니라 나무가 꾸는 꿈처럼 보인다.

- 김훈, '자전거 여행'

• 위 글에 나타난 명사를 모두 찾아보자.

- 7차 고등학교 문법 교과서(2002:132) 중에서

물론, [사례 11]과 [사례 12]에서와 같이 논리적 표상과 우연적 표상 간의 구분이 늘 명시적인 것은 아니다. 예를 들어, 아래 [사례 13]과 같이 일기 텍스트를 가지고 시제 표현을 다루는 경우, 표면적으로는 굳이 해당 텍스트를 활용하여 시제 표현을 다룰 이유가 없어 보이며 그 결과 우연적 표상으로 처리할 수 있다. 그러나 일기 텍스트가 현재 시제 중심의 시간 표현이 중심을 이루는 독특한 언어 장르라는 점을 고려하면, 일기 텍스트를 가지고 시간 표현을 다루는 방식은 해당 텍스트 장르의 핵심을 건드리는 논리적 표상으로 볼 수 있는 여지가 있다. 따라서 특정 장르의 텍스트가 교육 내용을 논리적으로 표상하는지 우연적으로 표상하는지를 판단하기 위해서는, 텍스트와 해당 언어 형태와의 관계를 좀

더 면밀히 살펴 그 연관성을 신중하게 해석해 낼 필요가 있다.

[사례 13]

1950년 6월 26일

아침 일찍 버스 정류장에 나가서 아무리 기다려도 버스가 오지 않는다. 시간이 지났는데도 기다리는 손님이 여느 날처럼 많지 않다. 이윽고 생각해 보니, 어제의 전투 개시로 말미암아 버스가 징발된 듯싶다. 걸어서 학교에 나갔더니 하룻밤 사이에 거리가 어쩐지 술렁술렁하다. 어제 저녁 무렵부터 밤 사이에 멀리서 천둥하는 듯한 소리가 은은히 들려오더니, 오늘 사람들의 이야기를 들으니, 이북군이 이미 삼팔선을 넘어서 의정부 방면으로 쳐들어 오는 대포소리라 한다.

- 김종철, '역사 앞에서'

▪ 6월 25일, 26일자 일기에서 시간 표현을 찾아, 다음 표로 정리해 보자.

시제		상	
과거 시제		완료상	
현재 시제			
미래 시제		진행상	

- 7차 고등학교 국어(하) 교과서(2002:284~285) 중에서

국어교육 맥락에서 텍스트와 교육 내용은 본질적으로 필연적 관계를 지니지 않는다. 다시 말해, 특정 교육 내용을 교수·학습하기 위해 반드시 활용, 동원되어야 할 텍스트는 존재하지 않는다. 그러나 기왕 특정 언어 형태의 형식과 그 의미기능을 탐색하기 위해 텍스트를 자료로 활용하고자 할 때, 해당 언어 요소가 해당 텍스트의 장르적 속성을 결정짓는 핵심적 요소라면, 해당 언어 요소를 탐색하는 과정을 통해 자연스럽게 해당 장르의 구조적, 언어적 속성을 이해하는 것이 가능해질 수 있다.

사실, 언어적 실천은 텍스트의 형태로 전개되며, 언어 행위이자 사용 단위로서 텍스트는 그 안에 음소, 형태소, 단어, 문장 등의 언어 요소를 기본적으로 포함할 수밖에 없는바, 어떠한 텍스트든 거의 모든 유형의 언어 형태를 어떤 식으로든 다 표상한다고 볼 여지가 있다. 그러나 단지 이들 요소가 포함되어 있다고 해서 그 텍스트가 해당 요소의 형식 및 의미기능에 대한 학습을 담보한다고 보긴 어렵다. 문법교육 맥락에서 끊임없이 강조되어 온 '언어 자료의 실제성(實際性, authenticity)'이란 것도, 실제 존재하는 언어 자료 안에서만 해당 언어 형식의 복잡 미묘한 의미기능을 비로소 확인, 규명할 수 있다는 것을 의미하는바, 이에 기여하지 않을 경우 실제 언어 자료를 문법 교실 안으로 가져오는 것에 큰 의미를 부여하기 어렵다. 즉, 단지 특정 언어 형태를 포함하고 있다는 이유로 해당 텍스트가 그러한 언어 형태를 교수·학습하기 위한 문법교육용 텍스트로서 의미 있게 기능할 것이라 간주하는 것은 교육적으로 온당한 기대라 보기 어렵다.

2. 문법교육용 텍스트의 범주

이상과 같은 논의를 바탕으로 하여 본고에서는 문법교육용 텍스트의 범주를 다음과 같이 '핵심 범주'와 '주변 범주'로 나누고자 한다.

- 핵심 범주
- 문법교육 내용을 '논리적으로 표상'하는 텍스트
- 실제 언어활동을 통해 생성된 텍스트로서, 교육 내용을 표상한다고 사후에 포착된 텍스트
- 교육적 목적에 따라 의도적·인위적으로 구성할 경우, 실제 해당 텍스트의 질성을 갖출 수 있도록 정교하게 생성된 텍스트

▪ 주변 범주

- 문법교육 내용을 '우연적으로' 표상한 텍스트
- 문법교육 내용을 표상하도록 의도적·인위적으로 구성하였으나, 실제 해당 텍스트의 질성을 충분히 갖추지 못한 텍스트
- 문법교육 내용을 직접적·간접적으로 표상한다고 보기 어려우나, 문법 교수·학습을 촉발하거나 촉구하는 데 활용된 텍스트

문법교육용 텍스트의 핵심 범주를 구조화하여 제시하면 다음과 같다.

표 3 문법교육용 텍스트의 핵심 범주

표상 방식	표상 내용	텍스트 유형	주된 경험 양태 (지향 가치)
㉮ 직접 표상	㉠ 문법적 지식	문법적 사고(활동)의 결과 체계화된 지식을 설명한 텍스트	텍스트 읽기 (내용적 가치)
	㉡ 문법적 사고(활동)	문법적 사고(활동) 과정을 명시적으로 보여 주는 메타 텍스트	텍스트 읽기 및 분석 (내용적 가치)
	㉢ 문법적 인식(태도)	문법적 인식(태도)을 명시적 주제로 삼은 텍스트	텍스트 읽기 (내용적/문화적 가치)
㉯ 간접 표상	㉠ 문법적 지식	명제적 지식을 상징적, 함축적, 해석적으로 다룬 텍스트	텍스트 읽기 (내용적/심미적/문화적 가치)
	㉡ 문법적 사고(활동)	문법적 사고(활동)에 의해 생성되어, 그 이해를 위해서는 문법적 사고를 요청하는 텍스트	텍스트 분석 (언어적/문화적 가치)
	㉢ 문법적 인식(태도)	문법적 인식(태도)을 간접적으로 촉구하는 텍스트	텍스트 읽기 (내용적/심미적 가치)

위 표에서는 표상 방식, 표상 내용에 따라 문법교육용 텍스트의 유형

을 나누고, 이들 텍스트를 활용하여 전개되는 학습자 문법 경험의 양태를 제시하였다. 그리고 김창원(2009:106)의 구분을 참고하여, 표상 방식, 표상 내용에 따라 분류된 문법교육용 텍스트가 그 특성상 지향하는 가치를 함께 제시하였다.

예를 들어, 실제 언어생활의 실천 양상을 보여 주는 ㉯-㉡의 각종 담화 장르들은, 문법적 사고(활동)의 결과 산물로서, 문법적 사고(활동)을 간접적으로 표상하는 텍스트이다. 따라서 이들 텍스트를 분석하게 되면 그러한 산물을 생성하게 된 문법적 사고(활동)를 간접적으로 추론해 낼 수 있으며, 이러한 사고 과정을 간접적으로 경험할 수 있다. 이들 텍스트는 해당 텍스트가 전달하는 내용이나 메시지보다 그것을 전달하는 형식과 표현이 더 중시된다는 점에서 언어적 가치가 두드러지되, 그것이 실제 우리 언어생활의 단면을 구체적으로 보여 주는 국어 문화적 실체라는 점에서 문화적 가치 또한 중요한 의미를 지닌다.

단, 위와 같은 범주화와 관련해서, 다음과 같은 점에 유의할 필요가 있다. 첫째, 범주 간 경계는 유연하다. 예를 들어, 문법적 사고(활동)의 결과 문법지식을 함축적·상징적으로 형상화하고 있는 ㉯-㉠ 유형의 텍스트 경우, 문법지식의 학습 외에도 추론의 과정을 통해 그 이면에 놓인 문법적 사고(활동)의 학습을 함께 도모할 수 있으며, 문법적 사고의 과정을 명시적으로 보여 주는 ㉮-㉡ 유형의 텍스트 경우, 그러한 활동에는 주체의 문법적 인식이 늘 동반되어 있다는 점에서 문법적 인식(태도) 역시도 함께 다룰 수 있다.

둘째, 교육 맥락(의도)에 따라 텍스트 유형화 방식 역시 유연하게 이루어질 수 있다. 즉, 하나의 텍스트는 여러 가지 텍스트 유형으로 처리될 수 있다. 예를 들어, 국어의 옛 모습을 담은 언간 텍스트의 경우, 특정 문법 형태의 형식 및 그 의미 기능을 탐색하거나 언간의 형식과 구조를 탐색하는 등 문법적 사고(활동)의 학습을 위한 텍스트, 즉 위 구분에 따르면 ㉯-㉢의 유형으로 활용될 수 있는 동시에, 언간 텍스트에 나타난 국어생활(사)적인 양상에 관한 명제적 지식을 학습하기 위한 텍스트, 즉 ㉯-㉠의 유형으로 활용될 수도 있다.

결국 위와 같은 범주화는 문법교육용 텍스트를 구체적으로 개념화하고 이를 통해 문법교육에 좀 더 체계적으로 접근하기 위한 하나의 경로로서 유연하게 다루어질 필요가 있다.

Ⅳ. 남는 과제

궁극적으로 문법교육이 지향해야 할 목표는 '다양하고 풍성하고 유의미한 문법 경험이 가득 찬 문법 교실'을 만드는 것이다. 이는 '최대한 다양한 언어 자료와 텍스트를 폭넓게 활용하라'는 지침이 아니라, 오히려 '어떤 것이 문법교육용 텍스트인가, 문법교육용 텍스트에는 어떤 것들이 포함되는가?' 하는 물음을 통해 그 방안을 일부 찾을 수 있다. 문법교육의 다양화를 위해서는 그것을 가능하게 하는 토대로서 문법교육의 체계화가 뒷받침되어야 하기 때문이다.[14] 이상과 같은 문법교육용 텍스트의 범주화 방식 또한 문법교육에 좀 더 체계적으로 접근하기 위한 하나의 경로이다.

현장에서 당면한 문법교육과정의 기획 및 실천을 위해서는 문법교육용 텍스트의 유형별 선정 기준 마련, 텍스트의 난도·교육 내용의 계열

---

14 민현식(2005)에서는 이러한 체계화의 노력을 '표준화'라는 말로 풀어내고 있다. 민현식(2005)에서는 문법교육의 표준화와 다양화 방향에 대해 다루면서, 문법교육과정, 교재 개발, 교수·학습의 측면에서 다양화를 도모하기 위해서 문법교육에서 우선적으로 표준화, 체계화되어야 할 부문과 요소가 무엇인지 탐색하고 있다. 이런 점에서 본 연구는 민현식(2005)의 관점에 입각하되 그 세부 방향으로 문법교육용 텍스트의 체계화를 시도하고 있는 연구라 할 수 있다.

성에 따른 배열 원리 마련 등, 좀 더 그 적용 방향이 구체화되어야 할 필요가 있다. 이를 위해서는 무엇보다도 실증적인 자료 분석과 이론적 탐색을 통해 이들 범주화가 좀 더 정련되어야 할 필요가 있을 것이다.

첫째, 텍스트와 해당 텍스트가 표상하는 내용 간의 논리적 긴밀성을 제고해야 할 필요가 있다. 즉, 특정 텍스트 유형의 텍스트다움과 결정적으로 관련되는 문법 형태 및 요소를 발굴하여 이를 중심으로 해당 텍스트를 설명하고자 하는 시도(주세형, 2005ㄴ, 2007ㄴ, 2010ㄱㄴ; 남가영, 2009; 이관희, 2010, 제민경, 2011 등)가 지속적으로 이루어져야 할 필요가 있다. 이러한 시도가 축적될 경우, 텍스트의 '표현' 측면에만 주목하는 것을 넘어 '형식' 측면까지 포괄적으로 다루는 것이 가능해질 수 있다. 즉, 텍스트를 자료로 하여 특정 언어 형태의 의미기능을 탐색하는 것을 넘어, 이를 통해 해당 텍스트의 장르적 성격을 언어적·구조적으로 파악하는 것이 가능해지고, 궁극적으로 해당 장르를 운용할 수 있는 언어적 힘을 갖추어주는 것이 가능해질 수 있다. 이것이야말로 '언어에 대한 학습'이 '언어의 학습'으로 체계적으로 연계되는 방식이라 할 수 있다.

둘째, 문법교육용 텍스트의 지속적 포착 및 발굴이 필요하다. 즉, 문법적 사고(활동) 과정을 메타적으로 보여 주는 텍스트, 문법적 사고(활동)의 산물로서 텍스트 읽기를 통해 명제적 지식의 학습을 가능케 하며 읽기의 즐거움까지 담보하는 텍스트(특히, 문법적 사고, 상상력을 동원한 이야기 텍스트),[15] 문법적 인식(태도)을 명시적 주제로 다룬 텍스트 등 활용 가능한 문법교육용 텍스트를 지속적으로 발굴하는 것, 더 나아가 교육적 목적에 의거해 이러한 텍스트를 의도적으로 생성하려는 시도가 지속적으로 이루어질 필요가 있다.

---

15 이에 대해서는 김은성(2007)과 오현아(2010) 등에서 그 구체적인 사례를 소개하고 검토하고 있어 참고할 만하다.

민현식(2006ㄴ), 사범대 문법교육과정의 구성과 문법교육의 개선에 대한 연구, 국어교육연구 제17집, 서울대학교 국어교육연구소.

제민경(2012), 내러티브적 앎을 위한 문법 설명 텍스트 구성 방향: 실용 문법서의 내러티브 분석을 중심으로, 국어교육 제39집, 한국어교육학회.

교육이 낱낱의 장면이 아닌 일련의 과정으로 이루어짐을 고려할 때, 각각의 교육 내용을 연결하여 실제적인 교수·학습을 가능케 하는 교육 방향의 구상 또는 교육 내용의 구성은 개별 교육 내용에 대한 연구 못지않게 중요한 의미를 지닌다. 적절한 교육 내용은 내용 구성의 구체적 방향을 전제했을 때 그 타당성을 확증 받을 수 있다. 그러나 문법교육에서 교육 내용에 대한 연구는 매 항목마다 이루어지고 있지만, 정작 이러한 교육 내용의 구현을 추동하는 거시적 또는 미시적 관점의 설계 및 구성 연구는 양적으로나 질적으로 매우 미비한 실정이다.

민현식(2006ㄴ)은 이러한 문제를 사범대학의 전공 교육 과정이라는 실제적 문제로 치환하여 거시적 관점에서 문법교육의 설계 방향을 제시한 선견적 연구이다. 민현식(2006ㄴ)에서는 국어교육으로 문제의식을 확장하여, 국어교육의 정체성을 고려한 국어 사용 능력의 층위를 기초 영역, 중핵 영역, 종합 영역으로 대별하고, 기초 영역으로서 문법의 교육 과정이 그 근거와 용도에 따라 다양한 방향으로 구성되고 이에 따라 다양한 하위 교과목이 개설될 수 있음을 보였다. 특히 교육과정-교과서-교수·학습으로 이어지는 교육 설계의 방향을 전제하고, 용도별로 문법교육의 내용 선정과 배열이 달라질 수 있으면서도 이에 토대가 되는 기본 문법 개념이 있음을 예시하여, 문법교육 내용 구성을 위한 이론적이면서도 실제적인 방향을 제시하였다. 이 과정에서 영국, 미국, 일본 등 외국의 교육과정을 참조하고 사회 및 학습자의 요구를 고려하여, 문법교육 과정의 설계 및 문법교육 내용의 구성을 위한 다면적 방법론을 보여 주고 있다.

제민경(2012)는 민현식(2006ㄴ)의 문제의식을 이어받아 문법과 텍스트의 관계를 중심으로 문법교육 내용의 구성 방향을 논하였다. 제민경(2012)에서는 문법 설명 텍스트의 구성 방향이라는 미시적 문제를 선택하여, 지식의 구조와 학습자를 이어주는 기제로서 '내러티브'라는 개념을 도입하고 교육과정의 내러티브적 구조에서 텍스트의 내러티브적 의미, 학습자의 내러티브적 앎으로 이어지는 이론적 방향성을 제시하였다. 이는 결국 민현식(2006ㄴ)에서 논의한 국어교육과의 정체성을 고려한 교육과정의 설계, 그리고 이에 따른 교과서 집필과 교수·학습의 구현이라는 일련의 흐름과 맞닿아 있다. 이러한 문법교육의 설계 및 교육 내용의 구성과 관련된 연구는 앞으로 교육과정-교과서-교수·학습의 관계, 문법-학습자의 관계를 중심으로 한 횡적 구조와 각 문법 항목을 중심으로 한 종적 구조를 축으로 다면적·다층적으로 확장될 수 있다는 점에서 연구사적 가치를 지닌다.

사범대 문법교육과정의 구성과 문법교육의 개선에 대한 연구[*]

민 현 식

요 약

사범대학은 자신의 위상과 목표를 창출해야 할 학문적 책임이 있다는 점에서 국어교육과는 전공 교육과정의 개선 노력을 게을리해서는 안 된다. 본고는 이런 문제의식에 따라 국어과 전공 교육과정의 개선 방향을 '국어교육학의 정체성, 내용학의 세부 영역 구성, 내용학과 교과 교육학의 조화 문제, 사회와 학습자의 요구에 맞는 교과목 개설의 문제'를 중심으로 살펴보고, 각 항목별로 문법교육이 나아가야 할 바를 모색하였다.

---

[*] 『국어교육연구』 제17집(서울대학교 국어교육연구소 2006년 발행)의 97쪽부터 201쪽까지에 수록되었음. 또한, 요약은 원문에는 수록되지 않았던 것을 이 책에서 새롭게 작성한 것이다.

사범대학 국어교육 과정은 내용학, 내용 교육학, 교과 교육학이라는 다면적 정체성을 지니는데, 본고는 국어교육과의 정체성을 고려할 때 내용학과 교과 교육학은 내용 교육학 속에 통합하여 제시할 필요성이 있으며, 이는 '지식' 교육의 발전적 회복을 통해 뒷받침될 수 있다고 보았다. 또한 전공 과목을 국어 사용 능력의 기초 영역, 중핵 영역, 종합 영역인 문법, 기능, 문학의 3단계 위계 구조로 제시하고, 근거론과 용도론에 입각하여 문법교육과정에서 기술 언어학과 처방 언어학의 태도를 모두 고려해야 함을 강조하였다. 국어과 전공 교육과정의 개선과 문법교육과정의 구체적 실행을 위해서는 앞으로도 문법교육과정의 정교화, 문법교육 자료의 개발, 교수 학습·평가의 개선이 있어야 할 것이다.

문법 설명 텍스트 구성 방법론*

제 민 경(춘천교육대학교)

Ⅰ. 문법과 텍스트의 관계

'문법 텍스트'라는 용어는 다기한 장(場)에서 다양한 의미로 사용될 수 있다. 교육의 장만 살펴보더라도, 문법을 직접적으로 기술하고 있는 텍스트와 문법을 교육하기 위한 텍스트로 나눌 수 있고, 후자는 다시 문법을 교육하는 방향에 따라 다양하게 분류하여 설명할 수 있다.

중요한 것은 교육의 장에서 문법은 텍스트 없이는 그 자체로 학습자의 활동¹을 촉발하지 않는다는 점이다. 텍스트 없는 낱낱의 문법은 학습자 외연에 존재하는 지식의 구조일 뿐, 학습자에게 유의미한 지식의 구조가 되지 못한다. '문법을 언제, 어디서, 누가, 무엇을, 왜, 어떻게 학습할 것인가'의 문제에서 가장 시급한 것을 '왜 배워야 하는가'에 대한 공감 문제(민현식, 2006ㄴ:147)라고 할 때, '학습자에게 유의미한 지식의 구조'는 텍스트 종류의 실행 근거이자 방향으로서 중요한 위상을 점한다. 그런데 활동의 과정이나 결과 자체가 텍스트인 듣기, 말하기, 읽기, 쓰기 교육이

---

* 『국어교육』 제139집(한국어교육학회 2012년 발행)의 173쪽부터 209쪽까지에 수록된 '내러티브적 앎을 위한 문법 설명 텍스트 구성 방향-실용 문법서의 내러티브 분석을 중심으로'를 다듬어 실음.

1 활동은 듣기·말하기·읽기·쓰기의 언어활동뿐만 아니라 이를 추동케 하는 사고 활동까지를 포함한다. 표층적 언어활동은 기저로 작용하는 사고 활동과 분리될 수 없다.

나 문학 작품이라는 고유의 텍스트를 중심으로 이루어지는 문학교육과 달리, 텍스트 종류의 중핵은 근원적으로는 '지식'이며 지식은 구조화된 실체로서 텍스트를 지니며 텍스트 없이는 외현을 가지지 못한다.[2] 이런 점에서 문법과 텍스트의 연결은 교육의 가치와 위상뿐만 아니라 방향을 결정짓는 중요한 토대로 작용한다.

그런데 문법과 텍스트를 연결하는 방식은 표상의 대상이 되는 문법의 속성과 표상의 방식이 되는 텍스트의 기능 또는 유형에 따라 다양하게 구현될 수 있다. 남가영(2011:169)은 텍스트 종류의 내용으로서의 문법의 개념과 텍스트 종류의 표상체로서의 텍스트 표상 방식에 주목하여 텍스트 종류용 텍스트의 핵심 범주를 아래와 같이 제시한 바 있다(ⓐ, ⓑ 표시는 본 연구자가 덧붙인 것). 이 연구에서는 표상 대상으로서의 문법을 지식, 활동, 인식의 측면으로 나누고 표상체로서의 텍스트를 간접 표상과 직접 표상의 방식으로 대별하여, 이제까지 텍스트 종류에서 다루어져 온 문법과 텍스트의 관계를 일목요연하게 보여 주고 있다.

표1 문법과 텍스트의 연결 방식(남가영, 2011:169)]

표상 방식	표상 내용	텍스트 유형	주된 견현 양태 (지향 가치)	
직접 표상	문법적 지식	문법적 사고(활동)의 결과 체계화된 지식을 설명한 텍스트	텍스트 읽기 (내용적 가치)	ⓐ
	문법적 사고(활동)	문법적 사고(활동) 과정을 명시적으로 보여 주는 메타 텍스트	텍스트 읽기 및 분석 (내용적 가치)	

---

2 이때의 텍스트는 문장 단위 이상의 언어 단위, 곧 완결된 글을 의미하는 것이 아니다. 지식의 구조화된 실체이자 외현으로서의 텍스트는 지식 간의 연결을 가능케 하는 '내러티브'를 통해 구축된다. 내러티브를 통해 구축된 텍스트는 인식적 실체이면서. 언어화되었을 경우 지식의 표상적 실재로 기능한다. 내러티브의 개념에 관해서는 2장에서 후술한다.

	문법적 인식(태도)	문법적 인식(태도)을 명시적 주제로 삼은 텍스트	텍스트 읽기 (내용적/문화적 가치)	
간접 표상	문법적 지식	명제적 지식을 상징적, 함축적, 해석적으로 다룬 텍스트	텍스트 읽기 (내용적/심미적/문화적 가치)	
	문법적 사고(활동)	문법적 사고(활동)에 의해 생성되어, 그 이해를 위해서는 문법적 사고를 요청하는 텍스트	텍스트 분석 (언어적/문화적 가치)	ⓑ
	문법적 인식(태도)	문법적 인식(태도)을 간접적으로 촉구하는 텍스트	텍스트 읽기 (내용적/심미적 가치)	

문법과 텍스트를 연결하는 최근의 논의는 주로 ⓑ에 집중되고 있다. 김규훈(2010), 남가영(2009), 이관희(2010, 2011), 주세형(2010ㄱ), 제민경(2011) 등에서 구체적 양상을 확인할 수 있다.[3] 그러나 모든 문법은 '지식'의 속성을 본유적으로 지니고 있는바,[4] 모든 텍스트 종류가 ⓑ로서 이루어질 수는 없다. 텍스트 종류는 중핵적인 문법 개념을 학습자에게 설명할 책임을 지니고 있으며, 이는 ⓐ를 통해 이루어지는 것이 가장 효과적일 수 있다. 또한 텍스트 종류가 이루어지는 실현태를 고려했을 때, ⓑ와 같은 간접 표상 텍스트를 통해 이루어지는 텍스트 종류 현상에도 명제적 지식으로서의 문법적 지식이 존재하며 이것이 학습자와 만나는

---

3 그러나 구체적인 양상을 살펴보면 이들 연구에서 문법과 텍스트의 관계가 모두 동일하게 설정되어 있는 것은 아니다. 이들 연구에서 설정하고 있는 문법과 텍스트의 관계 양상이 어떻게 다른지는 이관희(2012ㄱ)를 참고할 수 있다.

4 지식의 범주는 여러 층위에서 규정될 수 있다. 민현식(2006ㄴ:121)에서는 국어과에서의 '지식'의 개념과 범위를 '원리 · 전략으로서의 지식, 가치 · 태도로서의 지식, 사실로서의 지식'으로 대별하고 있는데, 이는 '지식'이 교육에서 지니는 다양한 위상을 보여 주는 것이다. 이러한 관점에 따를 때 기실 '지식'은 모든 교과의 성립 근간이 된다. '무기력한 지식'에 대한 오해와 불신은 교육적 소통 과정에서의 파편화에 있는 것이지 지식 그 자체에 있는 것이 아니다. 홍은숙(1999, 2005)에서 이러한 관점을 확인할 수 있다.

장면에는 ⓐ가 존재한다.[5]

ⓐ는 현재 국어 교과서 또는 문법 교과서(독서와 문법 포함)에 가장 많이 등장하는 유형이다. 문법 관련 단원의 지문은 많은 경우 ⓐ의 형태로 제공되고 있다. 그러나 가르쳐야 할 문법 지식만이 존재할 뿐, 이것이 텍스트와 어떻게 연결되고 텍스트가 이것을 어떻게 표상하는 것이 효과적인지에 대해서는 아직 연구가 이루어지지 않고 있다. 때문에 문법 설명 텍스트를 구성하는 방향성에 대한 고민은 교과서 집필자나 그 텍스트를 다시 교수학적으로 변환하는 교사의 몫이 되었다.

가르칠 내용을 선정하는 것 못지않게 중요한 것은 선정한 내용을 '어떻게' 학습자와 만나게 할 것인가에 대한 고민이다. 문법 지식과 텍스트의 관계에 대한 고민은 이러한 지점에서 이루어져야 하며, 이것은 다시 '가르칠 내용'의 선정과 배열에 순환적 메시지를 던져 줄 수 있다.

본고는 학교 교육 현상의 바깥에서 이루어지고 있는 또 다른 텍스트 종류 현상에서 그 해결 방향을 모색해 보고자 한다. 재미있는 현상은, 학교 현장에서 문법을 외면하던 학습자들이 학교 바깥에서 스스로 학습자가 되기를 청하는 장면이 존재하며, 그 장면에 '재미있는 문법', '실용적인 문법'을 표방한 여러 실용 문법서[6]들이 자리매김하고 있다는 점이

---

5 남가영(2011)에서 제시한 ⓐ의 텍스트는 언어적 표상체로서의 텍스트이며 구체적으로는 교과서에 실린 지문이다. 이는 남가영(2011)이 참고하고 있는 김창원(2009)의 논의와 같이, 읽기 또는 독서 활동을 포함한다. 그러나 학습자의 경험 양태를 결과물로서의 텍스트 읽기나 분석이 아닌 인식적인 텍스트로의 표상까지 확장시키면, 문법적 지식이 텍스트를 통해 학습자와 만나는 장면은 보다 다층적으로 구성될 수 있다. 교실 수업 현장에서 교사가 구두로 만들어 내는 텍스트나, 학습자가 머릿속에 만들어 낸 텍스트(구두적 성격을 지닌다)도 다른 층위에서 존재할 수 있다.

6 '실용 문법서'라는 개념은 존재하지 않으며 서점에서 판매하는 모든 문법서가 '실용'을 목표로 두고 있는 것은 아니다. 그러나 본고에서는 연구를 목적으로 하는 '학문 문법서'나 학교 교육에서 채택되고 있는 '교육 문법서(문법 교과서)'와 대비되는 개념으로 '실용 문법서'라는 용어를 채택하고자 한다.

다. 외부적인 요구에 의해 문법을 학습해야 하는 상황에 직면했다 하더라도, 그들이 선택하는 것은 왜 학문 문법서나 문법 교과서가 아닌 실용 문법서인가. 학문 문법서나 문법 교과서, 실용 문법서는 텍스트상의 분류에 따르면 모두 위의 ⓐ에 해당된다. 학문 문법서는 학문 공동체로의 참여를 전제한다는 점에서 차치하더라도, 문법과 텍스트의 관계만으로 보았을 때 실용 문법서와 문법 교과서는 변별점을 지니지 않는다.

본고는 실용 문법서와 문법 교과서의 차이가 텍스트를 통한 지식의 인지적 구성 방향에 있다고 전제하고, 이를 '내러티브'의 관점에서 살펴보고자 한다. 대상으로 존재하는 서점이 '내가 전공 서적을 산 서점'이 되었을 때 내게 의미화 되고 기억되듯이, 문법 지식 또한 그러하며, 이 지식의 구조는 이차원적인 텍스트에서 일정한 방향성이 있는 내러티브를 가질 때 학습자의 인식 속에서 의미 있게 구성될 수 있다고 판단한다. 이때 내러티브는 지식의 내러티브이자 텍스트의 내러티브이며, 곧 학습자의 내러티브적 앎과 연결되어야 한다. 이를 위해 분석 대상으로 삼은 실용 문법서는 다음의 4종이며, 선정 기준은 아래와 같다.

〈선정 기준〉
1. 문법 설명 중심일 것 : 표기나 어휘 용례를 중심적으로만 다룬 것(예: '우리말 달인 시리즈', '나만 모르는 우리말', '우리말 바로 쓰기', '우리말 사용설명서' 등), 국어의 역사를 다룬 것('우리말의 수수께끼' 등), 한글에 대해 다룬 것('한글에 대해 알아야 할 모든 것' 등), 맞춤법만을 다룬 것은 제외함.
2. 외국인을 위한 한국어 교육용이 아닌, 내국인을 위한 서적일 것.
3. 수험용 서적이 아닌 교양용 서적일 것.
4. 전체 내용이 하나의 구조를 이루고 있을 것 : 토막글을 편집한 것('진짜 경쟁력은 국어실력이다' 등)은 제외함.

<선정 결과>

저자	서명	출판사	출판 연도	비고
허재영	나는 국어의 정석이다	행성:B잎새	2011	2011년 베스트셀러
김남미	친절한 국어문법	사피엔스	2010	
이재성	4천만의 국어책	들녘	2006	스테디셀러
김철호	국어 독립 만세	유토피아	2008	

　연구 방법은 위의 실용 문법서의 텍스트에 드러난 내러티브 양상을 기술하되 비교가 필요한 경우 2007 개정에 따른 국어 교과서의 문법 설명 텍스트도 참고하는 방식으로 한다.

Ⅱ. 내러티브와 문법 설명 텍스트

1. 내러티브의 개념

　모든 교과가 그러하듯이 문법 교과[7]는 지식의 구조를 지닌다. 텍스트 종류는 '지식의 구조가 강고한 지식 교과'라는 점 때문에 '재미없는 암기 교과'라는 오명을 써야 했지만,[8] 그럼에도 불구하고 문법 교과의 중핵은

---

　7 현 교육의 장에서 '문법'은 '교과'가 아닌 국어 교과의 하위 '영역'으로 자리매김하고 있다. 본고는 문법의 교과적 가치나 위상을 논하는 자리가 아니며, 이는 학습자를 위한 생산적 논의도 아니라고 판단한다. 그러나 '교과'라는 거시적 구조를 상정하는 것은 문법의 본유적 속성인 '지식'의 가치를 논하는 데 필수적인 요소이며, 이는 다른 영역과 차별화되는 '문법'의 성격을 밝히고 텍스트 종류가 나아가야 할 방향을 설정하는 데 중요한 이정표를 제시해 준다. 본고에서 사용하는 '문법 교과'라는 용어는 이러한 관점에서 채택된 것이다.
　8 모든 교과의 본질은 지식이다. 문제는 1) 지식을 무엇으로 볼 것인가, 2) 지식을 어떻게 전달 또는 학습할 것인가이다.

지식이다. 그러나 문법 교과의 중핵이 지식이라는 말과 텍스트 종류의 중핵이 지식이라는 말은 다르다. 문법 교과는 '문법 지식'이라는 결과적 산물에 터해 있되, 텍스트 종류는 이 문법 지식을 학습자에게 그저 전달 하는 것을 목적으로 해서는 안 된다. 지식은 전달의 대상이 아니라 경험 의 대상이며, 지식의 구조는 발견되는 것이 아니라 주체에 의해 구성되 는 것이다.

문법 지식 중에서도 문법 용어로 표층화되는 문법 개념[9]은 국어 현상 을 연구하는 연구자들의 경험이 응축된 결과적 산물이자 학습자들이 구 성해야 할 하나의 전형으로서, 연구자의 경험과 학습자의 경험이 만나는 매개체가 된다. 또한 지식의 구조를 강조한 브루너(이홍우 역, 2005)가 상정하는 지식은 고정불변의 것이 아니라 객관적 대상과 주관적 인식의 상호작용을 통해 재구성되고 구축되는 의미적 체계이다.

문법 지식을 구성한 주체가 바로 언어 주체이고 지식은 경험의 대상이 기 때문에, 문법 지식의 구조는 전술한 대로 학습자의 의미적 체계가 되 어야 한다. 그러나 문법 지식의 구조가 그 자체로 연구자들의 경험이 응 축된 경험의 구조라 할지라도 개별 학습자가 그 지식의 구조를 생성한 당사자는 아니기 때문에, 학습자는 교육의 장면에서 이 외현의 지식의 구조를 다시 자신의 내면의 구조로 구성하기 위한 과정적 절차를 거쳐야 한다. 이를 가능케 하는 것이 바로 문법 개념의 관계망을 이어 주는 인지 적 도식으로서의 '내러티브'이다.

---

9 문법 용어와 문법 개념은 동의어가 아니다. 문법 용어는 언어에 대한 과학적 탐구의 산물이자 인류 지혜의 소산(민현식, 2006ㄴ:148)으로서, 문법 개념의 절차적 사고를 가능 케 하는 하나의 통로이자 노드(node)로서 기능한다. 따라서 문법 용어를 안다는 것은 '관형 어라는 말을 안다'는 뜻이 아니라, '관형어가 터해 있는 개념적 체계와 이 개념을 둘러싼 맥락(이해와 표현을 포함)을 안다'는 뜻이다. 이때 개념은 강현석(2006:321)에 따라 '경험을 경제적인 것으로 만들고 경험 상호 간에 관련을 지워주는 발명품'이다.

좁은 의미에서 내러티브는 서사학에서 강조된다. 서사학의 내러티브는 하나의 플롯을 지닌 서사 구조로서 이해되며 이 서사 구조를 이끌어 가는 화자로서의 인물과 시간성을 지닌 사건이 중요한 연결 고리가 된다. 이 때문에 내러티브를 강조하는 것은 자칫 인물과 사건이 있는 서사 구조로서의 이야기를 상정하는 것으로 오독될 수 있다. 그러나 서사 구조를 형성하는 이야기의 인물과 사건은 서사학에서 주목하는 서사의 요소일 뿐, 이야기의 본질이라 볼 수는 없다. 이야기의 근간이자 본질을 이루고 있는 내러티브는 '그 이야기를 가능케 하는 인지적 작용'으로 이해할 때, 대상에 의미를 부여하는 인간의 본성과 의미 부여의 대상인 지식의 구조를 연결하여 교육의 근원적 문제에 다가갈 수 있다.[10][11]

내러티브는 인간이 매순간 하는 경험에 의미를 부여하는 수단을 제공하는 하나의 도식이며, 인간이 의미를 만들기 위해 사용하는 구성의 도구이다(강현석 외 역, 2009:321). 개인의 인지적 작용이 '도식'으로 작용할 수 있는 것은 언어 주체가 대상에 의미를 부여하는 방식은 인류 보편적인 것이며, 동시에 담화 공동체 내에서 부여받은 것이기 때문이다. 또

---

10 '이야기를 활용한 문법(김은성 2007, 오현아 2010)'은 서사학에서 강조하는 내러티브의 속성을 차용한 것이라 볼 수 있다. 등장인물이 있고 이들의 관계에서 발생하는 사건이 존재한다는 점에서 서사 구조를 지니고 있다. 내러티브가 이러한 이야기의 흐름을 구성해 나가는 인지적 과정임에 비해, 이야기를 활용한 텍스트 종류의 '이야기'는 인물과 사건이 결합한 플롯을 가지고 있다. 그러나 개연성이 떨어지는 서사가 존재하듯이 문법 텍스트에서 활용되는 모든 이야기가 자연스러운 내러티브를 갖는 것은 아니다. 내러티브 없는 이야기는 가능하지 않지만 모든 이야기의 내러티브가 '자연스러운 것'은 아니며, 이야기가 아닌 텍스트에도 내러티브는 존재한다. 내러티브는 이야기인 텍스트와 이야기가 아닌 텍스트 모두가 갖추어야 할 속성이다.

11 내러티브가 지니고 있는 이러한 본질에 주목하는 것은 서사학의 내러티브 개념을 배제하거나 축소하는 것이 아니라 오히려 그 교육적 효용성을 보다 강조하는 것이다. 이는 또한 국어교육에서 문학교육 또는 소설교육이 차지하는 위상과도 관련된다. 인지적 도식으로서의 내러티브 개념에 주목할 때, 문학교육의 가치는 보다 확장될 수 있다. 문학교육에서 다루는 서사는 이러한 내러티브가 가장 집약적으로 언어화된 실체로서 기능할 수 있다.

한 내러티브 사고[12]는 경험의 핵심 형식이고 그에 대해 기술하고 사고하는 방식이다(소경희 외 역, 2007:60). 교과의 성립 전제로서 지식의 구조를 강조했던 브루너 역시 그의 후기 논저에서는 지식의 구조를 가능케하는 '내러티브'에 보다 초점을 맞추고 있다. 브루너의 지식의 구조가 객관과 주관의 조회를 통해 구성되는 것이라 할지라도, 학습자와의 관계에서 지식의 구조는 '발견적 특성'을 지니게 된다. 반면 지식의 구조와 학습자의 관계에서 '내러티브'를 강조하면 지식은 '생성적 특성'을 보다 강하게 지닐 수 있다.[13]

주체자에 의해 재구성·재구조화되는 지식은 '특정 인간에게만 적절하고 의미가 부여되는 시간의 구조를 지니는' '개별적 특수성'을 지닌다(강현석, 2011:11). 이로 인해 텍스트 종류에서 내러티브를 강조하는 것은 학습자의 개별화를 추구하는 것으로 받아들여질 소지가 있다. 그러나 학습자는 담화 공동체의 사회화 과정을 거치며 이 과정 속에서 담화 공동체의 내러티브 방식을 습득한다. 이러한 점으로 인해 엄밀한 의미의 '특정 인간'에게만 의미 있는 '개별적 특수성'을 지닌 내러티브 방식은 존재하지 않는다. 보편적 개인은 담화 공동체의 지식 구성 방식을 습득하고 이에 따라 자신의 경험을 구축한다. 그리고 이때 담화 공동체의 지식

---

12 한승희(2006)에서는 '이야기를 만들어 내는 마음의 인지적 작용'으로서의 '내러티브 사고'와 '그러한 인지적 작용에 따라 만들어진 이야기 또는 이야기를 만드는 것'으로서의 '내러티브'를 구별하고 있다. 그러나 이 논의에서도 밝히고 있듯이 "이야기로서의 내러티브와 사고 양식으로서의 내러티브 사고는 상호 형식을 주고받고 있기 때문에 이 양자가 항상 명확히 구분되지는 않는다(한승희, 2006:138)." 때문에 본고에서는 이 둘의 의미를 구별하지 않고 '내러티브'라는 용어에 '내러티브 사고'의 의미를 포괄하여 사용하고자 한다.

13 지식의 구조에 대한 관점 변화에 따른 브루너의 전기, 후기 연구의 차이점은 최영수(2009)에서 자세히 기술되고 있다. 그는 논저 '교육의 과정(1961)'으로 대표되는 브루너의 전기 이론을 '지식의 구조'로 압축하고, 논저 '교육의 문화(1996)'로 대표되는 브루너의 후기 이론을 '내러티브'로 압축하여, 각각이 교육과정 논의에 어떻게 실행적으로 작용할 수 있는지 살펴보고 있다.

구성 방식은 해당 지식이 가지고 있는 지식의 구조와 관련된다. 이런 관계 때문에 지식의 구조는 내러티브의 의해 형성되지만 또 내러티브 방식은 지식의 구조를 반영하게 된다. 곧, 지식의 구조와 내러티브는 담화 공동체 내에서 순환적 관계를 지닌다.

요컨대, 학습자가 텍스트 종류에서 제공하는 외부적 지식을 경험하면서 내면적 지식의 구조를 구성하기 위해서는 지식에 내러티브를 부여해야 한다. 모어 화자는 분명 자신의 모어에 대해 태생적인 문법적 지식을 지니고 있다. 그러나 이것은 구조화된 상태의 것이 아니다. 내러티브는 객관적 지식의 조회를 통해 학습자 내면의 지식을 하나의 구조로 구성하게 한다. 학습자가 이러한 과정을 통해 주체적 지식의 구조를 구성했을 때 학습자는 '내러티브적 앎'에 도달할 수 있는 것이다.

2. 내러티브와 문법 설명 텍스트의 관계

내러티브가 작용 층위에 따라 '(1) 이야기를 만드는 과정, (2) 이야기의 인지적 도식, (3) 그 과정의 결과'의 세 가지 의미를 담지한다(강현석 외 역, 2009:44)는 점에서, 문법 지식과 내러티브, 그리고 문법 설명 텍스트는 밀접한 관계를 맺는다. '(1) 이야기를 만드는 과정'은 곧 '(2) 이야기의 인지적 도식'이 있어야 가능하며, '(3) 그 과정의 결과'인 텍스트는 (2)가 내재된 (1)을 통해 구현되는 것이기 때문이다. 따라서 문법 지식을 직접 표상하는 문법 설명 텍스트는 텍스트에 투영된 인지적 도식이 학습자의 인지적 도식으로 연결될 수 있도록 자연스러운 내러티브를 담지하고 있어야 한다.

그렇다면 문법 설명 텍스트는 어떻게 문법 지식들의 인지적 도식을 형성하는 자연스러운 내러티브를 담지할 수 있는가. 그것은 첫째, 학습자가 지식을 자신의 것으로 구성하는 과정을 조회함으로써 발견할 수 있다. 전술했듯이, 학습자는 담화 공동체의 지식 구성 방식을 바탕으로, 외부적 지식의 조회를 통해 내부적 지식의 구조를 형성한다. 경험의 축적으로서의 문법 지식은 그 자체로 구조적이기 때문에 하나의 문법 개념은 다른 문법 개념과 연결되는 내적 연결소를 지니고 있다. 그러므로 문법 설명 텍스트가 내러티브를 담지하는 첫 번째 방식은 문법 지식의 구조를 탐구하는 것으로 시작해야 한다.

문법 지식의 구조는 일차적으로 학문 문법 안에 존재한다. 학문 문법은 오랜 기간 축적된 것으로 그 자체로 공고한 경험의 구조를 지니고 있다 그러나 학문 문법과 학교 문법은 다르며, 학교 문법은 교육 현장에서 '성취해야 할 목표'라는 방향성을 부여받는다. 때문에 문법 설명 텍스트가 조회해야 할 일차적 지식의 구조는 학교 문법의 테두리 안에서 만들어진 교육과정이라 보는 것이 타당하다.

둘째로 텍스트가 지니고 있는 속성을 고려해야 한다. 정보를 그저 늘어놓는다고 해서 텍스트가 되는 것은 아니다. 텍스트는 텍스트성을 지니며[14] 텍스트성을 지닌 텍스트는 '결정, 선택, 결합과 같은 인지적 조작의 기록물(조국현, 2009:183)'로서 기능한다. 따라서 텍스트 자체가 부여하는 내러티브의 층위를 상정할 수 있다. 텍스트 종류의 텍스트는 교육 목표라는 방향성을 따라 교육과정이라는 문법 지식의 구조를 바탕으로 해석이 이루어지는 공간이다.

따라서 내러티브를 중심으로 문법교육과정-텍스트-학습자는 아래와 같은 방식으로 연계되며, 내러티브는 각각의 층위에서 작용한다.

---

14 보그란데와 드레슬러가 제시한 7가지 텍스트성을 기준으로 한다. 7가지는 응결성, 응집성, 정보성, 의도성, 용인성, 상황성, 상호텍스트성이다.

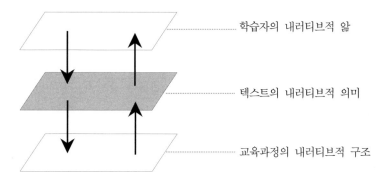

학습자의 내러티브적 앎

텍스트의 내러티브적 의미

교육과정의 내러티브적 구조

그림 1 텍스트 종류에서 내러티브가 작용하는 층위

　교육과정의 지식의 구조가 교육의 방향성에 따른 내러티브를 지니고 있어야 이것이 교육 현장의 텍스트에 내러티브적 의미를 구축하고, 나아가 학습자가 자신의 지식의 구조를 구축하여 내러티브적 앎으로 나아가는 데에 기반을 제공할 수 있다. 반대로 텍스트 종류 현장의 텍스트는 낱낱의 정보를 엮어 지식의 구조를 구축하여 내러티브적 앎에 도달하는 학습자의 내러티브 방식을 조회하여 구성되어야 하며, 이는 교육과정 구성에까지 연결되어야 한다.

　그러므로 텍스트를 중심으로 하여 내러티브적 의미가 형성되는 층위는 다시 둘로 나누어볼 수 있다. 우선은 지식의 구조 그 자체의 내러티브가 공고하여 그 내적 연결소를 연결해 주는 것에 초점을 두는 층위가 존재한다. 내러티브적 의미가 어떤 것은 어떤 전체의 한 부분이라는 점과, 어떤 것은 그 밖의 것의 원인이라는 점을 언급함으로써 만들어진다(강현석 외 역, 2009:29)는 점을 고려할 때, 이러한 층위에서 문법 지식과 문법 설명 텍스트는 '사건'과 '사건의 재현'의 관계(우찬제 외 역, 2010)를 이룬다. 이와 달리 외적 연결소를 부여하여 학습자가 내러티브적 앎에 도달할 수 있도록 텍스트를 구성하는 층위가 존재한다. 문법 설명 텍스트는 단순히 지식을 나열하는 것이 아니므로 텍스트성의 부여를 통해 내러티브적 의미를 구현할 수 있으며, 이때 부여되는 외적 연결소는 학습자가 지식에 내러티브를 부여하는 인지적 방식을 반영해야 한다.

따라서 문법 설명 텍스트의 내러티브는 아래와 같은 두 가지 방법에 의해 구성될 수 있다. 이렇게 구성된 문법 설명 텍스트는 문법 지식의 구조화(이춘근, 2001)를 상정하며 결과적으로 계열성 및 체계성(신호철, 2010)을 지닌다.[15]

1) 연결소가 내재된 개념들과 그 관계를 발견·연결하여 내러티브적 의미를 구성하는 방식 → 지식의 문제 → 교육과정의 문제
2) 텍스트 구성을 통해 연결소를 부여하여 내러티브적 의미를 만들어 주는 방식 → 텍스트의 문제 → 텍스트 구성의 문제

Ⅲ. 실용 문법서의 내러티브 특성

1. 실용 문법서의 내러티브 양상

실용 문법서의 텍스트가 내러티브를 구성하는 구체적 방식을 살펴보

---

15 계열성은 '먼저 알아야 할 지식과 그것을 알고 난 후에 알 수 있는 지식이 있다는 것(신호철, 2010:221~222)'이며, 구조화는 '내용의 학습이 효과적으로 이루어지도록 선정된 문법 지식을 논리적 구조와 학습의 순서를 고려하여 조직하는 것(이춘근, 2001:413~414)'이다. 이는 민현식(2002)에서 제안한 '내적 위계화'의 개념과도 연결된다. 이들 개념이 지니고 있는 화두는 본고의 그것과 상통한다. 그러나 문법 설명 텍스트가 '텍스트'라는 본질을 지니고 있고, 이에 따라 내러티브 부여가 가능하다는 점에서 본고와 다르다. 문법 설명 텍스트에 표상된 문법 지식은 계열성에 따른 선후관계를 떠나서도 그 요소적 연결고리(연결소)에 의해 자연스러운 흐름의 내러티브를 이룰 수 있다. 결과물로서의 지식의 구조가 갖는 계열성이 학습자가 구성한 지식의 구조의 계열성을 담보하지는 않는다.

기 전에, 전체적 내러티브 양상을 조망하고자 한다. 전체적 조망이 전제되었을 때, 부분들 간에 이루어지는 구체적 내러티브 방향을 논할 수 있다. 주로 '문장'에 관련된 부분을 대상으로 하였고, 그 중에서도 문장 개념과 관련하여 내러티브를 구성하는 양상을 발췌하여 제시하였다.[16] 문법 개념들의 관계를 가시적으로 보여 주기 위해 도식화하는 방식을 사용하였다.[17][18] 문법 개념은 원으로(용어가 등장하지 않고 설명만 나온 경우는 점선으로 표시), 연결의 내러티브는 사각형으로 표시하였으며, 문법 개념에 대한 명시적 해설은 색칠한 사각형으로 표시하였다. 개념의 흐름은 화살표의 방향으로 가시화하였다.

---

16 문장 관련 단원에서도 '문장'은 3차에서 7차까지 최고 고빈도어이다(박재현 외, 2008).

17 "지식의 구조를 흔히 해당 교과의 핵심 개념들의 망이나 지도로 도식화하는 방식은, 그것이 함의하고 있는 수행적이고 절차적인 차원을 소거하고 브루너가 '중간언어'라 비판하던 건조한 지식체계로 목록화하는 결과를 초래할 우려가 있다."는 남가영(2007:342~343)의 문제의식에 전적으로 동의한다. 그러나 본고는 구체적인 교육내용을 추동하는 '문법'의 전체적 실재를 고려하기 위해 핵심 개념들의 망이나 도식화도 전제되어야 한다고 판단한다. 다만 본고에서 중요시하는 것은 도식화 그 자체가 아니라, 학습자로 하여금 도식화된 개념들 사이를 연결하여 '지식의 구조'를 구성케 하는 내러티브의 양상이다.

18 생물 단원을 분석한 김일순(2006)의 개념 체계도 본고에서 도식화한 방식과 흡사하다. 문법 교과나 생물 교과 둘 다 지식 교과라는 점에서 공통점을 찾을 수 있지만, 문법 교과는 국어 교과의 하위 교과이고 생물 교과는 과학 교과의 하위 교과라는 점, 그리고 이들은 각각 내러티브적 지식과 패러다임적 지식이라는 서로 다른 방식의 지식을 추구한다는 점에서, 김일순(2006)과 본고는 다른 방향성을 지닌다. 이는 김일순(2006)의 개념 체계도가 개념 자체에 방점을 두고 있음에 비해, 본고가 이에 더해 텍스트 구성을 동일한 하나의 축으로 세우고 있는 점에서도 확인할 수 있다. 이런 점에서 본고에서 제시하는 전문어의 개념망과도 다르다. 전문어의 개념망은 역시나 개념 자체의 속성에서 비롯되는 것이다. 그러나 후술할 고래와 원숭이의 관계, 고래와 새우의 관계에서 보듯, 학습자가 개념과 개념 사이를 연결하는 내러티브 방식을 고려할 때 '포유류'라는 내적 속성보다는 '바다'라는 외적 연결소가 더 강한 인지적 도식을 형성할 수 있다. 이는 '틀린 것', 곧 '오개념'과는 차이가 있다. 이에 대해서는 후고를 기약한다.

① 〈국어 독립 만세〉의 내러티브 양상 : '국어는 영어와 다르다'는 확고한 관점하에 단원별로 끊기고 다시 이어지는 분산형

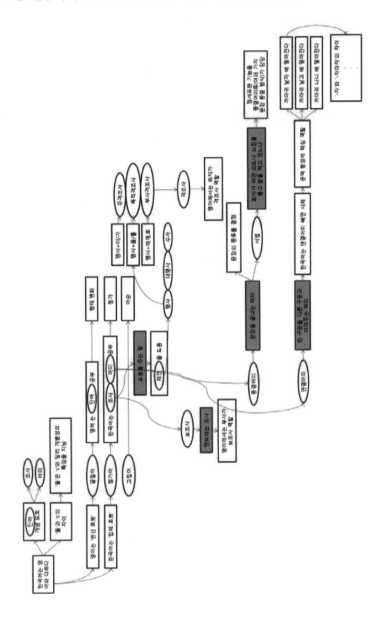

② 〈나는 국어의 정석이다〉의 내러티브 양상 : '문장 강화'를 목표하여 단원별로 이어지는 방사형

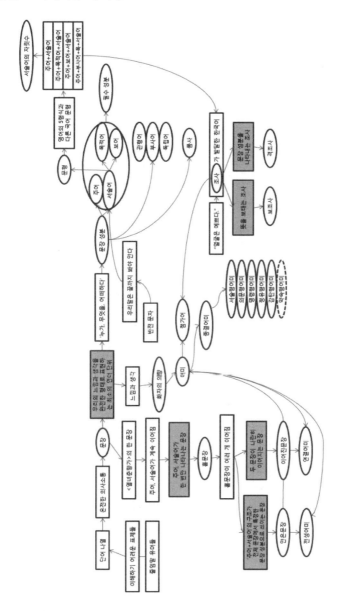

③ 〈친절한 국어 문법〉의 내러티브 양상 : '문장'이라는 단원 안에서
순차적 순환형

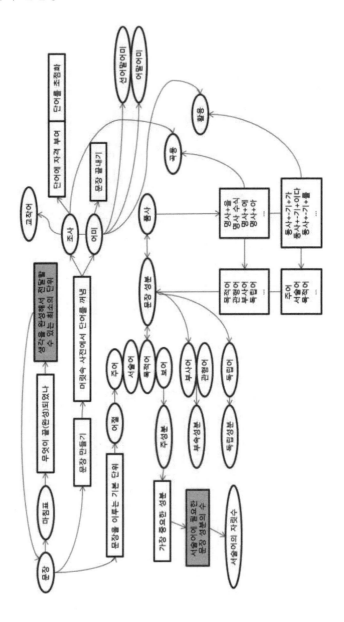

④ 〈4천만의 국어책〉의 내러티브 양상 : 일관적 예시로 이어지는 직
선형

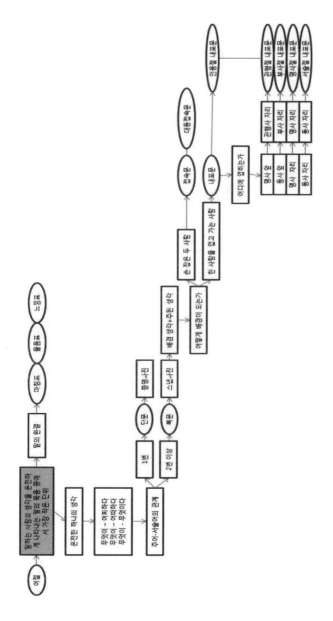

2. 실용 문법서 텍스트의 내러티브 구성의 특성

실용 문법서의 텍스트가 내러티브적 의미를 구성하는 방식은 앞에서 살펴본 바와 같이 '① 연결소가 내재된 개념들의 발견과 연결'의 층위와 '② 텍스트 구성을 통한 연결소의 부여'의 층위로 나누어 볼 수 있다.

1) 연결소가 내재된 개념들의 발견과 연결

문법 지식이 가지고 있는 연결소는 다시 문법 지식의 내부 요소에 주목하는 것과 지식 간 관계에 주목하는 것으로 나누어볼 수 있다.

문법 지식의 내부 요소는 문법 개념의 정의에서 출발한다. 어떤 문법 개념을 정의할 때 동원되는 관련 지식은 내러티브를 형성하는 중요한 연결소로 작용한다. 그 대표적인 양상을 〈나는 국어의 정석이다〉에서 확인할 수 있다.

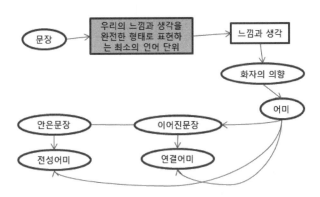

그림 2 〈나는 국어의 정석이다〉의 내러티브 양상

위 그림에서 볼 수 있듯이 〈나는 국어의 정석이다〉에서는 문장의 개념을 '우리의 느낌과 생각을 완전한 형태로 표현하는 최소의 언어 단위'로 정의하고 '느낌과 생각'을 '화자의 의향'과 연결시켜 다시 '어미', '연결

어미와 전성어미', '이어진문장과 안은문장'으로 이어지는 내러티브를 구축하고 있다. '문장'이라는 문법 개념이 형성되는 과정에서 내재적으로 갖게 된 '우리의 느낌과 생각'을 '화자의 의향'이라는 말로 대치하여 의향법 어미와 연결하고 있는 것이다.

〈친절한 국어 문법〉에서는 문법 개념을 구성하는 하위 범주들을 연결하여 내러티브적 의미를 구축하는 양상을 찾아볼 수 있다. 오른쪽 도식과 같이, 문장 성분을 설명하면서 문장 성분의 하위 범주인 목적어, 관형서, 부사어 등을 품사의 하위 범주와 연결시켜 문장 성분과 품사의 관계를 이어 주는 내러티브를 형성하고 있다. 문장 성분과 품사의 관계는 각각 문장 단위와 단어 단위에 속해 있다는 점 때문에 학문 문법에서는 그 관계의 내러티브가 공고하게 형성되어 있지 않다. 그러나 '관형어와 관형사', '부사어와 부사'라는 용어의

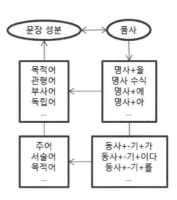

그림 3 〈친절한 국어 문법〉의 내러티브 양상

비슷함 때문에 실제 학습자들은 문장 성분과 품사를 연결시켜 기억하게 되며, 이는 품사나 문장 성분에 대한 오개념의 형성을 낳기도 한다. 문법 설명 텍스트는 학습자가 이러한 연결을 혼동이 아닌 자연스러운 내러티브로 구성할 수 있도록, 연결소를 통해 문장 성분과 품사의 외적 내러티브를 구축해 줄 수 있어야 한다.

그러나 현 텍스트 종류의 장에서는 이러한 내러티브적 의미를 구축한 텍스트를 찾기가 어렵다. 2007 개정 교육과정에서 문장 성분은 4학년, 품사는 7학년에서 다루어지고 있는데, 초등과 중등이라는 학교급의 현실적 차이 때문인지, 이 둘의 연결소를 제시한 텍스트는 거의 없다. 선택 과목인 '독서와 문법' 교과서도 마찬가지이다. 단원별·언어 단위별 체제

의 교과서에서는 단원별로 끊김이 있을 수밖에 없다. 다음은 그 예외가 되는 예시로서(왕문용 외, 2009), 7학년의 품사 단원에서 품사의 종류를 설명하며 이를 문장 성분과 연결하여 내러티브적 의미를 구성하고 있음을 확인할 수 있다.

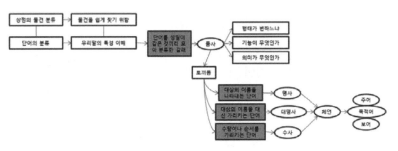

그림 4 왕문용 외(2009)의 내러티브 양상

문법 지식의 내러티브적 의미는 문법 개념의 정의나 개념들 내부의 관계와 같은 내적 연결소에서만 찾아지는 것은 아니다. 품사와 문장 성분의 예시와 같이 학문 문법에서도 형태론과 통사론을 넘나드는 문법 지식이 있고, 이런 지식은 각각의 체계를 연결시켜 주는 외적 연결소를 통해 내러티브적 의미를 구성할 수 있다.

분석 대상이 된 실용 문법서에서 공통적으로 발견되는 외적 연결소는 '조사'와 '어미'이다. 〈국어 독립 만세〉에서는 첨가어로서의 한국어의 특성을 나타내는 가장 중요한 개념을 '조사'와 '어미'로 설정하고 그 연결고리를 첫 단원에서 노출함으로써, 다른 단원의 문법 개념들을 주로 조사와 어미와 연계하여 설명하고 있다.

〈나는 국어의 정석이다〉에서도 조사는 문장 성분과 문장의 구성, 서술어의 자릿수를 연계하는 연결소가 되고 있으며, 어미 또한 문장 개념과 문장의 확장을 연계하는 연결소로 중요하게 다루어지고 있다. 조사와 어미는 다시 첨가어라는 한국어의 특성을 통해 서로 연결되며 내러티브적 의미를 구축한다. 〈친절한 국어 문법〉에서는 보다 적극적으로 조사와 어미 개념을 이용하여 곡용과 활용 개념까지 연결소로 사용하고 있다. 철저한 순환적 구조를 형성하고 있는 이 텍스트에서는 조사와 어미개념이 순환의 연결소로 기능하고 있다.

실용 문법서에서 이러한 연결소의 역할을 하고 있는 '조사'와 '어미'는 텍스트 종류의 장에서는 철저히 분리되어 가르쳐지고 있다. 현 텍스트 종류에서 조사는 품사(단어) 단원에서 어미는 문장 단원에서 다뤄지고 있는데, 내러티브적 의미의 구축 없이 각각의 단원 내에서만 의미를 지니고 있다.[19] 현 텍스트 종류의 분절적 현상을 단편적으로 보여 주는 예시라 할 수 있다.

2) 텍스트 구성을 통한 연결소의 부여

문법 설명 텍스트에서 텍스트 구성을 통해 연결소를 부여하는 가장 쉬운 방법은 적절한 예시를 활용하는 것이다.

〈4천만의 국어책〉에서는 '춘향이와 몽룡이'라는, 학습자에게 친숙한 인물을 등장시킨 예시를 일관적으로 활용하면서 내재적으로 잘 연결되지 않는 개념들을 연결하여 내러티브적 의미를 구축하고 있다. 아래 그림은 겹문장에서 안긴문장이 들어갈 수 있는 자리를 설명하는 내러티브를 도식화한 것이다. 〈4천만의 국어책〉에서는 "춘향이가 몽룡이를 기다린다."는 예시를 제시하여 학습자에게 '춘향이를 기다리는 몽룡이의 모습'을 떠올리게 하고 이때 '어떤 춘향이가 어떤 몽룡이를 어떻게 기다리는지'와 연결하여 '주어-서술어'가 내포될 수 있는 '절' 자리를 찾아내도록

---

19 그나마도 조사는 품사 분류라는 상위 목표에 의해 분류의 결과로서만 존재할 뿐, 조사가 가지고 있는 국어적 의미나 기능에 대해서는 관련 내용을 찾기 어렵다. 2007 개정 교육 과정 이후 어미의 위상은 더욱 약화되었다. 어미는 어간이라는 개념과 함께 구조적으로 구축되는데, 어간이라는 개념을 설명하는 데에 지문을 할애하는 교과서는 찾기 어렵다.

유도하고 있다. 예시는 다시 '명사 앞=관형사'라는 관계에 의해 문법 개념으로 돌아온다.

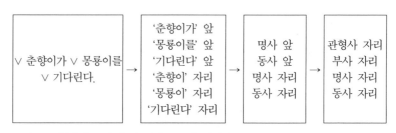

그림 5 〈4천만의 국어책〉의 예시를 통한 내러티브 양상

학습자의 관점에서 하나의 문법 개념에 떠오르는 것을 연상하여 의미를 부여하여 내러티브적 의미를 구축해 가는 방향도 있다. 〈친절한 국어 문법〉에서 그 대표적 예를 찾을 수 있다.

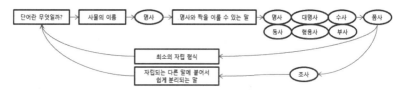

그림 6 〈친절한 국어 문법〉의 연상을 활용한 내러티브 양상

위의 그림에서 보듯이, 〈친절한 국어 문법〉에서는 '단어'의 개념을 그저 '최소의 자립 형식'이라 직접적으로 연결하지 않고, '단어란 무엇일까?'라는 물음에 일반적으로 가장 많이 답하는 '사물의 이름'에서 출발하여 '명사'에서 '품사'로 이어지는 내러티브적 의미를 구축하고 있다. 문법 설명 텍스트에서 '단어'의 개념을 '최소의 자립 형식'으로 정의한 채 이에 대한 아무런 설명 없이 넘어간다면, 학습자는 단어의 개념을 '외워야 하는 것'으로 받아들일 수밖에 없다. 문법 설명 텍스트는 문법 개념들 간에 촘촘한 내러티브적 의미를 구축함으로써 학습자가 텍스트를 읽는 구성

적 과정을 통해 문법을 자신의 지식의 구조로 구성할 수 있도록 안내해
야 한다.

실용 문법서의 텍스트에서 연결소를 부여하는 대표적인 것으로 '비유'
의 활용을 들 수 있다. 국어교육에서 비유는 문학교육에서 중요하게 다
뤄지고 있지만, 레이코프와 존슨의 말처럼 '비유는 인간이 대상을 이해
하는 인지적 방식'으로서 존재한다(Lakoff & Mark, 1980; 노양진·나익
주 공역, 1995).[20] 이때, 두 대상의 유사성을 찾아내고 이를 연결함으로써
비유가 작용하는데, 실용 문법 텍스트의 구성 과정에서도 이 점이 활용
될 수 있다.

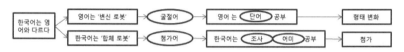

그림 7 〈국어 독립 만세〉의 비유를 통한 내러티브 양상

〈국어 독립 만세〉는 한국어와 영어의 차이점에서 출발하여 영어와는
다른 한국어의 특징을 부각함으로써 전체 텍스트의 내러티브를 형성하
고 있다. 위 그림에서 보듯이, 영어와 한국어의 유사성은 '로봇'이라는
비유 대상과의 연결을 통해 구축된다. 그리고 유사성을 바탕으로 한 영
어와 한국어의 차이점은 '변신 로봇'과 '합체 로봇'이라는, 학습자에게 익
숙한 대상을 통해 다시 연결된다. 텍스트 구성의 주체는 '변신 로봇'을
통해 '굴절어'의 특성을, '합체 로봇'을 통해 '첨가어'의 특성을 이끌어 냄

---

20 비유의 이러한 근원적 의미를 고려할 때, 텍스트 구성에서 비유는 내러티브와 마찬
가지로 '인지적 과정'으로서 기능한다. 다만 '내러티브'가 이야기를 만들어가는 주체의 인지
적 도식에 주목하는 것에 비해, '비유'는 '대상 사이의 유사성'이라는 착안점이 중요하다는
점에서 층위를 구별할 수 있다. 본고에서는 비유의 근원적 의미를 취하되, 텍스트 구성
차원에서는 내러티브를 구성하는 하나의 '방식'으로 다룬다. 비유가 텍스트 종류의 내용을
표상화하는 데에 동원되는 구체적인 방식은 이관희(2012ㄴ)에서 확인할 수 있다.

으로써, 영어와 한국어의 차이점을 부각하고 동시에 '합체 로봇'인 한국어의 합체를 가능케 하는 외적 연결소 '조사'와 '어미'를 내러티브의 교점(node)로 구축해 낸다.[21]

〈국어 독립 만세〉에서 내러티브적 의미를 구축하는 또 다른 방식으로, '언어'라는 거시적 내러티브의 활용을 확인할 수 있다. 〈국어 독립 만세〉에서는 한국어를 영어와 비교하며 '언어'라는 보다 큰 인지적 도식 속에서 한국어 문법의 내러티브적 의미를 구축하고 있다. 텍스트 생산자는 국어 문법에서 단어 개념이 잘 파악되지 않는 이유를 영어의 간섭으로 파악하고, 단어의 개념이 분명하지 않은 것을 국어의 특성으로 받아들이며 '조사'와 '어미'라는 내재적 연결소를 활용하여 거시적 내러티브 안에서 국어 문법을 설명하고 있다. '고래(포유류)'와 '새우(갑각류)'는 '바다'라는 외연적·거시적 개념을 통과하지 않고는 상하위 개념으로 연계되지 않는다. 그럼에도 불구하고 우리가 포유류인 '고래'와 '원숭이'보다 '고래'와 '새우'를 더 밀접한 것으로 연계하여 이해하는 것은 '바다'라는 연결소가 내러티브적 의미를 구성하는 데 더 효율적이기 때문이다. 텍스트 구성을 통한 연결소의 외재적 부여가 중요한 이유가 여기에 있다.

Ⅳ. 문법교육을 위한 텍스트 구성의 방향

실용 문법서의 텍스트에서 내러티브적 의미를 구축하는 방식은 현 텍스트 종류에 여러 시사점을 던져 준다. 첫째는 교육내용 구성의 방향에

---

21 이러한 비유의 활용은 〈4천만의 국어책〉에서도 찾을 수 있다. 지면 관계상 전체 도식화에서는 빠졌지만, 〈4천만의 국어책〉에서는 단문과 복문을 각각 '증명사진'과 '스냅사진'에 비유함으로써 내러티브적 의미를 구축하고 있다.

관한 것이다.

굳이 서사의 특성을 언급하지 않더라도, 내러티브의 중핵 속성은 시간성이다. 내러티브는 의미에 시간성을 부여하는 기재이며, 시간성은 인간이 대상을 내재적으로 경험하게 하는 중요한 방편이다. 설명 텍스트의 시간성은 곧 텍스트 구성의 방향성과 관련된다. 서사 구조를 지닌 "영희가 있다."나 "철수가 있다."는 '영희'나 '철수'가 지닌 역동적 속성으로 인해 그 자체로 시간성을 지닌 이야기가 될 수 있지만, "문장 성분이 있다."나 "형태소이다."는 '문장 성분'이나 '형태소'가 지닌 고정성으로 인해 특정한 방향성이 부여되지 않으면 시간성을 지니지 않는다.

텍스트 종류에서 텍스트에 시간성을 부여하는 것은 일정한 '목표'이다. 〈국어 독립 만세〉는 영어와 국어의 특성을 비교함으로써 국어의 특징적 문법을 설명하고자 하는 목표를 지니고 있으며 분절된 단원은 모두 이러한 목표를 향해 구성되고 있다. 〈나는 국어의 정석이다〉는 '문장 강화'를 목표로 내세워 모든 개념이 문장과 연결되는 내러티브를 구성하고 있다. 그러나 현 텍스트 종류에는 국어 교과와 문법 영역의 거시적 목표와 교과서의 단원별 목표만 존재할 뿐, 문법 교과의 지식의 구조를 형성하는 작용소로서의 목표가 존재하지 않는다. 때문에 '국어의 창의적 발전과 국어 문화 창조에 이바지할 수 있는 능력의 신장[22]'이라는 상위 목표와 '언어에 내재해 있는 원리와 규칙'으로서의 문법[23]은 여전히 괴리

---

22 2011년 9월에 고시된 개정 교육과정에서는 국어 교과의 목표를 아래와 같이 설정하고 있다(일부 발췌).
"국어 활동과 국어와 문학을 총체적으로 이해하고, 국어 활동의 맥락을 고려하여 국어를 정확하고 효과적으로 사용하며, 국어를 사랑하고 국어 문화를 누리면서 국어의 창의적 발전과 국어 문화 창조에 이바지할 수 있는 능력과 태도를 기른다."
23 2011년 9월에 고시된 개정 교육과정에서는 〈독서와 문법〉 과목에서 문법의 위상을 다음과 같이 밝히고 있다(일부 발췌).
"문법은 언어에 내재해 있는 원리와 규칙이며, 국어 문법은 개별 언어로서의 국어에 내재해 있는 원리와 규칙을 가리킨다. 이러한 원리와 규칙은 언어활동에서 국어를 정확하고 효율

를 보이고 있으며, 이러한 현상은 "형태소의 개념과 단어 형성법을 알고 적용하여 쓸 수 있다." 또는 "문장 성분의 개념을 이해한다."와 같은 지식 구조 중심의 교과서 단원 목표에서 확인할 수 있다. 이런 목표에서는 "문장 성분이 있다." 외에 어떤 방향성을 지닌 텍스트를 구성하기가 어렵다.

방향성의 부재는 내러티브적 의미를 구축하는 연결소의 부재로 이어진다. 이는 텍스트 종류에서 '단어'나 '문장'과 같은 핵심 개념에 대한 합의된 정의가 존재하지 않는다는 점과도 연결된다.

> 문법을 배울 때 우리가 놀라는 사실은 아주 익숙한 것일수록 무엇인지 정의하기가 어렵다는 데 있어요. 단어라는 말은 우리가 아주 많이 쓰는 말이잖아요. 그런데 단어가 무엇이냐고 물으면 대답하기가 어렵습니다. 〈친절한 국어 문법, 87쪽〉

특정 문법 개념을 정의하는 방식은 문법 설명 텍스트에서 연결소를 어떻게 설정하는가와 밀접한 관련을 맺는다. 같은 사건의 경과도 선택된 요소들과 배열에 따라 다르게 표현될 수 있듯이, 문법 설명 텍스트의 내러티브도 하나의 문법 개념을 어떤 다른 개념과 배열하여 어떤 방향성으로 기술하느냐에 따라 다른 의미가 부여될 수 있는 것이다. 예를 들어, 현재 텍스트 종류에서 '단어' 개념은 주로 '품사'의 하위분류와 연결되어 의미가 부여되고 있다. 학문 문법에서 중요한 것은 언어 단위들의 지위와 체계에 있는 것이지 언어 단위들의 개념 그 자체에 있는 것이 아니기 때문에, 무엇까지 단어로 볼 것인가와 관련된 지리한 논의는 '그래서 단어가 무엇인가'에 답을 던져 주지 못한다.[24] 현재 정의된 것은 "자립할

적이며 창의적으로 사용하는 데 필요한 기저 지식 체계이다."

수 있는 말이나, 자립할 수 있는 말에 붙어서 쉽게 분리할 수 있는 말(밑줄은 연구자)"인데, 이는 철저히 품사의 개념에 터해 있는 것으로, 후자는 조사를 설명하는 말이고 전자는 조사를 제외한 다른 품사들을 설명하는 말이다. 그러나 이는 단어의 구조적 위치를 설명한 조작적 기술일 뿐이다.

더욱 아이러니한 것은 2007 개정 교육과정에서 '단어' 개념은 7학년의 '품사'가 아니라 8학년의 '단어 형성법' 성취기준과 관련되어 있다는 점이다. 그러나 단어 개념은 여전히 단어 형성법의 다른 개념들과 연결소를 갖지 못하고 있다.[25]

표2 2007 개정 교육과정 8학년 문법 영역 성취기준(밑줄은 연구자)

(3) 국어 단어 형성법을 이해하고 활용한다.	○ 단어 형성과 관련된 국어의 특질 이해하기 ○ 형태소와 단어 개념 이해하기 ○ 단어의 짜임(단일어, 파생어, 합성어) 이해하기 ○ 단어 형성법을 알고 창조적으로 활용하기

---

24 문법 개념은 꼭 명시적으로 정의되어야 하는가? 텍스트 종류에서 단어의 개념을 가지고 있어야 한다는 것과 이를 명시적으로 학습자에게 전달해야 한다는 것은 다른 층위의 문제이다. 텍스트 종류는 '단어'의 개념을 학습자에게 기억의 방편으로 제공하지 않더라도, 전체 지식 구조의 연결소로서의 단어의 개념을 정립하고 있어야 한다. 현 텍스트 종류에서 이는 교과서 집필자나 교사의 몫으로 남겨져 있으며, 때론 스스로 탐구하는 학습자의 몫으로만 남기도 한다.

25 7차 문법 교과서에서는 단어를 "자립할 수 있는 말이나, 자립할 수 있는 형태소에 붙어서 쉽게 분리할 수 있는 말들"이라고 정의하고 있다. 단어의 정의에서 '형태소'라는 개념을 노출시킨 것은 7차 문법 교과서에서 '단어'의 개념이 '단어의 형성' 단원에서 다루어지고 있기 때문이다. 이처럼 '형태소'라는 개념을 단어의 개념에 포괄시키면 단어의 형성과 단어의 개념을 '형태소'라는 개념으로 연결시켜 내러티브적 의미를 구축할 수 있다. 그러나 단어와 형태소의 관계를 살펴보면 어떠한가. 단어는 형태소 결합의 결과인가(구조주의적 관점에 선다면 이는 탁월한 설명이 될 수도 있다), 단어 분석의 결과가 형태소인가. 텍스트 종류에서는 전자의 관점에서 단어에 관한 내러티브를 형성해 오고 있지만, 본고는 후자의 관점에 서야 한다고 판단한다. 단어 개념의 부재는 어휘 개념과의 분리로까지 이어진다.

때문에 김종철 외(2010:83)에서는 "품사는 단어를 종류별로 묶어 놓은 단어의 갈래이므로, 품사를 말할 수 있는 말들이 모두 단어가 된다(김종철 외, 디딤돌, 국어 2-1, 83쪽)."와 같은 설명으로, 단어 개념의 정의를 위해 7학년 때 배웠던 품사를 다시 떠올려보는 텍스트 구성을 선택하고 있다.

텍스트 종류에서 중요한 연결소로 자리매김할 수 있는 서술어 또한 내러티브적 의미를 구축하는 데에 필수적인, 일관적인 지식의 구조를 가지고 있지 않다. 결과로서 존재하는 문법 개념에 따르면 서술어는 구조적으로 문장 성분의 하위 범주가 되고, 이로 인해 학문 문법서에서 '서술어의 자릿수' 개념은 문장 성분 단원에서 설명된다. 그러나 서술어의 자릿수는 '문장의 구성'과 보다 밀접하게 관련되는 내재적 연결소를 지니고 있다.

2007 개정 교육과정에서는 9학년에서 '문장의 짜임새'를 다루면서 서술어의 자릿수 개념을 포함하고 있어 주목된다.

표 3 2007 개정 교육과정 9학년 문법 영역 성취기준(밑줄은 연구자)

(3) 문장의 짜임새를 설명한다.	○ 서술어와 자릿수의 기능 이해하기 ○ 문장의 기본 구조를 바탕으로 문장을 확장하는 방법 이해하기 ○ 안은 문장과 이어진 문장을 알고 문장의 연결 방식 이해하기

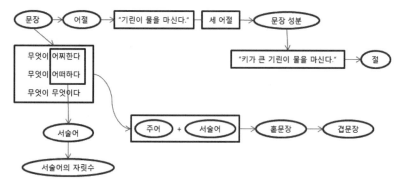

그림 8 왕문용 외(2011)의 관련 단원(3학년 2학기)의 내러티브 양상

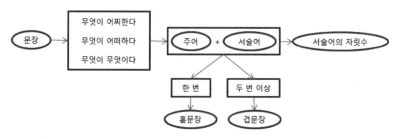

그림 9 방민호 외(2011)의 관련 단원(3학년 2학기)의 내러티브 양상

그러나 교과서의 설명 텍스트를 살펴보면 구체적인 내러티브적 의미를 구축하는 데에 아직 연결소가 부족함을 확인할 수 있다. 왕문용 외(2011)에서는 '어절', '절'과 같은 문법 개념을 설명하는 동시에, 서술어의 자릿수, 문장의 짜임새를 각각 다른 방향으로 설명하고 있어 일관된 내러티브적 의미를 구축하지 못하고 있다. 방민호 외(2011) 역시 '서술어' 개념에서 서술어의 자릿수와 문장의 확장이 설명되고 있지만, 정작 서술어의 자릿수와 문장의 확장 사이에는 연결소가 없음을 확인할 수 있다.[26]

---

26 두 가지 해석이 모두 가능하다. 1) 문장의 구성에서 서술어가 중요한 역할을 하는 만큼, 서술어의 자릿수와 문장의 확장은 직접적으로 연결된다. 2) 서술어의 자릿수는 문장

그렇다면 텍스트 종류에서 문법 설명 텍스트는 어떤 방향으로 구성되어야 하는가. 이는 "국어현상 속에서, 그리고 학습자의 머릿속에서 문법은 어떻게 자리매김하는가."에 대한 대답을 탐색하는 과정이어야 한다. 어떻게 존재하는가의 문제와 어떻게 자리매김하는가의 문제는 같지 않다. 외부적 존재는 인식의 자리매김 없이는 존재한다고 할 수 없다. 문법 설명 텍스트는 이미 구축되어 있는 결과적 지식의 구조를 참조하되, 인간이 의미를 구성해 가는 방향에 따라 다시 재구축될 지식의 구조를 고려하여야 한다. 그리고 이는 교과서 집필자나 교사의 교수학적 변환의 문제가 아니라, 교육과정의 구성이나 텍스트 종류의 목표 차원에서부터 고려되어야 할 문제이다.[27] 따라서 문법 설명 텍스트의 내러티브는 (1)의 방식이 아니라 (2)의 방식으로 재조직되어야 한다. 즉, 교육과정에 형성되어 있는 지식의 구조를 조회하되, 학습자가 지식의 구조를 이루어가는 인지적 과정을 동시에 고려해야 한다. c를 고려한 b'+c'가 일관적으로 이루어지지 않는다면, 이는 첫째는 내적 연결소가 부족한 b의 문제이며, 둘째는 외적 연결소를 부여하지 못한 텍스트 구성의 문제라 할 수 있다.

(1) 학문 문법의 지식의 구조(a) → 교육과정의 지식의 구조(a') → 문법 설명 텍스트의 내러티브(a") → 학습자의 지식의 구조(a''')

(2) 학문 문법의 지식의 구조(a) → 교육과정의 지식의 구조(b) → 문법

의 구성과 관련될 뿐 문장의 확장과는 직접적으로 연결소를 지니지 못한다. 이는 설명 텍스트의 외연적 구성을 통해 연결되어야 한다.

27 사범대학의 문법교육과정 구성 방향에 대해 논하고 있는 민현식(2006ㄴ)에서 이러한 전제를 확인할 수 있다. 이 논의에서는 교육과정이란 정확한 지식을 선정 배열하는 일이고, 교재는 그런 지식을 유용하게 배열한 자료집이며, 교수 학습법은 정확한 지식에 이르는 길과 삶에 적용하는 길을 알려주는 것이라 정의하며, 교육과정의 설계는 기법이 아니라 지식에 대한 연구를 통해 이루어져야 함(민현식, 2006ㄴ:122)을 역설하고 있다. 이는 다시 국어교육학의 정체성이라는 대전제와 연결된다. 곧 문법 지식의 내러티브는 교육과정의 내러티브적 구조에 터하며 이는 교재와 수업, 궁극적으로 학습자의 앎과 연결된다.

설명 텍스트의 내러티브(b'+c') → 학습자의 지식의 구조(c)[28]

28 (2)의 교수학적 변환 과정에서 교육과정의 지식의 구조는 학교 문법을 토대로 하고 학교 문법은 학문 문법의 토대에 서 있다. 그럼에도 불구하고 본고에서는 학문 문법의 지식의 구조와 교육과정의 지식의 구조를 a와 a'의 관계가 아닌 a와 b의 관계로 설정하였다. 이는 교육과정의 지식의 구조가 학문 문법의 재구조화에 그쳐서는 안 된다는 것을 의미한다. 김호정 외(2007)에서는 "학문적 지식이 교육적 지식으로 재구성되는 과정에서 필수적으로 일어날 수밖에 없는 지식의 파손으로 인해, 문법 용어는 문법 교과에 담긴 지식의 구조를 온전히 드러내지 못하는 방식으로, 혹은 아예 잘못된 방식으로 기술되고 구조화될 수 있으며, 일단 명증한 구조에 바탕을 두고 학습된 이후에야, 문법 용어는 문법 현상을 탐구하는 설명어, 도구어로서의 기능도 충실히 수행할 수 있게 된다(김호정 외, 2007:278)."고 주장한다. 본고 역시 이러한 논의에 공감한다. 그러나 학문 문법의 지식의 구조는 때로 텍스트 종류의 목표와 적절하게 합치되지 않거나 오히려 학습자에게 개념의 혼동을 유발할 수 있다. 다음 (ㄱ)는 학문 문법의 지식의 구조에 최대한 가깝게 구현하고자 한 것이고, (ㄴ)는 학문 문법의 지식의 구조에는 다소 어긋나지만 '기준에 따라 단어를 분류할 수 있다'는 학습 목표에 맞추어, 학문 문법과는 다른 내러티브적 의미를 구축하고 있는 것이다. (ㄱ)은 학문 문법의 지식의 구조를 오롯이 재현하는 데에는 성공하였을지 몰라도, 교육 목표를 성취하기 위해 내러티브적 의미를 구축하는 데에는 (ㄴ)에 비해 실패하였다. (ㄱ)의 텍스트로 학습한 학습자는 내러티브적 앎을 구축하는 데에 불필요한 인지적 부담을 안고 가야 한다.

(ㄱ) 김종철 외(2009)의 품사 단원 내러티브 양상

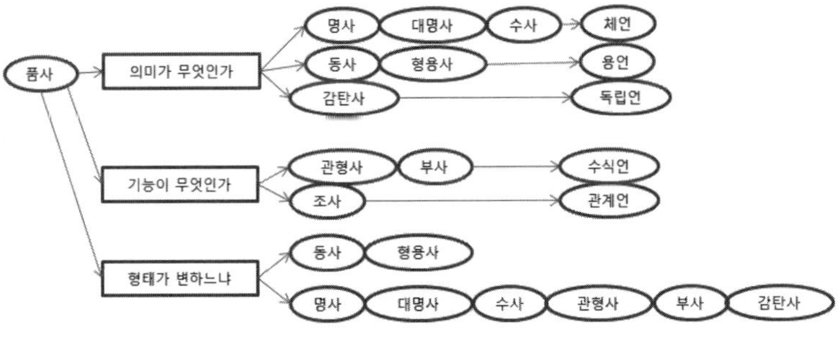

(ㄴ) 이숭원 외(2009)의 품사 단원 내러티브 양상

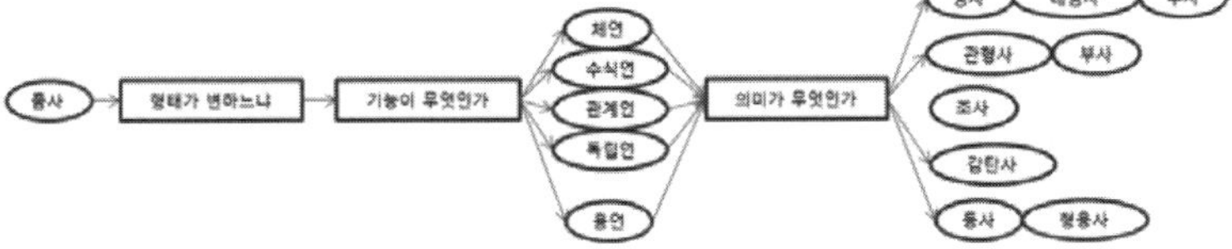

V. 결론: 요약과 제언

텍스트 종류는 태생적으로 텍스트 중심이다. 지식은 텍스트라는 이차원적 구성물을 통과하지 않고는 그 형체를 보여 주지 않는다. 텍스트 종류의 어떤 층위의 어떤 장면에서나 텍스트는 존재한다. 문제는 그 관계를 어떤 층위에서 어떤 식으로 구성하는가이다. 텍스트 종류는 무엇을 가르칠 것인가의 문제와 함께, 어떤 방식으로 구성하여 가르칠 것인가에도 주목해야 한다. 후자에 대한 탐색은 전자에 해답을 주는 길잡이가 될 수 있다.

본고는 궁극적으로 문법적 사고(활동)의 과정을 보여 주며 그러한 사고(활동)를 요청하는 텍스트(남가영, 2011:114)가 텍스트 종류의 중핵이 되어야 한다고 판단한다. 그러나 문법에는 '문법 용어'로 표층화되는 공고한 지식의 구조가 존재하며, 학습자의 내러티브적 앎을 촉발하고 전이시키기 위해서는 이들 문법 용어에 대한 교육 내용이 필요하다. 텍스트의 외적 유형에 대한 접근과 함께 텍스트의 내적 구조에 대한 연구가 필요한 이유가 여기에 있다.

본고는 그러한 방향성을 보여 주었다는 점에서 연구의 의의를 논할 수 있다. 그러나 연구 방법과 범위의 차원에서 해결해야 할 몇몇 문제를 남긴다.

첫째는 실용 문법서라는 연구 대상이 갖는 한계점이다. 본고에서 문법 교과서가 아닌 실용 문법서를 연구 대상으로 삼은 것은 '학습자가 교과서보다 선호하는 텍스트는 학습자의 내러티브 방식과 더 닮아 있을 것이

외재적 지식은 2차원적 평면에 표현되었을 때 '변형'될 수밖에 없다. 텍스트 종류에서 중요한 것은 '모습 그대로 얼마나 잘 꺼내 놓을 것인가'가 아니라, '목표에 따라 잘 인식하도록 어떻게 잘 구성할 것인가'의 문제이다.

다라는 전제를 토대로 한다. 그러나 이는 이론적 전제일 뿐 구체적 현상으로 확인되지 않는다. 학습자가 실제로 지식을 내러티브적 앎으로 구성하는 과정에 대한 실험적 연구가 추가적으로 이루어져야 할 것이다.

텍스트 종류 현장에서 이루어지는 문법 설명 텍스트의 다양한 층위에 대해서도 고민이 필요하다. 교과서와 실용 문법서는 문법 설명 텍스트의 구현 층위에서도 구별된다. 전자가 교실이라는 담화 공동체에서 교사라는 또 다른 교수학적 변환 주체를 거치는 것에 비해, 후자는 일반적 경우 이러한 절차 없이 학습자의 앎으로 이어진다. 때문에 전자에는 교사에 의해 구성되는 문법 설명 텍스트의 층위가 존재한다. 본고에서 기술한 '외재적 연결소의 부여' 현상은 교사에 의해 구성되는 문법 설명 텍스트의 층위에서 보다 구체적으로 확인할 수 있을 것이다.

끝으로 내러티브가 갖는 '지식의 파편화' 가능성에 대한 고민이다. 이를 위해 담화 공동체 내에서 지식의 구조와 내러티브적 의미, 내러티브적 앎이 가지는 순환적 구조를 고려하였지만, 여전히 파편화 가능성은 남아 있다. 경계를 분명히 지을 수는 없겠지만, 지식의 구조가 텍스트를 거쳐 앎으로 이어지는 인지적 절차에 대해서는 보다 깊이 있는 연구가 필요하다.

민현식(2007), 문법교육의 반성과 교과서 개발의 방향, 국어교육연구 제19집,
　서울대학교 국어교육연구소.
이지수(2014), 문법 단원 본문 텍스트의 중층적 구조, 국어교육학연구 제49집
　2호, 국어교육학회.

　문법교육 연구의 핵심에는 문법교육 내용에 관한 연구가 있다. 문법교육
내용 연구는 내용의 체계화, 내용의 구성, 내용의 기술 문제 등을 모두 포괄
한다. 교재(교과서) 연구는 이러한 교육 내용 연구에 있어 가장 구체적이고
실천적인 연구의 한 통로가 될 수 있다. 문법 교과서는 문법교육 내용의 중핵
이라 할 수 있는 문법 지식을 포함하여 교육과정에서 제시하고 있는 교육 목
표, 그리고 학습자들에게 목표 능력을 길러 주기 위한 교육 내용과 방법 등이
총체적으로 구성된 결과물로, 학습자들이 받아들이게 될 실제적 교육 내용의
근간을 이루기 때문이다.

　교재 연구의 이러한 중요성에도 불구하고 문법 교재에 대한 연구는 그 성
과가 매우 미진한 편이다. 민현식(2007)의 연구는 이러한 상황 속에서 문법
교과서 개발의 큰 틀을 제시한 연구로서, 문법교육에 대한 여러 비판의 목소
리를 제대로 반영해 내지 못하고 있는 문법 교과서의 문제점을 지적하고
2007년 개정 교육과정에 따라 새로이 개정될 문법 교과서의 개발 방향을 논
하였다. 특히 문법 교재 개발에서 가장 중요시해야 하는 것이 기본적인 문법
개념 이해라고 역설한 점은 교재 개발 시 문법교육의 본질을 되새기게 하는
중요한 지점이라 할 수 있다.

　이지수(2014)는 민현식(2007)의 연구 성과를 통해 두 가지 지점에 대해 깊
은 고민을 안고 출발한 연구이다. 첫째, 교재 분석을 통해 교육 내용을 논하
는 이와 같은 연구에서 그것의 개선이 이루어져야 하는 지점이 어디인가의
문제이다. 앞에서 언급한 바와 같이 교재는 여러 단계에서의 교육 내용이 총
체적으로 구현된 결과물이기 때문에 교재에서 기술된 텍스트는 중층적 구조
를 갖게 된다. 따라서 민현식(2007)에서의 교과서 개발 방향은 교재 개발 과
정에서 구성되는 각 층위에 따라 변별적으로 제시될 때 그 실현 가능성이 훨
씬 높아질 수 있을 것이다. 둘째, 민현식(2007)에서 역설하고 있는, 반복적이

고 체계적인 문법 개념 지식 학습에 관한 새로운 조명 문제이다. 문법 교재를 구성하는 데 있어, 조금 더 본질적으로는 문법교육 내용을 구성하는 데 있어 무엇이 핵심이어야 하는가의 문제를 명확히 제시하고 있어 후속 연구를 수행하는 데 중심축이 되어 주었다.

이지수(2014)는 교과서의 문법 단원에서 본문 텍스트가 가지게 되는 중층적 구조를 밝히는 것을 주목적으로 하여 진행된 연구로, 민현식(2007)에서 논하고 있는 교과서 개발에 관한 거시적인 담론과 틀 속에서 그것의 실현 가능성을 높이기 위해 수행한 기초 연구라 할 수 있다.

문법교육의 반성과 교과서 개발의 방향*

민 현 식

요 약

문법교육에 대한 비판과 회의의 목소리에도 불구하고 학습자 요구를 살피기 위한 설문 조사에서 정작 학습자들은 문법 지식 학습을 1순위로 목말라하고 있다는 결과가 나왔다. 이는 문법교육의 필요성에도 불구하고 그것이 학교 현장에서 제대로 이루어지지 못하고 있음을 극명히 드러내는 결과이다.

본고는 이러한 문법교육의 실태를 교재(교과서)를 중심으로 반성적으로 검토하고 2007년에 개정 고시된 국어교육과정에 따른 교과서 개발에 있어 새롭게 개선해야 할 점들을 살피고자 하였다. 이를 위해 문법교육의 목표를 국어과 내적 요구와 국어과 외적 요구로 나누어 살피고, 이러한 요구를 충족하기 위한 문법교육의 목표를 새로이 점검하여 제시하였다. 그런 다음 교육 목표를 구현하기 위해 구성되는 교과서를 대상으로 하여 문법 영역의 전반적인 문제들을 논의하였다. 제기한 문제들을 개괄하면 다음과 같다. 첫째, 국어 문

---

* 『국어교육연구』 제19권(서울대학교 국어교육연구소 2007년 발행)의 287쪽부터 358쪽까지에 수록되었다.

법 지식의 단계별 위계화 전략, 전통의 부재 둘째, 규범 교육의 부재 셋째, 기능 교육과의 연계 부재이다. 이 중 특히 표기 교육과 규범 교육의 부재의 문제를 강조하고 미국 영어 교육의 규범 문법교육 자료들을 살펴 참조점을 정리하였다.

문법 교과서는 교사들로부터 무미건조한 지식서라는 비판을 받아 왔다. 이를 개선하기 위해서는 교재 구성 시 문법교육 내용의 가장 기본이 되는 문법 개념 이해와 규범 원리 학습이 강화될 필요가 있다. 새로이 구성되는 교과서에서는 체계적인 반복 학습에 대한 부정적 인식을 깨고 기본적인 문법 지식들이 정교하게 체계화되어야 할 것이다.

문법 단원 본문의 텍스트 구조[*]

이 지 수(서울대 SSK 사업단 선임연구원)

Ⅰ. 서론

1. 논의의 필요성 및 목적

'언어학'이 언어 현상에 관심을 두고 그 체계화를 꾀하는 학문이라면 '국어교육학'은 국어교육 현상에 관심을 두고 그 체계화를 꾀하는 학문이라 할 수 있다. 여기서 '체계화'라는 것은 현상을 바라보는 관점에 대한 것부터 그것을 설명하기 위한 패러다임의 구성 및 적용, 그리고 그에 따른 세부적인 기술까지를 포함한다. 공고(鞏固)한 학문으로서 자리매김하기 위한, 이러한 논의들이 가능하기 위해서는 이와 함께 진행되어야 하는 또 다른 한 축의 논의가 있다. 바로 '현상에 대한 개념화'와 '현상의 세부적 변별'에 관한 논의이다. 본 연구는 이러한 지점에 위치한 연구이다.

문법교육 현상에 대한 연구의 핵심에는 교육 내용 구성에 관한 연구가 있다. 교육 내용 구성에 관한 연구는 주로 송현정(2010), 신명선(2008,

* 『국어교육학연구』 제49집 2호(국어교육학회 2014년 발행)의 481쪽부터 511쪽까지에 '문법 단원 본문 텍스트의 중층적 구조'를 다듬어 실음.

2010), 이관규(2007), 주세형(2006ㄱ) 등과 같이 교육 내용 체계화에 중점을 둔 연구가 주를 이루어왔으나, 요즈음은 김규훈·김혜숙(2012), 김은성(2012, 2007), 남가영(2011), 오현아(2010), 제민경(2012)과 같이 교육 내용의 구성 과정이나 구성 방안에 중점을 둔 연구들도 이루어지고 있다. 본 연구는 후자의 성격을 띠고 있는 연구로 교육 내용 구성 과정 중 교재화¹의 과정에서 교육 내용의 표상으로서의 본문 텍스트를 연구 대상으로 삼고 있다. 물론 '문법교육 내용'은 본문 텍스트뿐 아니라 활동 및 평가에 이르기까지 다양한 방식으로 표상된다. 본 연구는 그중 문법 지식을 설명하고 있는 본문 텍스트로 그 범위를 한정하여 추상적인 지식이 구체적인 텍스트로 표상되는 과정에서 구성되는 세부 층위들을 변별하고, 각각의 목적 및 실재, 그 의의를 논하고자 한다.

2. 논의의 범위

본 연구는 교재화를 통해 구성된 문법 단원의 본문 텍스트를 논의의 대상으로 삼고 있다. 교재화는 일반적으로 '교육 내용 선정', '교육 내용의 조직화(교육과정에서의 제시)', '교육 내용의 기술(교과서를 통해 구현)'의 단계를 거친다. 이러한 과정은 모두 아래 그림 1에서 굵은 화살표로 표시한 (A)에 해당하며, 본 연구에서 분석 대상으로 삼고 있는 구성체(構成體)로서의 '문법 단원 본문 텍스트' 역시 이 과정에서 구현된다.

---

1 '교재'는 학문을 하는 데 필요한 여러 가지 재료를 뜻하는 말이다. 그러나 일반적으로 '교재'는 책의 형태로 구성된 학습 자료를 뜻하여 여기에서는 구체적으로 '국어 교과서', '문법 교과서'를 가리키는 말로 사용한다. 아직 우리나라에서는 책으로 구성된 교재로서의 '교과서'가 절대적인 비중을 차지하고 있기 때문이다.

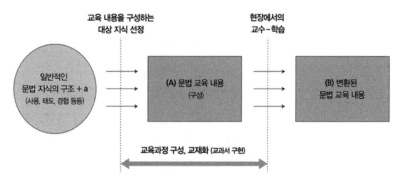

그림 1 논의의 범위

　이때 '교육 내용의 조직화'는 다시 거시적인 차원에서의 내용 조직화와 미시적인 차원에서의 내용 조직화로 나뉘는데, 거시적인 차원에서의 내용 조직화는 교육 내용으로 선정한 문법 지식을 어떠한 범주를 기준으로, 각 학년에 어떻게 배치할 것인가와 관련된 것이다. 여기에서는 문법 범주나 단위들 간의 선후 및 위계 관계에 관한 문제들을 다루게 된다. 이에 비해 미시적인 차원에서의 조직화는 이러한 과정 후에 잇따르는 개념 지식들 간의 세부적인 조직화 과정으로, 각 학년별로 안배된 문법 범주별 지식들이 세부적으로 어떻게 관계를 맺으며, 어떠한 방향성을 가지고 엮어져 텍스트로 실현될 것인가와 관계된다. 미시적인 차원에서의 교육 내용 조직화 문제는 거시적인 차원에서의 틀 안에서 이루어질 수밖에 없지만 앞으로 본 연구에서 언급하게 될 '내용 조직화'는 이러한 미시적인 차원에서의 교육 내용 조직화 과정을 의미한다. 교재화의 출발점으로 삼고 있는 추상체로서의 '지식의 구조'가 교육 내용으로 구현되는 과정은 미시적인 차원에서의 내용 조직화와 긴밀한 관계를 맺고 있기 때문이다.

Ⅱ. 문법 단원 본문 텍스트 구성에 관여하는 세 층위

1. 논의의 전제: 교재화 과정과 텍스트의 구성

교재에서의 본문 텍스트는 교재화 과정에서 구현된 결과물이다. 따라서 이러한 텍스트의 구성은 교재화 과정과 밀접한 관련을 맺는다. 교재화는 교육 내용을 다양한 유형의 텍스트로 표상화하는 과정으로, 남가영(2011)은 이러한 교육 내용의 표상화 과정에서 교육 내용을 직접 표상하는가, 간접 표상하는가에 따라 문법교육용 텍스트의 유형을 세분화하여 제시한 바 있다. 이에 대해 김은성(2012)는 언어 자료로서의 텍스트와 교육 내용 표상체로서의 텍스트를 구분해야 할 필요성을 제기하고, 교육 내용의 표상에 있어 다양한 유형의 텍스트가 어떻게 선택되고 배열되어 최종적인 구성물로 실체화되는가에 대해 구체적인 논의를 전개하였다. 여기에서는 먼저 이러한 논의를 바탕으로 '교육 내용의 표상'으로서의 '교재화'를 아래와 같이 도식화해 보았다.

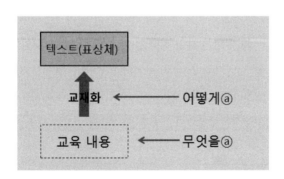

그림 2 교재화 단계_1

그런데 위의 그림 2는 교재화를 통해 구성된 텍스트의 중층성을 살피기에는 여전히 그 단계가 모호하고 부족하게 느껴진다. 그 이유는 김은성(2012)에서의 논의와 같이 '실체화'와 관련된 '어떻게ⓐ'가 다시 '어떻게 조직하는가'와 '(조직한 것을) 어떻게 가공하여 드러내는가'의 두 단계로 구분되기 때문이다. 이를 반영하여 위의 그림을 다시 그려 보면 다음과 같다.

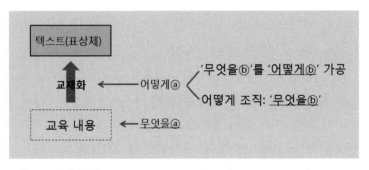

그림 3 교재화 단계_2

'무엇을ⓐ'는 교육 내용의 핵심으로서 교육 내용 '요소'로 제시된다. 구체적으로는 교육 과정을 통해 가시화되나, 본질적으로는 교육 내용 요소로 선정된 '문법 지식'이 그 대상이 된다. '어떻게ⓐ'는 이러한 교육 내용 요소를 어떻게 표상하느냐의 문제와 관련되어 있다. 그러나 앞에서 말했듯 이러한 실체화 과정은 내용 요소를 어떻게 '조직'할 것인가와, 그것을 어떻게 '가공'할 것인가의 문제로 나뉜다.[2] 후자의 '어떻게 가공하느냐'를 '어떻게ⓐ'와 구분하여 '어떻게ⓑ'로 제시한다면, '어떻게ⓑ'의 직접적인 대상은 '무엇을ⓐ'가 아니라 '무엇을ⓑ'가 된다. 김은성(2012)에서는 위와 같이 어떻게ⓐ의 과정을 '조직(구조도)과 가공(표상 방식)'으로 나누어 다루고 있지만 이러한 단계를 형성하거나 또는 단계 형성에 개입하는 텍

---

2 제민경(2012)는 교육 내용으로 선정된 문법 지식들을 어떻게 조직화, 구조화할 것인가에 관한 논의이고 김은성(2007)이나 오현아(2010) 등의 논의는 이러한 내용을 어떻게 가공할 것인가에서 '이야기' 층위의 개입을 제안한 것이다.

스트 구성 층위 자체를 직접적인 논의의 대상으로 삼고 있지는 않다.

본 연구는 문법 본문 텍스트가 교재화의 과정에서 '무엇을ⓐ, 무엇을ⓑ, 어떻게ⓑ'의 세 층위를 갖게 되는 중층적 구조체임을 인지하고, 각각의 층위를 논의의 대상으로 삼는다. 이때 '무엇을ⓐ'를 형성하는 층위는 지식의 구조로서의 '문법 개념 지식' 층위로, '무엇을ⓑ'를 형성하는 층위는 '설명 도식' 층위로, '어떻게ⓑ'에 개입하는 층위는 '이야기' 층위로 제안하고 각각의 실재와 의의 및 유형을 살피고자 한다.

2. 지식의 구조(構造)로서의 '문법 개념 지식' 층위

1) 문법 개념 지식

문법교육 내용의 중핵은 문법 개념 지식이다. 교육과정에서 '문법' 영역의 내용 체계를 '실제, 지식, 탐구와 적용, 태도'[3]로 제시하고 있지만 '실제'와 '탐구와 적용', '태도'에도 그 중심에는 문법 지식이 자리하고 있다. 그럼에도 교육과정에서 이와 같은 구분으로 내용 체계를 구성한 것은 학습자 중심 교육을 위해 명시적으로 제시해야 할 것과 경험적으로 제시해야 할 것들을 나타내기 위한 것이라 짐작해 볼 수 있다. 즉 이러한 내용 체계는 교육 내용 구성의 의도를 보다 명확히 드러내기 위해 특수하게 구성된 체계라는 점을 이해해야 한다. 본질적으로 문법교육 내용의 중핵은 여전히 문법 개념 지식이다.

이러한 개념 지식들은 특정한 문법 범주 속에서 규정되고 선별된 지식들이며 서로 유목적적인 관계를 맺으면서 교육 내용으로 구성된다. 지식

---

3 2007개정 교육과정은 '국어사용의 실제, 지식, 탐구, 맥락'으로, 2009개정 교육과정은 '실제, 지식, 탐구와 적용, 태도'로 교육 내용 체계를 제시하였다. 현 시점은 두 가지 교육과정이 교육 현장에서 병존하고 있는 시점이다.

의 학문적 체계를 '지식의 구조'⁴라 할 때, 문법교육 내용 역시 '국어교육', '문법교육'이라는 학문적 체계 속에서 구성된 지식의 구조가 교육의 중핵을 차지한다.⁵

더하여, 위와 같은 이유로 '교육 내용'으로서의 '지식의 구조'는 그것이 터하고 있는 바탕 학문에서의 지식의 구조와 동일하지는 않다. 언어 현상을 체계적으로 설명하고 있는 언어학(국어학) 지식들은 문법교육 내용 구성에서 기초 지식이 되지만 이렇게 교육의 장으로 들어온 문법 지식은 '(유목적적인) 교수-학습'이라는 특수한 맥락 아래 교수자와 학습자, 교육 상황 등의 변인들이 개입된 새로운 지식 구성체로 재조직된다. 즉 학년별 위계화나 (대)단원 배치 문제 등의 과정을 통해 새로운 '교육적 지식'으로 재구성되는 것이다.

2) '문법 개념 지식'의 실제

앞에서 서술한 바와 같이, 문법교육 영역에서 재구성된 지식의 구조는 문법 개념 지식으로서 교육 내용의 핵을 차지한다. 그러나 이때 문법교육에서 말하는 문법 개념 지식이 국어학에서의 문법 개념 지식들과 본질적으로 다른 것은 아니다. 필요한 정보, 해석의 방법, 허용되는 관점의

---

4 브루너가 말한 '지식의 구조'에 대해 박재문(1998:99)은 '지식의 구조'란 교과 내용을 가르치는 '방법'과 그런 내용을 그런 방법으로 가르치는 동안에 학생과 교사 사이에 전개되는 교육의 과정까지 포함하여 전반적인 교과관의 변환을 나타내고 있는 말이라 하였다. 연구자 역시 이러한 관점에 동의하며, 더하여 본 연구에서는 교육의 전 과정을 거친 최종 변환만을 지식의 구조로 보지 않고 각 국면에서 단계마다 구성 주체에 의해 지식의 구조가 형성되고 변환되어 나가는 것으로 본다.

5 장상호(1997ㄴ:273)에서는 '학문적 지식'에 대해 다음과 같이 말하고 있다. "지식은 체계이다. 지식은 적어도 가공되거나 편집된 정보로서 학문과 관련을 맺고 있다. 이 말은 그 안에 포함되어 있는 요소의 의미는 전체의 구조와 여타의 요소 간의 관계에 의해서 의미를 가진다는 조건을 우리가 알아야 함을 요구한다. 전체적인 구조가 있어야 부분적인 것을 정의할 수 있다."

다양성 등에 차이가 있을 뿐 본질적으로 언어의 체계가 갖는 개념 지식 간의 체계 자체는 유사하다고 할 수 있다. 다만, 그것이 교육적 목적을 갖게 되면서 목적과 관계된 지식들 간의 관계 속에서 다루지게 되므로 이러한 교육적 의도가 들어간 문법교육만의 지식의 구조가 새로이 형성되는 것이다.

교육의 장으로 들어온 문법 개념 지식들은 교육과정을 통해 실체화된다. 아래는 2007개정 교육 과정, 8학년 문법 영역 성취 기준과 그 내용 요소 중 하나이다.[6] 2007개정 교육과정에서는 '형태소'와 '단어', '단어 형성'이라는 문법 개념들이 하나의 성취 기준 안에서 포괄적으로 제시되고 있다.

【8-문법-(3)】 국어 단어 형성법을 이해하고 활용한다.
【내용 요소의 예】
◦ 단어 형성과 관련된 국어의 특질 이해하기
◦ 형태소와 단어 개념 이해하기
◦ 단어의 짜임(단일어, 파생어, 합성어) 이해하기
◦ 단어 형성법을 알고 창조적으로 활용하기

위의 교육 과정 내용을 보면 '형태소'와 '단어', '단일어', '파생어', '합성어', '신어' 등의 문법 개념 지식들이 서로 관계를 맺으며 '단어 형성법'이라는 상위의 문법 지식으로 묶이고 있음을 볼 수 있다. 이는 앞서 제시한 개별적인 개념 지식들이 상위의 개념 지식, 즉 '단어 형성'이라는 개념 지식을 설명하기 위한 하위 지식으로서 구조화되었음을 나타낸다. 이와 같이 국어

---

6 2014년 현 시점은 2007개정 교육 과정과 2009개정 교육 과정이 교육 현장에서 병존하고 있는 시점이다. 2009개정 교육 과정은 학년 군으로 묶여 있어 교육 내용의 학년 배치가 자율이고 (물론, 권고 사항에 의해 본문에서 제시한 '단어 형성'과 관련된 내용은 일반적으로 중학교 국어1, 2권 중 한 권에서 다루고 있다.) 개정된 교육과정이 3개 학년에 모두 적용되지 않은 시점이므로 기존의 2007개정 교육 과정과 그에 따른 교과서의 내용을 연구 자료로 삼아 문법 단원 본문 텍스트의 구성 층위를 살펴고자 한다.

교과로 들어온 문법 지식은 학년에 따라, 학습 지향점에 따라 문법교육 내용으로서 재구조화된다.[7] 교육과정에 나타난 위와 같은 문법 개념 지식들 간의 관계와 방향성을 가시적으로 나타내 보이면 다음과 같다.

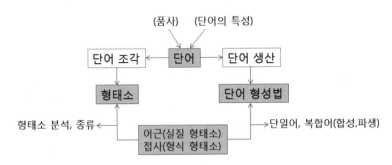

그림 4 교육 내용으로 재구조화된 문법 개념 지식의 실제

물론, 위의 그림이 문법교육의 중핵을 차지하는 지식의 구조와 동일한 것이라고 말할 수는 없다. 지식의 구조를 위와 같이 가시적으로 드러내는 것에는 많은 한계가 따르기 때문이다. 교육의 장에서 개념 지식들이 구조화된 양상은 추상체(抽象體)로 존재하며, 평면적인 개념이라기보다는 개념이나 원리에 경험을 더하여 입체적으로 구조화되기 때문이다.

3. 인지적 구성(構成)으로서의 '설명 도식' 층위

1) '설명 도식'의 속성

문법 단원의 본문 텍스트를 구성하고 있는 또 하나의 층위는 '설명 도

---

7 이는 '형태소'와 '단어 형성'이 하나의 단원으로 묶이면서 가능하게 된, '교육 내용으로서의 지식의 구조'의 예이다. 문법교육 영역에서는 교육 과정의 성취 기준의 내용 요소에서 '단어 형성법을 알고 창조적으로 활용하기'라는 교육의 '방향성'을 결정 지어 제시함으로써 구조화된 문법 개념 지식을 교육 내용의 중핵으로 제안하였다.

식' 층위이다. 문법 개념 지식은 교육 내용의 핵을 이루고 있지만 파편적인 개념 지식으로 제시되는 것은 교육적 의미도 효용성도 지니지 못한다. '설명 도식' 층위는 문법 개념 지식과 개념 지식들 간의 관계를 드러내며 특정한 목적을 향해 가는 흐름을 언어화하기 위한 과정에서 구성되는 추상적 개념이다.

앞서 언급한 바와 같이 국어교육학 영역에서 재구조화된 문법 개념 지식들은 '문법교육 내용'의 근간이 되는 제1 층위를 형성하고 있다. 그러한 구조화된 문법 개념 지식들은 언어화되는 과정을 거쳐야 비로소 교육의 주체[8]들에게 그 외현을 드러낼 수 있다. 물론 어떠한 설명 도식도 갖지 않고 개념 지식 자체가 언어화의 과정으로 바로 나아갈 수도 있다. 언어학 사전과 같은 것이 그러한 과정을 거친 외현의 한 종류가 될 것이다. 그러나 교육은 언제나 유목적적인 행위를 전제한다. 문법 개념 지식 역시 목적을 갖게 되는데, 그것이 언어적 탐구이든 언어적 실용성이든 개념 지식들은 지향점을 향해 특정한 관계를 맺게 되고 흐름을 안게 된다. 이러한 과정에서 구성되는 층위가 바로 '설명 도식' 층위이다. 이때 '설명 도식'은 인지적인 흐름을 따라 구성되는데, 이러한 인지적 구성 과정은 교재 연구자(저자)의 것만은 아니다. 지식 자체가 갖고 있는 속성과, 지식과 지식의 관계, 그리고 그것을 설명하기 위해 구성되는 설명 텍스트의 속성과 이해하는 학습자 및 연구자(저자)의 인지적 흐름 등이 모두 맞물려 구성되는 것이라 할 수 있다. 이중 전술되지 않았던 설명 텍스트의 장르적 속성과 학습자·연구자의 인지적 속성에 따른 설명 도식 층위의 특징을 살펴보면 다음과 같다.

우선, 설명 텍스트는 오랜 기간 동안 문법 단원의 본문 텍스트의 주된

---

8 여기서 '교육의 주체'라 함은 교육 연구자들을 포함하여, 교수자와 학습자를 모두 포괄하는 용어이다.

장르로서 명맥을 유지해 오고 있다. 이러한 설명 텍스트는 본질적으로 순차적(順次的) 속성을 지니고 있다. '설명'을 위해서는 입체적으로 존재하는 지식의 구조가 평면화되는 과정을 거쳐야 하고 이는 다시 일직선상으로 나열되어 선후 관계를 가지고 순차적으로 제시되어야 한다. 더 정확히 말하면 입체적인 관계 속에서 추상체(抽象體)로 존재하던 문법 개념 지식이 순차적이고 목적 지향적인(흐름과 방향성을 갖는) 구상체(具象體)로 나타나는 과정을 겪어야 하는데 이러한 과정과 설명 도식은 깊이 맞물려 있다. 따라서 설명 도식은 이러한 설명 장르의 특성을 안고, 텍스트를 접하는 독자들의 머릿속에 다시 본래의 설명 대상과 가장 유사한 입체적인 지식의 구조를 형성하게 만드는 데 궁극적 목적을 두게 된다. 이를 위해 교육 내용 기술의 주체는 하나의 개념에 동시에 작용하고 있는 여러 가지의 개념들 중 무엇을 시작점으로 하여 어떻게 지식들 간의 관계를 제시하고 무엇으로 끝을 맺을 것인가 하는 깊은 고민에 빠지게 된다.

학습자와 연구자의 인지와 맞물려 설명 도식 층위가 갖는 두 번째 특성은 본질적인 가변성(可變性)이다. 설명 텍스트를 구성하는 주체의 머릿속에는 설명하고자 하는 대상(對象)으로서의 지식이 외부 세계의 것으로 존재하는 것이 아니라 그것을 받아들인 주체의 것으로 존재한다. 지식 자체는 기본적으로 개인적인 차원의 것이며 그것들 간의 일반적인 합의를 우리는 객관적 지식이라 명명하는 것뿐이기 때문이다.[9] 따라서 설명 텍스트를 구성하는 주체가 가지고 있는 지식의 구조가 간주관적으로 합의된 지식의 구조와 어떤 부분에서 동일하고 또 차이가 나는지에 따라 텍스트의 설명 도식은 달라질 수 있다. 또한 같은 이유로 학습자들의 인지적

---

9 마이클 폴라니(Michael Polanyi, 표재명 · 김봉미 역, 2001:458~460)에서는 '개인적'인 것과 '주관적'인 것을 구분한다. 본 연구에서는 이를 정밀하게 구분하여 밝히고 있지는 않지만, 본문에서 언급한 '개인적 차원의 것'이라는 표현이 이러한 바탕에 터하고 있음을 밝혀 둔다.

구성 과정을 고려하여 설명 도식을 구성해야 함은 두 말할 필요가 없다.

2) '설명 도식'의 실제

동일한 문법 지식을 다루더라도 '설명 도식'의 양상은 교과서(텍스트)마다 다를 수 있다. 중요한 것은 설명 도식이 문법 개념 지식을 구현해 내기 위해서는 개념 지식 간의 '관계'에 주목하게 된다는 점, 그리고 특정한 '목적'을 향해 흐름을 갖게 된다는 점이다. 다음의 그림 5는 그림 4에서 보인 예가 문법 텍스트로 실현된 것을 대상으로 그 관계와 흐름을 나타내 보인 것이다.[10]

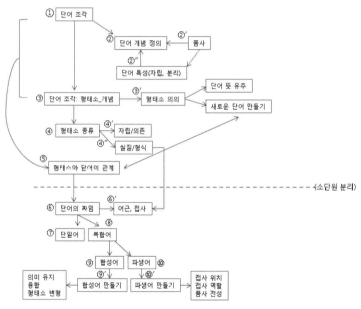

그림 5 '설명 도식'의 예 (단어, 형태소, 단어 형성 관련의 예)

---

10 분석 대상이 된 텍스트는 "2007개정, 김종철 외, 디딤돌, 중2-1, 3. 단어의 탐구"이다.

'설명 도식' 층위는 '문법 개념 지식' 층위에 비해 그 변화의 스펙트럼이 훨씬 클 수밖에 없다. 개념들 간의 연결 고리와 관계를 어떻게 설정할 것인가, 그리고 주어진 목적을 향해 어떤 모양의 길을 그려 나갈 것인가에 따라 다양한 구조를 갖게 되는데 그 선택의 경우의 수만큼 다양한 도식이 가능해지기 때문이다.

이때 설명 도식은 설명의 대상이 되는 문법 대상들 간의 관계, 그것의 입체적인 구조를 가장 잘 드러낼 수 있도록 하기 위해 많은 연결 장치를 사용한다. 이러한 연결 고리들은 개념이나 정보, 특정 지식 또는 하나의 짧은 설명 텍스트 등을 통해 실현되는데, 앞의 그림에서 ⑤와 같은 경우가 '단어'에 대한 지식과 '형태소'에 대한 지식이 '단어 형성'이라는 지식과 어떠한 관계가 있는지를 설명해 주는, 즉 연결 고리의 역할을 하는 부분의 예가 된다.

'설명 도식'을 문법 개념 지식과 변별되는 교육 내용의 제2 층위로 규정하는 것은 이 층위에 대한 연구가 독자적으로 이루어질 필요가 있기 때문이다. 특히 교육 내용을 '선정'하고 '위계화'하고 '배치'한 지식들 간의 '관계' 및 교육의 '방향', '목표'를 점검하고, 교육 내용의 실제적인 변화나 발전 방향을 모색하는 것은 이 층위에서 발현되는 다양한 양상에 주목하는 것으로 수행이 가능할 것이기 때문이다.

3) '설명 도식'의 텍스트 구현 방식

'설명 도식'은 그것이 곧 '설명문'의 장르성을 갖는다는 것을 의미하지는 않는다. 설명 도식 층위는 설명문으로 구현될 수도 있고 논증이나 대화로 구현될 수도 있다. 물론 설명 도식은 '설명 텍스트'의 장르성과 밀접한 관련을 지니고 있는 것도 사실이다. 문법 개념 지식이 '설명'을 전제로 하여 교육 내용화되는 현재의 교육 실태도 그러하고, 실제로 텍스트 구현 방식이 설명문의 형태로 오랜 시간 제시되어 왔기 때문이다. 실제로

6차 교육과정까지만 해도 교과서에 제시된 문법 텍스트는 설명문 형식의 텍스트가 주를 이루었다. 하지만 7차 교육과정 이후, 설명이라는 장르성은 여전히 가지고 있지만 그것이 제시되는 방식에는 점차 변화가 생겼다. 그 이전까지는 본문 텍스트 내에서 특정한 '화자'의 존재가 드러나지 않았지만, 7차 이후 단순히 지식을 설명하는 국면에서도 '화자'가 등장하여 목소리를 내기 시작한 것이다. 마치 교수자가 학습자를 대상으로 설명하고 있는 교수·학습 상황에서의 발화와 같은 방식으로 본문 텍스트가 제시되면서 텍스트의 구성에도 변화가 왔다. 단순히 설명과 예시로만 구성되던 과거와는 달리, 문제를 제기하고 생각을 유도하고 내용을 설명하고 정리하며, 다양한 활동을 제안하고 물음을 던지는 등, 다양한 유형의 하위 세부 텍스트들로 구성되기 시작한 것이다.[11]

그림 6은 그림 5에서 보인 설명 도식이 텍스트로 구현되는 방식을 보여 준다. 위에서 '설명'은 전통적인 텍스트 제시 방법으로 문법 지식에 대한 설명을 다루는 것이며, '도식화'는 그림이나 표 등으로 내용을 간결하게 제시하고 있는 부분이다. 그리고 나머지는 집필자가 화자가 되어 내용을 요약하거나, 문제를 제기하거나, 의의를 부여하고 새로운 내용을 제안하는 유형의 텍스트를 나타내고 있다. 이러한 화자(집필자)의 목소리는 학습자에게 친근하게 지식을 전달하고 학습자 스스로 자율적 학습을 가능하게 하는 교수자의 역할을 일정 부분 담당하고 있는 것으로 보인다.

---

11 이러한 '설명 도식'의 '텍스트 제시 방식'은 뒤에 나오는 '이야기' 층위와는 변별된다. '이야기' 층위의 구성 여부는 텍스트의 종류가 설명문이나 이야기(소설)이냐에 따른 것이 아니라, 삶을 근간으로 하고 있는 서사적 내러티브를 가진 이야기가 따로 구성되어 개입하는가 아닌가에 따라 결정되는 층위이다.

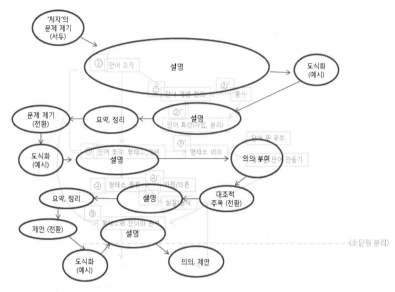

그림 6 설명 도식의 텍스트 구현 방식의 예

4. 삶과의 소통(疏通)으로서의 '이야기(story)' 층위

1) 문법교육에서 '이야기(story)' 층위가 갖는 의미

문법교육 내용을 구성하는 과정에서 만들어지는 또 다른 제3의 층위는 '이야기' 층위이다. 구조화된 문법 개념 지식은 설명 도식 층위를 구성하고 텍스트로 구현되는 과정을 거친다. 이때 구현되는 텍스트는 앞에서 언급한 바와 같이 대개 설명 장르로서 구현되는 경우가 많다. 그런데 최근에는 여기에 '이야기' 층위가 구성, 삽입되어 텍스트가 완성되는 경우가 많아지고 있다. 제롬 브루너(Jerome Bruner, 2005:94)는 이야기를 구성하고 이야기를 이해하는 기술은 우리가 마주치게 될, 가능한 세계에서의 우리의 삶과 우리 자신을 위한 '입장이나 위치'를 구성하는 데 중요한 기술이라고 하였다. 이러한 관점에서 본다면 문법 본문 텍스트를 구성할 때 삽입되는 이야기 층위는 교과에서의 지식과 '삶'을 연결 짓는 통로로 작용하는 것으로 파악할 수 있다. 여기에서는 이야기 층위가 어떠한 속성을 가지고 있는지, 이야기 층위가 갖는 의미는 무엇인지, 그리고 그 실제는 어떠한 양상을 보이고 있는지를 밝히고 그에 따른 세부 유형화를 시도해 보기로 한다.

(1) 학습 동기 부여를 위한 도구적 수단

문법교육에서 '이야기'가 갖는 첫 번째 의미는 '학습자'와의 관계에서 찾을 수 있다. 학교 교육은 유목적적이고 인위적이다. 때문에 교육 내용을 구성할 때 다양한 측면과 단계에서 학습자를 고려하게 된다. 학습자의 수준을 고려하여 교육 내용을 안배하고, 그들의 인지 처리 과정을 고려하여 교육 내용을 기술한다. 그러나 무엇보다 기본인 것은 지적인 흥미의 유발이든 사사로운 관심사에 기인한 흥미 유발이든 학습자가 학습의 필요성을 느낄 수 있도록 학습 동기를 자극해야 한다는 점이다. 이러한 측면에서 '이야기'는 매우 유용한 도구가 된다.[12]

(2) 삶 속에서의 실제성·실용성 부각

문법교육 영역에서 '이야기'가 갖는 또 다른 의미는 앞에서 말한 바와 같이 '지식'과 '삶'의 관계를 통해 살필 수 있다. '이야기'의 등장은 문법 교과의 무용론 논의와 관계가 깊은데,[13] 문법 지식이 우리 삶에서 어떤

---

12 문법교육에서 '이야기'를 도입하는 데 대한 효과성 검증에 대해 심사 위원의 지적이 있었다. 본 논의는 이미 하나의 층위를 구성하고 있는 이야기 층위를 대상으로 그것을 설명 도식 층위와 변별하고, 세부 유형을 실제적으로 밝히는 데 목적을 두고 있기 때문에 여기에서 이에 대한 효과성 검증은 하기는 어렵다고 판단하였다. 다만 '이야기', 또는 이야기가 갖고 있는 '내러티브'가 학습자의 흥미를 유발하는가에 대해 실제적 검증을 하고 있는 이지혜(2011)의 연구나 이론적으로 이를 살핀 김은성(2007), 남가영(2012), 오현아(2010) 등의 기존 논의에 기대는 것으로 이를 대신하고자 한다.

의미를 갖는가에 대한 회의가 일던 시기에 문법 지식을 적극적으로 삶과 관련시키기 위한 방편으로 '이야기' 층위가 문법교육 내용의 또 다른 층위로 등장하기 시작하였다. 이러한 측면에서 도입되는 '이야기'는 문법교육의 '실용성'과 관계가 깊다.[14]

(3) 문법 개념 이해를 위한 보조적 수단

마지막으로 '이야기'는 문법 지식에 대한 정확한 이해를 도와주는 보조적 수단으로서 의미를 갖는다. 학습자와의 관계나 삶과의 관련성이 아니라 지식 자체에 방점을 두고 그 개념을 정확히 이해할 수 있도록 하기 위해, 또는 개념 간의 관계를 명확히 드러내기 위해 구성되는 이야기 층위가 이에 해당한다. 이러한 의미를 갖는 이야기 층위는 구성 방식에 따라 다시 두 가지 유형으로 나눌 수 있다.

먼저 문법 개념에 대한 이해를 위해 비유적으로 제시되는 이야기 층위가 형성되는 경우가 있고(③-㉮), 다음으로 문법 개념이나 요소들이 이야기의 등장인물이 되어 문법 개념 및 요소들 간의 관계가 등장인물 간의 관계에 투영되는 방식으로 이야기가 구성되는 경우가 있다(③-㉯). 앞에서 언급된 바와 같이 '설명 도식'에서는 어떠한 '흐름'이 구성되는데,

---

13 민현식(2003ㄴ:109~112)에 이에 대한 핵심이 간략히 정리되어 있으므로 참조할 만하다. Thonbury(1999:14~48, 민현식(2003ㄴ:109)의 각주)의 논의를 인용하여 문법교육의 무용론과 유용론의 대립을 점검하였다.

14 민현식(2003)에서 정리한 유용론과는 달리, 문법 지식 자체가 갖는 본질적인 '유용성'에 대해서도 생각해 볼 필요가 있다. 즉 이홍우(2006:124~130)에서 말하고 있는 '설명하는 지식', '보는 지식'으로서의 가치가 문법 지식이 갖는 본연의 유용성이라 할 수 있고 이러한 측면에서 문법교육의 유용성 또한 그 가치를 갖게 된다는 점이다. 연구자는 이러한 가치를 존중하는 교육 풍토를 바라고 있는 입장이지만, '하는 지식'을 우위에 두는 교육자들에게 이것만으로 문법교육의 유용성을 주장하기란 쉬운 일이 아니다. 따라서 본문에서는 '하는 지식'으로서의 유용성을 '실용성'이라 표현하였고 이 또한 문법교육에서 담당해야 할 중요한 부분임을 드러내고자 하였다.

이때 '③-④'와 같은 경우는 그 흐름이 제3 층위인 '이야기' 층위의 서사적 내러티브와 결합된다. 또한 개념의 속성이나 지식이 언어적으로 갖는 기능 등도 이야기의 소재나 사건으로 투영된다.

문법교육 영역에서 '이야기' 층위가 갖는 의미를 정리하면 다음과 같다.

〈문법교육에서 '이야기' 층위가 갖는 의미〉

① 동기 유발을 위한 도구적 수단
② 삶 속에서의 실제성·실용성 부각
③ 문법 개념 이해를 위한 보조적 수단
  *방식. ㉮ 비유
          ㉯ 내러티브적 결합

2) '이야기' 층위의 실제

(1) 학습 동기 부여를 위한 '이야기'

'이야기' 층위에 대한 문법교육 논의는 주로 학습자의 흥미 유발과 관련된 것들이 많다. 물론 이후에 나오는 지식의 실용성 강조나 이해를 목적으로 구성되는 이야기 역시 학습자의 흥미와 관련이 없다고 할 수는 없지만, 지식의 실용성 부각이니 지식의 온전한 이해를 위해 구성되는 이야기 층위는 학습자의 흥미를 주목적으로 하여 구성되는 것은 아니기 때문에 흥미를 필수 고려 요소로 삼지 않는다. 단지 학습 동기 유발에서 '흥미'를 유발하고자 구성되는 이야기 층위의 실제를 살펴보면 다음과 같다.

- 2007개정, 노미숙 외, 천재 중2

　위의 예는 '형태소', '단어', '단어 형성'과 관련된 문법 개념을 다루는 단원의 본문 텍스트이다. 만화에서 교사와 학생이 주고받는 대화를 통해 우리는 앞에서 말한 제1 층위, 제2 층위를 짐작해 볼 수 있다. 그런데 그 외에 '학생'이 지각을 하여 '교사'가 수업을 하고 있는 교실에 몰래 들어가고 있는, 제1, 2 층위와 전혀 관계가 없는 이야기가 삽입되어 있다. 제3 층위인 이야기 층위는 이와 같이 문법 텍스트를 어떤 양식으로 '가공'할 것인가의 문제와 관련이 깊다.

　위의 예는 아래와 같은 요소들로 구성된 이야기 속에서 교사의 수업 내용으로서 문법 지식을 제시하고 있다.

> 매체: 만화
> 이야기의 구성 요소
> - 양식: 극(상황극)
> - 등장인물: 교사, 학생
> - 배경: 학교(교실), 수업 시간
> - 사건: 학교에 지각하는 사건, 형태소와 단어에 대해 배우는 수업 시간.

(2) 실제성·실용성 부각을 위한 '이야기'

앞서 언급했듯이 실용성을 강조하기 위해 구성되는 이야기는 지식이 삶에 바탕을 둔 것임을 보여 주려는 목적을 지니고 있다. 지식이 삶에 바탕을 둔 것이라는 말은 지식의 '실용성'과 관련된다. 이때 '실용성'이라는 말은 오해의 소지가 다분하므로 실용성의 의미를 다시 한 번 짚을 필요가 있다. 학문의 본질적 속성이 인간에 대한 이해와 인간의 삶에 대한 이해로부터 뻗어 나왔다는 점을 생각할 때 학습의 궁극적 목적은 더 나은 삶을 영위하는 데 있다 하겠다. 따라서 교과에서의 실용성은 단지 효용성의 차원이 아니라 더 나은 삶, 즉 인간 본연에 대한 이해, 관계에 대한 이해, 사회 전반의 작용에 대한 관심의 맥락에서 이해할 필요가 있다.[15] 여기에서 말하는 지식의 '실용성'이란 이와 같은 관점에서의 실용성을 의미한다.

---

[15] 지식의 '실용성'에 대한 이러한 해석은 조금 거창하게 들릴지 모르나, 학습의 목적을 눈앞에 보이는 효용성으로 삼는다면 그 학문에 대한 회의감은 학습이 진행될수록 깊어질 수밖에 없을 것이다. 본고에서 말하는 '실용성'은 앞에서 말한 '하는 지식'의 차원을 의미하되, 삶 속에서의 관계 및 현상을 이해하고 바라보는 태도를 갖추는 것까지 포함하는 개념으로, 눈앞에 보이는 효과를 논하는 차원의 개념이 아니다.

위의 예는 국어의 '피동'을 '표현 의도'와 연결하고 이러한 표현을 사용하는 '심리적·사회적 특성'을 묶어 교육 내용으로 구조화한 것이다. 이렇게 새로 구조화된 문법 개념 지식(제1 층위)이 설명 도식(제2 층위)에 따라 텍스트로 실현되는 과정에서 이야기(제3 층위)가 구성, 삽입되고 있는 양상이다. 다음에 이어지는 활동을 추가적으로 살펴보면 이러한 이야기 층위가 의도하는 바가 문법 지식의 실제성·실용성 차원이라는 점을 보다 명확히 알 수 있다.

❶ 밑줄 그은 부분과 같이 표현한 의도는 무엇인지 생각해 보자.

❷ 밑줄 그은 부분을 다음과 비교하여 차이점을 말해 보자.

이와 같이 구성된 이야기는 모든 학문이 그러하듯, 다루고 있는 교육 내용이 본래 우리네 삶에 바탕을 두고 있다는 것을 보여 주는 동시에, 그것이 교육적 지식으로 구성된 것이 우리가 더 나은 삶을 영위하는 데 어떠한 역할을 할 수 있는지를 보여 준다. 위에서 사용된 '이야기'의 구성 요소를 정리해 보면 아래와 같다.

매체: 만화
이야기의 구성 요소:
- 양식: 극(상황극)
- 등장인물: 취재 기자, 피해자
- 배경: (부실시공으로 아파트가 무너진) 어느 동네
- 사건: 산업재해를 취재(뉴스 보도)하는 사건

(3) 문법 개념 이해를 위한 '이야기'

'이야기' 층위가 갖는 또 다른 의미에는 문법 지식을 이해하기 위한 조력자, 즉 보조적 수단으로서의 의미가 있다. 문법 지식이 가지고 있는 속성이나 기능을 온전히 이해할 수 있도록 보조적 장치로서 이야기 층위를 구성하는 경우가 이에 해당한다. 현재 이러한 목적을 가지고 구성되는 이야기 층위는 '비유'의 방식과 '내러티브적 결합'의 방식으로 도입되고 있다.

① 비유

학습자들에게 '개념 지식'을 설명하기란 쉽지 않다. 문법 개념 역시 그것의 이해를 위해 언어 현상에서의 다양한 예를 들기도 하지만 그와 유사한 작동 방식을 가지고 있는, 삶에서의 다른 경험들을 끌어오기도 한다. 아래는 '학습자가 자신의 삶에서 어떠한 경험을 떠올려야 '단어 형성'이라는 개념을 이해하는 데 도움이 되는가'의 맥락에서 구성된 이야기 층위의 예로 이와 같은 '비유'의 방식을 택하고 있다.

---

(1) 국어의 단어 형성법
　어렸을 때 블록 놀이를 해 본 적이 있나요? 아마 블록으로 자동차도 만들고, 비행기도 만들어 보았을 것입니다. 자동차를 만든 후에 몇 개의 블록을 덧붙여 새로운 모양으로 형태를 바꾸어 보기도 했을 것입니다. 단어 형성법도 블록을 조립하는 원리와 비슷합니다. …(중략)… 수민이는 위 빈칸에 '잣나무', '나무꾼'을 써넣었습니다. …(후략)…

- 2007개정, 이용남 외, 지학사 중2

위의 이야기는 아래와 같은 요소들로 구성되었다.

　매체: 글
　이야기의 구성 요소
　- 양식: 설명하는 글(구어적)
　- 화자: 교수자의 역할을 하는 화자
　- 글의 소재: 블록 놀이
　- 비유 대상: 단어 형성을 블록의 결합으로 비유

위에서 구성된 이야기는 개별적으로 존재할 때는 문법 지식과 전혀 관계가 없는 내용이지만, 중학생이 '단어 형성'이라는 개념을 이해하는

위와 같은 맥락에서 사용될 때에는 유사한 원리를 가진 것으로 이해될 수 있으며, 교과 내용으로서는 문법 지식을 이해하는 데 있어 조력자의 역할을 수행하고 있다.

② 내러티브적 결합

다양한 형식의 이야기 층위가 교과 내용에 도입되면서 제2 층위로 제시하였던 설명 도식에서의 '흐름'이 이야기 속의 내러티브[16]와 완전히 결합되어 구성되는 경우가 있다. 아래는 '품사'를 다루고 있는 단원에서 국어 9품사의 개념과 기능을 설명하고 있는 본문 텍스트이다.

그 둘은 매우 닮아 있었다. 둘은 늘 꼬리 같은 것을 달고 다니는데, 날마다 다른 모양과 색깔이다. 모든 일의 동작과 상태에 적응하려면 저렇게 변화무쌍해야 하나 하고 생각할 때 그들의 말을 받아친 것은 '체언(體言)' 부서의 '명사(名詞)'였다.
" '동사'와 '형용사'는 요망한 입을 다무시오. 그대들은 늘 모양이 바뀌어 경망스럽기 그지없으니 어찌 백성들에게 모범이 될 수 있겠소!"

　　　　　　　　　　　　　- 2007개정, 이삼형 외, ㈜도서출판 디딤돌, 중1

이와 같은 텍스트에서 이야기 층위를 형성하고 있는 구성 요소들을 나타내 보면 아래와 같다.

---

16 제롬 브루너(Jerome Bruner)는 그의 저서 "교육의 문화(The culture of Education)"에서 '사고 양식으로서, 지식을 조직하기 위한 구조로서, 교육의 과정 특히 과학 교육의 과정에서 수단'으로서 내러티브(narrative)를 제안하였다. 이때의 '내러티브'라는 용어는 서사, 즉 인간의 '삶'과 '시간성'이 드러나는 이야기에서의 내러티브로 해석하는 것이 타당할 것이다.

매체: 글
이야기의 구성 요소
 - 양식: 소설(허구)
 - 소재: 품사의 특징 및 기능
 - 등장인물: 명사, 동사, 형용사
 - 배경: 과거, 궁
 - 사건: 명사가 동사와 형용사를 비난(비판)

* 문법 텍스트 설명의 흐름: 용언의 특성 → 체언의 특성과 비교.
 (체언의 한 부류인 명사, 용언인 동사, 형용사를 다룸)

* 이야기 층위의 내러티브: 용언에 속하는 동사, 형용사와 체언에 속하는 명사가
 등장인물로 나타나 의인화하여 명사가 동사, 형용사에게 그들의 모양새를 비판
 하듯 말하는 장면.

지금까지 살펴본 바와 같이 이야기 층위는 학습자와의 소통을 가장 우선적으로 고려하는 텍스트 구성 층위라 할 수 있다. 추상화된 혹은 관념화된 지식에 실제성을 부여하고 학습자의 흥미를 유발하기 위해, 또는 교육 목적이나 지식의 내용을 학습자에게 더 유의미하게 제공하기 위해 지식을 삶과 연결 짓는 층위가 텍스트 구성의 제3 층위를 형성하고 있다.

Ⅲ. 결론 및 제언

문법교육 내용은 학습 가능한 상태로 구성되기 위해 교재화의 단계를 필수적으로 거친다. 그러나 교재 구성 과정에서 고려해야 하는 본문 텍스트의 구성 단계나 원리 등을 논하는 연구는 여전히 찾아보기가 어렵다. 또한 이러한 연구가 이루어지기 위해서는 먼저 본문 텍스트가 가지고 있는 중층적 구조을 명확히 변별해야 할 필요가 있다. 본 연구는 이러한 맥락에서 교재 구성 및 교재의 본문 텍스트 구성에 대한 기초적인

분석 작업이라 할 수 있다.[17] 본 연구는 문법 단원의 본문 텍스트가 가지고 있는 중층적 성격을 밝히고 그 층위를 세별하여 개념화한 뒤, 각 층위의 속성과 의미를 짚는 데 목적을 두고 있다.

문법 텍스트를 구성하고 있는 제1 층위로 삼은 '문법 개념 지식' 층위는 국어학에서의 문법 개념이 국어교육 영역으로 오면서 교육적으로 구조화된 층위이다. 다음으로, '문법교육 내용'의 근간이 되는 이러한 문법 개념 지식들의 관계에 주목하고 특정한 목적을 향해 인지적 구성 과정을 거치는 제2 층위를 '설명 도식' 층위로 제시하였다. 마지막으로 텍스트를 구성하는 제3 층위로 '이야기' 층위를 살피고 있는데, 이야기 층위는 직접적인 교육 내용을 구성한다기보다는 교육 내용을 가공하여 구현하는 데 개입하는 층위라 할 수 있다. '이야기' 층위의 구성 양상은 그 스펙트럼이 매우 넓어 유형화하기가 쉽지 않지만, 본 연구에서는 학습에서 이야기 층위가 갖는 의미를 기준으로 ① 학습 동기를 부여하기 위한 이야기, ② 실제성·실용성 부각을 위한 이야기, ③ 문법 개념 이해를 위한 이야기로 분류하여 제시하였다. 그리고 마지막의 '문법 지식의 이해를 위한 이야기'는 그 제시 방식에 따라 '비유'와 '내러티브적 결합'을 구분하였다.

연구는 연구의 대상이 분명해야 발전적으로 나아갈 수 있다. 문법교육에서의 연구는 문법교육 현상에 관한 연구가 중심축에 있다 할 수 있다. 이러한 문법교육 현상 중 교육 내용이 실제화되는 과정이 바로 교재화의

---

17 또한 본질적인 이유는 아니지만, 이러한 내용 구성의 층위 변별과 개념화는 교재에서 구성된 교육 내용을 논하는 자리에서 연구자들 사이에서 일어날 수 있는 소통의 어려움을 해소하는 데에도 긍정적으로 작용할 수 있으리라 기대한다. 문법교육과 관련된 많은 논의에서 연구자들은 서로 다른 층위의 '교육 내용'을 말한다. 이는 '교육 내용'이라는 것이 갖는 본래의 다층적인 속성에 기인한 문제이기도 하지만, 다층적 속성을 갖게 된 문법교육 내용의 실재를 면밀하게 살피지 못한 문법 연구의 미진함에 기인한 문제이기도 하다.

단계이다. 교재화 과정에서 구성되는 텍스트의 중층적 구조를 살피는 연구는 이러한 점에서 학문적으로 의의가 있다 할 수 있다. 하지만 여전히 많은 한계점과 고민이 남는다. 이러한 고민들은 앞으로 연구자 스스로에게 남겨진 과제가 될 것이다.

먼저 본고에서 제안한 각 층위들이 교육적 효과 측면에서 어떠한 변수로 작용하는가 하는 문제도 후속 연구가 필요하다. 또 문법교육에서 비판을 받는 여러 가지 지점들이 어느 층위의 문제인가를 명확히 제시하기가 쉽지 않다는 점도 연구자의 고민으로 남는다. 예를 들어 천편일률적이라는 비판을 받는 문법 교과서에서의 설명문들이 앞에서 제시한 어느 한 층위만의 문제로 볼 수 있는가 하는 것이다. 이러한 실제적 문제를 밝히기 위해서는 개별적 층위에 대한 논의만으로는 부족하며, 각 문제점들을 중심축으로 하여 각 층위가 서로를 어떠한 관계를 맺고 서로를 제한하는지에 대한 연구가 추가로 이루어져야 할 것이다.

참고문헌

⟨자료⟩

2013학년도 대학수학능력시험 문제지 언어영역 홀수형, 한국교육과정평가원.

2014학년도 대학수학능력시험 6월 모의평가 국어 A형, 한국교육과정평가원.

2014학년도 대학수학능력시험 6월 모의평가 국어 B형, 한국교육과정평가원.

2014학년도 대학수학능력시험 9월 모의평가 국어 A형, 한국교육과정평가원.

2014학년도 대학수학능력시험 9월 모의평가 국어 B형, 한국교육과정평가원.

정진석, 광고사회사 I, http://www.advertising.co.kr/uw-data

한국고전종합DB, '면암집(俛庵集)', '중봉집(重峯集)',
       http://db.itkc.or.kr/itkcdb/mainIndexIframe.jsp

⟨문서⟩

교육과학기술부(2007), 『2007 개정 국어과 교육과정』.

교육과학기술부(2011), 『2009 개정 교육과정에 따른 교과 교육과정』.

교육과학기술부(2011), 『2011 개정 국어과 교육과정』.

문화관광부(2001), 『국어 어문 규정집』.

⟨교과서⟩

교육인적자원부(2006), 『고등학교 문법』, 교학사.

김종철 외(2009), 『중학교 국어(1-1)』, 디딤돌.

김종철 외(2010), 『중학교 국어(2-1)』, 디딤돌.

박영목 외(2012), 『독서와 문법 II』, 천재교육.

방민호 외(2011), 『중학교 국어(3-2)』, 지학사.

왕문용 외(2009), 『중학교 국어(1-1)』, 대교.

왕문용 외(2011), 『중학교 국어(3-2)』, 대교.

윤여탁 외(2012), 『독서와 문법 II』, ㈜미래앤.

윤희원 외(2011), 『중학교 국어(3-1)』, 금성교과서.

이남호 외(2010), 『중학교 국어(2-1)』, 미래엔컬처.

이남호 외(2012), 『독서와 문법Ⅱ』, 비상교육.

이삼형 외(2012), 『독서와 문법Ⅱ』, 지학사.

이숭원 외(2009), 『중학교 국어(1-1)』, 신사고.

조동길 외(2011), 『중학교 국어(3-2)』, 비유와상징.

〈국내 논저〉

강보선(2013), 「표현 어휘 신장 교육 연구」, 서울대학교 박사학위논문.

강상순(2011), 「고전소설의 근대적 재인식과 정전화 과정: 1920~30년대를 중심
　　　으로」, 『민족문화연구』 55, 고려대학교 민족문화연구원, pp. 47-93.

강신항(1995), 『어느 국어학도의 젊은 날(Ⅰ,Ⅱ)』, 정일출판사.

강심호(2005), 『디지털 에듀테인먼트 스토리텔링』, 살림.

강충렬(2006), 「초등학교 교육과정 개발의 질 향상을 위한 학습 경험 설정과 조
　　　직의 원리」, 『교육과정연구』 24-3, 한국교육과정연구학회, pp. 61-85.

강현석(2006), 「Bruner의 교육과정 이론에서의 지식의 문제: 지식의 구조와 내러
　　　티브의 관계」, 『2006 춘계 학술대회 및 국제 심포지엄 발표 자료집』, 한
　　　국교육과정학회, pp. 317-326.

강현석(2007), 「교육학에서 내러티브 가치와 교육적 상상력의 교육」, 『국어국문
　　　학』 146, 국어국문학회, pp. 305-351.

강현석(2011), 「교과교육에서 내러티브의 의미와 가치」, 『역사교육논집』 46, 역
　　　사교육학회, pp. 3-59.

강희숙(2003), 『국어정서법의 이해』, 역락.

경상대 남명학연구소 편역(1995), 『교감국역 남명집』, 이론과실천.

고영근(2007), 「국어학의 창의적 연구 방향」, 『어문학』 97, 한국어문학회, pp.
　　　21-41.

고영화(2007), 「시조 교육의 위계화 연구」, 서울대학교 박사학위논문.

곽진숙(2000), 「아이스너의 교육평가론」, 『교육원리연구』 5-1, 교육원리연구회,
　　　pp. 153-194.

구본관(2007), 「한국어에 나타나는 언어적 상상력: 중세 한국어를 중심으로」,
　　　『국어국문학』 146, 국어국문학회, pp. 55-92.

구본관(2008), 「맞춤법 교육 내용 연구-한글 맞춤법의 원리를 중심으로」, 『국어

교육』 127, 한국어교육학회, pp. 195-232.

구본관(2010), 「문법 능력과 문법 평가 문항 개발의 방향」, 『국어교육학연구』 37, 국어교육학회, pp. 185-218.

구본관·신명선(2011), 「원리 중심의 문법 교육에 대한 연구」, 『국어교육연구』 27, 서울대학교 국어교육연구소, pp. 261-297.

구본관·조용기(2013), 「문법 영역 출제의 개선 방향」, 『문법교육』 18, 한국문법교육학회, pp. 1-44.

구현정(2003), 『대화』, 인디북.

구현정·전영옥(2005), 『의사소통의 기법』, 박이정.

국립국어연구원(1997, 2001), 『국어 교사의 표준어 사용 실태 조사 (I)(Ⅱ)』, 국립국어연구원.

국립국어연구원(2001), 『법조문의 문장 실태 조사』, 국립국어원.

국립국어원(2010), 『국립국어원 가나다전화에 물어보았어요』, 국립국어원.

국어교육미래열기(2010), 『국어교육학개론』, 삼지원

국어연구소(1988), 『한글 맞춤법 해설』, 국어연구소.

권영문(1998), 「맥락과 용인 가능성」, 『현대문법연구』 13, 현대문법학회, pp. 357-372.

권태억·류승렬·도면회·전우용(1994), 『근현대 한국탐사』, 역사비평사.

김항(1998), 「구한말 근대적 공론영역의 형성과 상징적 기능에 관한 연구』, 서울대학교 석사학위논문.

김강희(2002), 「탐구모형에 따른 국어지식 평가 연구」, 『국어교과교육연구』 4, 국어교과교육학회, pp. 1-47.

김광수(1997), 「독립신문의 광고 분석」, 『언론과 사회』 15, pp. 62-84.

김광해(1993), 『어휘론 개설』, 집문당.

김광해(1995), 「문법과 탐구학습」, 『선청어문』 20, 서울대학교 국어교육과, pp. 81-101.

김광해(1997ㄱ), 『국어지식교육론』, 서울대출판부.

김광해(1997ㄴ), 「어휘력과 어휘력 평가」, 『선청어문』 25, 서울대학교 국어교육과, pp. 1-29.

김광해(1997ㄷ), 「국어어휘론의 지평」, 『외국어로서의 한국어 교육』 22, 연세대

학교 한국어학당, pp. 1-24.

김광해·권재일·임지룡·김무림·임칠성(2002), 『국어지식탐구』, 박이정.

김규욱(1996), 「듀이의 경험주의에 비추어 본 도구주의의 재해석-교육목적론의 정립을 위하여」, 『교육원리연구』 1-1, 서울대학교 교육학과, pp. 127-156.

김규훈(2010), 「텍스트 중심 문법교육의 원리」, 『새국어교육』 85, 한국국어교육학회, pp. 27-47.

김규훈(2012), 「문법교육의 생태학적 평가 방안 연구」, 『국어교육학연구』 43, 국어교육학회, pp. 5-34.

김규훈·김혜숙(2012), 「담화 중심의 단어 형성법 교육 방안-학습자의 새말 소통 현상을 바탕으로」, 『문법교육』 16, 한국문법교육학회, pp. 1-35.

김근용(1989), 「대한제국시대 신문광고에 대한 일고찰」, 한국외국어대학교 석사학위논문.

김남미(2010), 『친절한 국어문법』, 사피엔스.

김대행(1990), 「언어 사용의 구조와 국어교육」, 『국어교육』 71, 한국어교육학회, pp. 161-192.

김대행(1995), 『국어교과학의 지평』, 서울대학교 출판부.

김대행(1999), 「고전 교육」, 『국어교육학사전』, 서울대학교 국어교육연구소.

김대행·김광해·윤여탁(1999), 「국어 능력 측정 방안 연구」, 『국어교육연구』 6, 서울대학교 국어교육연구소, pp. 173-209.

김대행(2001), 「국문학의 문화론적 시각을 위하여」, 『국문학과 문화』, 한국고전문학회, pp. 7-25.

김대행(2002ㄱ), 「내용론을 위하여」, 『국어교육연구』 10, 서울대학교 국어교육연구소, pp. 7-37.

김대행(2002ㄴ), 「국어교육학을 위한 언어 재개념화」, 『선청어문』 30, pp. 29-54.

김대행(2005), 「수행적 이론을 위하여」, 『국어교육학연구』 22, pp. 5-29.

김대행(2008), 『통일 이후의 문학 교육』, 서울대학교 출판부.

김만희·김병기(2002), 「내러티브 사고의 과학교육적 함의」, 『한국과학교육학회지』 22-4, 한국과학교육학회, pp. 851-861.

김봉순(2000), 「학습자의 텍스트 구조에 대한 인지도 발달 연구-초·중·고 11

개 학년을 대상으로」, 『국어교육』 102, 한국어교육학회, pp. 27-85.

김봉순(2010), 「국어교육을 위한 텍스트 분류 체계 연구: 읽기 및 쓰기 영역을 중심으로」, 『한국어교육학회 제270회 전국학술대회 자료집』, pp. 53-77.

김상대(1998), 「언어의 진실성에 대하여」, 『국어교육연구』 5, 서울대학교 국어교육연구소, pp. 49-70.

김상욱(2001), 「초등학교 아동 문학 제재의 위계화 연구」, 『국어교육학연구』 12, 국어교육학회, pp. 151-178.

김선정(2007), 「결혼 이주 여성을 위한 한문법교육」, 『이중언어학』 33, 이중언어학회, pp. 423-446.

김수업(2001), 「지역 언어 문화와 국어교육」, 『국어교육학연구』 13, 국어교육학회, pp. 1-28.

김슬옹(2005), 『조선 시대 언문의 제도적 사용 연구』, 한국문화사.

김영순(2000), 「구한말 한국신문의 서적 광고와 그 특성-대한매일신보와 황성신문을 중심으로」, 동아대학교 석사학위논문.

김영순·백승국(2008), 『문화산업과 에듀테인먼트 콘텐츠』, 한국문화사.

김우창(2006), 『김우창 전집 1: 궁핍한 시대의 시인』, 민음사.

김우창(2006), 『김우창 전집 5: 이성적 사회를 향하여』, 민음사.

김우창(2007), 『자유와 인간적인 삶』, 생각의 나무.

김은성(1999), 「국어에 대한 태도 교육 연구」, 서울대학교 석사학위논문.

김은성(2004), 「외국의 국어지식교육 쇄신 동향: 언어인식(Language Awareness)를 중심으로」, 『한국어학회 제32차 전국학술대회 자료집』, 한국어학회, pp. 126-145.

김은성(2005ㄱ), 「국어지식 교육의 현상」, 『국어교육』 115, 한국어교육학회, pp. 1-34.

김은성(2005ㄴ), 「비판적 언어 인식에 대한 연구」, 『국어교육연구』 15, 서울대학교 국어교육연구소, pp. 323-355.

김은성(2006), 「국어 문법 교육의 태도 교육 내용 연구」, 서울대학교 박사학위논문.

김은성(2007), 「이야기를 활용한 문법교육 가능성 탐색」, 『국어교육』 122, 한국어교육학회, pp. 353-383.

김은성(2008), 「국어 문법교육에서 텍스트 처리의 문제」, 『국어교육학연구』 33, 국어교육학회, pp. 333-365.

김은성·박재현·김호정(2008), 「문법 교육내용 체계화 연구-고등학교 〈문법〉 '문장' 단원을 중심으로」, 『국어국문학』 149, 국어국문학회, pp. 731-753.

김은성(2012), 「문법교육 내용의 표상체로서의 담화-문법교육 내용화 방안의 변화 모색을 위한 시론」, 『문법교육』 16, 한국문법교육학회, pp. 83-110.

김일순(2006), 「개념 체계도를 활용한 중학교 생물 단원의 지식 체계 분석」, 서울대학교 석사학위논문.

김종영(2000), 「히틀러의 1937년 10월 4일 연설문 분석」, 『텍스트언어학』 8, 텍스트언어학회, pp. 299-331.

김종영(2003), 『파시즘 언어』, 한국문화사.

김종철(1999), 「한국진의류산문 (韓國奏議類散文)의 문체특성-표문 (表文)을 중심으로-」, 『동방한문학』 16, 동방한문학회, pp. 217-230.

김종철(2001), 「문학교육의 문화론적 관점」, 『국문학과 문화』, 한국고전문학회, pp. 85-102.

김종철(2005), 「정전으로서의 『춘향전』의 성격」, 『선청어문』 33, 서울대학교 국어교육과, pp. 153-169.

김중신(1994), 「소설 교재의 위계화 가능성에 대한 고찰」, 『국어교육연구』 1, 서울대학교 국어교육연구소, pp. 65-87.

김중신(1997), 「학습자 중심의 문학교육과정 내용 체계」, 『문학교육과정론』, 삼지원.

김창원(2009), 「읽기·독서교육과 문학교육의 교과론」, 『독서연구』 22, 한국독서학회, pp. 79-114.

김철호(2008), 『국어 독립 만세』, 유토피아.

김태완(2004), 『책문, 시대의 물음에 답하라』, 소나무.

김포문화원 편(2004), 『불멸의 중봉 조헌』, 김포인쇄출판사.

김현국(2001), 「연설문의 문체 연구: 대통령 취임사를 중심으로」, 『청람어문학』 23, 청람어문교육학회, pp. 243-297.

김형배(2007), 「현대 한국어 어문 규정의 문제점」, 『한민족문화연구』 22, 한민족문화학회, pp. 31-58.

김혜련(2009), 「식민지기 문학교육과 정전 논의」, 『문학교육학』 28, 한국문학교 육학회, pp. 405-434.

김혜정(2009), 「국어 교육용 텍스트 자료 유형에 대한 연구-역대 교육과정 국어 교재를 중심으로」, 『국어교육학연구』 36, 국어교육학회, pp. 319-362.

김호정·박재현·김은성·남가영(2007), 「문법 용어를 통한 문법 지식 체계 구 조화 연구 (1): 음운」, 『국어교육학연구』 28, 국어교육학회, pp. 275-300.

김호정(2006), 「담화 차원의 문법 교육 내용 연구」, 『텍스트언어학』 21, 텍스트 언어학회, pp. 145-177.

남가영(2003), 「메타언어적 활동에 대한 국어교육적 연구-소집단 고쳐쓰기 활동 을 중심으로」, 서울대학교 석사학위논문.

남가영(2006), 「국어 인식활동의 경험적 속성」, 『국어교육학연구』 27, 국어교육 학회, pp. 337-373.

남가영(2007), 「텍스트 종류의 '지식의 구조' 체계화 방향」, 『국어교육』 123, 한 국어교육학회, pp. 341-374.

남가영(2008ㄱ), 「문법 탐구 경험의 교육 내용 연구」, 서울대학교 박사학위논문.

남가영(2008ㄴ), 「문법교육에서의 학습 경험 계열화 방향」, 『2008년 국제학술회 의 발표 자료집』, 서울대학교 국어교육연구소, pp. 51-72.

남가영(2009), 「문법 지식의 응용화 방향-신문 텍스트에 나타난 '-(다)는 것이다' 구문의 의미 기능을 중심으로」, 『형태론』 11-2, 박이정, pp. 313-334.

남가영(2011), 「문법교육용 텍스트의 개념 및 범주」, 『국어교육』 136, 한국어교 육학회, pp. 139-173.

남가영(2012), 「문법교육과 교과서」, 『한국어학』 57, 한국어학회, pp. 1-34.

남가영·김호정·박재현·김은성(2007), 「문법 용어를 통한 문법 지식의 구조 체계화 연구 (Ⅱ): 형태」, 『우리말연구』 21, 우리말학회, pp. 177-209.

남기심·고영근(1993), 『표준국어문법론』, 탑출판사.

남민우(2004), 「창의성 신장을 위한 시교육과정 연구」, 『문학교육학』 15, 한국문 학교육학회, pp. 114-121.

남지애(2008), 「문법 인식을 통한 띄어쓰기 교육 연구」, 서울대학교 석사학위논문.

노명완(1994), 「국어과 교육과 사고력 신장」, 『사고력을 기르는 국어과 교육』, 충청남도 교육청, pp. 38-121.

노명완·정혜승·옥현진(2003), 『창조적 지식 기반 사회와 국어과교육』, 박이정.

노희정(2005), 「도덕교육에 대한 서사적 접근과 관계적 자아의 실현」, 『도덕교육연구』 16-2, 한국도덕교육학회, pp. 111-132.

도원영(2007), 「말하기의 동작언어 연구, 구어적 의사소통 능력 향상을 위한 교육 프로그램 연구」, 국립국어원·MBC 공동연구발표회.

독립신문영인간행회(1991), 『독립신문』 전9권, 갑을출판사.

류수열 외(2007), 『스토리텔링의 이해』, 글누림.

마정미(2003), 「개화기 광고의 특성에 관한 연구-광고에 나타난 근대성과 계몽의 담론을 중심으로」, 『광고학연구』 52.

문광훈(2006), 『김우창의 인문주의: 시적 마음의 동심원』, 한길사.

민병곤(2004), 「논증 교육의 내용 연구: 6, 8, 10학년 학습자의 작문 및 토론 분석을 바탕으로」, 서울대학교 박사학위논문.

민현식 외(2004), 『중학교 한자 및 한자어 빈도 조사 연구』, 국립국어연구원.

민현식 외(2007), 『미래를 여는 국어교육사 I 』, 서울대학교 출판부.

민현식(1992), 「문법교육의 목표와 내용: 현행 학교문법의 문제점을 중심으로」, 『국어교육』 79집, 한국어교육학회, pp. 47-72.

민현식(1994ㄱ), 「개화기 국어 문체에 관한 종합적 연구(1)」, 『국어교육』 83, 한국국어교육연구회, pp. 113-152.

민현식(1994ㄴ), 「개화기 국어 문체에 관한 종합적 연구(2)」, 『국어교육』 85, 한국국어교육연구회, pp. 101-123.

민현식(1999), 『국어 정서법 연구』, 태학사.

민현식(2000), 『국어교육을 위한 응용국어학 연구』, 서울대학교 출판부.

민현식(2002), 「국어 지식의 위계화 방안 연구」, 『국어교육』 108, 한국어교육학회, pp. 71-129.

민현식(2003ㄱ), 「국어문화사의 내용 체계화에 대한 연구」, 『국어교육』 110, 한국어교육학회, pp. 201-267.

민현식(2003ㄴ), 「국어 문법과 한국어 문법의 상관성」, 『한국어교육』 14-2, 국제한국어교육학회, pp. 107-141.

민현식(2003ㄷ), 「국어학의 학제간 연구 현황과 과제」, 『어문학』 79, 한국어문학회, pp. 1-54.

민현식(2004), 「初等學校 敎科書 漢字語 및 漢字 分析 硏究」, 『한자한문교육』 13, 한국한자한문교육학회, pp. 185-230.

민현식(2005), 「문법 교육의 표준화와 다양화의 과제」, 『국어교육연구』 16, 서울대학교 국어교육연구소, pp. 125-191.

민현식(2006ㄱ), 「국어교육에서의 지도력(리더십) 교육 시론」, 『화법연구』 9, 한국화법학회, pp. 231-293.

민현식(2006ㄴ), 「사범대 문법 교육과정의 구성과 문법 교육의 개선에 대한 연구」, 『국어교육연구』 17, 서울대학교 국어교육연구소, pp. 97-201.

민현식(2007), 「문법교육의 반성과 교과서 개발의 방향」, 『국어교육연구』 19, 서울대학교 국어교육연구소, pp. 287-358.

민현식(2008), 「한글 맞춤법 교육의 체계화 방안-문법 교육과 맞춤법 교육의 관계 정립을 위한 시론(試論)-」, 『국어교육연구』 21, 서울대학교 국어교육연구소, pp. 7-75.

민현식(2009), 「국어 능력 실태와 문법 교육의 문제점」, 『국어교육연구』 44, 국어교육학회, pp. 1-56

민현식(2013), 「국어과에서 한자 교육 위상의 재정립 문제」, 『선청어문』 40집, 서울대 국어교육과, pp. 155-208

민현식(2015), 「국어교육과 생애주기(평생)교육의 학제적 접근: 평생국어교육의 문해력 증진을 위하여」, 『국어교육학연구』 50집, 국어교육학회, pp. 7-46

박경현(2002), 「공공게시물의 언어」, 『대중매체의 언어』, 역락.

박경현(2003), 『대통령 취임사의 국어 표현, 텍스트 분석의 실제』, 역락.

박경현(2007), 『국어생활과 문법교육, 언어학과 문법교육』, 역락.

박덕유(2005), 「문법 지식 지도의 필요성과 발전 방향」, 『새국어교육』, 71, 한국국어교육학회, pp. 91-117.

박덕유(2011), 「국어 어문 규정의 두음 법칙 위계화 연구」, 『새국어교육』 88, 한국국어교육학회, pp. 353-375.

박병기(2003), 「장이론의 발전과정 및 내용이 교육학에 던지는 도전적 과제들」, 『교육원리연구』 8-1, 교육원리연구회, pp. 165-205.

박수자(2004), 「국어과 평가와 창의적 사고력」, 『한국초등국어교육』 24, 한국초등국어교육학회, pp. 167-193.

박영순(2000), 『한국어 은유 연구』, 고려대 출판부.

박영순(2001), 『한국어의 사회 언어학』, 한국문화사.

박영준(2005), 「1890년대 신문 광고 언어 연구-독립신문을 중심으로」, 『한국어학』 27, pp. 125-162.

박영준 외(2006), 『광고언어론: 언어학의 눈으로 본 광고』, 커뮤니케이션북스.

박영준 외(2007), 『광고언어창작론』, 집문당.

박용익(2003), 『수업대화의 분석과 말하기 교육』, 역락.

박인기(1996, 2001), 『문학 교육과정의 구조와 이론』, 서울대학교 출판부.

박재문(1998, 2003), 『지식의 구조와 구조주의』, 성경재.

박재현·김은성·남가영·김호정(2008), 「국어 문법 교육 용어 계량 연구(3): 문장」, 『새국어교육』 80, 한국국어교육학회, pp. 227-249.

박재현(2006), 「설득 담화의 내용 조직 교육 연구」, 서울대학교 박사학위논문.

박종미(2012), 「문법 적용 능력 평가의 개선 방안」, 『우리말글』 56, 우리말글학회. pp. 255-279.

박진용(1998), 「국어과 교육의 텍스트유형 분류」, 『청람어문학』 20, 청람어문교육학회, pp. 261-282.

박형우(2011), 「문법 영역 수행평가의 문제점과 개선 방안」, 『문법 교육』 15, 한국문법교육학회, pp. 147-177.

배수찬(2006), 「근대적 글쓰기의 형성 과정 연구」, 서울대학교 박사학위논문.

백영균(2005), 『에듀테인먼트의 이해와 활용』, 정일북스.

상생화용연구소(2007ㄱ), 『내 말에 상처 받았니?』, 커뮤니케이션북스.

상생화용연구소(2007ㄴ), 『여보, 내 말에 상처 받았어?』, 커뮤니케이션북스.

서범석·원용진·강태완·마정미(2004), 「근대 인쇄광고를 통해 본 근대적 주체 형성에 관한 연구: 개화기-1930년대까지 몸을 구성하는 상품광고를 중심으로」, 『광고학연구』 15-1, pp. 227-266.

서용득(2010), 「문화 텍스트로서의 『밤으로의 긴 여정』」, 『드라마연구』 33, 한국드라마학회, pp. 183-202.

서울대학교 교육연구소 편(1994), 『교육학 용어 사전』, 하우.

서울대학교 국어교육연구소 편(1999), 『국어교육학 사전』, 대교출판.

성광수(1999), 『한국어 문장표현의 양상』, 월인.

성통열(1980), 「대한제국시대의 잡지광고에 관한 연구」, 중앙대학교 석사학위논문.

소경희 외(2007), 『내러티브 탐구』, 교육과학사.

손영애(1992), 「국어 어휘 지도 방법의 비교 연구: 한자 이용 여부를 중심으로」, 서울대학교 박사학위논문.

손영애(2000), 「국어과 어휘 지도의 내용 및 방법」, 『국어교육』 103, 한국국어교육연구회, pp. 53-78.

송무(1997), 「문학교육의 '정전' 논의: 영미의 정전 논쟁을 중심으로」, 『문학교육학』 1, 한국문학교육학회, pp. 293-316.

송현정(2003), 「국어지식 영역의 성취도 평가에 관한 분석 연구」, 『이중언어학』 23, 이중언어학회. pp. 137-166.

송현정(2010), 「문법 과목의 영역 구조와 내용」, 『국어교육』 131, 한국어교육학회, pp. 231-254.

신기현(2002), 「칼 로저스의 교육적 삶과 메타교육」, 『교육원리연구』 7-1, 교육원리연구회, pp. 133-164.

신두환(2009), 『선비, 왕을 꾸짖다』, 달과소.

신명선(1998), 「독립신문의 텍스트구조적 특성 연구」, 서울대학교 석사학위논문.

신명선(2002), 「독립신문 기사문의 의사소통 조건에 대한 고찰」, 『21세기 국어교육학의 현황과 과제』, 한국문화사.

신명선(2004ㄱ), 「國語 思考道具語 敎育 硏究」, 서울대학교 박사학위논문.

신명신(2004ㄴ), 「유의어 변별 능력과 국어적 사고력의 관계에 대한 연구」, 『국어교육학연구』 28, 국어교육학회, pp. 215-243.

신명선(2004ㄷ), 「어휘교육의 목표로서의 어휘 능력에 대한 연구」, 『국어교육』 113, 한국어교육학회, pp. 263-296.

신명선(2005), 「어휘 능력의 성격을 통해 본 어휘에 대한 바람직한 관점 연구」, 『선청어문』 33, 서울대학교 국어교육과, pp. 497-524.

신명선(2007), 「문법교육에서 추구하는 교육적 인간상에 관한 연구」, 『국어교육학연구』 28, 국어교육학회, pp. 423-458.

신명선(2008), 「개정 국어과 교육과정의 문법 교육 내용에 대한 고찰」, 『국어교육학연구』 31, 국어교육학회, pp. 357-392.

신명선(2010), 「인지 의미론의 연구 성과를 활용한 문법 교육 내용 개선 방안 연구」, 『한국어 의미학』 31, 한국어의미학회, pp. 77-107.

신선경(1986), 「引用文의 構造와 類型分類」, 서울대학교 석사학위논문.

신용하(1976), 「독립신문의 창간과 그 계몽적 역할」, 『독립협회 연구』, 일조각.

신인섭(1983), 「광고란 낱말에 대한 일고찰」, 『관훈저널』 36, 관훈클럽, pp. 143-149.

신인섭(1992), 「우리나라 광고 언어의 변천사」, 『새국어 생활』 2-2, 국립국어연구원.

신인섭·서범석(1998), 『한국광고사』, 나남.

신지연(2007), 「조음·운율 교육 프로그램」, 『구어적 의사소통 능력 향상을 위한 교육 프로그램 연구』, 국립국어원·MBC 공동연구발표회.

신창순(1992), 『국어정서법연구』, 집문당.

신호철(2010), 「국어과 문법 영역의 연계성 연구」, 고려대학교 박사학위논문.

심영택(1995), 「문법지식의 확대 사용 전략에 대한 연구」, 서울대학교 박사학위논문.

심영택(2002), 「국어적 지식의 교수학적 변환 연구」, 『국어교육』 108, 한국국어교육연구학회, pp. 155~179.

심재기(1983), 『국어어휘론』, 집문당.

안동장씨 저·백두현 주해(2006), 『음식 디미방 주해』, 글누림.

안성혜(2010), 『창의적인 아이를 만드는 에듀테인먼트 교육법』, 대교출판.

안성혜·송수미(2009), 『에듀테인먼트 콘텐츠 기획』, 커뮤니케이션북스.

안정애(2003), 「내러티브를 활용한 국사 교과서 서술모형」, 『전남사학』 21, 전남사학회, pp. 115-148.

엄태동 편저(2001), 『존 듀이의 경험과 교육』, 원미사.

엄훈(2000), 「조선 성종대 토론 문화 연구: 유향소 복립 논쟁을 중심으로」, 『국어교육』 103, 한국어교육학회, pp. 269-313.

엄훈(2001), 「어휘에 대한 아동의 메타언어적 인식 발달 연구」, 『국어교육』 104, 한국어교육학회, pp. 23-50.

엄훈(2002), 「조선 전기 공론 논변의 국어교육적 연구」, 서울대학교 박사학위논문.

엄훈(2005), 『조선 전기 공론 논변 연구』, 역락.

엄훈(2006), 「고전 논변 텍스트를 통한 문화 읽기」, 『국어교육』 119, 한국어교육학회, pp. 95-126.

엄태동(2001), 「존 듀이 교육학에 대한 오해와 새로운 이해」, 『교육원리연구』 6-1, 교육원리연구회, pp. 95-129.

엄태동(2001), 『존 듀이의 경험과 교육』, 원미사.

여증동(2000), 『가정언어』, 문음사.

연규동(1998), 『통일시대의 한글 맞춤법』, 박이정.

염은열(2007), 『고전문학의 교육적 발견』, 역락.

오길주 외(2008), 『옛이야기와 에듀테인먼트 콘텐츠』, 제이앤씨.

오인환(1968), 「한국 신문 개화기의 광고」, 서울대학교 석사학위논문.

오현아(2008), 「'정확성' 중심 문법 교육관에 대한 반성적 고찰」, 『새국어교육』 80, 한국국어교육학회, pp. 295-318.

오현아(2010), 「이야기를 활용한 품사 단원 내용 구성에 관한 고찰」, 『국어교육』 133, 한국어교육학회, pp. 145-181.

오현아(2011), 「학습자 중심 작문 평가 결과 제시 방식에 대한 고찰」, 『작문연구』 12, 한국작문학회, pp. 247-277.

우한용 외(1997), 『문학교육과정론』, 삼지원.

우한용(1997), 「문학교육의 문화론적 기초에 대한 연구」, 『국어교육』 93, 한국어교육학회, pp. 65-94.

위호정(1999), 「고등학교 문법 교과서에 나타난 맞춤법 교육의 문제점」, 『국어교육학연구』 9, 국어교육학회, pp. 235-255.

유동엽(2004), 「論爭의 不一致 調停 樣相에 관한 硏究」, 서울대학교 박사학위논문.

유동엽(2007), 「대통령 취임사의 텍스트언어학적 연구」, 서울대학교 석사학위논문.

유영옥(2009), 「근대 계몽기 정전화 모델의 일변화-성군에서 영웅으로」, 『대동문화연구』 67, 성균관대학교 대동문화연구원, pp. 295-326.

유종호(2004), 『나의 해방 전후』, 민음사.

유한구(1998), 『교육인식론 서설』, 교육과학사.

윤나미(1999), 「Brousseau의 교수학적 상황론의 이해와 적용」, 이화여자대학교 석사학위논문.

윤여탁 외(2006), 『국어교육 100년사Ⅰ』, 서울대학교 출판부.

윤여탁(1997), 「현대시 제재의 교육적 위계에 대한 연구」, 『국어교육』 95, 한국어교육학회, pp. 1-22.

윤여탁(2005), 「한국의 근대화와 국어교육-근대 계몽기와 일제 강점기를 중심으로」, 『국어교육』 117, 한국어교육학회, pp. 1-22

윤여탁(2008), 「한국의 문학교육과 정전: 그 역사와 의미」, 『문학교육학』 27, 한국문학교육학회, pp. 135-158.

이경섭(1996), 「교육과정 내용 조직에 있어서의 주요 쟁점」, 『교육과정연구』 14, 한국교육과정학회, pp. 212-234.

이경우(1994), 「갑오경장기의 문법」, 『새국어 생활』 4-4, 국립국어연구원.

이경현(2007), 「학습자를 고려한 문법교육 내용 위계화-중학교 국어과 문법 단원 분석을 중심으로」, 『문법교육』 7, 한국문법교육학회, pp. 111-144.

이경화 · 안부영(2010), 「텍스트 중심 교육과정의 의의와 한계」, 『새국어교육』 85, 한국국어교육학회, pp. 189-212.

이관규(2002), 『학교문법론』, 개정판, 월인.

이관규(2003), 「국어지식교육의 평가 내용과 방법의 현황 및 문제점」, 『이중언어학』 23, 이중언어학회. pp. 211-226.

이관규(2004), 「국어 지식 영역의 교수 학습에 있어서 평가 방법에 대한 체계적 및 실제적 연구」, 『한국어학』 22, 한국어학회. pp. 299-334.

이관규(2005), 『국어교육을 위한 국어문법론』, 아산재단연구총서 175, 집문당.

이관규(2007), 「2007년 국어과 문법 교육과정의 개정 특징과 문법 교육의 방향」, 『청람어문교육』 36, 청람어문교육학회, pp. 53-80.

이관규(2008), 『학교 문법 교육론』, 고려대학교 민족문화연구원.

이관규 외(2010), 『어문 규범의 단계별 교재 개발을 위한 실태 조사 결과 보고서』, 국립국어원.

이관규 외(2012), 『우리말 우리글 1, 2』, 박이정.

이관규 · 신호철(2011), 「국어 어문 규범 교재의 성격과 어휘 선정 원리」, 『문법교육』 14, 한국문법교육학회, pp. 39-71.

이관희(2008), 「품사 교육의 위계화 연구」, 서울대학교 석사학위논문.

이관희(2010), 「문법으로 텍스트 읽기의 가능성 탐색-신문 텍스트에 쓰인 '-도록 하-'와 '-게 하-'를 중심으로」, 『국어교육연구』 25, 서울대학교 국어교육연구소, pp. 119-161.

이관희(2011), 「문법으로 텍스트 읽기의 가능성 탐색(2)-기사문에 쓰인 '-기로 하'의 의미기능을 중심으로-」, 『텍스트종류』 16, 한국텍스트 종류학회, pp. 203-239.

이관희(2012ㄱ), 텍스트 종류에서 텍스트 중심 통합의 방향 탐색, 『국어교육』 137, 한국어교육학회, pp. 173-211.

이관희(2012ㄴ), 「문법 설명 텍스트에 쓰인 비유적 표상의 양상」, 『한말연구』 31, 한말연구학회, pp. 107-144.

이광린(1981), 『한국사 강좌』, 일조각.

이규호(1974), 『앎과 삶』, 연세대학교 출판부.

이기문(1996), 『귀향』, 私家版.

이기성(2009), 「한국문화교육을 위한 문화 텍스트 구성 방안: 분단의 문화를 중심으로」, 『언어와문화』 5-3, 한국언어문화교육학회, pp. 23-49.

이도영(2007ㄱ), 「문법 영역의 평가 방법-형성 평가를 중심으로」, 『국어교육연구』 41, 국어교육학회, pp. 103-126.

이도영(2007ㄴ), 「국어과 교육과정에 나타난 텍스트 유형에 대한 비판적 검토」, 『텍스트언어학』 22, 텍스트언어학회, pp. 249-276.

이동석(2011), 「현행 사이시옷 규정과 관련된 몇 문제」, 『민족문화연구』 54, 고려대학교 민족문화연구원, pp. 185-226.

이문규(2003), 「국어교육의 이념과 어휘교육의 방향」, 『배달말』 32, 배달말학회, pp. 383-402.

이병선(2002), 「한자어 사용량의 감소와 사고력의 쇠퇴」, 『어문연구』 114, 한국어문교육연구회, pp. 327-352.

이삼형 외(2000), 『국어교육과 사고』, 역락.

이상억(1994), 『국어 표기 4법 논의』, 서울대학교 출판부.

이상억(2001), 『계량언어학연구』, 서울대출판부.

이석주 외(2007), 『언어학과 문법교육』, 역락.

이선웅(2012), 『한국어 문법론의 개념어 연구』, 월인.

이세화(2005), 「한국 대통령 연설문의 변화와 정책적 반영에 대한 연구」, 서울대학교 박사학위논문.

이수련(2001), 『한국어와 인지』, 박이정.

이수연(2012), 「서비스업 종사자들의 언어 사용 양상: 백화점 점원의 언어 사용을 중심으로」, 『어문연구』 71, 어문연구학회, pp. 79-97.

이승만(1910/1954), 『독립정신(The Spirit of independence)』, Los Angeles: 大同 新書館 / 태평양출판사.

이승우(1993), 「개화기의 출판 서적계를 가다」, 『출판저널 8-11』, 출판저널.

이영숙(1997), 「어휘력과 어휘 지도, 어휘력의 개념을 중심으로, 선청어문, 25, 서울대학교 국어교육과, pp. 189-208.

이영호(2011), 「맞춤법 교육 내용에 대한 비판적 검토-초등 국어 교과서를 중심으로」, 『문법 교육』 15, 한국문법교육학회, pp. 239-265.

이은정(1992), 『남북한 어문 규범 어떻게 다른가』, 국어문화사.

이은희(2011ㄱ), 「문법 평가 영역의 통합적 실현 양상」, 『한성어문학』 30, 한성대학교 한성어문학회, pp. 109-136.

이은희(2011ㄴ), 「문법 평가의 현황과 과제」, 『문법 교육』 15, 한국문법교육학회, pp. 1-29.

이은희(2001ㄷ), 「국어지식교육과 텍스트언어학」, 『텍스트언어학』 10, 한국텍스트언어학회, pp. 45-71.

이익섭(1992), 『국어표기법 연구』, 서울대학교 출판부.

이재성(2006), 『4천만의 국어책』, 들녘.

이정복(2003), 「대통령 연설문의 경어법 분석」, 『배달말』 33, 배달말학회, pp. 213-237.

이종열(2003), 『비유와 인지』, 한국문화사.

이종철 · 강현구(2007), 『e-러닝과 에듀테인먼트』, 글누림.

이주행 외(2003), 『교사 화법의 이론과 실제(화법연구총서 1)』, 역락.

이지선(2006), 「국어 규범 교육 방법에 대한 연구」, 서울대학교 석사학위논문.

이지혜(2011), 「이야기를 활용한 문법 교수방안 연구: 품사의 종류와 문장 성분 단원을 중심으로」, 고려대학교 석사학위논문.

이찬구(2001), 「『독립신문』에 나타난 광고에 관한 연구」, 한국외국어대학교 석사학위논문.

이창덕(1992), 「질문행위의 언어적 실현에 관한 연구」, 연세대학교 박사학위논문.

이창덕 · 임칠성 · 심영택 · 원진숙(2000), 『삶과 화법』, 박이정.

이창호(2004), 「말실수와 탐색 이론」, 『한국어학』 24, 한국어학회, pp. 251-287.

이춘근(2001), 「문법 교육 내용의 계열화 분석 및 평가」, 『국어교육학연구』 13, 국어교육학회, pp. 411-465.

이춘근(2002), 『문법교육론』, 이회문화사.

이충우(2001), 「국어 어휘교육의 위상」, 『국어교육학연구』 13, 국어교육학회, pp. 467-490.

이충우(2004), 「문법 교육의 개선 방안」, 『한국문법교육학회 제1회 전국학술대회 자료집』, 한국문법교육학회, pp. 127-149.

이필영(1993), 「현대국어의 인용구문에 관한 연구」, 서울대학교 박사학위논문.

이한(2008), 『조선 아고라』, 청아출판사.

이해영(2007), 「외국인 근로자 자녀를 위한 한문법교육: 재한몽골학교 운영 사례를 중심으로」, 『이중언어학』 33, 이중언어학회, pp. 469-496.

이현진(2007), 「규범적 국어 인식 능력 교육 연구」, 서울대학교 석사학위논문.

이호선(2010), 『왕에게 고하라』, 평단.

이홍우(2006), 『(개정증보판) 지식의 구조와 교과』, 교육과학사.

이흔정(2004), 「내러티브의 교육과정적 의미 탐색」, 『한국교육학연구』 10-1, 안암교육학회, pp. 151-170.

이희수 외(2001), 『한국 성인의 문해 실태 및 OECD 국제 비교 조사 연구』, 한국교육개발원.

이희승·안병희·한재영(2010), 『한글 맞춤법 강의』, 신구문화사.

임지룡(1997), 『인지의미론』, 탑출판사.

임지룡 외(2010), 『문법 교육론』, 역락.

임칠성·水野俊平·北山一雄(1997), 『한국어 계량 연구』, 전남대학교 출판부.

임칠성(2000), 「컴퓨터 대화방 '글말'의 어휘에 대한 계량적 고찰」, 『국어교육학』 10, pp. 385-406.

임칠성(2001), 「지역어와 국어교육」, 『국어교육학연구』 13, 국어교육학회, pp. 29-58.

임칠성(2002), 「글쓰기를 위한 문법교육 텍스트」, 『국어교육연구』 34, 국어교육학회, pp. 217-248.

임칠성(2004), 『교사화법 교육』, 집문당.

임칠성 외(2004), 『말짱에서 말짱되기』, 태학사.

임칠성(2007), 「2007년 개정 '문법' 교육과정 검토」, 『우리말교육현장연구』 창간 호, 우리말교육현장학회, pp. 265-286.

임홍빈(2007), 「국어학과 인문학적 상상력」, 『국어국문학』 146, 국어국문학회, pp. 7-34.

장상호(1997ㄱ), 「교육의 재개념화에 따른 10가지 새로운 탐구영역」, 『교육원리 연구』 2-1, 교육원리연구회, pp. 112-213.

장상호(1997ㄴ), 『학문과 교육(상): 학문이란 무엇인가』, 서울대학교 출판부.

장상호(1998), 「교육활동으로서의 언어적 소통」, 『교육원리연구』 3-1, 교육원리 연구회, pp. 77-128.

장상호(1999), 「교육적 반전의 내재율에 비추어본 고대희랍의 교육삼대」, 『교육 원리연구』 4-1, 교육원리연구회, pp. 1-61.

장상호(2000), 『학문과 교육(하): 교육적 인식론이란 무엇인가』, 서울대학교 출 판부.

장상호(2001), 「교육연구의 패러다임 전환을 위한 방략」, 『교육원리연구』 6-1, 교육원리연구회, pp. 1-35.

전성수(2012), 『자녀교육혁명 하브루타』, 두란노.

전영우(1998), 『신국어 화법론』, 태학사.

정민주(2008), 「협상 화법 교육 내용 연구」, 서울대학교 박사학위논문.

정희창(2011), 「한글 맞춤법의 '역사적 표기법'과 교육 내용 구성」, 『문법 교육』 14, 한국문법교육학회, pp. 99-122.

제민경(2011), 「텍스트 중심 텍스트 종류의 방향 탐색-신문 텍스트의 '전망이다' 구문을 중심으로-」, 『국어교육』 134, 한국어교육학회, pp. 155-181.

제민경(2012), 「내러티브적 앎을 위한 문법 설명 텍스트 구성 방향」, 『국어교육』 139, 한국어교육학회, pp. 173-209.

조국현(2009), 「텍스트성의 본질과 위상」, 『독어교육』 44, 한국독어독문학교육 학회, pp. 179-202.

조규태(2003), 「표준어 교육과 지역 언어 교육」, 『한글』 262, 한글학회, pp. 247-288.

조규태(2008), 「지역 언어 교육의 방향」, 『국어교육연구』 42, 국어교육학회, pp.

169-188.

조선민주주의인민공화국 국어사정위원회(1988), 『조선말규범집』, 사회과학출판사.

조영태(1998), 『교육 내용의 두 측면-이해와 활동』, 교육과학사.

조창규(2002), 「소월과 영랑시어의 계량언어학적 고찰」, 『배달말』 30, 배달말학회, pp. 153-176.

조창규(2003), 「소월과 영랑시어의 계량언어학적 고찰(2)」, 『계량언어학(1집)』, 박이정.

조태린(2006), 『차별적·비객관적 언어표현 개선을 위한 기초 연구』, 국립국어원.

조항범(1977), 『다시 쓴 우리말 어원이야기』, 한국문원.

조항범(2004), 『정말 궁금한 우리말 100가지 1, 2』, 예담.

조항범(2005), 『그런 우리말은 없다』, 태학사.

조현용(2006), 「한국인 비언어적 행위의 특징과 한국어교육 연구」, 『이중언어학』 33, 이중언어학회, pp. 269-295.

조희정(2002), 「사회적 문해력으로서의 글쓰기 교육 연구: 조선 세종조 과거 시험을 중심으로」, 서울대학교 박사학위논문.

조희정(2004), 「고전 리터러시 교육을 위한 새로운 구도」, 『국어교육학연구』 21, 국어교육학회, pp. 121-155.

조희정(2008), 「고전 정전의 재검토: 해방 이후 초, 중등 국어 교과서를 중심으로」, 『문학교육학』 25, 한국문학교육학회, pp. 297-328.

주세형(2005ㄱ), 「어휘교육의 발전 방향」, 『국어교육론 2』, 한국문화사.

주세형(2005ㄴ), 「통합적 문법 교육 내용 설계의 원리와 실제 연구」, 서울대학교 박사학위논문.

주세형(2006ㄱ), 「국어지식 영역에서의 지식의 성격과 내용 체계화 방법론 연구」, 『국어교육학연구』 25, 국어교육학회, pp. 105-154,

주세형(2006ㄴ), 『문법 지식과 국어학적 지식의 지평 확장』, 역락.

주세형(2006ㄷ), 「국어지식 영역의 규범성 패러다임: 창의성과 균형 잡기」, 『국어교육』 119, 한국어교육학회, pp. 397-429.

주세형(2007ㄱ), 「초등 국어과 교사의 문법 수업 전문성 신장 방안 연구」, 『어문학교육』 35, 한국어문교육학회, pp. 161-191.

주세형(2007ㄴ), 「텍스트 속 문장 쓰기와 문법」, 『한국초등국어교육』 34, 한국초등국어교육학회, pp. 409-443.

주세형(2008ㄱ), 「교실 문화 개선을 위한 문법 교수 학습 방법 개발의 방향」, 『청람어문교육』 38, 청람어문교육학회, pp. 67-104.

주세형(2008ㄴ), 「국어과 평가의 타당도 제고를 위한 문법 교육 방향」, 『문법교육』 8, 한국 문법교육학회, pp. 279-318.

주세형(2009), 「국가 수준 학업 성취도 평가에서의 소위 '텍스트 중심 원리'에 대한 비판」, 『국어교육학연구』 35, 국어교육학회, pp. 481-506.

주세형·정지은(2009), 「서울 K고 국어과 정기 고사에서의 문법 평가 실태 조사 연구」, 『언어와 정보 사회』 12, 서강대학교 언어정보연구소, pp. 37-70.

주세형(2010ㄱ), 「'사실과 의견 구분하기'의 국어과 전문성 탐색」, 『국어교육학 연구』 37, 국어교육학회, pp. 469-497.

주세형(2010ㄴ), 「학교 문법 다시 쓰기 (3): 인용 표현의 횡적 구조 연구」, 『새국 어교육』 85, 한국국어교육학회, pp. 269-289.

차미란(2003), 『오우크쇼트의 교육이론』, 성경재.

채백(1997), 「개화기의 신문잡지종람소에 관한 연구: 일본 및 서구와의 비교를 중심으로」, 『언론과 정보』 3-1, 부산대학교 언론정보연구소, pp. 105-132

채완(2003), 「개화기 광고문의 표현 기법」, 『한국어 의미학』 12, 한국어의미학회, pp. 51-78

천기석(1988), 『기호학 용어 사전』, 민성사.

최규형(2011), 「초등학생의 맞춤법 지도 방법 연구」, 『청람어문교육』 43, 청람어문교육학회, pp. 441-462.

최미숙·원진숙·정혜승·김봉순·이경화·전은주·정현선·주세형(2008), 『국어교육의 이해』, 사회평론.

최영수(2009), 「브루너의 전·후기 이론에 따른 교육과정 통합 연구」, 경북대학교 박사학위논문.

최예정·강성룡(2005), 『스토리텔링과 내러티브』, 글누림.

최준(1960), 『한국 신문사』, 일조각.

최지현(2005), 「국어과 교육과정과 문학교육과정」, 『문학교육학』 18, 한국문학교육학회, pp. 209-248.

최지현(2006), 『문학교육과정론』, 역락.

최창렬(2005), 『아름다운 민속어원』, 한국학술정보.

최창렬(2006), 『어원산책』, 한국학술정보.

최현섭 외(2007), 『상생화용 새로운 의사소통 탐구』, 커뮤니케이션북스.

최현섭(2004), 「상생화용론서설」, 『국어교육』 113, 한국어연구학회, pp. 27-78.

하성욱(2008), 「문법적 사고력 신장을 위한 평가 문항 개발 연구」, 고려대학교 석사학위논문.

하성욱(2011), 「문법의 통합적 평가 방안 연구」, 『국어교과교육연구』 18, 국어교과교육학회, pp. 295-316.

한국광고단체연합회 편(1996), 『한국광고 100년(상)』, 한국광고단체연합회.

한상필·이경렬·이화자·이희복·차유철·김병희·신명희(2008), 『광고활용교육과 창의력』, 한울아카데미.

한승희(2000), 「교육학의 새로운 지표로서의 내러티브」, 『교육학연구』 38-4, 한국교육학회, pp. 259-282.

한승희(2006), 「내러티브 사고의 장르적 특징에 관한 고찰」, 『교육과정연구』 24-2, 한국교육과정학회, pp. 135-158.

한철우(2004), 「국어교육 50년, 한 지붕 세 가족의 삶과 갈등」, 『국어교육학연구』 21, 국어교육학회, pp. 499-527.

허성도(1999), 「국학 연구용 상용한자 제정안」, 『새국어생활』 9-1, 국립국어연구원.

허재영(2011), 『나는 국어의 정석이다』, 행성:B잎새.

허재영 해제(2011), 『영인본 제1기 중등국어교본(상), (중), (하)』, 역락.

허재영·이규범(2011), 「어문 규범 교재의 실제」, 『문법교육』 14, 한국문법교육학회, pp. 123-151.

허철구(2007), 「한글 맞춤법의 원리에 대한 일고」, 『사림어문연구』 17, 사림어문학회, pp. 183-195.

홍서여(2005), 『삼가 전하께 아뢰옵나니: 상소로 보는 조선의 역사』, 청조사.

홍원균(1998), 「듀이와 피터즈 논의의 비판적 재검토:교육의 내재적 가치를 기준으로」, 『교육원리연구』 3-1, 교육원리연구회, pp. 129-153.

홍은숙(1999, 2005), 『지식과 교육』, 교육과학사.

홍찬기(1995), 「개화기 한국사회의 신문에 대한 인식에 관한 연구」, 서울대학교 석사학위논문.

〈해외 논저〉

李國棟(1993), 魯迅と漱石 ; 정선태 역(2000), 『동양적 근대의 창출』, 소명출판.

Adams, M.(2009), *Change Your Questions, Change Your Life: 10 Powerful Tools for Life and Work* (Inquiry Institute Library) ; 정명진 역(2005), 『질문의 기술』, 김영사.

Anderson, J.(2009), *Cognitive Psychology and Its Implications* ; 이영애 역(2000), 『인지심리학과 그 응용』, 이화여자대학교출판부.

Arendt, H.(1989), *The life of the mind 1: Thinking* ; 홍원표 역(2004), 『정신의 삶 1: 사유』, 푸른숲.

Arnold, J. & Brown, H. D.(1999), *A map of the terrain, Affect in Language Learning, Cambridge*: Cambridge University Press.

Bacon, F. & Kitchin, G. W.(EDT)(2001), *The Advancement of Learning* ; 이종흡 역(2002), 『학문의 진보(대우고전총서004)』, 아카넷.

Beaugrande, R.(1991), *Linguistic Theory: The Discourse of Fundamental Works* ; 정동빈 외 역(1996), 『언어학 이론』, 한신문화사.

Berns, M.(1990), *Contexts of Competence: Social and Cultural Considerations in Communicative Language Teaching*, Plenum Press: London and New York.

Browne, M. N. & Keely, S. M.(1997), *Asking the Right Questions: A Guide to Critical Thinking* ; 김영채 역(2000), 『바른 질문하기: 비판적 사고의 가이드』, 중앙적성출판사.

Brousseau, G.(1997), *Theory of the Didactical Situation in Mathematics*, Kluwer Academic Publishers.

Bruner, J. S.(1996), *The culture of education* ; 강현석·이자현 공역(2005), 『브루너 교육의 문화』, 교육과학사.

Burke, J.(2003), *The English teacher's companion: Complete guide to classroom, curriculum, and the profession*, Heinemann.

Carol, L. & Michael, J.(1997), *Integrating Learning Through Story: The Narative Curriculum* ; 강현석 외 역(2007). 『내러티브 교육과정의 이론과 실제』, 학이당.

Chomsky, N.(1992), *Year 501: The Conquest Continues* ; 오애리 역(2007), 『정복은 계속된다』, 이후출판사.

Chomsky, N.(1999), *Deux Heures De Lucidite: Entretiens Avec Noam Chomsky* ; 강주헌 역(2002), 『촘스키 누가 무엇으로 세상을 지배하는가』, 시대의창.

Chomsky, N.(2000), *Rogue States* ; 장영준 역(2001), 『불량국가: 미국의 세계 지배와 힘의 논리』, 두레.

Chomsky, N.(2001), *Propaganda and the Public Mind*, ; 이성복 역(2002), 『프로파간다와 여론』, 아침이슬.

Chomsky, N.(2005), *CHOMSKY ON ANARCHISM* ; 이정아 역(2007), 『촘스키의 아나키즘(Chomsky on Anarchism』, 해토.

Cox, C.(1988, 2005), *Teaching language arts: A student-and response-centered classroom*, Pearson Education, Inc.

Cramer, R. L.(2004), *The Language arts: A balanced approach to teaching reading, writing, listening, talking, and thinking*, Pearson Education, Inc.

Csiksentmihalyi, M.(2000), *Beyond boredom and anxiety: experiencing flow in work and play* ; Jossey-Bass Publishers ; 이삼출 역(2003), 『몰입의 기술』, 더불어책.

Descartes, R.(2007), *Regulae Ad Directionem Ingenii: Texte Critique A(c)Tabli Par Giovanni Crapulli Avec La Version Hollandaise Du Xviiia]me Sia]cle* , 이현복 역(1997), 『방법서설』, 문예출판사.

Dorothy, L.(2000), *The 7 Powers of Questions: Secrets to Successful Communication in Life and at Work* ; 노혜숙 역(2002), 『질문의 7가지 힘』, 더난출판사.

Ellis, D. G.(1992), "Syntactic and Pragmatic Codes in Communication", *Communication Theory* 2, pp. 1-23.

Enzensberger, H. M. & Berner, R. S.(1999), *Der Zahlenteufel* ; 고영아 역 (1997), 『수학귀신』, 비룡소.

Eric, K. T.(2000), *Using Folktales* ; 이희숙 외 역(2007), 『전래동화와 언어 교육』, 한국문화사.

Gabriele, L. & Arnulf, D.(2004), *Rekonstruktion Narrativer Identit?: Ein*

Arbeitsbuch Zur Analyse Narrativer Interviews ; 박용익 역(2006), 『이야기 분석-서사적 정체성의 재구성과 서사 인터뷰의 분석을 위한 이론과 방법론』, 역락.

Geertz, C.(1973), *The Interpretation of Cultures Selected Essays* ; 문옥표 옮김(1998), 『문화의 해석』, 까치.

Habermas, J.(1990), *Strukturwandel der Öffentlichkeit: Untersuchungen zu einer Kategorie der bürgerlichen Gesellschaft* ; 한승완 옮김(2001), 『공론장의 구조 변동: 부르주아 사회의 한 범주에 관한 연구』, 나남.

Harbermas, J.(1992), *Faktizitat und Geltung* ; 한상진 역(2000), 『사실성과 타당성』, 나남.

Halliday, M. A. K.(1985, 1994), *An Introduction to Functional Grammar*, Edward Arnold.

Halliday, M. A. K. & Hasan, R.(1989), *Language, Context, and Text*, OUP.

Halliday, M. A. K.(2002), *Linguistic Studies of Text and Discourse*, Continuum: London and New York.

Halliday, M. A. K.(2003a), *On Language and Linguistics*, Continuum: London and New York.

Halliday, M. A. K.(2003b), *The Language of Early Childhood*, Continuum: London and New York.

Halliday, M. A. K.(2007), *Language and Education*, Continuum: London and New York.

Harris, T. L. & Hedges, R. E.(ed.)(1995), *The literacy dictionary: The vocabulary of reading & writing*, International Reading Association.

Heinemann, W.(1991), *Textliguistik: Eine Einfuhrung* ; 백설자 옮김(2001), 『텍스트언어학 입문』, 역락.

Hall, E. T.(1971), *Beyond Culture* ; 최효선 옮김(2000), 『문화를 넘어서』, 한길사.

Isabella, L. B.(1985), *Korea and Her Neighbours: A Narrative of Travel, with an Account of the Recent Vicissitudes and Present Position of the Country* ; 신복룡 역(2000), 『조선과 그 이웃 나라들』, 집문당.

Jean, C. D. & Connelly, F. M.(2000), *Narrative Inquiry-Experience and story in Qualitative Research* ; 소경희역 역(2006),『내러티브 탐구-교육에서의 질적 연구의 경험과 사례』, 교육과학사.

Jensen, R.(1999), *The Dream society: How the coming shift from information to imagination will transform your business* ; 서정환 역(2000),『드림소 사이어티』, 한국능률협회.

Joas, H.(1996), *Die Kreativität des Handelns* ; 신진욱 역(2002),『행위의 창조 성』, 한울아카데미.

Knapp, P. & Watkins, M.(2005), *Genre, Text, grammar* ; 주세형 · 김은성 · 남 가영 역(2007),『장르, 텍스트, 문법: 쓰기를 위한 문법』, 박이정.

Kristeva, J.(1981), *Le language, cet inconnu* ; 김인환 · 이수미 역(1997),『언어, 그 미지의 것』, 민음사.

Kuhn, T. S.(1962), *The Structure of Scientific Revolutions*, University of Chicago Press.

Kuhn, T. S.(1970), "Logic of Discovery or Pspychology of Research?", In Lakatos, I. & Musgrave, A.(eds.), *Criticism and the Growth of Knowledge*, Cambridge University Press, pp. 1-23.

Lakatos, I.(1978), *The Methodology of Scientific Research Programmes: Philosophical Papers Volume 1*, Cambridge University Press.

Lakoff, G. & Mark, J.(1980), *Metaphors We Live By* ; 노양진 · 나익주 역 (1995),『삶으로서의 은유』, 서광사.

Lakoff, George & Mark, Johnson(1999), *Philosophy in the flesh: The Embodied mind and its challenge to western thought* ; 임지룡 · 윤희 수 · 노양진 · 나익주 옮김(2002),『몸의 철학』, 박이정.

Lakoff, George & Mark Turner(1989), *More than cool reason: A field guide to poetic metaphor* ; 이기우 · 양병호 역(1996),『시와 인지: 시적 은유의 현장 안내』, 한국문화사.

Lakoff, George(2004), *Don't Think of an Elephant!: Know your values and frame the debate* ; 유나영 옮김(2006),『코끼리는 생각하지 마: 미국의 진보 세력은 왜 선거에서 패배하는가』, 삼인.

Langer, S.(1942), *Philosophy in a New Key*, Cambridge, Mass.: Harvard

University Press.

Lee, A. J.(1976), *The Origin of the Popular Press in England 1855-1914*, London: Croom Helm.

Marquardt, M. J. (2005), *Leading with Questions: How Leaders Find the Right Solutions by Knowing What to Ask* ; 최요한 역(2006), 『질문 리더십: 단순한 질문이 혁신의 시작』, 흐름출판.

Maturana, H. R. & Varela, F. J.(1987), *Der Baum der Erkenntnis* ; 최호영 역(1995), 『인식의 나무』, 자작아카데미.

Morris, E.(1977), *Pragmatic Naturalism: An Introduction* ; 조성술·노양진 역(1999), 『실용주의』, 전남대학교 출판부.

Morrow, L. M.(1990, 2005), *Literacy development in the early years: Helping children read and write*(5th ed.), Pearson Education.

Newmeyer, F. J.(1986), *The Politics of Linguistics* ; 한동완 역(2006), 『언어학과 정치』, 역락.

Oakeshott, M.(1967), "Learning and Teaching", In R. S. Peters(ed.), *The Concept of Education*, London: Routledge & Kegan Paul.

Ornstein, A. C. & Hunkins, F. P.(2003), *Curriculum: Foundations, Principles, and Issues* ; 장인식·한혜정·김인식 외 역(2007), 『교육과정: 기초·원리·쟁점』, 학지사.

Osgood, C. & Richards, M.(1973), "From Yang and Yin to and or but", *Language* 49, pp. 380-412.

Osgood, C.(1963), "On Understanding and Creating Sentences", *American Psychologist*, 18, pp. 735-751.

Owens, R. E.(2007), *Language Development* ; 이승복·이희란 역(2006), 『언어 발달』, 시그마프레스.

Peters, R. S.(1966), *Ethics and Education* ; 이홍우 역(1980), 『윤리학과 교육』, 교육과학사.

Polanyi, M.(1974), *Personal Knowledge Towards a Post-Critical Philosophy* ; 표재명·김봉미 공역(2001), 『개인적 지식: 후기비판적 철학을 향하여』, 아카넷.

Polkinghorne, D. E.(1988), *Narrative Knowing and the Human Sciences* ; 강 현석·이영효 외 역(2009), 『내러티브, 인문과학을 만나다』, 학지사.

Posner, G. J. & Strike, K. A.(1976), "*A categorization scheme for principles of sequencing content*", *Reviews of Educational research* 46-4, pp. 401-406.

Poter, A. H.(2007), *The Cambridge Introduction to Narrative* ; 우찬제 외 역 (2010), 『서사학 강의』, 문학과지성사.

Rogers, C. R.(1982), *Freedom to Learn* ; 연문희 역(1990), 학습의 자유, 문음사.

Ruth, W.(2003, 2009), *Stories,* Cambridge.

Sacks, J.(2003), *The Dignity of Difference: How to Avoid the Clash of Civilizations* ; 임재서 역(2007), 『차이의 존중』, 말글빛냄.

Saussure, F & Engler, R.(EDT)(1989), *Cours De Linguistique Generale* ; 최승 언 역(1991), 『일반언어학 강의』, 민음사.

Suomala, J. & Shaughnessy, M. F.(2000), "An interview with Richard E. Mayer : about technology", *Educational Psychology Review* 12-4, pp. 477-483.

Thompson, G.(1996), *Introducing Functional Grammar*, Arnold.

Thornbury, S.(1999), *How to Teach Grammar, Longman*.

Tompkins, G. E.(1995, 2005), *Language arts: Patterns of practice*(6th ed.), Pearson Education Inc.

Tudor, I.(2001), *The Dynamics of the Language Classroom*, Cambridge. Cambridge University Press.

Ungerer, F. & Scmid, J.(2006), *An Introduction to Cognitive Linguistics ;* 임지 룡·김동환 역(2010), 『인지언어학개론』, 태학사.

Ur, P.(2002), *A course in language teaching: Practice and theory*, Cambridge Teacher Training & Development Series, Cambridge University Press.

van Gelderen, A., Couzijn, M., & Hendrix, T.(2000), "Language Awareness in the Dutch Mother-Tongue Curriculum", In White, L. J. et al(2000), *Language Awareness: A History and Implementations*, Amsterdam University Press, pp. 57-88.

Weaver, C.(1996), *Teaching grammar in context*, Portsmouth, Heineman.

집필진

민현식 (서울대 국어교육과 교수)
서울대 국어교육과, 동 대학원 졸업(국어학 전공), 문학박사(중세국어 시간부사 연구). 창문여고, 강릉대, 숙명여대 국어국문학과 교수, 워싱턴주립대 방문교수, 한국어교육학회장, 국제한국어교육학회장, 국제한국언어문화학회장, 국립국어원장 역임.
[논저] 국어정서법연구, 국어문법론연구, 개화기 한글본 〈이언(易言)〉 연구, 국어문법론의 이해(공저) 등

엄 훈 (청주교대 국어교육과 교수)
주세형 (서강대 교육대학원 교수)
신명선 (인하대 국어교육과 교수)
김은성 (이화여대 국어교육과 교수)
박재현 (상명대 국어교육과 교수)
강보선 (대구대 국어교육과 교수)
이기연 (국립국어원 학예연구사)
오현아 (강원대 국어교육과 교수)
이관희 (호서대 한국언어문화 전공 교수)
남가영 (아주대 교육대학원 교수)
제민경 (춘천교대 국어교육과 교수)
이지수 (서울대 SSK 사업단 선임연구원)